THINKr
新思

新一代人的思想

西方现代思想史

1789年至今

European
Intellectual History

Since 1789

Roland
Stromberg

［美］罗兰·斯特龙伯格 ………… 著
刘北成 赵国新 ………… 译

第六版
6th Edition

中信出版集团 | 北京

图书在版编目（CIP）数据

西方现代思想史：1789年至今 / (美) 罗兰·斯特龙伯格著；刘北成，赵国新译. -- 北京：中信出版社，2021.6

书名原文：European Intellectual History Since 1789

ISBN 978-7-5217-2324-3

Ⅰ. ①西… Ⅱ. ①罗… ②刘… ③赵… Ⅲ. ①思想史—西方国家—现代 Ⅳ. ①B5

中国版本图书馆CIP数据核字(2020)第232182号

Authorized translation from the English language edition, entitled EUROPEAN INTELLECTUAL HISTORY SINCE 1789, 6th Edition by STROMBERG, ROLAND N., published by Pearson Education, Inc, Copyright © 1994.

All rights reserved. No part of this book may be reproduced or transmitted in any form or by any means, electronic or mechanical, including photocopying, recording or by any information storage retrieval system, without permission from Pearson Education, Inc.

CHINESE SIMPLIFIED language edition published by CITIC PRESS CORPORATION Copyright © 2021.

本书封面贴有Pearson Education（培生教育出版集团）防伪标签，无标签者不得销售。

本书仅限中国大陆地区发行销售

西方现代思想史：1789年至今

著　者：[美] 罗兰·斯特龙伯格
译　者：刘北成　赵国新
出版发行：中信出版集团股份有限公司
　　　　　（北京市朝阳区惠新东街甲4号富盛大厦2座　邮编　100029）
承　印　者：北京诚信伟业印刷有限公司

开　　本：787mm×1092mm　1/32　印　张：17.75　字　数：380千字
版　　次：2021年6月第1版　印　次：2021年6月第1次印刷
京权图字：01-2019-7614
书　　号：ISBN 978-7-5217-2324-3
定　　价：98.00元

版权所有·侵权必究
如有印刷、装订问题，本公司负责调换。
服务热线：400-600-8099
投稿邮箱：author@citicpub.com

目 录

第1章　浪漫主义和革命　01
　法国革命　01
　对革命的抨击　07
　拿破仑时代　11
　伊曼努尔·康德和哲学革命　16
　后康德时代的哲学家　25
　浪漫主义的起源　28
　各种不同的浪漫主义　33
　浪漫派的政治观念　40
　浪漫主义的意义　44

第2章　意识形态的时代：1815—1848　51
　欧洲的形势：1815—1848　51
　保守主义　59
　自由主义　67
　政治经济学　74
　社会主义　82
　民族主义　90
　民主　93
　1848年革命　98

目录　　I

第 3 章　进步的理念：黑格尔、孔德、马克思　*105*
　　黑格尔　*105*
　　孔德　*117*
　　马克思　*125*
　　进步观念　*138*

第 4 章　达尔文与维多利亚时代的信仰危机　*147*
　　达尔文与达尔文主义　*147*
　　达尔文主义的传播　*157*
　　其他科学的影响　*165*
　　斯宾塞与社会达尔文主义　*169*
　　维多利亚时代的信仰危机　*176*
　　维多利亚时代的作家与宗教：约翰·斯图尔特·穆勒　*184*
　　维多利亚时代的其他哲人　*192*

第 5 章　从自然主义到现代主义　*199*
　　19 世纪中叶之后的文学　*199*
　　自然主义　*203*
　　象征主义　*207*
　　对象征主义的批评　*214*
　　萧伯纳与爱德华七世时代的人　*219*

20 世纪初现代主义的诞生　*224*

非理性主义者　*228*

弗里德里希·尼采　*233*

弗洛伊德　*240*

第 6 章　19 世纪末的社会和政治思想　*247*

继续前行的社会主义　*247*

费边社会主义　*251*

欧洲马克思主义的社会民主主义　*255*

无政府主义　*262*

民主制　*267*

社会学思想的兴起　*277*

宗教危机　*286*

作为宗教的民族主义　*294*

第 7 章　困境中的西方：第一次世界大战及其后果　*299*

战争的思想根源　*299*

战争结果：苏维埃共产主义　*307*

意大利和德国的法西斯主义　*311*

战后的文学和思想　*317*

20 世纪 20 年代的弗洛伊德　*326*

爱因斯坦和科学革命　*328*
  20 世纪 20 年代文学中的观念　*341*
  文学复兴时代的人物　*349*

第 8 章　**从经济萧条到 20 世纪 30 年代的战争**　*355*
  德国的民族社会主义　*355*
  共产主义在西方知识分子中的流行　*365*
  欧洲知识分子远离共产主义　*373*
  哲学革命　*383*
  "左倾"年代的文学　*392*
  萨特与存在主义　*397*

第 9 章　**第二次世界大战及其后果**　*403*
  反复的震荡　*403*
  战后景象　*412*
  存在主义　*414*
  萨特与共产主义　*418*
  共产主义浪潮在西欧的退却　*423*
  欧洲关于意识形态争论的终结　*426*
  保守主义的种种倾向　*431*
  战后时期的一些思想潮流　*436*

第 10 章 反叛与反动：1968—1980　447
　　欧洲的新左派与激进的 20 世纪 60 年代　447
　　左派在欧洲的没落　458
　　结构主义　463
　　女性主义革命　472
　　略论禁令的解除　485
　　绿色革命　488

第 11 章 解构的 20 世纪 80 年代　493
　　苏东剧变　493
　　大学与知识的零碎化　499
　　解构主义　504
　　后现代主义　514
　　某些学术团块　521
　　宗教　533
　　科学　537
　　艺术　541

结　语　547
译者后记　555

第 1 章

浪漫主义和革命

> 抑制感官的愉悦、凸显才智、推崇理性的至高无上又有什么好处呢？想象力会成为这些努力的最大敌人。
>
> ——歌德

> 我目睹了这个世界的诞生与灭亡。
>
> ——夏多布里昂

法国革命

思想观念在法国大革命中起了重要作用。法国大革命始于1789年，并在随后若干年里主宰了整个欧洲舞台。大革命是以引人注目的"哲学家"运动为先导的，后者展示了一个光彩耀人的思想领袖画廊。这些人物晚至18世纪40年代后期才崭露头角，18世纪六七十年代如日中天，哺育了未来的革命领袖。最近一位历史学家引述革命期间一个法国人的话："他们用言论来实现自己的目的，言论确实所向披靡。"这些言论出自伏尔泰、狄德罗、孟德斯鸠、卢梭及其弟子们之口。这些人被视为权威，后来甚至被供奉在革命政府建立的先贤祠中。革命中的主要派别更多是按照他们信奉的理念而不是他们的社会阶级成分来划分的。一位知名学者指出，无套裤汉主义，这种巴黎的革命世界观，"更多是一种精神状态，而不是一种社会政治经济现实"。雅各宾派这个1792—1794年的统治集团乃是由各个社会阶层的人组成的。革命领袖也往往把革命视为启蒙思想的产物。布里索在1791年9月夸耀说："我们的革命不是起义的结果，而是半个世纪启蒙的产物。"一份重要杂志于1793年4月宣称："哲学指引了法国的一场伟大革命。"

不幸的是，启蒙哲学家在社会政治事务方面的理念通常都很模糊，事实证明不足以指导革命。在一个英勇的开端之后，革命就陷入了痛苦血腥的内乱，接着导致了1793—1794年的恐怖。有些人将这种情况归咎于启蒙思想的混乱与矛盾，也有人将其归咎于启蒙思想的不切实际。爱尔兰裔英国政治家、哲学家埃德蒙·伯克的《法国革命感想录》成为所有法国敌人的"圣经"。这部保守主义宣言指责革命以抽象理念为依据，认为在政治领域中，唯有具体的人际纽带和根深蒂固的传统才起作用。应该承认，正如现代思想史学者约翰·洛所说："试图寻找启蒙哲学家关于未来政府的看法，结果几乎总是一无所获。"

事实上，几乎所有启蒙思想的幸存代表（那一代的伟大人物到大革命时大多已经去世）[1]都从一开始就对革命感到惊骇。说到底，

---

[1] 伏尔泰和卢梭这两个对立的思想巨匠都在1778年去世，休谟于1776年去世，狄德罗于1784年去世，达朗贝尔于1783年去世，孔狄亚克于1780年去世，腓特烈大帝于1786年去世。布丰和富兰克林都已经是耄耋老人。他们是无与伦比的一代启蒙思想家。他们的嫡传弟子如孔多塞和玛农·罗兰继承了这一传统。——原注

他们主张通过思想启蒙而非暴力革命来实现合乎理性的进步；他们大多蔑视民众，寄希望于某种开明专制。他们信奉合乎理性的秩序与合乎科学的方法，而这些却在革命时期的狂欢动乱和胡言乱语中遭到践踏。正如有人指出的，"革命"这个词在启蒙哲学家的著作中几乎找不到踪影。在他们的期望中，创造一个更好的世界"不是狂暴革命的结果，而是循序渐进、受约束、大体可以预料的改革的结果"。最激进的启蒙哲学家之一霍尔巴赫男爵（无神论者，至少在仆人不在场时自称"上帝的私敌"）在其政治著作《自然政治》（1773）中就曾写道："在革命时期，人们义愤填膺、头脑发热，从不诉诸理性。"启蒙思想家（并非完全一致）大多在口头上敌视教会，但希望用理性祭司取代基督教修士。此外，他们通常不想废除君主制，而是想让王权成为启蒙的工具。

所谓的吉伦特派聚集了大部分启蒙知识分子。而以罗伯斯庇尔与圣鞠斯特为首的雅各宾派则激烈地斥责启蒙思想家和百科全书派。1793—1794年，他们要么把吉伦特派成员送上断头台，要么迫使其走投无路而自杀。"文人"几乎成了叛徒的同义词。激进的雅各宾派认为，他们的敌人是那些"最有教养、最工于心计和最奸诈狡猾的人"。罗伯斯庇尔宣称，那些人"竭力关照自私的富人和平等的敌人"。雅各宾派只推崇一位重要的启蒙思想家，就是卢梭，而且处处援引，就如同着魔了一样。罗伯斯庇尔把他称作"圣人"。但被他们当作保护神供奉的那个卢梭乃是伏尔泰和狄德罗的敌人；他是完全不同的启蒙哲学家，拒绝精深的理性，偏爱天然情感。罗伯斯庇尔宣称，如果卢梭能活着看到革命，"谁能相信他那仁厚的心灵将不去欣喜若狂地拥抱正义和平等的事业？"但温和的布里索和罗兰夫人同样是卢梭的信徒,他们依据的则是不同的解释和论著。这种差异至今让学界纷争不已。与罗伯斯庇尔相反,罗兰夫人的情人蒲佐在写于死牢里一封信中说,如果包括卢梭在内的那些启蒙哲学家还活着,"他们会同罹此难。如果他们和我们一样没有流亡……孟德斯鸠、卢梭、马布利都会被判处死刑;他们都会丧命于断头台"。

吉伦特派是一个由理性主义知识分子组成的派别。他们反对流血和群氓暴力,厌恶其政敌用来消灭他们的那种武力手段。围绕如何处置国王展开的争论(1792—1793)导致各派之间分崩离析,也最终导致吉伦特派垮台。吉伦特派不情愿把路易十六送上断头台,因为他们害怕这种激烈的举动会导致种种后果。但恰恰是在吉伦特派领导下,法国开始了与普鲁士和奥地利的战争。这场战争导致了二十几年几乎连续不断的欧洲厮杀,使法国革命成了世界性革命。吉伦特派里面有一些最激烈反对"教士阴谋"和"迷信"的斗士,或者说百科全书派、无神论者和反叛的教士。他们支持(其实是他们制造了)引起争议的《教士公民组织法》,对教会实行国有化。其中有些人主张借此改革基督教,还有些人主张建立非基督教的信仰。

左翼的雅各宾派依据自己对卢梭"公意"的解读,提出了一种民主观念。他们的目标是平等,"公意"概念以及常常成为他们权力基础的群众行动使得他们赞颂人民群众。这一思想倾向不太看重个体权利和议会制度,而把它们看成是自私和腐败的。1793年的雅各宾宪法根本没有规定分权,也没有保障个人自由。它批准了一种基于民众意志、由公民投票产生的专政,其权力授予少数人行使。

罗伯斯庇尔宣称："我代表人民说话。"有时，这种"集权主义的民主"在某种深层意义上说是民主的，即具有亲民的情感、平等的热情和让人民直接统治的愿望（罗伯斯庇尔想建设一个能容纳1.2万人的大会场，让民众观看立法者的活动）。但是，它蔑视合法程序和个人权利。其结果就是在1792—1793年极端的战争危急条件下的恐怖统治。

马克西米连·罗伯斯庇尔是狂热的美德共和国时期的伟大革命宣传家和主要政治人物。身为启蒙运动的信徒，他怀疑基督教，但主张崇拜最高存在、理性女神。他宣布，无神论是贵族的东西。他的上帝是人民的某种抽象化身。他是一个很好的民众鼓动家，但他与真实民众的关系基本上是冰冷而不愉快的。他刻板、真诚、咬文嚼字，善于言辞而拙于行动（罗伯斯庇尔除了演讲，几乎没做过其他什么事情）。以正直自居的罗伯斯庇尔首先是个演员，一个毫无私利的彻底政治化的人物。他把自己当作历史精神的化身。他看见血就会全身发抖，但又能以人道的名义下令处死成千上万的人。埃德蒙·伯克指责这场革命耽于抽象的理论而缺乏务实的判断。这种指责似乎在罗伯斯庇尔那里得到了完全的体现。这个恪守原则的人变成了血腥的独裁者，最后被他用来消灭自己敌人的革命机器毁灭。

罗伯斯庇尔并不是法国革命最激进的产物。尽管雅各宾主义根据卢梭的社会契约精神，主张共同体高于个体，但它不属于社会主义范畴。罗伯斯庇尔及其战友主张，可以为了社会福祉而用各种方式管制私有财产，但他们相信最好的社会秩序应该像卢梭建议的那样，让每个公民都拥有一点儿财产。这完全可以被称作一种小资产阶级的乌托邦或手工业工人的乌托邦。在革命中出现了社会主义，只是还没来得及充分发展。在1795年的绝望日子里，革命似就要土崩瓦解，一小群社会主义者试图发动起义。这个由巴贝夫和邦纳罗蒂领导的"平等派的密谋"一败涂地，但留下了一个强大的传统。这些社会主义先驱者也从卢梭的某些著作中获得启发，尽管他们的解读是比较粗糙的，他们痛恨私有财产、商业和奢侈，颂扬贫困的美德、诚实劳动和简朴生活。邦纳罗蒂活了下来，成为一根纽带，联结着19世纪40年代的社会主义思潮。这种无套裤汉社会主义散布到欧洲各地，对贫困阶级的那些空谈理论的代表人物具有很大的吸引力，也接近于基督教的基本精神。意大利的巴贝夫主义者鲁索就重申萨沃纳罗拉[1]回归中世纪的主张，号召富人们抛弃自己的珠宝。

革命中的种种极端现象反而使革命名声扫地。随着内战、迫害、恐怖和国际战争横扫欧洲大陆，革命最初在欧洲各地引起的欢欣雀跃，到18世纪90年代就转变成失望和幻灭。最初，欧洲各地的知识分子大多因革命而欣喜若狂，包括许多后来变成革命死敌的人。年轻的华兹华斯吟唱道："能够活到那个黎明时分是多么幸福。"除了华兹华斯，还有迈斯特、夏多布里昂、康德、费希特、诺瓦利斯、歌德等，许多人最初都有这种兴奋之情。卢梭在英国也有狂热的崇拜者，例如，托马斯·马尔萨斯的父亲就要人们只称他为"卢梭之友"。1799年，卢梭的信徒吉尔伯特·韦克菲尔德被指控公开

---

[1] 萨沃纳罗拉（Savonarola, 1452—1498），意大利宗教改革家，曾发动"焚烧虚妄"运动，后被教会和世俗当局处死。

希望法国入侵和征服英国,并因此遭到监禁。这个时期,人人都在读爱德华·吉本的《罗马帝国衰亡史》。吉本呕心沥血20多年,到1787年才完成这部巨著。这部作品焕发着共和精神,至少在1789年的氛围中它是这样被人们解读的。这位伟大的历史学家似乎在告诉人们,古代的罗马自从有了第一个皇帝就开始衰落,基督教最终使它完结。

但法国革命迷失了方向,陷入暴力、劫掠和不义。最后,它以吞噬自己的"儿女"这种可怕的场面告终。结果,人们回过头来重新审视理性时代的种种前提假定,然后予以拒斥,从而促成了浪漫主义的转向。1794年以后,原来的启蒙哲学家圣马丹[1]变成了一个与共济会的诡秘分支有联系的新神秘主义宗教的领袖。卢梭的影响也沿着直觉和想象的方向散播。

对革命的抨击

法国革命很快就招致了思想反击。英国的伯克首先发难,于1790年发表了《法国革命感想录》。伯克宣称,革命之所以走进误区,是因为革命的领导者要摧毁整个政治体制,并想在一夜之间建立一个新的政治体制。他把这种错误归咎于启蒙哲学家、政治理性主义者的基本观念。他们的方法是抽象理论的方法,而在这样一个领域玩弄抽象是注定要失败的。这种指责是有道理的。伯克讥讽

---

[1] 圣马丹(Saint-Martin, Louis-Claude de, 1743—1803),法国神秘主义者、作家,以"无名哲学家"之名广为人知。

地写道:"西哀耶斯神父有许多鸽笼,里面放满了各种现成的宪法,贴着标签,分门别类,排着序号。"但宪法不应该是从政治理论家贩卖的货物中挑选出来的,而必须像一棵大树一样,从一个国家的土壤中历经数个世纪生长起来。

伯克的这部作品体现了他的风格,表现出对现实政治微妙结构的一种令人惊叹的洞察力。如果将它看作一部文学作品,那么它是新兴的浪漫主义风格的主要散文作品之一。在这种雄辩中浮现出来的主要思想是,社会是一个庞大而复杂的历史产物,不能像一台机器那样被随意修补;社会是人类智慧的储藏库,应该受到尊崇,如果必须加以改革,那也必须充分考虑其制度机构的连续性。另外,还有一些相关的思想是,政治共同体是由历史塑造的,它已经在人与人之间形成一种不可分解的纽带,使得自由的政府有可能存在;社会有机体有其自身的等级体系,因此在一个健康的社会里,平民百姓会尊重"天然的贵族";一般规则和抽象原则对于政治无任何帮助。他对那些不安分的革新者表示怀疑,认为他们没有耐心吸取祖先的智慧,却非要为彻底的社会改造描绘蓝图,仿佛他们是先知先觉。

伯克一方面摈弃法国人所宣扬的"抽象权利",另一方面也力图阐明人的真实权利;他确实相信人应该拥有这种权利,但也强调人在进入文明社会时,为了从政府获得种种好处而在某种程度上放弃了某些自由。这种真实的权利建立在西方政治社会的基督教基础上,具有深厚的历史渊源。人是一种社会动物,如果从维系他生存的古老习俗和传统结构中割裂出来,他就无异于野兽了。再者,人是一种宗教动物,如果没有基督教,他就会转而信奉另一种可能不那么令人满意的宗教。因此，尊崇上帝和尊崇社会秩序乃是人生的两大职责。二者相互关联。因为历史就是上帝旨意的显明。人们指责伯克，说他仅仅因为教会历史悠久就推崇教会，但他的虔敬确实是真诚的。

这位爱尔兰演说家对后来的保守主义思想产生了深刻的影响。《法国革命感想录》在欧洲一版再版。路易十六亲自将它翻译成法文。它之所以流行，不仅是因为它富丽堂皇的文风，也是因为它那种看似很神秘的预言性质，因为伯克在法国革命刚开始不久就宣告它必然失败。许多人认为，伯克的这部论著超越了保守派的派性，对政治思想乃至社会改革理论做出了一种真正的贡献。他确实不反对变革，条件是变革应该受到恰当的控制。他出身低微，本身的经历就是一次次的激情战斗——支持美国独立，主张爱尔兰和印度的利益[1]，最后是反对法国革命。从性情上看，这位爱尔兰人一点也不像人们想象中的那种保守分子；他的一个传记作者指出："他的天性总是最急切地促使他去服务于某种伟大的事业，去纠正某些可怕的不公。"伯克的许多思想被视为想积极参与政治的人必不可少的智慧。20世纪的社会主义者哈罗德·拉斯基宣称："不了解伯克的政治家就如同没有罗盘的航船，会在暴风雨中的大海上迷失方向。"当然，伯克的许多观点也融入了现代保守主义的意识形态：对社会秩序的尊奉，对草率的改革者及其一蹴而就的计划的不信任，社会成长的有机体观念。

---

[1] 在著名的沃伦·黑斯廷斯审判案中，伯克发表长篇激烈的演说，抨击第一任英属印度总督，斥责他对印度人民采取的专横而不合法的行动。这一审判案从1785年拖到1795年。——原注

伯克的文风深刻地影响了他同时代的人，对反革命事业和浪漫主义都产生了重大作用。18世纪50年代，当伯克还是一个奋斗的年轻律师时，他就转变成一个文人，撰写了论文《论崇高美和秀丽美》。这篇论文通常被认为是从新古典主义转向浪漫主义趣味的一个标志。他认为，当美的领域实际上被和谐、均衡和典雅这些古典规则所统治时，还有另外一个感觉领域存在，那就是"崇高"。它唤起恐惧和敬畏，它不像古典美那样使我们变得文质彬彬、同化于社会，而是让我们感到孤独，同时又让我们兴奋和欣喜若狂。伯克本人一直带有一点浪漫色彩，他的事业更是如此。或许有点矛盾，他最后的这部伟大著作在内容上是保守主义的，在文风上是浪漫主义的。所以，在某种意义上，这位反革命重要鼓吹者同时也是一位革命者。

伯克的《法国革命感想录》不乏挑战者。1794年，潘恩予以反击。他的《论人权》在伦敦畅销一时。威廉·葛德文的《政治正义论》充盈着法国精神，在个体完美状态的理想基础上建立了一个理性主义乌托邦。葛德文是诗人雪莱的岳父。葛德文的妻子是女权提倡者玛丽·沃斯通克拉夫特。他们周围有一个英国左翼群体。葛德文是一个哲学无政府主义者，敌视国家及一切制度性组织（例如，他也抨击公共教育制度）。潘恩写道："政府就像一件外衣，乃是失去贞节的标志。""即使没有政府，具有共识的社会"应该也能完成政府权力所篡夺的所有必要的社会职能。这种思想可能是从卢梭的思想中引申出来的。摆脱了政府的干预，社会将会自行运转——这乃是亚当·斯密那一派政治经济学家的思想，但到了葛德文那里变得更激进了："如果我们让每个人都听从自己心灵的进步，不要想方设法用任何类型的公共设施来管制他们，人类用不了多久就会变得唯真理是从。"

随着英国逐渐与革命的法国针锋相对，葛德文对卢梭的推崇也变得不受欢迎。著名化学家约瑟夫·普利斯特利持有亲法的政治态度，一伙暴徒因此捣毁了他的实验室。在苏格兰，粗暴的批评不绝于耳，迫使杜格尔德·斯图尔特宣布收回他对法国温和政治领袖孔多塞的赞扬。最初，柯勒律治与他的朋友华兹华斯都对革命报以同情，后来也"丢掉了声音刺耳的造反小喇叭"，转而反对革命异端。柯勒律治深受伯克启发，与伯克齐名，被视为英国保守主义的开创者。不过，激进的报人威廉·柯伯特也加入了反雅各宾主义的事业。在英国教会内部，威廉·威尔伯福斯领导的福音派运动站出来反对18世纪教会对自然神论的纵容，进而斥责不信神的法国人。

拿破仑时代

伯克作为"卫道士"竭力捍卫传统和"惯例"，可以说是逆流而上。正如英国大史学家阿克顿勋爵后来指出的，尽管暴行累累，但法国革命确实发生了，而且"它教导人们把自己的愿望和要求当作权利的最高标准"；它使男人和女人[1]都习惯于变革；它使旧秩序不可挽回地被扫除。即便是伯克也无法想象还有可能在欧洲恢复旧

---

1 法国革命在雅各宾掌权的高潮时期极力反对女权主义；它把罗兰夫人和奥林普·古兹 [后者试图确立与"男人的权利"（rights of man，一般译为"人权"）一样的"女人的权利"] 送上断头台，禁止妇女出席公共会议，除非她们带着编织活儿，安静地坐在那里。由孔多塞领导的已经垮台的吉伦特派倒是在某种程度上支持女权主义。——原注

貌,因为他确实是一个现实主义者。很快,法国军队就使革命传遍整个欧洲。拿破仑·波拿巴的独裁统治(1800—1814)使欧洲思想界大多转而反对革命,但拿破仑的军事胜利继续颠覆旧的格局。他还找到一些杰出的知识分子来支持他用一种法律面前人人平等的新秩序统一欧洲、结束"封建主义"。

邦雅曼·贡斯当、斯塔尔夫人和勒内·夏多布里昂引领了一群才华横溢的法国流亡者。这些人逃脱了他们所说的暴君统治。另外有一些欧洲人,如德国文学史上最伟大的人物歌德,从未丧失对拿破仑的信仰,认为拿破仑的出现乃是天意,上天赋予拿破仑的使命就是用一部进步的法律将欧洲统一。还有一些人退而保持中立。在法国,所谓的观念学派,即原启蒙哲学家德斯蒂·德·特拉西[1](侥幸逃脱断头台)的思想追随者,面对革命在政治上的失败和幻灭,变得越来越冷峻客观,努力像严谨的科学家那样研究人类的心灵:推进孔多塞的"社会数学","沟通生命世界和非生命世界"。(德斯蒂对孔德的影响表明了他与现代社会学兴起的关系。)

法国一群杰出的科学家,其中包括生物学家拉马克和居维叶,证明在拿破仑的统治下比较中立的科学能够繁荣发展。拿破仑也习染了那个时代对历史和东方的兴趣。他于1798年远征埃及时,随军带去200名学者,为的是研究那块令人神往又十分神秘的古老土地。拉普拉斯改进了牛顿的物理定律,从而完善了经典力学。他发表了著名的《宇宙体系论》,试图不用牛顿的"第一推动力"的神迹来

---

[1] 德斯蒂·德·特拉西(Destutt de Tracy, 1754—1836),法国启蒙哲学家,在法国革命期间与朋友卡巴尼斯共同发起了观念学派运动。

解释宇宙的运行和演化。(当拿破仑问他为什么没有提到上帝时,他回答道:"陛下,我不需要那个假设。")

拿破仑私下谈话时,他喜欢用他的无神论和玩世不恭来使人震惊。但他确信"只有宗教才能给这个国家长治久安",因此他不能容忍任何公开的无神论,并且平息了革命与教皇的争端。私下里,拿破仑将通奸称作"区区小错一桩,化装舞会上的小插曲",但《拿破仑法典》这部在他主持下制定的、确立新的平等主义的伟大法典却规定严惩通奸,因为"婚姻的稳定有利于促进社会道德"。他反对女权主义,说女人"不过是生儿育女的机器"。他蔑视知识分子和艺术家,蔑视"所谓的文学风格"。他宣称,在他的藏书中,他最喜欢的是有关他的军队的统计资料!但他自己无所不读。凡是艺术界、科学界、哲学界,甚至是政界流传的书籍,他都不放过,还常常做出精辟的评论。他确实不欣赏他的政敌斯塔尔夫人和夏多布里昂所采用的新的浪漫主义文学风格。总体而言,在拿破仑时期的法国,思辨性的思想没有得到发展。

拿破仑不认为自己是暴君,当他得知人们都这样看他时显得很惊讶。被流放到偏远的圣赫勒拿岛后,他在临终前宣称,他的使命是消灭封建主义,重新统一欧洲大陆,以及用公平正义的法律来"确保人的尊严"。为此,他对革命进行调整,使之变得务实,平息了法国的动乱,用任人唯贤的原则给普通人打开了机会大门。他把法治下的自由平等输出到德意志和意大利。他恢复了波兰的独立,因此在波兰和欧洲其他地方他总是不乏支持者;在他统治的15年间,战争几乎从未间断,这种战争就像是欧洲的内战,尽管在法国之外有许多人将其视为法兰西帝国主义的表现。有些人像诗人雪莱那样，最初对他欢呼致敬，最后则斥责他是自由事业的叛徒。贝多芬最初把自己的《英雄交响曲》题献给拿破仑，但当这位第一执政给自己戴上皇冠后，贝多芬就撕去了标题。这个故事一直有人质疑，但不妨信以为真。德国哲学家黑格尔以及其他一些重要的思想家也一直是坚定的波拿巴主义者。关于这位伟人，人们一直褒贬不一。按照荷兰历史学家彼埃特·盖尔的史学经典之作《拿破仑：赞誉和诋毁》的观点，这种情况还会持续下去。可以肯定的是，这个来自科西嘉的小个子从无名之辈蹿升为显赫一时的世界主宰，他身后留下的这个世界已不复从前。他所表达和体现的力量远远大于他本人的超常个性。

在这个划时代的岁月里，欧洲经历了翻天覆地的震撼。像神圣罗马帝国这样的古老界标都被连根拔除，一个个王冠落地，一个个新主人登场。拿破仑是许多年里承担敌基督这一角色的最佳候选人。据估算，1803—1814年，伦敦的预言家乔安娜·索思科特的信徒多达数十万人。这个不识字的德文郡村妇因宣布基督再次降临而引起轰动。她发布的消息恰与动荡的时世相应，当时英国人既担心法国入侵，又苦于物价上涨和失业加剧。托马斯·麦考莱感到十分惊异："我们看到，这样一个老妇人，除了算命女人的狡黠之外别无所长，所受教育不超过一个用人，却被奉为一个女预言家，身边簇拥着数以万计的信徒。这一切居然发生在19世纪，发生在伦敦。"当时，在具有宗教改革传统的德意志南部和瑞士也涌现出各种千禧年福音教派。

关于拿破仑的争论无休无止。英国散文家和文学评论家威廉·黑兹利特在得知拿破仑最终失败的消息后，据他的朋友海顿描述，他"身心俱废"；"他蓬头垢面，走来走去，白天难得有清醒的时候，晚上总是醉意沉沉"，这样持续了几个星期，直到有一天，他仿佛大梦初醒，从此滴酒不沾。海顿认为拿破仑可耻地背叛了真正的事业，但1821年这位伟人去世时，他在日记中写道："后人永远不能理解这个时代的人对拿破仑的感情"——他的崛起、辉煌和失败对人们产生了多大的影响。那些时刻都是激动人心的。毫不奇怪，从1789年革命初曙到1815年拿破仑最后失败，浪漫主义就是在这激荡的二十几年中兴起的。

在对抗拿破仑的过程中出现的最显而易见的政治冲动便是民族主义。它诞生的时间通常被定在1807年普鲁士在耶拿战役中惨败之后。德国思想巨匠费希特与赫尔德，以及一些名气不大的作家和青年组织者宣扬民族主义。启蒙运动本身一直鼓吹世界主义。费希特确信，这是那个现在遭到贬斥的时代（指启蒙运动）的众多错误之一。法国人领导了启蒙运动；现在，歌德、贝多芬、席勒、康德时代的德意志正承担欧洲思想文化的领导角色。费希特在其广为流传的《致德意志民族的演讲》(1807)中宣称，德意志已经在思想文化方面觉醒，它也应该在政治上觉醒。革命的目标——人人权利平等——确实值得追求，但权利需要植根于特定的人类家庭，而不是含糊不清的普世人类。革命本身就包含着强烈的民族主义因素。它是一场法国革命，因为它发生在那片土地上，它将曾经高度封建化的国度里的各种行省集合在一起。（可以说巴黎是革命的中心，许多外省城市则亦步亦趋。与革命敌人厮杀的战争将整个国家团结起来。）与之伴随的是一种冲动：建立中央集权的政府，统一文化，例如，将各地方言统一成一种法语。

民族主义乃是革命的题中应有之义。一旦旧的社会等级秩序土崩瓦解，民族就成了新的社会平等的天然载体。人民为什么是平等的？因为都是祖国的孩子。国家不再受特权阶层的统治，而是成为大家的财产，是平等权利的卫士和象征。德意志的民族主义者高唱："自由的王国！人人平等！"在人民的国家里没有特权等级，只有属于同一个民族的平等公民。

民族主义是19世纪的一种引人注目的意识形态，我们在下一章里还要讨论。与此同时，拿破仑的军队连根铲除了各国的旧式君主制度，使之再也不能恢复原貌。1815年，在拿破仑最终失败后，各国政要为了重建欧洲而聚集在维也纳。他们试图用"王朝正统"作为政治权威的指导原则，但这种做法没什么成效。不久，意大利人就率先揭竿而起，试图使意大利半岛摆脱奥地利的控制。烧炭党、青年意大利党前赴后继。它们是自1820年起最浪漫的革命民族主义运动。

作为一种思想运动，民族主义运动与浪漫主义（启蒙年代后的主要思潮）紧密结合。我们或许可以从影响浪漫主义较多的哲学流派入手进行探究。

伊曼努尔·康德和哲学革命

"作为有记载的思想史上一个明显的断裂例子"（J. H. 兰德尔），浪漫主义确实是1789—1815年革命的一部分。它当然不能说是这个革命的全部。大约在这个时段，可以说至少发生了三个革命。它们不期而遇，互相重叠，互相影响，但又各不相同，甚至互相矛盾。

它们是法国革命、康德革命和浪漫主义革命。此外，纵观历史，还应加上所谓的工业革命。

它们彼此之间有着各种联系。1816年，弗朗西斯·杰弗里[1]表示，这些革命他都不喜欢。他把"我们文学中的革命"归因于"法国革命的煽动"。后来，有一些研究浪漫主义的学者也支持这种论断。这一时期的历史如此喧嚣躁动、令人亢奋，这一代人不可能麻木不仁、无动于衷；拿破仑的生平那么富于戏剧性，简直是匪夷所思。但拿破仑是18世纪启蒙运动的信徒，因此他不喜欢浪漫主义；革命本身一直沐浴在古典主义中——古典主义通常被认为是浪漫主义否定并取而代之的风格。而且，有一种浪漫主义，其发展是与保守主义对革命的反动紧密相连的；我们在伯克那里已经看到了这种萌芽。（后面我们会看到，我们必须区分不同类型的浪漫主义。）

浪漫主义的来源显然不仅仅是法国革命。大概可以说，在1781年前后席勒和青年歌德的作品中，它已经崭露头角。当时根本不是一种革命的政治氛围。年轻的歌德十分热衷于神秘的宗教。他曾描述他和一些朋友如何开始厌倦伏尔泰时代干巴巴的理性主义，他们觉得它极其枯燥无味。这位未来的德国文学大师写出了早期的作品《少年维特之烦恼》。这是一部煽情之作，在赚取全欧洲的眼泪方面不输卢梭的作品。席勒的《威廉·退尔》确实鼓舞了许多革命者，但它是迟至1804年才写成的。

革命与浪漫主义之间的这些不确定联系同样出现在二者与康德的哲学革命的关系上。马克思曾经宣称，康德哲学乃是与法国革命

---

[1] 弗朗西斯·杰弗里（Francis Jeffrey, 1773—1850），《爱丁堡评论》创始人。

相呼应的思想革命。马克思的朋友诗人海涅也有同样的说法。他指出，随着康德的《纯粹理性批判》(1781)的发表，"德国开始了一场思想革命，这场革命与法国的物质革命惊人地相似"。但康德对法国的政治情况一无所知；他致力于探讨的哲学问题是英国经验主义者约翰·洛克、贝克莱主教，尤其是大卫·休谟，还有自己的同胞莱布尼茨留下的。这位柯尼斯堡的安静哲学家在法国革命发生前写完了他的主要著作。虽然法国革命深深触动了他（他表示希望能够享受革命火焰的温暖，但不要被烧着），但这个事件似乎没有改变他的基本立场。法国的革命者肯定没有读过这位德国教授的晦涩作品。但这里有一个共同的基点，那就是卢梭。卢梭对康德和法国革命都有深刻的影响。据说，康德早上的散步是当地人对表的依据。[1] 康德只有一次没有出来散步，是因为他正在阅读卢梭的《新爱洛伊丝》的结尾。卢梭对康德的影响表现为对科学理性的节制：科学理性在自己的领域里可以获得准确的知识，但它需要补充一个本质和目的的领域，而后一个领域只有通过其他认识方式才能深入。

康德与浪漫主义的关系同样是复杂矛盾的。康德的信徒费希特和谢林将其思想往这个方向推进，但康德不太赞成他们对自己思想的解释。很显然，他对启蒙运动的假设提出了尖锐的批判，以至于理性殿堂里的一切都不复旧貌，而且他为其他极其不同的通向真理之路敞开了大门。但是，康德的禀性并不那么浪漫。他生于1724年，长期以来是一个十分典型的"启蒙哲学家"，受教于经过克里斯蒂安·沃尔夫加以系统化（也简单化）的莱布尼茨哲学学派，表现出

---

[1] 一般的说法是，康德每天午饭后出来散步。

强烈的科学兴趣。只是到了 18 世纪中期，休谟和卢梭两人的思想震撼了他，使他从"独断论的梦幻"中苏醒过来，但他的主要目标还是把科学理性从休谟的怀疑主义攻击中拯救出来。

休谟这位 18 世纪苏格兰的哲学家和历史学家偏离了洛克的经验主义。洛克认为，感觉经验是知识的唯一真正来源；精神的作用是消极被动的，只能吸收外界的刺激。休谟则证明（康德认为这种证明是"不可辩驳的"），人的精神仅靠感觉根本不可能接触实在，人们所拥有的科学不过是建立在"意见"的基础上。我们的经验只能是一系列毫无关联的感觉印象。因果律不可能完全从经验中得出，它不过是我们的人为设定。如果我们只能感觉到 A 和 B，而不能感觉到"原因"，那我们怎么能说 A "引起" B 呢？例如，当 A 击中 B，使 B 运动时，我并没有看到"原因"；我看到的是事件和顺序。在康德看来，这就提出了一个问题：是否可能有一种正当有效的科学？然后，他试图克服休谟的这种怀疑论，使科学建立在一个坚实的基础上。具体地说，这个问题涉及"综合先天判断力"的地位，这里说的"综合"是与严格的逻辑或"分析"相对的一种事实。人们在自然界观察到的各种联系是像数学真理那样确定，还是像休谟所说的，是意外、偶然和不确定的？

康德的答案大体是这样的：精神或智力绝不是消极被动的，它们也包含着对经验加以整理的组织原则。精神本身包含着若干形式和范畴，这些概念能够赋予经验以意义。这些"思想本身的基本条件"是先天的，也就是说，不是来自经验，而是独立于或先于经验而存在。康德列举了这些形式和范畴：空间和时间的感知形式，以及包括原因、结果在内的 12 个知性范畴。这些都与亚里士多德逻辑学的判断类型相对应——数量、质量、关系、模态以及更细的划分。所有人的精神里都包含着这些范畴，因此精神是一个基本的统一体——而理性是"先验的"。

我们的精神调节而且实际上决定着我们的知识。康德赞同莱布尼茨而反对洛克的一点是，他不认为我们的精神里除了感官带给我们的东西外别无他物；精神这个组织者本身对感觉资料进行筛选和分类，从而使之变得可以理解。康德的所有观点长期以来一直吸引着专业哲学家的注意力。当然，我们无须在此重述。但可以说，根据他的有力分析，我们可以得到这样的结论：精神是有创造力的，不是消极被动的；理性是先验的。由此，我们就将理性从经验主义的怀疑论中解救出来了。歌德将康德的理论解释为："如果我不是从一开始就心里装着这个世界，即使睁着眼睛，我也看不见。"换言之，如果我们的精神里没有能够赋予意义的预设结构，那么感官印象就没有任何意义，而是如威廉·詹姆斯所说的"乱哄哄嘈杂一片"。人如果没有内在的精神结构，科学中这些"坚实的"感性资料就将是一堆乱七八糟的东西，令人绝望。

康德断言现实是精神的一种创造物，由此引发了关于康德是不是"唯心主义者"的争论。虽然康德的一些信徒走得更远，但康德本人似乎并不否认物自体是一种独立的存在，它们通过撞击我们的感官来给我们提供不可或缺的基本认识资料。（他的"批判哲学"无意进行形而上学的论述，而是致力于分析我们的认识方式。）关键在于，如果我们的精神中没有一个理性结构，我们就不可能理解外部世界。没有精神，经验就毫无意义。但外部世界确实存在着，理性过程同样不可或缺；没有可以分类的资料，精神也是枉然。正如有人指出的，有知觉而无概念，就会视而不见，有概念而无知觉，就会空虚无着。电脑必须有能够让它处理的数据。

需要补充的是，对于康德来说，我们谈论的知识，即科学知识、关于外部世界的准确知识，并不是唯一的知识。这实际上不是终极实在的知识。科学的领域完全正当有效，他只是希望能将它从他认为可疑的基础中解救出来。因此，把他说成是科学的敌人就大错特错了。他一直对科学怀有浓厚的兴趣，而且也对科学做出过一些贡献。但科学知识是一种特殊的知识，适用于生活的实用方面。这是一种关于表象而非本质的知识。用康德著名的术语说，它属于现象学，不属于本体论。它涉及的是事物的性能，而没有涉及"物自体"。前面已经提到，卢梭的影响也许促使他设立了另一个重大目标，即把价值领域从科学家那里解救出来。于是他建立了两个（或许是三个）迥然不同的知识领域。作为实用知识的科学处理的是表象世界，即现象世界。宗教靠的是人的直觉，处理的是本质领域。康德认为，这两个领域绝不能混淆。它们是不同的范畴。他的成就之一就是，批判用物理世界的事实来论证上帝存在的证据。这些传统的证据，尤其是其中的"设计论"[1]，直到18世纪还很流行。这使得他与普鲁士当局发生了一些冲突。康德把这些古老的"证据"批得体无完肤，后来再也没人敢重新提起它们。康德认为，科学上适用的证据与上帝毫无关系。上帝的存在是不能"证明"的，但我们在道德经验中能够找到关于上帝的强烈暗示。

然而，终究存在着一个本体领域，只是康德不能肯定我们能否

---

[1] "设计论"就是把宇宙的复杂精妙归因于上帝的设计，从而证明上帝的存在。

真的认识它。先验理性存在于我们的精神中，使我们能够理解世界。康德认为，它是神秘的、属于本体的。他说，理性能够分析自己，但不能解释自己——解释自己为什么是这样。这种问题超出了理性的极限。我可以知道我拥有它并看到它能做什么，但我无法知道它本质上是什么。这就好像人要挣脱自己的皮肤。当我们试图对有关终极目的或起源的问题进行推理思考时，我们所遇到的表明，这些问题是理性无法解决的。所谓的"二律背反"或"矛盾"是指明显对立但同样正确或同样错误的命题，例如，世界在时间上有开端还是没有开端，是否可能有没原因的原因，上帝存在还是不存在。

康德指出，在道德经验或审美经验中，我们能够洞见本质，但只能是瞬间顿悟。人的灵魂也是一种物自体，它能够凭借不同于分析理性的另一种理性与其他物自体发生联系。康德在这里似乎徘徊于启蒙运动和浪漫主义之间。一方面，他说，他"不得不排斥知识来给信仰留出空间"。他的名言中被引用得最广泛的是，他宣称，布满繁星的夜空和道德律令是两个同样令人惊异的领域。另一方面，康德就本性而言绝不是神秘主义者，因此对我们能否接触到本质不敢做出断言。很显然，我们注定要过一种分裂的生活，而每一种生活都不完美。关于现象的科学知识是准确的，但流于表象；关于本质的精神知识是深刻的，但我们永远不能企及。这个结论使科学家和浪漫主义者都不满意。

康德的伦理学论述也闻名遐迩。康德从他的基本立场出发，认为正当有效的行为准则不可能在经验中找到，只能在纯粹理性中寻求。"绝对律令"，即基本道德原则，不可能存在于环境，只能存在于道德主体，即个人。善的意志就是善本身，有理性的意志就是善的意志。行为的道德价值由动机决定,而不是(像功利主义者主张的)由结果决定;责任意识,即对邪恶冲动的理性抵制,乃是最高的道德素质。康德最终提出了著名的道德律令:一个人不论做什么,总应该使你的意志所遵循的准则同时能成为一条普遍的立法原则。或者用他的另一个说法,永远把人当成目的而非工具。康德对美学理论的影响同样巨大。在让艺术成为独立领域这一点上,康德与浪漫派异曲同工。在这位柯尼斯堡的智者看来,美不像古典主义宣称的那样是一个客体,它存在于观看者的心目中。我们认为什么是美的,其判断标准存在于我们的精神中。它是我们思想素质的一个既定部分或者先验部分。康德认为这些标准不是随意性的,不像我们今天所说的由某种特殊文化环境决定。他认为,就像科学知识和道德价值一样,这些标准在很大程度上也根源于先验理性。它们应该是不分时空、人所共有的——尽管这些标准存在于本质领域,因而难以确认。不管怎么说,美学领域是自律的;它与道德领域和科学领域一起,组成考察事物的多种方式,但各成畛域,各自产生各自的真理。

有人说康德是一个破坏者,因为他让一切都取决于主体,因而打破了传统的确定信念,颠覆了客观真理。或者说他是以一种"颓废派"的方式,重形式轻内容,重意识轻客体。(莱昂·都德[1]说他是"鬼才",应该对整个"愚蠢的19世纪"负责。)但在康德自己看来,他一直是在努力把理性从武断的主观主义下解救出来。这些说法都有一定的道理。在这个现代性的重大思想革命中,康德是新

---

[1] 莱昂·都德(Léon Daudet, 1867—1942),法国作家,他是著名小说家阿尔方斯·都德的儿子。

旧两种世界观之间的过渡人物。与所有伟大的思想家一样，康德给后人留下了未解之谜。

康德的未加以弥合的二元论让人们觉得世界似乎是分裂的。人们大多对此不太满意。他的"批判哲学"（需要重申，它只是一种批判分析，而没有创造一种"体系"）可以被许多不同的体系当作出发点和基础。有些康德派学者忘了物自体，要么成为唯心主义者，主张世界完全是精神的产物，要么成为实证主义者（现象学者），声称我们不可能认识终极实在，因此应该满足于对我们的观察结果进行整理和编排。还有一些人沿着浪漫主义或神秘主义方向推进康德的本体论思想，强调宗教直觉或艺术直觉在以非理性主义方式触及深层隐秘实在时所起的作用。虽然康德本人谈不上是一个浪漫派，但浪漫主义运动恰恰始于他潜心写作，试图将自己的不同思想加以融合之时。在德国哲学中，康德的直接继承者费希特和谢林试图寻找一种统一原则，将不同的思想领域，即纯粹理性和实践理性结合在一起（参见后面的论述）。

当然，大多数人不可能仔细探究这位伟大哲学家的思想。许多人一直认为他是极其晦涩难懂的，甚至根本无法理解。然而，康德是真诚地希望他的作品能让普通人看懂（这是卢梭主义的一部分），他也确实给专业哲学家之外的许多人留下了虽然模糊但很深刻的印象。[1] 他成了"思想者"的原型和典范。这个谦谦君子确实有某种令人惊奇之处：他住在一个不太有名的大学城，习惯于恬静淡然的

---

[1] 威廉·布施是一位儿童流行诗歌作者。他创作的《麦克斯和莫里茨》(1865)是相当于《爱丽丝漫游奇境记》的德语作品。他在自传中写道，他虽然不懂康德的思想，但为之倾倒。他说，康德的作品使他对心灵中的秘密之处产生了好奇心，"人的心灵居然有那么多隐秘之处"。——原注

生活，从未想迈出城池一步。这样一个人竟然改变了人类的思维方向，甚至是人类的历史。19世纪末，才30岁就名利双收的南非将军扬·史沫资曾决定引退。他说："我喜欢安静地坐着，喜欢给我的橘树浇水，喜欢研读康德的批判哲学。"喜欢思考的人大概都有这样一个梦。

康德在《纯粹理性批判》中写道："我这本书只不过会在这个人类认识领域中引起一种全面的思想变革。"这并非妄谈。他的"哥白尼式革命"主要体现为，将舞台从精神之外转移到精神之内。人的精神具有创造性，不是消极被动的；不是孔狄亚克所说的石蜡，[1] 而是给自然界赋予了规则的能动主体。创造性的精神在文学和科学中都是必不可少的。例如，在科学研究中，必须提出假设，探究性质；纯粹的经验主义是拙劣的科学方法。一个人作为本体之物乃是一种有高贵尊严的生物。康德的政治思想可能并非他的理论中最强的方面，但它强调自律的道德主体的尊严，主张人应该是自由的，应该被视为目的而不是工具，因此对19世纪的自由主义（和社会主义）做出了重大贡献。

后康德时代的哲学家

德国哲学的黄金时代开始于康德，结束于半个世纪后的黑格尔。在此期间还有几位杰出的思想家，其中最重要的是约翰·戈特利布·费希特和弗里德里希·威廉·约瑟夫·冯·谢林。费希特读

---

1 孔狄亚克认为，感官接受知识正如"石蜡能够记录印记"。

了康德的著作后极其兴奋，自动担任康德哲学的主要阐发者。与这位柯尼斯堡人相比，费希特具有更大众化的眼光。1799年，他因触及宗教而被耶拿大学解职。后来，他写了《致德意志民族的演讲》，前面我们已经提到，这是民族主义思想的一个里程碑。费希特并不是严格意义上的浪漫派；他认为，哲学应该是一门严谨的科学。但他鼓吹唯心主义哲学，把康德的模棱两可的观点转到这一方向上。宇宙包含着一个绝对的自我，我们自己的意识不过是它的一部分。这种绝对自我是一种独特的、自由的活动，它竭力在完全的自我意识中实现自己，它是整个自然界的基础。

这种世界观虽然是用德国形而上学的常见晦涩术语表达的，却极其引人注目，因为它提出了一个关于人类意志或意识的激进看法，即把它说成是宇宙的中心，是宇宙所包含的绝对精神的一种表达。我们以自己的意识作为出发点。它是一种由本能确定的东西。它逃避我们的思想，因为它不能被对象化（试想一下，你能否把自己的意识当作你的思想的对象）。理性本身只能是这种人类主体的发明，因此被费希特视为一种能动的想象。费希特通过把万物都归于绝对精神的名下来克服康德的二元论，因此他比他的老师走得更远，认为世界不过是人的灵魂或者人的想象的放大。他还提出一个著名的辩证原理，即正/反/合。这个原理被一些人误以为是黑格尔提出的。在费希特看来，精神沿着这种辩证法展开。纯粹主观的自我首先要确立一个对立的"非我"，从而开始辩证的进程。被现代心理学者视为新颖的东西，有许多早已出现在费希特那里。他是一个热烈、有说服力但有些散漫的思想家——黑格尔曾经嘲笑他。但在普及浪漫主义关于自由创造想象的观念方面，他的贡献超过任何人。

谢林是费希特的弟子，是黑格尔的朋友和同事。他对黑格尔有很大影响。1797—1802年，他源源不断地发表著述，创立了他所谓的先验唯心主义。他比费希特更强调自然界是绝对精神的客观形式，并且指出了后来黑格尔在许多方面遵循的道路。谢林思想最引人注目之处，尤其是与浪漫主义相关之处，可能是他把艺术创作说成是最高的人类成就。正是在艺术创作中，绝对精神的两种形式，即有意识的力量和无意识的力量融合成了一个合题；正是在艺术中，无限通过有限的形式表现自己。当艺术家运用自然之物塑造某种东西时，例如米开朗琪罗雕刻一个作品，主观精神（米开朗琪罗）和客观自然（大理石）合而为一。浪漫派诗人当然会如饥似渴地汲取谢林的思想，因为他给艺术提供了一个前所未有的形而上学基础。浪漫主义将诗人推崇为先知，用谢林的话说是"被亏待的人类立法者"——这种做法与谢林的思想有密切关联。柯勒律治以及稍后的托马斯·卡莱尔将这种德国形而上学引入英国诗歌。谢林后期反对黑格尔的极端理性主义，提出了某种存在主义的萌芽思想；他影响了克尔凯郭尔，后者19世纪40年代在柏林听过他讲课。谢林逐渐开始反对所有抽象的、概念化的思想，斥之为"否定哲学"，认为它们低于具体的、存在的实在。他对宗教神话表现出浓厚的兴趣，一如卡尔·荣格以及我们今天的一些人。

德国哲学的洪流持续到伟大的黑格尔。我们将在下一章考察黑格尔。这一洪流在19世纪，尤其是上半叶的欧洲思想界冲出了一道宽阔的路径。直到19世纪末，专业哲学几乎都受到它的支配，只能在康德与黑格尔之间做出选择。但德国哲学并不只想在哲学系占据一席之地，而是有着更大的诉求。19世纪中期以前，将这些主题变成专业问题的进程仅仅是开始。德国哲学提供了取代宗教的哲学，用绝对精神取代基督教的上帝。这种新宗教比基督教更富于人道主义。人在其中的位置几乎相当于上帝。绝对精神看上去几乎就是放大的人的自我。人的意识反映和参与了这种神性。人类的艺术和道德经验，实际上是存在于人并通过人发挥作用的宇宙力量。德国的唯心主义与浪漫主义结合起来，产生了在19世纪彰明较著的"泰坦精神"。但在一些人看来，这种泰坦精神极其危险。诗人斯温伯恩[1]呼喊："荣耀归于至高无上的人。"

浪漫主义的起源

　　浪漫主义常常被认为始于卢梭。还有一些18世纪的作家以各种不同的形式偏离理性、中庸和秩序这些古典规则，也被认为具有某些浪漫主义因素。他们喜欢怪诞、原始、神秘等能够唤起崇高美来对抗秀丽美的东西。富人们为自己搭建人工的荒野废墟，来自北美或南太平洋的"高贵野蛮人"在欧洲的画室里备受优待。"哥特小说"因其所描述的恐怖住所和邪恶鬼魂而风靡一时。这种"狂野"的事物在18世纪大量出现，或许过去也一直如此。（中世纪，人们喜欢想象森林中或深水中的怪物。）比较文雅的诗人托马斯·格雷[2]和威廉·柯珀被归入"前浪漫派"，因为他们情感内省，而当时时兴的就是"温情的人"。我们前面提到，年轻歌德的伤感的《少年

---

[1] 斯温伯恩（Swinburne，1837—1909），英国诗人。
[2] 托马斯·格雷（Thomas Gray，1716—1771），英国诗人。

维特之烦恼》在催人泪下方面足以挑战卢梭的小说。在"狂飙突进运动"中，席勒早期的戏剧，包括写于1781年的《强盗》，后来长期被奉为浪漫主义经典之作。

在法国，启蒙理性主义势头更为强劲。如前所述，拿破仑是它的支持者，鼓励观念学派，直到最后才像蔑视其他知识分子一样唾弃他们。但凭借着夏多布里昂的有力参与，法国的浪漫主义脱颖而出。夏多布里昂是当时的文学领袖。他的《阿塔拉》和《勒内》以新大陆的森林为背景，浸透着浓厚的宗教精神，开创了一种新的文学样式。夏多布里昂的生活本身就活力四射，在风花雪月中游移于文学和政治之间，极富浪漫色彩。夏多布里昂是其后的法国浪漫主义文学之父，而卢梭是它的鼻祖。

在英国，年轻诗人塞缪尔·泰勒·柯勒律治和威廉·华兹华斯正在尝试一种新的诗歌，这使他们颇有一种革命者的感觉。在世纪之交，他们与诗人预言家威廉·布莱克一起开创了英国的浪漫主义，但有一段时间它不为人知。布莱克出版了自己的诗集《天真之歌》（1789）和《经验之歌》（1794），但许多年都未引起注意。进入19世纪很长时间，人们都知道他是一个图案设计师和版画家，很少有人知道他是诗人。拿破仑战争打断了文学活动。柯勒律治和华兹华斯致力于撰写政治小册子，而夏多布里昂则被迫流亡。但是，浪漫主义在德国如火如荼地发展起来。柏林的弗里德里希·施莱格尔和哥哥奥古斯特·施莱格尔以及德累斯顿的诺瓦利斯和耶拿的谢林这一伙人自称浪漫派，并传播对于这一运动极其重要的哲学思想。施莱尔马赫的神学（1799）和贝多芬的音乐（自1800年起）标志着这一时期浪漫主义富于创造力的青春期。德国的浪漫主义一直是这一运动的中流砥柱，不仅在哲学领域结出硕果，而且创作了源源不断的文学作品，让一代人为之着迷。让·保罗·里克特被称作德国的卢梭，成为青年人崇拜的一个偶像。

浪漫主义的更大胜利还在后头。它的影响在1810—1830年达到顶峰。华兹华斯和柯勒律治开始获得声誉，并且与雪莱、拜伦和济慈一起形成自莎士比亚以来最著名的英国诗人群体。他们都被称作浪漫派。拜伦勋爵成为一个奇迹般的文化英雄。1812年，他"一夜成名"。在伦敦，拿破仑入侵俄国的消息也比不上《恰尔德·哈罗德游记》前两章出版所造成的轰动。1816年，他因丑闻（通奸加乱伦）而离开英国之后，他的名声远播欧洲大陆。若干年后，普希金通过俄文版、马克思通过德文版读到拜伦的诗篇。稍微有一点近代历史常识的人都知道，他在意大利极尽声色犬马之娱后，为希腊独立而献身。他死于1824年，时年36岁。丁尼生[1]说，整个世界因拜伦之死而黯然。但在饱经生与爱的疯狂后，牺牲年轻的生命，这多么浪漫！或者，如普希金所说，宁为雄鹰痛快一时，不做乌鸦苟活百年。[2]

出生于瑞士的斯塔尔夫人是一个魅力非凡的女人。她写作，恋爱，与拿破仑唇枪舌剑，并于1813年发表《论德国》，将德国浪漫派介绍到法国。拿破仑垮台后，法国在1820—1830年被浪漫主义征服。1820年，席勒的剧作《玛丽·斯图亚特》（写于1801年）让巴黎倾倒；1830年，雨果的剧作《欧那尼》引起了法国戏剧史上最激

---

1 丁尼生（Tennyson，1809—1892），英国维多利亚时代的杰出诗人。
2 这句话出自普希金《上尉的女儿》中普加乔夫之口。

烈的争执。雨果、拉马丁和小说家大仲马成为浪漫主义运动的公认领袖。他们是当时最著名、最杰出的作家。与此同时,以画家德拉克洛瓦为首的画派也自称浪漫派。此外,还应算上司汤达、缪塞、奈瓦尔、乔治·桑、维尼[1]、巴尔扎克,当时肖邦和李斯特也在巴黎。"1823—1835年这十几年是法国的文化启示录。"(杰弗里·哈特曼[2])法国浪漫主义的力量有时被人们低估了。要知道,在这个具有强大的古典主义传统的国度里,反对的声音不绝于耳。抱残守缺的法兰西学院5次否决接纳雨果的提案。最后一次是在1836年。古典派和浪漫派之间的斗争从未停止,因此戏剧表演的季节总是生机盎然。1829年,法兰西学院谴责浪漫主义"搅乱我们的规则,冒犯我们的杰作,败坏大众的舆论"。即使在浪漫主义的高潮时期,18世纪的古典主义和洛可可趣味依然十分流行。

在英国,济慈的朋友认为,刻毒的文学保守派对他的夭折负有一定的责任。最伟大的德国文学家歌德早期对浪漫主义有重大贡献,晚年却宣布古典主义是健康的,浪漫主义是病态的。("压制肉欲,培养智力,维护理性的优势,这一切又有何益?想象力就像最强大的敌人,伺机而动。")顽固的古典主义者始终存在,而且在浪漫主义时代,还出现了古典主义复兴的迹象。如果说浪漫派到1830年收获了大部分成果,那么到19世纪四五十年代,他们遭到了新一代的毁灭性攻击。后者指责他们过于煽情和夸张。

但在1760—1840年这一更长的时段内,欧洲确实受到了某种新

---

1 维尼(Alfred de Vigny, 1797—1863),法国诗人、剧作家、小说家。
2 杰弗里·哈特曼(Geoffrey Hartman),耶鲁大学英语和比较文学教授。

的、激动人心又颇受争议的东西冲击。我们还没有界定它，只是在指出它的几个标志时提到它的一些特点。实际上，浪漫主义的定义是很难把握的；有人宣称，无法定义浪漫主义简直是这个世纪的耻辱。浪漫主义这个词具有许多含义，其中一些还是相互矛盾的。夏多布里昂的浪漫主义是天主教和保皇派的，而雨果的浪漫主义（虽然最初是保守的）却是共和主义和自由主义的，甚至是革命的。既有战斗的浪漫派，如拜伦为希腊而战斗，马志尼为意大利民族主义而奋斗，也有退隐田园的浪漫派。浪漫派敢爱敢恨，打破传统的道德界限，但18世纪和其他世纪也有这种现象。浪漫派关注中世纪，把中世纪从启蒙运动的讥讽中解救出来，但他们也崇敬和赞美"古典古代"的昔日辉煌——"美丽的希腊，悲惨的废墟"。[1]

为了解开这堆乱麻，有人提出，存在着不止一种浪漫主义；这个术语"变成了一个标签，被用于表示五六种彼此之间只有某种偶然联系的东西"（克里斯托弗·道森[2]）。喜爱大自然，把直觉视为真理的来源，注重表达情感，把社会视为一个有机体——这些观念和时尚是在同一时期突然冒出来的，都被塞到一个笼统的名义之下，但它们彼此之间没有必然的联系。思想史学科的开创者洛夫乔伊在一篇著名的论文中表示支持这样一种观点：我们应该使用"浪漫主义"这个词的复数（romanticisms），而不是这个词的单数（romanticism）。后者"已经表示许多东西，因此单就它本身而言，已经没有意义"。从这种唯名论的观点出发，人们可以走得更远。

---

[1] 这句诗出自拜伦《恰尔德·哈罗德游记》。
[2] 克里斯托弗·道森（Christopher Dawson, 1889—1970），英国天主教历史学家。

就像今天我们这个高度专业化的时代里许多文学研究者所做的那样，人们可以把一切标签都去掉，只考虑单个作者和单个文本。当精力都用于解释柯勒律治的一首诗时，就没有时间费神考虑什么"浪漫主义"了。

但是，一个时代的情绪可能真的不那么合乎逻辑。而且，当时的欧洲各地确实有一种普遍的情绪，人们需要用一个词来表示它。很可能，"这个很难下定义的词就是最本质的表达"（G. K. 切斯特顿[1]）。像爱情、善、忧郁这些无法通约的事物是无法定义的，只能表示出来。如果我们过分追求一种狭窄的浪漫主义定义，就可能忽视一个虽然不那么明晰却十分重要的现实，即这个时代的精神或语言。它表示出人类意识的深刻变化。用来概括一个时代的一般性术语都有类似的问题，例如，文艺复兴、启蒙运动、维多利亚时代风尚、现代主义等。但我们需要这种术语，以便赋予文化现象统一性。即便它只能部分地表示表面上的统一性，它作为一种理想类型也能帮助我们理解历史。

各种不同的浪漫主义

浪漫主义可以在一定程度上理解为对启蒙运动的一种反抗。启蒙运动是一场强大又广泛的思想和精神运动，但最终耗尽了人们的支持，引发了一场反革命运动。启蒙运动推崇理性主义、古典主义

---

1 G. K. 切斯特顿（Gilbert Keith Chesterton, 1874—1936），英国评论家、诗人、散文作家和小说家。

第 1 章 浪漫主义和革命

和唯物主义，不喜欢强烈的激情、主观性和混乱无序。它追求澄明，力图消除神秘。到头来，它变得乏味、单调、沉闷。它的强调个人利益和快乐主义的伦理学看上去猥琐庸俗，毫无英雄气息。（伏尔泰说，他不喜欢英雄，英雄太吵闹了。）

因此，浪漫主义时代充满了反抗的呼声。卡莱尔宣称："我根据我自身的经验宣布，世界不是机器！"针对启蒙运动的理性主义，伯克宣称，理性不过是人性的"一部分，而且绝不是最大的那部分"。柯勒律治补充说，纯粹的"算计能力"低于"创造性的素质"（当然这里隐含着康德哲学和后康德哲学的影响）。启蒙哲学家攻击传统的基督教，提倡"自然神论"或理性宗教，实际上把上帝看成一个机械师。浪漫派则反其道而行之，陶醉于各种神秘事物。夏多布里昂说，没有比神秘事物更让人开心的了。（浪漫派的宗教信仰也免不了有自己的异端，即泛神论倾向或者用一个伟大的世界灵魂取代基督教的上帝。）在理性时代，宗教信仰作为一种礼节性的行为而陷入沉寂；它现在重新受到青睐。

在文风方面，浪漫主义反叛束缚戏剧和诗歌的清规戒律；它是"一次反抗古典主义旧传统的起义"。雨果对悲剧规则的破坏，导致了古典派对《欧那尼》的愤慨。浪漫派宣称，每一出戏都可以有自己的规则，而无须遵循支配所有戏剧创作的公式（例如，时间、地点和情节的三一律；英雄必得高贵；各种诗体有相应的格律）。浪漫主义不太循规蹈矩，而是提倡一种更个人化、更私密的情调，即卢梭开创的那种情调，仿佛促膝谈心，而不是振臂高呼。在18世纪，诗歌处于奄奄一息的状态。这种高雅的文学形式"受格律压迫，越雕琢越孱弱"，似乎无法表达真情实感，正如约翰逊博士（他本人

谈不上是浪漫派）指出的：[1]

> 环视诗人，一片肃杀之气，
> 空论喧嚣，激情沉睡。

虽然黑兹利特对新诗不无批评，但他承认："到18世纪末，我们的诗歌已经蜕变成最陈腐、最平淡、最机械的东西。"因此，浪漫派诗人决心袒露自己的灵魂，散文作家决心宣扬离经叛道，只是或许做得有些过分了。

同样，民间文学也吸引了浪漫派，主要是因为新古典主义规范不愿意认真看待平民百姓的东西。"浪漫主义"这个词就源于中世纪的"罗曼司"。传奇故事被称作"罗曼司"，是因为它们是用当地方言而不是拉丁文写的。在很长时间里，所有的严肃写作都必须使用拉丁文，否则就会被打入另册。现在，像赫尔德这样的民俗学家致力于搜寻"农民的简朴民谣"。华兹华斯认为自己在用乡间的质朴语言写诗。正如我们已经指出的，法国革命民主的民族主义也有这样一个因素。浪漫主义在某些重要方面也是对贵族统治的民主反抗。旧制度渗透着等级意识，古典主义的创作原则就反映了这种意识。任何事物都应该处于一个完美体制中的固定位置，承担不同（也不平等）的角色。正如莎士比亚戏剧中的一段著名文字所警告的："秩序一旦废除，琴弦一经松懈"，[2] 整个结构就会坍塌。点错一个句

---

[1] 约翰逊博士著名的《辞典》对"罗曼蒂克"的定义：类似于传奇、狂野；不可思议，虚构；想象，充满荒野场景……——原注

[2] 出自莎士比亚的《脱爱勒斯与克莱西达》。

号,就会导致国家毁灭。新古典主义的衰落与整个(在理论上)结构严密的旧社会制度的衰落密切关联。

在18世纪,人们追求常识和中庸,似乎遗忘了理想。浪漫派通常蔑视这种粗鄙的物质主义的伦理。卡莱尔讥笑道:"灵魂丧失,但胃口极佳。"萨克雷说,那是一个饕餮的时代。此时,所有人都嘲笑"洛克这种人",即稳健的公民,仅以毫无光彩的"追求幸福"为目标。浪漫派反感这种快乐主义,从而采取了某种高姿态。但拜伦在《唐璜》中也嘲笑了主人公的疯狂冒险。

中世纪的风格卷土重来,因为鄙视教士统治与哥特式建筑的理性主义和新古典主义时代此时结束了。爱德华·吉本曾经说,威尼斯的圣马可广场矗立着"我见过的最糟糕的建筑";数十年后,约翰·罗斯金[1]宣布,它是最美丽的人类创造物(《威尼斯之石》)。法国革命开始推倒哥特式大教堂这种"修士迷信的堆积",浪漫主义时期则出现了哥特式建筑的复兴。在18世纪,诗人托马斯·沃顿认为但丁的《神曲》"不堪卒读",伏尔泰的一个信徒说它是世界上最糟糕的诗。但丁在英国享有的盛誉是由布莱克、拜伦、雪莱和柯勒律治造成的,并且得到维多利亚时代人的热烈附和。

同样,对高山、森林等野外风光的爱好也是浪漫派对新古典主义的反抗,因为新古典主义讨厌那种不规则的事物(阿尔卑斯山被认为是极其丑陋和粗野的)。卢梭的《一个孤独漫步者的遐想》开创的风格传递给拜伦、夏多布里昂,甚至是拉马丁的《沉思录》。众所周知,大自然对华兹华斯和亨利·大卫·梭罗是多么重要。这

---

[1] 罗斯金(John Ruskin,1819—1900),英国艺术批评家,详见第4章。

种对自然的亲近使我们看到浪漫主义更积极的方面，德国的哲学唯心主义给它提供了一个形而上学的基础。华兹华斯在他的诗中表达了这种泛神论的精神：

> ……一种崇高的感觉，
> 那是某种深深地浸入的东西，
> 它存驻于落日余晖
> 四望无际的海洋和流动的空气
> 湛蓝的天空和人的心灵；
> 一种情绪、一种精神推动着
> 所有思索者，所有被思索者，
> 它翻滚涌动，无所不至。

这种把实在从根本上看作精神的观念基本出自德国哲学。德国诗人诺瓦利斯、里克特与荷尔德林把这种抽象的哲学翻译成具体的诗意象征。柯勒律治则把它们引入英国。许多人开始或多或少地持有这种唯心主义的浪漫派立场，也就是说，我们会在自然中看到上帝或某种更高的存在，并且与之交流，感到它与我们心灵有一种根本上的亲近。在卡莱尔的第一部作品《旧衣新裁》中可以看到比较通俗易懂的浪漫派唯心主义。这位文笔生动的作者表达了这样的观点："我们的感官所能认识、我们的科学所能探索的外部世界，只不过是表象。而实在是神圣和无法看见的对应物，它与表象相对，正如灵魂与肉体相对。"

1820—1840年，超验主义成了法国和美国文人中的口头语。美国哲人爱默生是它的代表人物。这种鲁莽的理论会告诉人们：一切"表象"（如社会习俗）都是欺骗；只要敢于寻找自己的自我并付诸行动，我们每个人都能成为圣贤。它很接近于神秘的泛神论。后者是基督教早就痛恨的异端，主张人们只要有身心陶醉感，就能直接与上帝交流。它往往以新柏拉图主义为依据，布莱克的神秘主义就可以追溯到这一来源。柯勒律治声称，他在阅读德国人的著作之前就已经在古人的作品中发现了神秘主义。当时，对印度宗教哲学传统的发现也影响重大。埃德加·基内[1]于1841年写道，"东方的泛神论，被德国人改造之后"，导致了他所说的"东方文化复兴"。（其实，印度教经典的发现和翻译主要应归功于英国人威廉·琼斯爵士和法国人安基提尔-杜佩隆。）

艺术家和诗人在创作时尤其能感受到这种"无限的精神"。艺术家依靠自己的直觉"在一刹那获取真理"（柯勒律治），而且是比实验或分析结果更深刻的真理。诗歌意象是自然的象征，是诠释现实的钥匙。浪漫主义的幻想-宗教因素可以在英国预言家诗人和艺术家威廉·布莱克的作品中看到。布莱克一本正经地把自己的思想与宇宙精神等同起来。[2]他相信，诗人和艺术家的使命就是成为宗教先知，赋予古老的宗教真理以新的意义。布莱克早在19世纪后期象征派出现之前就已经是一个"象征派"，早在卡尔·荣格之前就发现了"无意识的原型"。他给众神起了新的名字，并且声称要在英国建立一个"新耶路撒冷"。他那些令人难忘的天真烂漫的歌曲触及

---

[1] 埃德加·基内（Edgar Quinet，1803—1875），法国诗人、历史学家和政治哲学家。
[2] 可比较法国浪漫派诗人热拉尔·德·奈瓦尔的说法："人的想象力所发明的东西无一不是真的，无论是此岸世界的还是彼岸世界的。"——原注

永恒的宗教和道德经验。

浪漫主义的宗教信仰不仅出现在伯克的著作中，也出现在瑞典预言家伊曼纽尔·斯维登堡的作品中。斯维登堡生活在18世纪（卒于1772年），身后留下了一个"新耶路撒冷教会"教派。英国至今还有一个斯维登堡学会；在美国，这个学会也相当有势力。德国浪漫派神学家弗里德里希·施莱尔马赫（《论宗教》，1799）力图将基督教从教条变成人的内心体验，将字面上的信仰变成具体的人的生活状态。在19世纪，这种思想与"自由主义的"基督教融合，剔除《圣经》本本主义，认为基督教的根本真理比《圣经》的文字表达更深刻、更广阔。浪漫主义神学强调以内心情感经验作为衡量信仰的标准，从而与福音派和虔敬派的基督教复兴相互呼应。当然，旧的教派依然活跃，一个突出的例子便是，俄国沙皇亚历山大一世在德国莫拉维亚教会和英国贵格会的影响下沉迷于宗教。

卫斯理的循道宗和德国的虔敬派都始于18世纪，但到了这时变得更加强盛。英国教会内部的福音派运动乃是对18世纪教会过于宽松的一种反弹。它在18世纪末兴起，对整个维多利亚时代产生了很大的影响。稍后出现的牛津运动（19世纪30年代在牛津大学盛极一时，直到1845年发生著名的约翰·亨利·纽曼"叛教"转向罗马的事件）重视学理，讲究形式，整体上是反动的。它的浪漫主义表现为对仪式、神秘事物和历史传统的喜爱。牛津运动成员之所以反对当时占据主流的世俗自由主义，主要是因为他们不喜欢它的浅薄的唯物主义。约翰·基布尔、E. B. 普西等人聚集在纽曼旗下写了大量诗歌和论文，该运动因此得名。有些牛津人跟随纽曼转向天主教，但多数人继续支持英国教会中的"高教会"。浪漫派的宗教就是如此多样，其共同点在于都怀有一个愿望：使宗教信仰变成热烈而有个人意义的东西，能够让人体验到它活生生的存在。在这一点上，与新教福音派信徒和斯维登堡派泛神论者一样，转向天主教的纽曼也是一个"存在主义者"。

浪漫派的政治观念

浪漫主义在政治上是暧昧的。它与法国革命在时间上重合，因此不可避免地与这一重大事件相互作用。最初，大多数浪漫派都欣喜若狂地欢迎革命，当华兹华斯在巴黎街头与法国人跳舞时，他们在精神上与年轻的华兹华斯同气相求。后来，他们转而反对革命，倾听伯克发表的浸透着浪漫主义情感的大控诉。革命之所以失败，或许就是因为它太受制于18世纪理性主义这一反动信条。多数浪漫派都把作为特殊历史事件的法国革命与它片面体现的更广阔的历史潮流区分开来。他们相信人类正在前进，也不希望返回革命前的旧制度，但他们认为，革命错误地以启蒙运动的唯物主义为依据，因此堕入了玩世不恭的物质主义。托马斯·卡莱尔曾经写过一部著名的法国革命史。他认为，革命之所以失败，是因为革命（至少在拿破仑之前）没有产生什么"伟人"。但这位英雄崇拜的鼓吹者也谴责旧制度，因为它同样没有提供振奋人心的领袖，而这正是衰落的明确标志。浪漫派可能像华兹华斯那样对人类尽善尽美的前景保持一种葛德文式的天真信念，但他们也相信，只有人民发挥自身意识的潜力，而不仅仅是通过政府体制的变革，这个乌托邦才会实现。

柯勒律治在政治上的反复可以说是很典型的。他对政治很感兴趣（在1789年前夕的英国，许多人怀有政治改革的方案和希望），最初对法国革命也充满热情，曾写下一首欢呼攻占巴士底狱的颂歌，但他在1798年写的《法兰西颂》记录了他的失望。他认为："在伯克先生的著述中可以发现几乎所有政治真理的萌芽。"但他也认为，伯克对革命的仇视失之偏颇。柯勒律治认为，公共政策需要坚实的道德基础，康德的绝对律令，即人不应该被当作物，可以成为这样的基础。他反对经济个人主义和政治经济学，认为后者是"庄重的谎言"。在浪漫派的政治思想中，社会是神圣的，由神秘的纽带维系着。柯勒律治拥护这种社会有机论。

19世纪初，我们看到浪漫派的政治思想与保守派的意识形态交融在一起，而后者是自由主义的个人主义和宪政主义的敌人。我们在下一章会进一步讨论这个现象。在英国浪漫派诗人行列中，另外一些重要人物也表现出浪漫主义在政治上的暧昧。如果说华兹华斯和柯勒律治最终成为托利党人，当时最受欢迎的诗人拜伦则是一个贵族革命家。他为捣毁机器的卢德派辩护，对反叛者大书特书，在希腊起义中英勇捐躯。但纵观拜伦的一生，我们会发现，当他要求"美酒和女人、欢乐和笑声"时，也差不多袒露了他的思想。拜伦式的反叛者只不过是一个高傲而忧郁的灵魂，他宁肯选择孤独，也不喜欢他的同胞——我们不得不怀疑他在实际的政治活动中能否获得成功。雪莱就被马修·阿诺德称为"美丽而无用的天使"（最近一些传记对这种观点提出质疑）。雪莱也不时地大呼造反：

英国人，你们为什么耕作？

是为了那些杀死你们的老爷吗？

但他更多地沉浸于诗歌和美色。这些诗人中最伟大的是约翰·济慈。他根本就没有明确的政治观点，他最感兴趣的是夜莺。有的研究者指出，"浪漫主义培育了对受压迫者的同情……向往一种新的社会制度，一种乌托邦"（W. V. 穆迪和 R. M. 洛维特）。确实如此，至少有些浪漫派是这样的。但其他学者（C. 格拉纳）的论述也同样正确："浪漫主义包含着政治传统主义的复兴，有时是提倡新的封建制度，反对社会分裂，颂扬维护共同体的意识，本能地恪守仪式化的风俗。"当然，我们应该考虑到其他人的情况，如济慈和缪塞。他们根本没有涉及这些东西。

我们应该如何调和这些差别？一方面，柯勒律治反对1832年英国议会改革法案；另一方面，雨果战斗在街垒上。二者之间似乎有天壤之别。[1] 我们可以这样说，尽管政治方向各有不同，但这个激荡的时代造就了一种共同的意识高涨。甚至连济慈也意识到一种迫近的气氛或者大变动（"伟大的精灵正在地球上逗留"），尽管他没有认同任何一种政治信条。司汤达在《拉辛与莎士比亚》一文中指出，凡是经历过恐怖时期和跟随拿破仑拖着带血的双脚在俄国雪地上跋涉过的人（这位伟大的法国作家本人就有这种经历），再也不会被冷静克制的古典主义悲剧所打动。无论有多少种选择，对于浪漫主义时代的人们来说，浪漫主义都是一种令人激动的事物。

---

[1] 苏联一位历史学家解决这个问题的办法是，区分两种浪漫主义：一种是好的、进步的、革命的、无产阶级的浪漫主义，一种是坏的、消极的或反动的浪漫主义。但是，这种办法于事无补。——原注

与众不同的俄国沙皇亚历山大一世是一个很好的例子，可以用来说明浪漫主义与政治的关系。他恰恰是在拜伦捐躯一年后（1825）去世的，而且是因莫斯科大火和拿破仑溃退而与拜伦在同一年（1812）出名的。他曾在非凡的祖母叶卡捷琳娜大帝监督下，按照启蒙模式接受教育，但1800年以后他开始追随浪漫主义的潮流。他是个很敏感的人，对政治从来就没有很大的兴趣。不堪重负的领导责任促使他在惶惶不可终日的1812年转向一种神秘宗教。在向莫拉维亚教派和贵格会的信徒请教之后，他一改自己放荡的生活方式，变得近乎痴迷般虔诚，显得极不正统（从俄国东正教教会的眼光看）。到1814—1815年，大战即将结束，胜利者集会决定欧洲的未来面貌。这位欧洲最显赫的人物却卷入了与几位美丽而信奉神秘宗教的女人的风流韵事。朱莉·德·克吕登纳是一位波罗的海男爵的遗孀，年轻时是一个作家，也是一个尤物。她与斯塔尔夫人、让·保罗·里克特以及其他一些文学界人士熟稔。40岁时，她转向宗教，与一些新神秘主义的重要哲学家交往，如圣马丹和慕尼黑的预言家弗兰茨·冯·巴德尔。1815年初，她遇见亚历山大一世，用她的预言才能和美色使之拜倒在她脚下。他们一起设计了神圣同盟，旨在基于真正属灵的基督教建立一种新的治理国家的原则。这个乌托邦被战后的政治现实打破了，变成了朱莉和亚历山大都没有料到的反动象征。

朱莉很快与沙皇分手，转而致力于帮助穷苦无助的人们，结果使她招致整个德意志南部地区当局的嫉恨。至少她还认为属灵的基督教具有深远的社会功用。而沙皇则陷入了无所事事和绝望。他于1825年去世。（谣传说他是伪装去世，后来以一名西伯利亚神父的身份现身。这当然是一个浪漫故事。列夫·托尔斯泰却信以为真。）这个事件成了一个信号。深受法国革命和拜伦式浪漫主义影响的一群年轻军官发动了起义。当然，十二月党人起义最终失败。但它留下了一笔遗产，让俄国后来的革命者直至列宁都引以为戒。

在俄国这种国度里，人们对国家的认同尚不明确，因此浪漫主义尤其容易与民族主义靠近。彼得大帝强迫俄国实行西化；在圣彼得堡，人们说法语或德语，而不说俄语。这意味着俄国是悲惨野蛮的，必须按照外国人的形象来改造。叶卡捷琳娜引进法国文化和观念，尽管她晚年开始对俄国民间文化产生兴趣，努力发展俄语。最早的斯拉夫派在18世纪就已经出现。后来命名的斯拉夫派说，俄国的真正心脏是莫斯科而非人造城市圣彼得堡。在论战中，卢梭对民众文化和乡村的推崇，以及浪漫主义对民俗和民族特性的喜爱，支持着斯拉夫派对抗西方派。一场旷日持久的论战一直在撕裂俄国人的人格。

浪漫主义的意义

在一个多世纪里，学界试图寻找浪漫主义的单一定义，但都失败了。有人据此得出结论：这个术语毫无用途。（他们经常对自由主义、民主主义、社会主义、法西斯主义等术语下这种定论。但这些术语依然流行，因为即便不太准确，人们也还是需要它们。）尽管有各种反对意见，浪漫主义这个术语还是流传下来了，因为它确实可以涵盖1780—1830年前后的一些明显的文化现象。或许我们应该使用若干个术语，但也可以保留一个提示性的术语，只是需要对它做更细致的区分，做出限定，标明它的例外。

浪漫主义革命是现代历史上最激动人心、最有创造力的时期的一个重要方面。它与康德的哲学革命和法国革命都密切相关。在浪漫主义革命中，最基本的因素可能是主观主义。从康德的观点看，主观主义就是人的精神参与对现实的塑造。人的精神不是消极的旁观者。过去，人们是从认识对象的角度来考虑认识过程；而现在，重心转移到主体。柯勒律治宣称，在牛顿体系里"人的精神永远是被动的，[面对外部世界]是一个懒惰的看客"。但这位英国浪漫派哲学的主要阐释者立即强调："任何以人的精神的被动性为基础建立的体系，必然是错误的。"这是浪漫主义的一个核心见解。正如一部文学批评专著指出的，人的精神是镜与灯[1]。它照亮通往真理的道路，而不只是反映真理。人的精神天生具有想象力和创造性，实际能塑造外部世界。

许多人认为这种观点是一种破坏性原则，是"颓废"的标志。健康的社会不能这样将真理相对化。最终，我们会接受尼采的观点：有多少个人视角，就有多少真理。经济和政治上的个人主义在这个时期开始发展（这一点我们将在下一章详述），也打破了社会的统一，而且从此愈演愈烈。18世纪的文学是一种社会文学，不是追求表达个人的心灵，而是力图传播共同的理念。局外人、厌世者（见莫里哀的戏剧）、怪人通常会受到嘲笑，而不会受到赞扬。现在出现了拜伦式的英雄，这种人孤独而抑郁，"厌恶人类"。浪漫主义开启了人群中的孤独这一现代人的命运，说得好听些是开启了个人自

---

[1] 见艾布拉姆斯：《镜与灯——浪漫主义文论及批评传统》。

我发展的特权。浪漫派制造了诗人被冷酷无情的社会所毁灭的传说（如查特顿和谢尼埃[1]）；由于"庸众"的迫害，他们"在骄傲中陨灭"，但因独立不羁而受到敬仰。那种我行我素的梭罗式个人主义者登上了历史舞台。

华兹华斯以浪漫派特有的方式写道：

> 窥视我们的思想、人的思想——
> 我的出没之地，我的心声倾诉之地。

没有什么比这更"能唤起这样的恐惧和敬畏"了。浪漫派诗人开始对内心意识这个最神秘的领域展开漫长的探索。这些作家已经播撒下后来成为深层心理学的种子。弗洛伊德把歌德（以及莎士比亚）等列入可以被视为他的心理分析先驱的创造性作家名单。此外，他还应该加上威廉·布莱克。今天，许多人认为后者是弗洛伊德的先驱。1820年，拜伦就在思考：

> 如果某个道德海洋上的哥伦布，
> 向人类展示他们灵魂的两极。

人们会用怎样不同的眼光观看世界？（"又会获得多少新鲜的东西？"）《唐璜》中接下来的段落暗示，那些隐秘一旦被揭露，就

---

[1] 查特顿（Chatterton，1752—1770），英国诗人，服砒霜自杀。谢尼埃（Chénier，1762—1794），法国诗人，死于断头台。

会使人们对人的创造力产生新的理解。由此，开始了对人类行动动机的探寻。这是一个漫长、艰难的探索，或许也是危险的。

浪漫派的许多重要诗作都运用穿越时空的记忆，叙述从童稚到成熟的成长过程，即自我的探险历程。"教育小说"，即关于自我发现和自我教育的小说，是一种延续到 20 世纪的浪漫派文体。司汤达早在弗洛伊德之前就试图复原关于自己过去的全部记忆，为的是"推测我是哪种人"。这个小说家的真名是贝尔，以布鲁拉尔为名写回忆录。面对深不可测的记忆源泉，他十分无奈，只得承认："我也不知道自己是什么人。"对一个稳定自我（即"身份"）的探寻由此开始，这种自我的基础受到浪漫主义主体的质疑。个人与社会的冲突变成 19 世纪小说的又一重大主题。

因此，正如黑格尔在其早期作品《精神现象学》中所说的，"精神进入另外一个领域，即内心主观道德意识的领域"。洛夫乔伊认为，与启蒙运动的标准化和简单化相反，浪漫主义的基本特征是多样性或多元论，追求、欣赏的是独特和个别而非普遍和一般。约翰逊博士曾以古典主义的名义宣布："我们不想数郁金香上的花纹。"而浪漫派就是想做这样的事情。19 世纪，在建筑方面是折中主义、古为今用，在艺术和思想方面是"兼收并蓄"。独立的民族文化已经各具形态。正如诗人罗塞蒂[1]所说，人类已经被划分成人们。他认为这是欧洲衰退的一个标志。从这个意义上看，浪漫主义预见了之后两个世纪愈演愈烈的思想和社会的破碎化。但是，我们不能完全满足于这样一个定义。浪漫派坚持他们在超验哲学和对理想真理的

---

1 罗塞蒂（Rossetti, 1828—1882），意大利裔英国诗人、画家。

热烈追求中的统一。如果他们看到今天"后现代主义者"欢庆价值领域的混沌无序，他们大多会感到震惊。

尽管他们之中有人陷入时髦的悲观厌世或拜伦式的愤世嫉俗，但他们总体上是乐观主义的。他们的基调是对生活和艺术的热爱。文学评论家特里林[1]指出，济慈的书信所具有的令人愉悦的效果是令人无法企及的。语言的更新是造成这种效果的部分原因，更深层的原因是其中包含着新的启示和希望。诗人的这种冲动也扩散到其他艺术门类。萧伯纳指出："1813年，音乐前所未有地变成世界上最令人惊愕、最令人陶醉、最不可思议的艺术。"贝多芬和舒伯特的神奇精力传递给了后继者肖邦、舒曼、柏辽兹。这些人的生活和音乐都是浪漫主义的。尽管有布莱克、德拉克洛瓦、加斯帕尔·大卫·弗里德里希[2]（他宣称，画家不仅应该画他亲眼见到的东西，也应该画他在心里看到的东西），但视觉艺术似乎受浪漫主义的影响较小，这大概是因为绘画和雕塑在精神上更古典，更擅长描绘安静和平衡状态，而不像贝多芬的奏鸣曲那样表达强烈情绪的汹涌推进。

无论浪漫主义的思想多么错综复杂，这个时代都出现了自文艺复兴以来几乎空前绝后的创造力大喷发。它不仅激活了语言，而且让诗歌与人民接近。法国的缪塞和雨果，英国的拜伦和华兹华斯，德国的歌德和克莱斯特[3]，美国的爱默生和朗费罗，苏格兰的彭斯，

---

[1] 特里林（Lionel Trilling，1905—1975），美国文学评论家。
[2] 加斯帕尔·大卫·弗里德里希（Caspar David Friedrich，1774—1840），德国浪漫主义画家先驱。
[3] 克莱斯特（Heinrich von Kleist，1777—1811），德国剧作家。

俄国的普希金和莱蒙托夫，所有这些名字都代表着一种新的文学。这种文学深入民众的意识，提供了雅俗共赏的意象，其影响在英语世界里仅次于《圣经》和莎士比亚的戏剧。就俄国而言，19世纪上半叶的一代作家实际上创造了一种前所未有的民族文学。

浪漫主义的平民性也表现为他们所描述的各种吸血鬼（现在，一部由克里斯托弗·弗雷林撰写的吸血鬼文学史就从拜伦的作品开始论述）、弗兰肯斯坦的怪物[1]以及格林兄弟的童话。狄更斯和其他维多利亚时代的大作家无一不是从浪漫派文学遗产中脱胎而来的。

如果我们把浪漫主义时期的伟大作家和艺术家划归某个社会阶级，肯定不会成功，因为他们的社会来源十分复杂。济慈的父亲是马厩雇工管家，布莱克是服饰用品商的后代，托马斯·穆尔[2]是一个杂货商的儿子，约翰·克莱尔[3]本人是农场工人。形成对照的是，雨果的父亲是拿破仑手下的一个将军。拜伦勋爵当然出身高贵，虽然不是家族中的富有支系。巴尔扎克实际上出身资产阶级，在自己的姓前面加上"德"是为了听起来像贵族。乔治·桑的父亲是贵族，母亲出身低微；她在修道院长大，最初穿着男性服装，像个农民，而不像个女权主义者；她先嫁给一个乡绅，然后带着两个孩子跑到巴黎，写了80部小说，成了名人。她的故事是那个时代的缩影。在新的城市文学市场上，博取名利的能力变得越来

---

[1] 典故出自雪莱夫人写的小说《弗兰肯斯坦》。同名主人公是一个学者，被自己创造出的怪物杀死。
[2] 托马斯·穆尔（Thomas Moore，1779—1852），爱尔兰诗人、作曲家。
[3] 约翰·克莱尔（John Clare，1793—1864），英国农民诗人。

越重要。作家成为魅力四射的人物、当代文化英雄。他们来自社会的各个阶级，具有各式各样的背景。如果说他们有什么共同点，那就是他们的才能和浪漫主义热情。归根结底，这就是艺术家的自我表现信条：

> 织一个圆圈，把他三道围住，
> 闭上你双眼，带着神圣的恐惧，
> 因为他一直吃着蜜样甘露，
> 一直饮着天堂的琼浆仙乳。
>
> ——柯勒律治[1]

---

[1] 出自柯勒律治《忽必烈汗》，参考屠岸译文。

第 2 章

意识形态的时代：1815—1848

> 从拿破仑战争的惊雷，到圣玛丽教堂的教区议事会，都宣告了民主的精神。在这些年代中，民主不可阻挡地成了所有地方渴求的目标，并不断扩展。
>
> ——托马斯·卡莱尔

> 我一个人便能让过去一代代在政治理念上愚蠢不堪的人惊慌失措，今天连同后世的人们都要为他们享有的无边幸福而感激我的贡献。
>
> ——傅立叶

欧洲的形势：1815—1848

1815 年以后，欧洲涌现出各种政治上和社会上的"主义"。这是拿破仑战败后新旧世界方生未死时代的产物。拿破仑曾经在欧洲广大地区推行法国大革命的原则，打碎旧秩序，进行彻底的革新。现在革命及其伟大的领袖都消失了。虽然大多数有思想的人都为摆脱了暴发的科西嘉冒险家而欢欣鼓舞，但即便最反动的人也不相信还有可能回到1789年以前的旧制度。前途是什么呢？在整个欧洲，人们都感到需要静心思考，寻找新的航线。大革命摈弃了旧欧洲，但没有建立起一个新欧洲。从恐怖统治到拿破仑独裁，再到连年兵燹后的军事失败，无论在道义上，还是在实力较量中，大革命一一落败。缪塞写道："凡是经历了1793年和1814年的人，心灵都遭受了两次重创。"他把"目前这个世纪的所有病态"都归因于这种心灵创伤。那么，用什么来医治这种"世纪病"呢？

凡是经历了革命、战争、波拿巴主义政权及其失败的人，都有可能像司汤达的小说《帕尔马修道院》中的年轻主人公那样，看破红尘，愤世嫉俗。他们还有可能躲到浪漫主义文学的欢乐中，逃避公共世界，转向纯粹的个人世界。但是，寻求新的社会原则的必要性是不可回避的。1815—1848年，各种社会和政治意识形态成为欧洲各地思想界的主要关注对象：社会主义、自由主义、保守主义以及一些地方的民族主义。民族主义在德国和意大利表现更突出，因为它们都在争取民族解放和民族统一。

一些旨在建立经济和政治学说的思想或思想体系受到瞩目。即便在纯哲学领域，政治的冲动也是显而易见的。尽管哲学家黑格尔发明了一种被许多人视为过于形而上学的体系，但他的主要旨趣在于人类历史和人类的政治秩序。受他影响的人很多，包括批判历史学家大卫·施特劳斯、社会经济学家马克思以及许多民族主义者。

1815年的维也纳和约试图重整欧洲的政治秩序和道义原则，但基本上失败了。它对各个民族和政府的安排遭到反对，起义随即发生。意大利北部的情况最为突出。若想理解维也纳会议之后欧洲的动荡局势，可以用这个地区来做个案研究。此前，意大利曾强烈地感受到卢梭和法国大革命的影响。有不少意大利人曾经对启蒙运动做出贡献（刑法学家贝卡里亚就是一个最好的例证）；早在马志尼的青年意大利党之前，革命群体就已经在18世纪广泛传播的共济会中开始形成。拿破仑·波拿巴生在科西嘉岛，按祖籍应该是意大利人而非法国人。他用《拿破仑法典》对意大利进行了彻底的改造，废除了封建特权，也因此赢得了许多意大利人的支持。随着拿破仑的最终失败，所有这一切都烟消云散，基本上回到奥地利控制下的旧秩序。维也纳会议采纳"正统"原则，使得原来的多数君主重返王位，其中包括意大利北部的萨伏伊王室。托斯卡纳大公仰赖奥地利人的鼻息，威尼斯和伦巴第则由奥地利直接统治。怀有理想主义的意大利青年对这种反动的和平安排极其不满，其激烈程度是欧洲其他地方所不及的。在德国，民族主义始于普鲁士兵败耶拿遭受屈辱之时，而在意大利，民族主义基于对外国统治的仇恨而高涨。

  沙皇亚历山大将法国人民与拿破仑区分开来（其实，大多数法国人一直拥护拿破仑）。但非常宽厚的和平条款是有代价的，法国恢复了路易十八所代表的波旁王朝。保皇党开始得势，甚至维克多·雨果在1820年时也是君主派。不过，很快就出现了自由主义反对派，社会主义者也崭露头角。到19世纪30年代，"合作主义者"[1]对知识分子也有很大影响。下一次法国革命没过几年就发生了。它于1830年爆发，查理十世被迫退位。随之而来的是一个把君主主义

---

[1] 合作主义（associationalism）主张由各种公民自治联合组织来管理社会，既反对完全放任自由市场的个人主义，也反对国家性质的集体主义。

（但并非"正统"）与自由宪政主义结合起来的态度暧昧的政权。这个七月王朝在18年后也寿终正寝。极端保守派和社会主义者都不接受它。它的主要支持者是大资产阶级，即大商人、银行家和工业家。

1832年，英国也发生了革命。这是和平的革命，但在议会通过伟大的《1832年改革法案》之前，也发生了一些骚乱。通常的说法是，这次改革标志着"中产阶级"战胜了旧式贵族，但在1832年之后的很长时间里，下院的政治领袖还是出自土地贵族。就像法国的1830年革命一样，这次改革没有建立民主制度，大多数英国人没有获得选举权。不过，这次改革加上几年后维多利亚女王登基，为19世纪英国的社会稳定提供了基础。改革的主要内容是重新分配议会席位，给新兴的工业内陆地区提供平等的代表名额，从而使这样一个飞速工业化的国家的新兴企业家能够分享政治权力。

因此，也可以说，在19世纪上半叶，中产阶级或工业资产阶级以及代表他们的社会学说取得了胜利。更广义地看，可以说，法国大革命的一个后果是，引发了19世纪的三大社会思潮：保守主义、自由主义和社会主义。大革命把个人的形式平等或法律平等确立为社会的原则。它推翻的旧制度是有机体式的、法团结构的、等级制的。也就是说，它不是把人当作平等的个人，而是视为各种群体的成员，在一个总体结构中履行不同的职能。这种观念与在运动队之类的团体中流行的观念相当。在一个橄榄球队里，如果替补的锋线队员自称与四分卫球星同等重要，那会被视为可笑。虽然不平等，但在理论上，每个人在这种社会中都有一个位置，老爷可以有豪宅，穷人同样有权拥有自己的茅屋。在法国大革命发生后的50年间，类似托马斯·卡莱尔这样在某些方面比较激进的思想家都可能滋长对旧秩序的怀恋之情：与工厂苦力不同，穷苦农民至少还有一个庇护者。[1]

法国大革命昭示了平等和自由。人们可以自由地发展，也可以自由地挨饿。中世纪的农民根据习俗（身份）而持有土地，19世纪的工厂工人就没有这种保障。他可能发家致富，但一旦倒了霉，没有人来拯救他。

对于这种形势，人们做出了各种反应。由此产生了上述三种思潮。有些人认为，整个变革是一个可怕的错误。他们希望尽可能地恢复1789年以前的秩序。他们痛恨工业主义，鄙视新兴的中产阶级。他们认为，尊卑有序的农村社会是最好的。他们抵制地位平等和政治权利平等，反对成文宪法和契约关系。

如果说这些保守派属于右翼，他们在某些方面也与左翼的社会主义者同气相求。社会主义者也反对自由主义的个人竞争秩序。他们宣称："革命结束了一种不平等，但造就了另一种不平等。"新的不平等甚至比旧的不平等更难以容忍。财阀统治取代了贵族统治。法律上的平等意味着一种较量，强者和无耻者把弱者和不幸者打翻在地。新的金钱统治阶级比旧统治阶级还要坏。正如切斯特顿在他那首《秘密的人民》中所写的，社会主义者认为：

> 他们把我们交到闷闷不乐的新主人手中：
> 没有威严，没有荣誉，也不敢携带佩剑。

---

[1] 卡莱尔在《过去与现在》一书中请读者想一想"司各特的小说《艾凡赫》中的人物格尔思，生为撒克逊贵族塞德里克的奴隶"，虽然并非"人类极乐的一个样板……但在我看来，他与今天兰开夏郡和白金汉郡的许多人相比还是幸福的，尽管那些人生来不是任何人的奴隶"。——原注

不同于保守派的是，社会主义者不想回到旧制度，而是想继续前进，争取在一个新社会里实现实际（经济上的）平等，而不仅仅是形式上的。至于这个新社会的性质以及实现途径，他们的主张纷繁多样。

那些对革命取得的成果（法律平等和自由竞争）基本感到满意的人是（资产阶级）自由主义者。19世纪，他们基本上所向披靡，因为重归往昔是不可实现的梦呓，而社会主义也几乎同样是乌托邦。因此，"中间阶级"春风得意，实至名归，尽管人们对他们所支配的社会满腹怨言。我们不应该把这种情况都归因于社会阶级——这基本上是马克思和社会主义者的表述模式。毕竟有许多工人、农民，甚至是贵族，赞同这种自由主义的模式，而社会主义者绝大多数都是对资本主义社会不满的资产阶级子弟。当时发家致富的企业主也产生了强烈的阶级意识。

工厂主理查德·科布登是英国自由主义的代言人。他说，权力应该从土地寡头手中转移给"精明而勤奋的中间阶级"。这些新人在使用蒸汽动力的新制造业（尤其是科布登所在的纺织业）中发家致富。他们小心地与位于社会上层的贵族阶级和位于社会下层的"暴民"划清界限。他们自认为与这两个阶层的不同之处在于，他们兢兢业业，效率高，有道德。（有人说，上层阶级和下层阶级被一种不道德的共同纽带联系在一起，尤其是在性关系上，前者已经越出道德的束缚，而后者还没有遭遇。）

新兴资产阶级是严肃的、节俭的、正直的、勤奋的，按照一些批评者的说法，也是铁石心肠的。当然，他们是这个朝气蓬勃的工业革命初期的财富创造者。他们以自己的成就为荣，鄙视那些贡献小于他们的人。"资产阶级"这个概念太宽泛了,有必要进行更细的划分。在法国,"大资产阶级"是指银行家和社会显贵组成的一个小圈子。他们是"政治上的自由派"和"社会问题上的保守派",对较低的社会阶层毫不尊重,对民主毫无兴趣。1830年革命后,大约40个法国男人中有一人获得选举权,此前75人中只有一人有选举权。在英国,1832年改革后,5个男人中有一人获得选举权。在1848年的欧洲革命中,下层资产阶级与工人联合起来,要求实现普选权。英国之所以没有发生革命,很大程度上是因为资产阶级下层与上层一样获得选举权。

"资产阶级"这个词在社会主义者和文学界这两个圈子里成为口头语。资产阶级的标准形象(例如杜米埃[1]的漫画所刻画的)也确实有现实中的某些根据。边沁派的《威斯敏斯特评论》就把文学视为文明的赘物,自由主义的《经济学家》认为宁可让穷人挨饿,也不应该搞公共慈善事业。不过,我们应该承认这个"精明而勤奋的"阶层在社会中的力量。总体上看,他们拥有完全不应受到轻视的特性:精明和勤奋。正如他们在19世纪后半叶所显示的,他们也并非远离文化界。他们聚集了前所未有的财富。尽管可以说他们天然的栖息地是交易所和工厂,而不是大学和议会,但他们在这个时代发出了强大的声音。他们的重要代言人中也包括那些政治经济学家,即一门锐利的新科学的创造者。

伟大的法国小说家、"人间喜剧"的观察者巴尔扎克曾经指出,如果资产阶级摧毁了贵族,那么继之而来的将是资产阶级与下层人

---

[1] 杜米埃(Honoré Daumier,1808—1879),法国漫画家。

民之间的全社会大搏斗。资产阶级用来摧毁贵族统治的武器——反对特权和不劳而获，要求更多的民主和平等——显然可以被反过来用于反对资产阶级。在反对1832年扩大选民范围时，柯勒律治警告中产阶级说，你们不可能仅仅让自己获得选举权就止步了，你们最终不得不把选举权给予所有人。卡莱尔警告雇主，如果不照顾好他们的工人，会逼迫工人走向社会革命。因此，"社会问题"很早就提出来了。几乎没有思想家喜欢中产阶级自由主义所扶持的新社会组织。

尽管社会主义者大加指责，但不能说新兴资产阶级完全无视穷人的福利。他们的信条是自由竞争，但他们不能否认，"公平的机会和平等的条件"需要某些社会服务。教育就是这方面的突出例证。那些年，"教师在漫游世界"。[1] 基佐嘲笑大众，但也在1833年推行法国教育改革，其方案被称作法国初等教育宪章。这项改革虽然没有推行普遍免费的初等教育，但它要求每个市镇设立一所公立小学，从而启动了实现普遍义务教育的进程。从幼儿园到文科中学的德国教育体系成为普遍仿效的榜样。德国和法国的资产阶级民族主义者把公共教育视为灌输公民意识，以及培养下层阶级严肃工作习惯的主要手段。

1831年，年轻的约翰·穆勒在论述"时代精神"时宣称："人类的精神发生了变化……越来越多的人相信，时代正孕育着变化，19世纪将作为人类精神和整个人类社会体制上的一个最伟大的革命

---

[1] "教师在漫游世界"（The schoolmaster is abroad），出自英国政治家布鲁厄姆勋爵（Lord Brougham, 1778—1868）于1828年所做的一次演讲，他以当时许多教师出国旅游的现象说明教育的作用很大。

时代而流芳百世。"所有人都感受到几乎令人眩晕的变化。马修·阿诺德的父亲是一位著名的校长。他说："我们生活在一个30年等于300年的时代。"拉马丁询问："难道我们永远不能在这个时代的海洋上抛锚停留一天吗？"社会政治思想前所未有地躁动不安，既反映了这种关切，也为1848年革命的到来铺平了道路。1848年革命引发的大地震几乎不逊于1789年革命。在这又一次大灾变的时刻，许多人期待着被延迟的社会千禧年马上到来，各种社会主义、民主主义、社会民主主义和自由主义混为一团。结果，又是一次明显的失败和幻灭。但在1848年以后，民主主义和社会主义其实依然在发展；1815—1848年所诞生的政治思想从此与这个世界休戚与共。

保守主义

上一章已经指出，保守主义意识形态实际是从伯克开始的，这一派的所有后来者都受益于他的《法国革命感想录》。有人发现，保守主义的"意识形态"这个概念本身是自相矛盾的。"意识形态"这个词表示的是由某个理论家精心制造出来并强加给现实生活的政治学说。但保守主义者通常认为，人类社会并不是这样运转的；其价值观和制度都不是在书斋里制造出来的，而是从源远流长的历史事物这一土壤中生长出来的。宪法不应该是写出来的形式规则，而是存在于人民心中，否则就不是好宪法。领袖不是从某种选举程序中产生出来的，而是自发承认的结果。抽象的权利既没有价值又非常有害；真实的权利乃是民族历史的产物，体现在这个民族的习俗中。然而，事物的自然状态已经被党派和信条的纷争打破。保守主义者不得不对这些新情况做出反应，因此，也就迫不得已地著书立说。正如约瑟夫·德·迈斯特所说："为了指引社会，思想原则重于道德原则。"

在英国，柯勒律治是以伯克的原理为出发点。虽然他没有像伯克那样完全否定理性主义在政治中的作用，但他也与伯克一样尊崇传统，强调社会的有机体性，偏爱历史中的道德秩序。他的影响贯穿19世纪，成为托利开明派的一个哲学依据。应该指出，英国和欧洲的保守主义一般是反对他们的对手自由主义者所尊奉的自由放任个人主义和消极国家原则的。（这里说的是19世纪意义上的自由主义者。）柯勒律治主张，政府应对工厂主进行管理，也应扶持教育，国家有责任用各种积极方式提高公民的道德和知识。据此，甚至可以说英国有一种"托利社会主义"。柯勒律治后期思想中最有特色的也是建立新型国家教会的主张：由思想和实践各个领域中的杰出人物来领导——不是由专门的"教士阶层"（clergy），而是由所有最优秀、最出色的人组成的"知识阶层"（clerisy）来给民族指引方向。柯勒律治主张的基督教是自由主义的，建立在个人良知之上而非教义或礼仪之上：这是他的浪漫主义的一个遗产。他竭力反对无政府个人主义和唯物主义，在这一点上，他是保守的。他在英国国教会中的广教会派[1]立场，主要是诉诸知识分子。

在19世纪的英国，保守主义比自由主义更支持政府实行救济穷人的福利措施。保守主义与农村地主阶级紧密结合，当然不会赞同平等主义或平均主义。柯勒律治就反对1832年的改革法案。但在英

---

[1] 广教会派（Broad church），英国国教会内主张调和高教会派和低教会派的一部分人。

国工业化早期，工厂改革和其他人道主义措施的主要推动者是一位托利党人，即沙夫茨伯里勋爵。约翰·罗斯金是柯勒律治思想的传人。他自称是"一个激烈的老派托利党人"，对英国工业化社会的物欲横流和道德沦丧大张挞伐。柯勒律治也影响了本杰明·迪斯累里。迪斯累里可能是英国前所未有的最有文采的首相。他主张由一个民主化的保守党来引领社会改革。

罗斯金和迪斯累里以及其他许多人都受到托马斯·卡莱尔的影响。卡莱尔可能是19世纪三四十年代最有影响的社会政治思想家。我们很难搞清楚应该把卡莱尔放在思想谱系中的什么位置上。他要么是托利党人，要么是社会主义者，但绝不是自由主义者。这位苏格兰散文作家和历史学家是所谓的"社会浪漫主义"的杰出代言人。在政治经济方面，浪漫主义有时推崇自由精神，赞扬造反者，同时也显示出一种卢梭主义倾向，谴责都市主义和工业主义。浪漫派中几乎没有人喜欢"黑暗的撒旦工厂"及其老板。卡莱尔笔下的漫画式人物"下兜齿的普拉格森"[1]就是其中的一个。浪漫派认为，在这种非人道的生产制度的冲击下，有机的人类共同体纷纷瓦解。卡莱尔以一种极具浪漫主义、激情四射又极具震撼力的散文风格，宣布"社会问题"已成燃眉之急，猛烈抨击"财神福音书"，即不负责任的经济学，指斥人们用"金钱关系"取代真实的人际关系。他的保守主义倾向表现为对有机共同体的强烈偏爱、对强人领袖（"工业巨头"）的呼唤和对自私的个人主义的痛恨。

现实世界需要振兴信仰，用信仰把人们团结在一个共同的事业

---

[1] "下兜齿的普拉格森"（Plugson of Undershot）是卡莱尔在《过去与现在》中描写的商人。

中。旧的基督教信仰,因受到启蒙运动的致命伤害,正在衰亡。这个"寒彻的时代"[1]及其冰冷的理性主义只会破坏,不能建设。卡莱尔及其朋友意大利民族主义者马志尼认为,他们这个时代的任务是,创造一种适合后革命时代的新宗教,把人类从启蒙运动的唯物主义中拯救出来。马志尼宣称:"没有高尚目标的生活,不献身于伟大理想的生活,绝不是真正的生活,而是行尸走肉、苟延残喘。"法国社会主义预言家亨利·圣西门早就写下《新基督教》。他的思想对卡莱尔和马志尼有很大的影响。卡莱尔的宗教是英雄崇拜,其灵感来自模仿代表人类成就的最佳榜样。

保守主义意识形态在法国表现得最强烈。那些流亡者在1815年后光荣归来,至少在几年内主宰了思想潮流。只有极少数出类拔萃的自由主义者,包括拿破仑的敌人贡斯当和斯塔尔夫人,提倡立宪主义、公民自由、有限君主制和强势议会。这个阵营或许还应该包括令人敬畏的夏多布里昂。他从文人转变成政治领袖。不过,保守主义和社会主义思潮在法国更为突出。保守主义的主要理论家是约瑟夫·德·迈斯特和博纳尔伯爵。

迈斯特于1753年出生在萨伏伊的一个贵族家庭,早年是卢梭的崇拜者。在18世纪80年代,他逐渐迷恋上秘教,但在教会谴责秘教之后,他就放弃了。(在那10年出现了许多类似的思想,包括共济会的神秘变种;莫扎特后期的伟大歌剧《魔笛》就是一个例证。)迈斯特是一个外省议员,婚姻也很幸福,如果不是因为法国大革命,他可能不会在思想史上留下名字。最初他支持革命,但在急

---

[1] "寒彻的时代"(chilled age)这个意象出自华兹华斯的诗《在阿夸潘登特附近的沉思》(1837)。

风暴雨的1793年与雅各宾政权发生冲突后，他与许多人一样选择了流亡。在瑞士洛桑，他出入于前法国政府首脑内克及其才智出众的女儿斯塔尔夫人的社交圈子。他在那里见到历史学家爱德华·吉本。他开始整理自己关于革命的根源、失败的原因以及重建法国的手段的思考。

当时，博纳尔在海德堡流亡。1796年，迈斯特写信给他说："你与我同气相求。"他们只能等待拿破仑时代结束。博纳尔已经回到法国，而迈斯特则作为撒丁王国的大使前往俄国，其主要著作是在圣彼得堡写成的。拿破仑垮台后，迈斯特回到法国，受到了热烈欢迎。他被视为复辟王朝的主要理论家。他于1821年去世。具有相似思想的博纳尔成为正统派的精神领袖，得到年轻而激烈的拉梅内[1]等人的支持。拉梅内后来转向左翼。不过，在这些人中，迈斯特的著作最为有名。

迈斯特的著作有一个特点，就是充斥着对整个启蒙哲学的强烈厌恶之情。他希望"彻底消灭18世纪的精神"。他认为，启蒙哲学家所带来的毒药引发了革命这种病态；必须彻底清除这些毒药，法国才能恢复健康。洛克、休谟、伏尔泰、卢梭统统是邪恶之人；伏尔泰的容貌就透露出他是受魔鬼差遣。但迈斯特还要进一步证明，在什么基础上才能遵循正确原则重建社会。迈斯特，尤其是博纳尔，在这方面提出的见解颇具启发性，影响了许多并不赞成他们的保守主义立场的人。他们在揭示民主或自由主义秩序的弱点的同时，提出有关社会科学方法论的一些有益思想。迈斯特既是一个天才的作

---

[1] 拉梅内（F. R. Lamennais, 1782—1854），法国天主教哲学、政治著作家。

家，也是一个博学的学者。

这两位所谓的反动分子都清楚，回到1788年是不可能的。但他们为法国大革命的发生感到痛心，迈斯特只好把它解释成法国因所犯罪恶而遭受的天谴。迈斯特不仅仅是"过去的先知"（这个妙语是为他而创的），当时非常需要建立新的政治哲学。保守主义的主张在很大程度上促成了这样的观点：人类社会的自然秩序是历史的和传统的，而个人主义和民主都是病态的，与社会的无政府状态互为因果。世界上没有普遍的准则；每个民族都有一种适合自己的政体，在许多世代形成了一种政治文化。无视和轻视历史是政治错误的主要根源。抽象的政治理论导致了许多危害。社会是一个活的机体。用平等的辞藻来取代社会成分之间自然的有机关系是疯狂的表现。契约协定、成文宪法、关于社会关系的法律规定都是虚假的，使人异化——就好像要一个家庭进行选举，制定成文准则，子女和父母签订契约。

保守主义者认为，只有君主制（至少在法国）可以提供政治上的安全和稳定。他们支持绝对君主制的论证现在可能已经不堪卒读，但这个保守主义流派对19世纪的思想有很大影响。博纳尔被称作社会学奠基人；当然，这个头衔更多被赋予了奥古斯特·孔德，而孔德深受博纳尔的影响。托克维尔的《论美国的民主》是社会分析的开创之作，也受益于保守派作家。托克维尔显然在验证拉梅内在《论宗教与社会政治秩序的关系》（1825）中提出的假设：民主导致专制，民主崇尚平庸，民主会使人失去根底、不敬神、物欲横流。尽管保守主义理论家推荐的美好社会的方案几乎没有任何成效，但他们对这类事物的研究，以及对宗教与社会、政治关系的研究，颇具启发性。德国以萨维尼为首的历史法学派就强调法律的演变及其与社会的关系。

迈斯特著作的另外一个特点是，对人类境遇的悲剧性质有着深切的意识。历史是一片血海，刽子手是政府的缩影；人类必须背负着某些原始的罪孽。正是这种野蛮状态要求人类必须服从权威，不可能有任何自由民主。不过在某种意义上，迈斯特并不是反自由主义的：他希望在一个权力分散的社会里用传统、贵族和地方机构来制约君主，就像在旧制度下那样。迈斯特这样的悲观主义者出于对人性的不信任而不能接受民主，同样不能接受专制主义。如同不能相信群众一样，也不能相信当权者。他把"绝对"君主制与无限的专制君主制加以区分。在《论教皇》一书中，迈斯特提出了一个著名的论断：教皇应该在国家主权和个人自由之间居中调停。这个观点没什么影响，也根本没有引起教皇的注意，但它显示了迈斯特希望限制国家权力的愿望。他认为议会民主不是法国的出路，但承认它也许适合英国。在法国，民主只能导致一个新的波拿巴。1848—1851年的事变表明，这个预言是何等准确。迈斯特作为一位论辩家遭到太多的诋毁，但他罕见的洞察力和闪光的思想，使他至今仍是一个不可忽视的重要人物。

保守主义流派最深刻的见解无疑是它的这个信念：如果丧失了原始的、种族的共同体纽带，人类社会就将毁灭。现在，本杰明·纳尔逊（美国参议员）指出："一个建立在纯粹利己主义之上的社会……将会原子化，使人丧失归属感。"在下一节里我们将看到，正如保守主义者所说，功利主义和政治经济学等个人主义流派开始占据舞台。这些自由派宣称，自由自立的个人乃是"社会进步的动力"。当他们得知自己的成果将归自己所有后，他们的能量就会释放出来；个人富了，整个国家也富了。但是，这种学说会导致社会意识的沦丧。社会变成了个人的集合体，个人之间的关系由非人化的市场力量和"金钱关系"来控制。这种原子化将摧毁人类生活不可或缺的共同体意识和人际纽带。

保守主义思想派生出一种强大的社会批评，因为他们的敌人自由主义者占据了制高点，迫使他们就像牛津的纽曼派[1]那样去捍卫"失败的事业和虚妄的忠诚"。他们不喜欢资产阶级的商业气息，也不喜欢大众民主。他们推崇的是对社会承担责任的贵族式的社会理想。杰出的社会主义者圣西门承认自己受益于博纳尔：是博纳尔使自己懂得社会不是单纯的个人集合体，而是"一部有机的机器，每个部件都对整体的运转做出了贡献"。尽管保守主义者和社会主义者有许多差异，但他们都坚持以社会原则来反对19世纪的自由主义者。社会主义者坚持启蒙运动的信念：理性可以发明一种新的更好的社会组织。保守主义者认为这是不可能的，如果硬要尝试，可能会造成灾难。最接近保守主义学说核心的态度，莫过于对伯克所说的"我们理性的那些难免有错而不堪一击的发明"的不信任。自由主义者和激进主义者都相信人们能做得更好，而保守主义者则担心人们会做得更糟糕。他们倚重的是所谓的天然的社会秩序，而这种秩序常常似乎意味着现状。他们面临的问题是，时代正发生翻天覆地的变化，稳定的秩序已不复存在。

---

[1] 纽曼派（Newmanite）：以纽曼（1801—1890）为首的主张在圣公会内部强化天主教因素的牛津运动参与者。

自由主义

在不断变化的19世纪上半叶，尽管保守主义者竭力阻挡变革的潮流，但这是最没有希望的努力。而且他们的文化悲观主义与普遍怀有希望的情绪背道而驰。思想文化领域出现了一种繁盛局面；狄更斯和巴尔扎克的巨大创作能量以及大量涌现的解决全部人类问题的种种方案，就反映了这种乐观主义。切斯特顿在论述狄更斯时写道："这是一个充满邪恶的时代，也是一个充满希望的时代。"这个时期的文化巨匠，例如雨果，大多怀着浪漫的进步梦想，狂热地投身于实现梦想的事业中。除了拿破仑垮台后那几年，这个时期总体上不是保守主义者的黄金时代。1848年后，他们将卷土重来。

"自由主义"这个术语与浪漫主义一样，始终是非常宽泛而不确定的概念。按照普遍的看法，当时它在英国最为强劲。虽然这个词到19世纪30年代才被正式使用，但英国具有一种自由主义的传统，最早可以追溯到17世纪的革命，提倡的是代议制政府和公民自由。自1688年起，英国就再也没有绝对的王权了。英国人喜欢回顾《大宪章》和《权利法案》这些里程碑，认为自己比其他民族更自由。这种信念实际上成了一种民族宗教。法国大革命的雷霆风暴使得英国在1795—1820年限制了这种自由，导致了自1688年以来英国政府与人民之间最可恶的疏离关系。

1819年，曼彻斯特的激进鼓动家在演讲时，警察与听众发生流血冲突。继之颁布了高压的6项法令，言论、出版和集会自由受到压制，人身保护法也暂停实行。但是，这种压迫并没有持续很久。1825—1840年，在辉格党的推动下，议会通过了一系列法案，标志着自由主义的胜利：扩大了贸易自由（取消关税、垄断以及其他对贸易的限制）和个人自由（出版和宗教信仰），实施了政治改革（1832年改革法案把选举权扩大到中产阶级，并根据人口数量更平等地重新分配了选区）。1829年，《天主教解放法》的颁布和《宗教考查法》的废除，消除了政治上对不信仰国教的基督徒的歧视，尽管英国国教依然不可撼动，而且犹太人是在30多年后才获得类似待遇的。

所有这一切都与"梅特涅体制"下的欧陆大部分地区形成鲜明反差。奥地利政治家梅特涅伯爵试图控制德意志地区的政治，把出版自由视为"现代祸根"。甚至在具有自由传统的大学里，有7名哥廷根大学教授成为思想审查的受害者。青年意大利党的领袖马志尼甚至被瑞士驱逐出境，于1837年到英国避难。伦敦成为躲避欧陆政治迫害的各种流亡者的避难所。

英国自由主义的局限性同样引人关注。自由主义者制定了严酷的1834年《济贫法》，反对《十小时工作日法》。后者是托利党提出的，旨在禁止新兴机械化工厂非人道地长时间使用女工和童工。自由主义者中的最激进分子之一弗朗西斯·普赖斯认为，给予穷人大量的福利救济就等于"奖懒罚勤"。在大英帝国内部有一批勇敢者坚决要求废除奴隶制，但他们大多数是托利党人。总之，以今天的眼光来看，19世纪初期的自由主义是一种有点奇怪的东西。

自由主义与当时两种彼此密不可分的著名思想体系紧密相连，就是功利主义和政治经济学。前者是怪才杰里米·边沁的创造。边沁早在18世纪70年代就开始著书立说，到1810年他创立的学派开始显赫起来时，他已经步入老年。他对宗教冷嘲热讽，试图凭借简单化的人类行为理论建立一门社会科学。这些都表明，他实质上是启蒙运动的产儿。浪漫主义者不喜欢他，他是人们所知道的唯一一个使柯勒律治怒不可遏的人物。约翰·穆勒是边沁的主要信徒詹姆斯·穆勒的儿子。他在自传里描述了自己小时候所经历的非人道的智力培养方式，那种方式最终使他精神崩溃。在《艰难时世》中，狄更斯用托马斯·葛雷梗的形象来嘲讽功利主义对想象力的压制。在诗歌中找到慰藉之后，穆勒才获得了精神上的舒缓。在有了这种戏剧性又富有象征意义的经历之后，穆勒写了一系列的文章，把边沁和柯勒律治说成是那个世纪两个平分秋色的开创性人物。浪漫-保守主义和理性-自由主义这两个思想路线派生出两种不同的思潮，即便是穆勒这种聪明又气度恢宏的思想家也无法将二者完全调和，但它们基本覆盖了英国19世纪的主要历史。

功利主义的谱系可以上溯到各种来源，特别是18世纪法国启蒙哲学家爱尔维修的《论人》，以及苏格兰学派的弗朗西斯·哈奇森和大卫·休谟。爱尔维修论证了一个命题：最好的政府就是能够保证人民拥有最大"幸福"的政府。他还赞同早期经济学家重农主义者的主张：政府能做的最好的事情就是不扰民，让人民自己去谋求自己的利益。哈奇森使用了"最大多数人的最大幸福"这种说法。休谟批评社会契约这种18世纪钟爱的政治神话。他最后得出的结论是："政府赖以存在的基础仅仅是舆论。"也就是说，对政府的认可，完全取决于它在公民心目中是否有用。威廉·佩利在他那部影响广泛的教科书《道德和政治思想原理》(1785)中接受了这种观点，并且把功利界定为幸福的总和。一个法律是好是坏，就看它是增加还是减少这种福利的总和。

边沁著述甚丰，其中最有名的或许就是1789年发表的《道德与立法原理》。但这位威斯敏斯特女王广场公园街的隐士，能够靠着一份遗产而沉溺于自己对社会工程的兴趣中，源源不断地提出几乎涉及所有领域的改革建议。法律和制度必须根据它们实际提供的福利来评价。这是那种要求依据理论原则而立即实行全盘改革的体系理论家的一个典型例子。这种主张自然会招致伯克派保守主义者的愤慨。功利主义也是立足于个人主义，主张每个人都是他自身利益的最好评判者。在计算福利的总和时，"每个人都应该作为一个人来考虑"。边沁主义者通常支持普选权的民主原则，有时也主张妇女应该与男人一样享有选举权。[1]

边沁主义者还提议对政府的其他许多方面进行大胆改革。他们主张用一院制议会取代两院制议会，贵族和君主制都应该废除，应该用成文法典取代习惯法。监狱应该改革，学校应该改革，几乎一切事物都应该改革。这简直就是一种革命学说，因为它要求一切制度和政策都来到理性法庭上为自己辩护，如果不能通过对其有用性的检验，要么废除，要么修改。当然，它只是提供了一些看似有理的公式作为衡量功利的依据。边沁认为，暴力革命造成的不幸福可能比它消灭的还要多。边沁的这种看法也只能使现状的维护者稍稍感到慰藉。

为了促成这个宏图大略，詹姆斯·穆勒等边沁的追随者撰写

---

[1] 边沁多次改变观点。最终，他显然倾向于主张把选举权的范围不仅局限于男人，而且局限于识字的人，尽管"人类中的每一个"都应该是"公共舆论"的组成部分。——原注

小册子，编辑杂志，推选议员，招募信徒。19世纪20年代，这个运动具有了很高的组织性并达到巅峰，随后又影响了整个世纪。他们自称"哲学激进主义者"。就他们要求对所有的公共机制进行彻底改革这一点而言，他们确实很激进。但在其他方面，他们并非如此。他们是和平的改革者，要求的是转变而非破坏，而且他们捍卫私有财产，一切以自由自主的个人私利为出发点。尤其是在最初的改革激情过去之后，功利主义者往往接受最小政府的主张，采纳政治经济学家（詹姆斯·穆勒本人就是其中的一个正式成员）的观点，反对社会主义。边沁写道："农业、制造业和商业向政府提出的要求是有节制的、合理的，如同第欧根尼要求亚历山大：'不要挡着我的阳光！'我们不需要什么恩赐，我们只需要一条安全和开放的道路。"

此外，边沁主义者从来没有把自由放任变成一种教义；对于任何具体的政策，问题永远是它究竟会增加还是减少幸福或福利的总和。19世纪40年代，功利主义信徒埃德温·查德威克就致力于伦敦城市卫生改革。19世纪后期，政治作家戴西[1]宣称，功利主义不是把财产权和其他个人权利奉为根本，而是贬为权宜之计，实际上就颠覆了这些权利。如果你能让功利主义者相信，集体主义或严酷的专制主义能够造成更多的幸福，他就只能表示赞同。边沁曾经宣称："我过去没有，将来也不会对政府的干预感到恐惧。"

在自由主义阵营里，边沁及其追随者不同于自然法学派。后者是英国自由主义的一个突出来源，可以上溯到洛克和1688年光荣革

---

[1] 戴西（Albert Venn Dicey, 1835—1922），英国法学家。

命。功利主义认为，这种高于实证法的所谓权利既无意义又不真实。（边沁斥之为"胡说"；如果被称作"不可侵犯的"权利，那是信口胡说！）根本没有什么绝对的"自由"；具体的自由要想有意义，必须体现在立法中，而这种立法的性质应该取决于对实际情景的研究。（在这一点上，边沁与伯克有某种相似之处，但在多数问题上他们是对立的。）例如，从边沁的角度看，言论自由是可取的，这倒不是因为我们有这方面的神圣权利，而是因为权衡一下，它对于整个社会的实际作用利大于弊。很显然，自然法或其他更高法则，在评价具体行为时，会与边沁的评价原则，即功利，发生冲突。在伦理学领域里，康德的理性原则与边沁的功利原则是对立的，前者以行为的内在品质来评价行为，后者根据行为的后果而非行为的意图来评价行为。

立法的宗旨应该是个人幸福单位的总和。为这种本质性事物提供一种精确的计算方法，有许多难题。但必须找到一种"幸福计算法"，即对福利的科学衡量方法。对这种关于人类福利的精密科学的探寻是漫长的。迟至1920年，英国经济学家庇古在《福利经济学》一书中宣布解决了这个问题。与此同时，19世纪60年代以后的经济学理论强调"边际效用"是价格的决定因素，是生产的调节器[1]（详见第3章）。快乐和痛苦是两大支配原则：一个人的劳动和消费在达到某一点后，再增加的部分并不能让我感到为此增加的支出是值得的。

对边沁主义的批驳意见有很多。首先，它似乎对满足或幸福的

---

[1] "边际效用"的英文是marginal utility，与功利主义所强调的功利（utility）有理论上的联系。

品质不做任何区分；"图钉与诗歌等量齐观"；一只撒欢儿的猪与苦恼的苏格拉底不分轩轾，（幸福真的是最高价值吗？）约翰·穆勒对此提出抗议。纽曼惊呼："如果人没有追求，那就听命于边沁主义吧。"这种完全非英雄主义的伦理似乎推崇的就是自私自利和享乐主义。对于几乎同时崛起的浪漫主义者来说，这是特别不能容忍的。由此导致了一些特别具有典型意义的冲突。与浪漫派诗人一样，功利主义者也是少数派。1827年，布鲁厄姆勋爵断言："就宗教而言，他们是不可容忍的无神论者；就政治而言，他们是残酷无情的共和主义者。"他们冒犯了大多数体面的英国人，在议会里从来都是少数。1809年，他们中的一位被关进伦敦塔。

批评者指出，功利主义原则按其字面意义推导的话，必然导致明显的不公正。例如，把老人杀死，让他的儿女喜笑颜开，或者消灭少数派，让多数人欢天喜地。按照功利主义原则，如果一项歧视黑人的法律能让占人口多数的白人高兴，就应该使其通过。人们对行为功利主义和规则功利主义做了区分：前者不问行为本身，只看后果；后者强调按规则办事效果最佳。哲学家可以推导出这些论点，甚至更多论点。可以推测，边沁生前还没有充分推导出他的政府科学的全部含义。（按照他的遗愿，他的遗体被涂上防腐剂后一直放在伦敦大学学院的一间屋子里。）研究者通常会得出结论，边沁的思想混杂着各种意识形态和偏见，因此不可能成为他自称的那种纯科学。

总之，边沁应该在雄心勃勃的空想家画廊中占据一席之地。那些空想家提出的方案都没有弥合理论与实践的鸿沟。但是，边沁的影响要比他们多数人大得多。功利主义者的努力产生的影响贯穿了整个世纪，尽管没有出现他们最初期待的那种政治制度的大改造，但也促成了许多改革。他们提倡的方法十分重要：由议会设立的委员会进行彻底的调查。调查、立法、监督、报告，这些构成了边沁程序。费边派社会主义者后来也采用了这种方法。批评者指责边沁派缺乏现实政治感。但边沁派毕竟揭示了弊端，并且力主改革。功利主义的影响超越国界，波及俄国、西班牙，甚至是拉丁美洲。它为改革提供了一个简单的理性准则，免除了含混的口号和革命的辞藻；它的方法看上去是科学的。1823年，当拜伦勋爵怀着自由希腊的梦想担任希腊起义军总司令时，他遇到了另外一位英国人，后者在另一派反抗组织中任职。那个人就是哈林顿伯爵查尔斯·斯坦诺普。他既是一个战士，也是一个功利主义者，曾试图对英国在印度的统治机构进行改革。

政治经济学

在英国自由主义阵营里，功利主义者的亲密盟友是政治经济学家。政治经济学并不是一门全新的学问。这个术语是法国作家安托万·德·蒙克莱田在1615年杜撰出来的。经济思想史的研究者发现，19世纪乃至20世纪经济分析的关键思想，在前几个世纪实际都出现过。不同之处在于，这些思想得到系统的发展并形成了一个专业。这与19世纪自然科学中发生的情况类似。

当然，18世纪对经济学研究做出了辉煌的贡献。法国人将这门新科学称为重农主义，就此发表了大量的著述，对启蒙哲学和革命思想产生了很大的影响。不过，他们与著名的苏格兰学者亚当·斯密相比则大大逊色。斯密于1776年发表的《国富论》被公认为人类思想的一个里程碑，其意义几乎不亚于牛顿的《数学原理》或达尔文的《物种起源》。实际上，这部作品在很大程度上受益于牛顿的《数学原理》。牛顿的朋友洛克既论述过政治理论，也略微涉猎过经济学。苏格兰的亚当·斯密是在牛顿的阴影下成长起来的。他在18世纪40年代当学生时，对物理学有浓厚的兴趣，还曾经研究天文学史。在《国富论》里，社会被说成是个人的集合体，他们对自身利益的有理性的追求将导致社会财富的最大化。作家伯纳德·曼德维尔早就以不那么严谨的方式提出了"私人的恶德反而是公共的美德"这一命题。另外，在亚当·斯密之前，伟大的苏格兰哲学家休谟就认为，个人基于自利而采取的行动合在一起，构成受普遍法则统治的社会秩序。这里，我们可以看到与牛顿所谓的孤立原子服从普遍合理法则的观点相类似的思想。

这种牛顿式说法在18世纪的思想界俯拾即是。例如，1789年法国大革命的一位思想领袖西埃耶斯神父认为，在立法过程中，"所有的特殊利益都应获准伸张和相互冲撞"，然后，"它们最终汇拢并融合成一个意见，就像在自然界里，从一大堆对立的力量中产生一个更强大的力量"。

19世纪，有一批杰出的理论家沿着这个大有希望的道路前进。萨伊和西斯蒙第[1]继续提供了法国人的贡献，但主要是英国人主导了这个此时命名为政治经济学的学科。或许是因为英国的经济增长一枝独秀，那里成为检验经济思想的实验室。但拿破仑时代的急剧变

---

[1] 萨伊（Jean Baptiste Say，1767—1832），法国经济学家。西斯蒙第（Jean Charles Leonard Simonde de Sismondi，1773—1842），瑞士经济学家、历史学家，曾经在法国短暂生活，与拿破仑会面交谈。

化和痛苦调整，也提供了一个检验经济学理论的实验室。也许值得重视的是，西斯蒙第转向了社会主义，与此同时，德国"浪漫主义"经济学家李斯特和米勒[1]则斥责英国"古典"学派的个人主义、功利主义预设。在英国，伟大的苏格兰作家卡莱尔加入柯勒律治的行列，谴责这门"阴沉的科学"；而经济学家则斥之为浅薄的外行和廉价的温情者。[2]

这门新科学发展迅速，欣欣向荣，令人振奋。李嘉图于1817年发表的《政治经济学及赋税原理》达到一个高峰；1821年，萨伊的《政治经济学新原理》英译本出版。普及读物也随之出现，例如，19世纪20年代晚期，女才子马塞特女士从讲解化学转到讲解经济学，哈丽雅特·马蒂诺[3]撰写阐释经济科学新观念的小故事。这些作品风靡一时。"和有学问的女士谈论政治经济学是极其时髦的。"政治经济学的势头方兴未艾，马尔萨斯、西尼尔、麦卡洛克[4]、穆勒父子等人的力作纷至沓来。1856年，一位著名议员指出："政治经济学不仅是土地的法则，也是法律的地基。"政府领袖向经济学家咨询（现在依然如此），议会委员会向他们讨教。经济思想史学者埃里

---

[1] 李斯特（Friedrich List，1789—1846），德国经济学家。米勒（Adam Heinrich Müller，1779—1829），德国经济学家。

[2] 约翰·穆勒在一篇评论卡莱尔的文章中说："在政治经济学领域，他完全像一个白痴。为了保持他的名声，他最好不要掺和这个学科。"柯勒律治予以回击，将政治经济学说成是"一脸严肃的胡说"。——原注

[3] 马塞特女士（Mrs. Marcet系笔名，原名Jane Marcet，1769—1858），撰写了《政治经济学谈话》。哈丽雅特·马蒂诺（Harriet Martineau，1802—1876），英国女作家，著有《政治经济学解说》等。

[4] 西尼尔（Nassau William Senior，1790—1864），英国古典经济学家，著有《政治经济学大纲》。麦卡洛克（John Ramsay McCulloch，1789—1864），出生在苏格兰的经济学家，著有《政治经济学的发生、发展、研究对象及重要性》。

克·罗尔指出："成套的经典理论已经成为产生政治领袖和行政官员的那些社会阶级公认的精神武装的一部分。"

这个强大的神谕给出了什么建议呢？经济学家绝不是铁板一块。他们总是在激烈地争论。这个学科以拥有头脑敏锐的领袖人物为荣。在1810—1845年的"古典"时期，经济学界大体可分成以穆勒为首的左派和以麦卡洛克为首的右派。马尔萨斯和李嘉图就有效需求问题进行了一场重大争论。一个世纪以后，凯恩斯力排众议，判定马尔萨斯正确。李嘉图这位荷兰犹太人通常被视为最伟大的经济学家或者仅次于他的导师亚当·斯密的经济学家。他在股票市场上发了财，25岁就金盆洗手，致力于研究纯理论问题。李嘉图传达的信息非常暧昧。许多人视他为经济学家中最冷漠无情的悲观主义者，因为他大谈工资总是接近维持生存的水平的"铁律"（"劳动力的天然价格就是使劳动力能够生存下去，一个接一个地维系其群体，既不增加，也不减少"），但他的著作也导致了一种社会主义，因为他本人最有名的事情是，宣布地主实质上是社会公敌。

李嘉图显然不像亚当·斯密那样坚决地认定，有上天的"看不见的手"保障，经济活动就会实现一种天然的和谐。他认为，地主和工厂主是天然的死对头。地租上涨，带动食品价格上涨，进而迫使工资上涨，导致制造业利润下降。按照李嘉图的思路，不可避免地会得出结论（许多社会主义者确实很快引申出这种结论）：雇主为了维持高利润必定会压低工资，所以工资劳动者会与雇主陷于对立。在英国的政治领域里，围绕着废除谷物法的要求（对谷物实行保护性的进口定额制）展开了长时间的斗争。约翰·布赖特等自由主义的工厂主抨击托利派地主是寄生虫。他们的斗争很大程度上凭借的是李嘉图的地租理论。欧文派社会主义者从他的劳动价值理论中获得启示。马克思则在其基础上建立了自己的体系。

当然，政治经济学，尤其是它的通俗理论所传递的主要信息依然是个人主义，以及摆脱政府沉重压迫的自由企业。竞争和利润刺激能够确保生产的最高效率与财富的最公平分配。斯密和重农主义者都认为："政府的全部管理艺术就在于给予人和物自由。"斯密的后继者可能不那么注重道德，但他们依然认为自由竞争制度是最好的；国家干预很少能达到有效的目的，要么有害，要么多余。政治经济学是以人的自私或自利为前提的。斯密设定了一种谋求自身好处的"经济人"。也就是说，每个人都想最有效地获得更多的财富。斯密的后继者将这种预设作为出发点。他们指出，指令性经济背负着昂贵的官僚体系，而非指令性经济基本上能够自动运行。

尽管主要的政治经济学家绝不会设想完全不要政府，但他们大力鼓吹自由贸易理论（他们假设经济基础本身就强劲有力，而且19世纪的实际情况令人意外：国家在与私人企业同步发展壮大）。国家通过保护性关税和特许垄断实行的"重商主义"管制很快就被说成是不懂经济的愚昧时代的产物。(由李嘉图策划的一个成就是，通货摆脱政府控制，货币供应由黄金市场决定。)萨伊的市场定律设定，在自由市场中生产与消费相互自动调整。工资基金理论断定，诸如工会等"人为"的努力不能改变实际可得的工资总量。在马蒂诺女士讲的一个小故事中，一次罢工之后，工资有些增加，但工厂主通知工人必须解雇一些人。如果有些工人的收入超过应有的份额，另外一些工人的收入就会减少。如果工资总量增加了，企业主就会丢掉生意，大家都会丢掉工作。

在另一个故事中，马蒂诺女士讲解的是，济贫的公共开支会增加税收，结果打击了资本，增加了失业。此时，马尔萨斯已经用他著名的人口理论影响了许多人。他认为，人口总是趋向于增长到生存极限，从而使贫困生生不息，除非有某种壮举能够打破这种令人沮丧的循环。强硬的 1834 年《济贫法》就是由经济学家制定的。该法把福利救济搞成不仅难以得到而且令人屈辱，其目的在于阻止贫困而不是救济贫困。

穷人除非饥寒交迫，否则就不去工作，这种观念在 18 世纪广为流传。阿瑟·扬格表示："除了饥渴，穷人自身没有其他任何动力去劳动；对此只能治标无法治本。"曼德维尔、笛福、重农主义者杜尔哥以及 18 世纪其他论述过贫困问题的作家，都持有与扬格相同的观点。一般而言，对于启蒙哲学家来说，平等意味着法律面前的平等而非生存状况的平等；后者是"不可能实现的幻想"。阿纳托尔·法朗士[1]嘲笑这种法律面前的平等，将其类比成富人和穷人都有在街上睡觉的平等权利；布莱克则讽刺这是让狮子和绵羊适用于同一个法律。《百科全书》中的词条"乞丐"是这样写的：值得同情的穷人（包括儿童）应该安排在工场劳动，其他穷人则应被遣送到殖民地。现在成为显学的政治经济学就支持这种信念。

詹姆斯·穆勒指出，资本的增长往往不如人口增长得快，而资本的增长又不能靠强制来实现。如果古典经济学家听到今天人们辩论如何通过政府部门的活动"创造经济增长"，他们要么会大感不解，要么会捧腹大笑。他们眼中的世界严格地受制于大自然的局限

---

1 阿纳托尔·法朗士（Anatole France，1844—1924），法国小说家。

性；他们认为，回报递减（连续投入越多，产出反而递减）和人口增长可能成为人类总体状况取得重大改善的障碍。这是一个定律。他们只是偶尔才给一个前途光明的暗示。"阴沉的科学"的这种习惯性悲观主义恰恰与英国从1780年开始的（或许是人类的第一次）经济持续增长所引起的兴奋形成鲜明的反差。这是勤劳节俭的胜利果实。英国的小工厂主和小业主在拿破仑战争期间以及战后英国的有利环境中白手起家、发财致富。古典政治经济学提倡他们那种勤俭的清教精神。

　　他们的口号是自助。被卡莱尔视为可怕的"财神福音书"的那种信条，在他们看来是进步的途径。英国的成就不应归结到其他因素，而应归功于这个工业中产阶级的出现和威力。正是他们承担起工业化进程的领导责任。他们有精力、有抱负，资本主义竞争体系给他们提供了刺激，政治经济学的信条对他们的努力给予了科学上的认可。

　　当然，经济学家不愿意被人看作是某一阶级或某一观点的意识形态辩护士；他们宣称，他们在创造一种中立的科学，任何人都可以运用，但绝不可忽视。他们确实开始发展出一套富丽堂皇的思想。这种发展迄今尚未结束且始终处于争议中，但这套思想由于明显高水准的学术内涵而具有权威性。不仅仅是英国人对这种思想做出了贡献；法国、德国和奥地利的理论家也加入了这个国际学术共同体，它与其他学科一样形成于19世纪。

　　英国经济学家在鼎盛时期既备受推崇，也招致怨恨，引发了激烈的反对呼声。社会主义者采取的立场与英国经济学家宣传的经济个人主义和不平等主义背道而驰。边沁支持政治和法律上的平等，但接受经济上的不平等，认为这是前一种平等的结果。每个人都有权享有自己的劳动成果，这就包含着平等。但因为人们的才能和精力不平等，这就意味着酬劳不平等。实现经济上平等的唯一可行的途径是，强迫人们同意与他人一起分享自己的劳动果实。但是，这不仅违反了公正原则，而且会破坏刺激机制，造成经济灾难。柯勒律治也得出了相同的结论，这是对立的社会思想领袖不谋而合的例子。法律平等和经济平等，只能选择一项，无法兼得。正如伦理学学者指出的，这是个人公平与分配公平的矛盾问题。边沁承认，在其他基础上，财富的平等分配能够促成绝大多数人的最大幸福。他指出，功利递减原理意味着，对于已经拥有相当财富的人来说，增加一点财富所带来的快乐要小于财富较少的人。这就提出了一种困境：人们在社会公正和经济效率的名义下认可不平等，进而认可了不幸福。

英国中产阶级的自由主义体现为以约翰·布赖特和理查德·科布登为首的曼彻斯特学派。除了功利主义和政治经济学这两大思想体系之外，其他因素也对这种自由主义的形成起了作用。布赖特是贵格会信徒；曼彻斯特从一个外省市镇发展成一个大城市。英格兰中部的新兴资本家通常是不信奉国教者，是旧的贵族体制之外的"新人"。作为不信奉国教者，他们时常与歧视做斗争；布赖特说，由于他这类人所遭受的迫害，他必须成为一个自由主义者。《圣经》在曼彻斯特学派中起着与经济学说同样重要的作用。布赖特-科布登集团把《圣经》中的词句挂在嘴上，对可恶的土地贵族统治的象征《谷物法》大张挞伐。丁尼生嘲笑布赖特虚伪，是"戴着宽边帽、叫卖圣物的小贩"，但是，这种指责其实并没有刺痛布赖特。自利与政治经济学完全一致，也符合清教徒的良知。反对穷兵黩武乃是自由主义信条的一部分，这使得布赖特可以勇敢地反对1854—1856年的克里米亚战争。宗教和经济学结合起来，造就了一种反战思想。自由主义者确信，自由贸易能够消除战争，将各民族联合成一个经济共同体；和平的贸易竞争将取代贵族争夺荣誉的战争游戏。

总之，近代自由主义有若干流派。正如我们在功利主义和自然法理论这两派就个人权利的来源所展开的争论中所见，这些流派并不总是完全一致的。不过，它们都对国家持有否定观念，捍卫个人，反对政府压迫，相信私有财产是社会的基础。

自由主义遭遇到抨击。批评者认为它只是让少数人享受好处。哈罗德·拉斯基写道，社会主义是基于这样的认识："自由主义理想确保中产阶级充分地获得自己的特权，却让无产阶级依然身系锁链。"撇开辞藻不谈，这段话比较准确地表达了现实中的悖论：法律面前的平等和机会的平等可能意味着实际状况的不平等。自由——所有公民都有凭借自己的精力、能力和运气取得成功或遭遇失败的自由，法律对所有人维持同一个游戏规则，国家绝不干预以保护弱者或倒霉者——可能意味着不平等，甚至是不公正。这也意味着成功者会获得法律的保护和社会的嘉奖，而失败者（不论由于什么原因）只可能听到最古老的呼喊：活该倒霉。

社会主义

社会主义几乎是与保守主义和自由主义同时登上舞台的。"社会主义"这个词可能是19世纪30年代开始使用的，但这种思想本身形成得要更早一些；19世纪20年代，人们使用的术语是"合作主义"。1822年，夏尔·傅立叶（其父是贝桑松地区的一个商人，也是一个退休公务员）发表了《论协作》；在此前后，古怪的圣西门伯爵抛出了一系列著作，借以证明自己是第一个重要的社会主义者。傅立叶和圣西门都不是谦谦君子。两人都自称是现代牛顿，可以想见他们会如何争风吃醋了。与此同时，英国有一位成功的资本家，名叫罗伯特·欧文。他用样板来推广建立更社会化的工业组织的计划，成千上万的人到新拉纳克参观他的样板。

启蒙运动中就有社会主义的先兆，尽管与启蒙哲学家中的个人主义主流相比十分微弱。卢梭有时说私有财产是"神圣的"，但在一段令伏尔泰震惊的著名文字中，他把后来一切罪恶的根源都归结为最早的抢占行为：某个人说"这是我的"，然后就把它抢走了。在充斥着贪婪和腐败的"文明"出现之前是原始共产主义的比较幸福的阶段。恩格斯曾经指出，卢梭的《论人类不平等的起源和基础》蕴含着马克思主义的种子。卢梭的"公意"概念——社会整体的意志高于个人意志的总和——乃是国家主义的一个渊源。他的《社会契约论》告诉人们，所有权利都来自社会；私有财产并不是一种绝对权利，而是社会所许可的便利手段。如果说卢梭影响了一些社会主义者，那么这些人也不是那种强调更大的生产力和更多的财富的社会主义者，因为卢梭认为，斯巴达式的简朴才是美好的生活。另外一位身份不明的作家摩莱里被称作"18世纪思想家中唯一彻底的共产主义者"。卢梭，尤其是摩莱里思想中的社会主义因素，实际上是由基督教的伊甸园所体现的黄金时代神话的回声。卢梭把原罪转化成私有财产的发明。这与宗教改革时期某些激进的新教教派所复兴的原始基督教相去不远。研究社会主义历史的学者诺伊斯把震颤派和拉普派[1]这些共产主义教派称作"现代社会主义的真正先驱"。

人们经常会提到法国大革命后期的"格拉古"巴贝夫及其悲惨的平等派密谋（1795）。巴贝夫鼓吹"分配社会主义"，他断言："大自然赋予所有人享受一切产品的平等权利。"劫富济贫的罗宾汉原则看上去可能过于简单化了，但时至今日它仍具有相当大的魅力。平等派的影响贯穿19世纪，并且涌现出大量的方案和计划。这个时期社会主义思想的层出不穷，反映了一种普遍的情绪：一是对自由主义不满，因为它似乎意味着另一种名义下的不平等和剥削；二是急切地希望有某种社会改造的新方案。

政治经济学由于似乎支持人人自私的原理，因此激怒了道德之士。威廉·科贝特[2]写道："在他们的原则和意见中有一种令我痛恨的冷漠。"还有人认为它缺乏秩序，20世纪伟大的经济学家凯恩斯曾把资本主义"体系"说成"完全是占有者和追逐者的麇集"。人类的聪明才智应该能发明出比这种自私的争夺更好的方式。自由主义者的明确回答是，自由竞争体系是在市场法则统治下自动运转的，基本上反映了人们的意愿，而计划经济体系需要由某些自封的精英对生产什么和如何分配做出武断的决定。但是，贫困的蔓延和下层阶级的苦难已经使得寻求更好的体系成为当务之急。

---

[1] 震颤派（Shakers），1747年起源于英格兰的基督教派别，过着公社式的生活并信奉独身。拉普派（Rappites），19世纪初，拉普父子在美国创立的一个教派。

[2] 威廉·科贝特（William Cobbett，1763—1835），英国散文作家、报人，抨击工业革命带来的社会弊病。

社会主义学说大多出自法国。1842年，年轻的德国人恩格斯住在工业化的英国。那时，他对社会主义发生了兴趣，于是开始研究法国的社会思想家，发现至少有8个人很重要。不久，他就与朋友马克思进行了交流。1843年，马克思来到巴黎，尽其所能地会见了许多法国社会主义者，其中既有傅立叶和圣西门超群逸伦的门徒，也有新近出现的社会主义先知，如蒲鲁东和卡贝。

乔治·奥威尔[1]曾经指出，那些自称为工人阶级说话的社会主义者其实都出身于上层社会，这个传统大概是由圣西门伯爵（1760—1825）开创的。他是法国贵族，祖系可上溯到查理大帝。他在美国革命期间战斗过，在法国大革命期间侥幸逃脱了断头台，然后在金融投机中发了财。接着，与工厂主欧文一样，圣西门倾家荡产来宣传他的新社会蓝图，最终在贫病交加中去世。1802—1825年，他源源不断地发表著作，身后出现了很多追随者。19世纪30年代，一群杰出"使徒"在巴黎组成了一个团体，后来分散开向世界传播圣西门的思想；他们中的一个人后来主持开凿了苏伊士运河。

圣西门的社会主义设想强调的是秩序和组织、效率和精英统治；整个社会就像一个大工厂，由社会工程师组成的统治阶级按照理性原则来计划和管理社会。他的宗教"新基督教"也由一群教士精英来主持。卡莱尔呼唤"工业领袖"拯救社会，使之摆脱盲目的潮流和"财神福音书"。这也显露出当时圣西门的强大影响。圣西门可能是马克思之前最有影响的社会主义代言人，而马克思也深深受益于这位法国智者。后来，苏联的马克思主义统治者也把圣西门

---

[1] 奥威尔（George Orwell，1903—1950），英国小说家及散文家，代表作《1984》。

奉为共产主义的一个开山鼻祖。应该指出,圣西门的社会主义既不民主,也不属于无产阶级,尽管他首先使用"无产阶级"这个术语来描述现代产业工人阶级。它强调的是计划和社会工程;新的经济制度应该用理性秩序取代混乱状态,从而通过增加生产和实行比较平等的分配来消灭贫困。

与这位法国的专家治国论者几乎同样闻名遐迩的是罗伯特·欧文。当他还是一个孩子时,一位和蔼的老板使他知道了卢梭、葛德文以及其他启蒙思想家。他是家里13个孩子中的一个,9岁就开始劳动,18岁就在欣欣向荣的棉纺织业独立创业。欧文买下苏格兰新拉纳克的棉纺厂,然后开始改造这些愚昧、堕落的工人(大多数是孩子);他缩短工作时间,改善居住条件,实行禁酒,创立学校,开设合作商店,平价出售商品。他成为一个模范社区的仁慈独裁者,世界各地的人都来此参观。欧文享有模范雇主的名声,因此他1829年访问美国时被请到国会演讲。此时,他还是可敬的开明资本家典范,但很快他就开始实施全盘改造社会的大胆方案。他试图创建一个极不正统的理性宗教,堪与圣西门的新基督教媲美。但是,欧文的主要精力是以新拉纳克为模式建立更多的社会主义公社。欧文在美国印第安纳从拉普派手中购买的新和谐村最为有名,但在美国和英国还有许多规模不等的公社。它们无一例外地失败了,但毕竟吸引了成千上万的热情实验者。他们满怀为大公、舍小私的理想,建设欧文所说的"新道德世界"。欧文在英国一度拥有极其众多的信徒;欧文运动研究者、历史学家哈里森指出:"在1839—1841年的鼎盛时期,散发的小册子有250万份,每年有1 450场演讲,每周出席星期天讲座的观众多达5万人。"

欧文的公社与傅立叶主义者的公社一样，似乎不仅没有证明社会主义的可行性，反而证明了自由主义-功利主义的说法：人从根本上受自身利益的驱使。欧文派采纳的是一种简化的李嘉图社会主义，即试图发明一种以劳动力为基础的交换手段，从而避免资本主义对工人的剥削。他们试图废除家庭这个私人利益的堡垒，推崇某种集体的生活方式——正是这一点以及宗教上的离经叛道，吓坏了附近的居民。傅立叶的信徒也创办了一些实验性的公社（美国新英格兰的布鲁克农场最为有名）。他们在性道德方面更为大胆。傅立叶本人虽然是个单身汉，但他认为一夫一妻制家庭是资产阶级自私自利的制度根源。在他的乌托邦里，可以立即离婚，群居，实现彻底的性解放。傅立叶的"情欲引力"已经暗含了后来弗洛伊德的某些观点。不同于欧文和圣西门，他是一个心理学家，试图把他设想的社会体系建立在利益和情欲恰当组合的基础上。他为理想公社所绘制的蓝图比欧文的更精确。科学（以傅立叶为代言人）决定了公社组织的每一个细节。

这些都属于乌托邦社会主义。在傅立叶和卡贝的相继影响下，对社会主义公社的热情形成一波又一波的时尚。哈丽雅特·马蒂诺写道，合作原则"在未付诸实验之前是绝不会罢休的"。实验的结果似乎是对它的否定。但是，傅立叶主义的思想传播到全世界。远至斯堪的纳维亚、中国和拉丁美洲，都可以发现它的踪迹。在俄国，1845—1849年，彼得拉舍夫斯基[1]传播"沙里亚·傅列"（夏尔·傅

---

[1] 彼得拉舍夫斯基，俄国知识分子，组织过一个秘密的读书会，后被沙皇政府破获。参加者有陀思妥耶夫斯基等。

立叶的俄语音译）的思想，而且将其与俄国的农民村社及其中世纪公社习俗联系起来。今天以色列的基布兹（集体农场），据说在某些方面也是傅立叶思想（经过东欧）的产物。

埃蒂耶纳·卡贝是乌托邦小说《伊加利亚旅行记》（1839）的作者。他主张把全部财产和权力都交给公社，就这一点而言，他是"共产主义者"。"共产主义者"这个词，马克思可能就是从卡贝那里学来的。与欧文派和傅立叶主义者一样，伊加利亚派在新大陆（伊利诺伊、艾奥瓦和得克萨斯）建立公社，其中一个公社一直坚持到1898年，但这种乌托邦理想在实践中普遍遭到失败。美国的资本主义气氛咄咄逼人，无孔不入，对于这些梦想家来说，这可不是有利的环境。他们不主张暴力，无意于革命，只是希望通过榜样的力量来传播社会主义或共产主义。不过，也有另外一种起源于法国大革命的造反传统。在19世纪30年代的法国，布朗基接续了这种传统。

在19世纪30年代反对残酷竞争的社会伦理的大合唱中，还有另外一些先知的声音。那10年，法国最流行的政治读物是拉梅内的《一位信仰者的话》。（他把自己的名字由 La Mennais 改成 Lamennais，这一举动具有民主意味。）以前他是一个著名的反动分子，现在他变成同样狂热的社会民主主义者。"一位信仰者的话"出自一个神父之口。他希望罗马教会变得更加民主，但在梵蒂冈不但没有获得什么同情，反而遭到驱逐。这位布列塔尼的教士感到"人类社会的核心正在发生一场巨大的革命"，注定要产生一个"新世界"。他声讨雇佣奴隶制，谴责统治者轻忽了自己对社会的责任。他的英国同道是托马斯·卡莱尔。在历久不衰的经典之作《过去与现在》中，他用极富煽动力的文笔唤起人们对"社会问题"的关注。在法国，这10年属于雨果、拉马丁、乔治·桑和巴尔扎克。这些伟大的小说家用所谓的"社会浪漫主义"风格对社会现实做了栩栩如生的描述。这些流行作家促成了大难临头的感觉。1848年革命发生后，显示了这种社会主义的复仇力量。

总之，我们看到了各种各样的社会主义。这些社会主义者都主张变革，以实现社会对私有财产的某种控制，但在控制的程度、方式和体制等问题上众说纷纭。他们更擅长纸上谈兵而拙于实践，他们的实验几乎同样遭到悲惨的失败。就此而言，他们并没有构成对现有秩序的重大威胁，但他们是一支五彩缤纷的队伍。对于许许多多不满现实的人来说，他们的观点具有无穷的魅力，因为与理想相比现实令人绝望。思想浪漫的知识分子逐渐开始抱怨：行动并不是梦想的姊妹（陀思妥耶夫斯基）。伟大的作曲家罗伯特·舒曼竭力在庸人世界与浪漫主义理想、弗洛雷斯坦和尤西比乌斯中间进行协调，结果却导致精神分裂。[1]

马克思借助德国哲学和无情的英国经济学，试图将社会主义从其"乌托邦"的错误起点拯救出来。他一直承认自己受益于创造了社会主义这一理念的社会主义者先驱，但指责他们在如何实现社会主义的问题上过于天真。

---

1 舒曼采用弗洛雷斯坦（Florestan）和尤西比乌斯（Eusebius）两个笔名发表乐评。前者表现为冲劲十足、热情如火，后者内敛、敏感、忧郁。

民族主义

民族主义是一种能够把左中右三种有时尖锐对立的意识形态统一起来的"主义"。在某种意义上，民族主义是保守的，强调传统、共同体精神、国家的权威。在另一种意义上，它是自由民主的，因为它立足于所有公民的平等权利，即分享国民福利和获得法律保护的平等权利。它也可能是社会主义的，正如当时的某些政治领袖所显示的，解放被压迫民族（他们理应要求摆脱异族统治）与解放被压迫阶级相辅相成。

1821年，一次起义遭到奥地利军队镇压后，一位16岁的法律专业学生目睹了一批流亡者撤离热那亚。他就是出身于热那亚一个医生家庭的朱塞佩·马志尼。他由此开始了长达半个世纪的革命生涯。他不喜欢自由主义，因为自由主义过于消极和自私；他肯定在民族主义的旗帜下的民主与"合作"的价值。人民应该无私地聚积在一个民族共同体中。马志尼的社会主义乃是无私献身于整个民族共同体的一种体现。民粹的民族主义的信仰就鼓励这种献身。马志尼反对马克思的阶级斗争学说，他的口号是和谐与合作。

德国哲学家（费希特是最主要的样板）论述的民族主义产生了自己的神话，即给各民族赋予了实现上帝所计划的人类进步发展的特殊使命。根据浪漫派民族主义，民族是一种有机的成长过程，在历史中绽放光彩，表现出一个民族的深层潜力。自由的个体通过在一个扩展的群体意识下的这种成员身份来实现自我。正如马志尼所解释的："民族性是上帝赋予每个民族在塑造人类过程中的角色，这是它必须完成的使命和任务，由此神圣的目标才能在这个世界实现。"由此可见，民族主义既不反对个人理想，也不反对国际主义。

只有在每个民族都获得解放并实现文化繁荣之后，人类博爱的终极目标才能实现。每个人必须首先是自己民族共同体的成员。"渴望博爱的人也渴望有一个祖国。"正如每个民族在寻找一种共同体的过程中得以形成，众多民族将混合起来，形成一个人类整体。在人类的"交响乐"中，每个民族都有自己的位置。

各种运动通常由知识分子领导，在民众某种程度的支持下，扩散到欧洲各地。19世纪40年代，斯拉夫派在俄国风靡一时。当时，德国所有重要的思想家和作家无不带有民族主义；从严肃的哲学家到民众组织者，概莫能外。1848年，民族主义成为政治大爆炸的关键因素；当时最突出的全欧性人物可能是匈牙利的民族主义领袖科苏特。波兰的民族主义曾在1830年和1863年两度迸发出耀眼的光芒。

不过，首席发言人是马志尼。"雄辩、重复、散漫"，他的散文是浪漫主义鼎盛时期产生出来的辞藻泛滥的最佳样板。他把这种语言技巧与对政治组织的激情结合起来。他不写作、不演讲时，就致力于建立组织，筹划秘密活动。尽管似乎不应该责难这样一个满怀社会责任感的人，但还是可以指摘他本质上的利己主义。正如他自己常说的，他觉得最重要的是，让民族选择并固守一种英雄主义的使命。马志尼决心统一意大利民族，这种选择给他的生命赋予了意义和冲动。这是他的宗教。

民族主义或许后来转向了反动，但在19世纪上半叶，它是自由主义的、进步的、民主的。它意味着人民有自由和自决的权利。人们还想不到它与国际主义有什么不一致，因为每个民族都在宏大的国际"交响乐"中承担着自己的特殊角色。具体而言，它意味着波兰、意大利这样的国家争取摆脱外国压迫的斗争。欧洲的弱小民族由于（通常是第一次）发现自己是一个承担着特殊使命的民族而找到了一种奋斗目标和身份认同。丹麦人原来对自己独立的民族性质毫不了解，现在则努力恢复古老的丹麦语和丹麦习俗。瑞典的哥特风格也体现了类似的冲动。比利时人此时觉得不管荷兰国王是多么仁慈，在一个外国国王统治下生活就是低人一等。

在这个倾向历史思维的时代，对许多人来说，从地方观念、地域联系转向更大的共同体，这种变化乃是人类走向某种世界统一的未来乌托邦的一步。伏尔泰曾经认为："祖国越大，人们对它的情感越少。""对于一个过于庞大、几乎无法了解的大家庭，不可能有那么亲切的感情。"这也是为什么18世纪的哲学家怀疑超出村庄范围是否还能实行民主。但由于交通和通信的改进，打破了乡土观念，人们有可能把民族当成一个大家庭。马志尼适逢铁路时代。而且随着传统地方社会的衰落和大城市人口的增加，对共同体的需求就逐渐转向了民族。在旧制度下，法国很少有人会首先自认为是法国人；地方认同更为重要（布列塔尼人、普罗旺斯人或加斯通人）。那种社会秩序属于过去；技术因素和经济因素促成了集中化的历史运动。

在这种演化过程中，18世纪后期开始的"阅读革命"起了不小的作用，因为在全国流通的杂志和书籍能够打破地域文化的藩篱。这个时期，民族主义实际上是某种文化创造的产物——主要存在于诗人和哲学家中，而不是存在于他们抽象地颂扬的"人民"中。（有人指出，这种"人民"不过是马志尼的伟大精神。）它主要存在于知识分子中，而不是民众中。然后它才会慢慢渗入下层，尤其是城市民众中。民族永远是不完善的共同体。迈克尔·奥克肖特[1]认为，现代民族人为性太强，自发性不够，缺少共同的传统、信仰和目标，因此难以成为一个真正的共同体。民族主义是否定性事物，是相对于外界竞争对手或敌人来界定的。民族国家很少能完全与民族吻合。因此，甚至在大不列颠，苏格兰人也保留着强烈的分离意识；很难说有一种"不列颠"民族主义。（看看西班牙巴斯克人的情况，更不用说东欧那些杂居的民族。）尽管如此，可以肯定的是，民族主义情感一直是现代欧洲最强大的政治因素，而且被输出到世界各地。

民主

尽管浪漫主义和民族主义都包含民主的因素，但在这个时期，民主的理念还没有像自由主义和马克思主义那样形成一种意识形态。它是借助其他思想慢慢地渗透进人们头脑的，几乎还没有坚定的支持者。它没有任何堂皇的学说作为后盾。历史上的思想传统基本上是反对它的。约翰·穆勒在19世纪中期指出，潮流转向民主，这"不是哲学家的产物，而是最近日益强大的社会大多数人的利益和本能的产物"。

启蒙运动带有强烈的反民主色彩，这么说是因为它怀疑大众的智慧，进而怀疑通过多数表决而非用理性来做出决策的智慧。洛克在日记里袒露心声说，人类大多数深陷"情欲和迷信"。启蒙运动

---

[1] 奥克肖特（Michael Oakeshott，1901—1990），英国保守主义政治理论家。

的另一位先驱者培尔认为，在平民百姓中找不到"任何忠告、理性、鉴别力、学问和精准描述"。大众的非理性是从弥尔顿到伏尔泰的著作中的一个主题。伏尔泰把大众称作畜群，而且认为他们永远处于那种状态。这位伟大的思想反叛者认为："绝大多数男人以及更多的女人不假思索就下结论，说话不动脑子。"他怀疑大众是否值得教育。（后来，伏尔泰的一个信徒说，对群众进行教育，无异于在空锅下烧火！）

葛德文在其著名的《政治正义论》（1793）中愤怒地提到，用计算人数来决定真理是"对全部理性和正义的让人无法忍受的侮辱"。他指出，真理"并不因为信仰者人数多而更显得正确"。如果我们像启蒙思想家那样确信"理性神位在此"，那么提议用其他方式做决策就显得很荒唐了。真理不能用是否流行来检验。2加2不等于5（除了在奥威尔的《1984》噩梦国家中），尽管证实这一点需要经过斗争。正如一位学者在论述清教徒时所说的，"上帝的权威不等待一个多数票来确定"，理性的权威也是如此。柯勒律治认为，民众的呼声反而需要由"理性的规定和上帝的意志"来检验。各种教条的社会改革家也持相似的观点。欧文是马克思的社会主义思想的来源之一。他认为，由民主选举的议会来统治，简直是匪夷所思，因为这很可能既无效率又动荡不安。法国杰出的社会主义-无政府主义者蒲鲁东宣布，普选权体现了"共和国的实利主义"。

虽然卢梭一直被说成是民主观念的一个源头，而且在某种意义上也确实如此，但他的那种民主（他没有用这个词）与我们今天对民主的界定相去甚远。卢梭认为，如果我们能够回到文明之前的纯洁状态（当然他知道这是不可能的），我们就能生活在一个小型的民主共同体中，也就是说，每个人都是这个自愿团体的一部分。卢梭认为民主至多只适用于小型社会。他的这种看法在18世纪的政治学者中不是孤立的。在他们看来，代议制，即选举代表来体现自己的观点，这种做法根本不是民主。如果民主指的是纯粹民主，这当然是不民主的。

法国大革命期间，罗伯斯庇尔实行的雅各宾民主和恐怖统治有一个预设：公意不是通过计算选票得出来的，而是一种神秘的统一，可以由独裁者来体现和表达。人们所说的这种"极权主义的"民主会败坏民主的声誉。当罗伯斯庇尔的民主在1794年7月崩溃后，反动便开始了。大革命期间唯一被人们认定的"民主"完全出自这段经验。当诗人柯勒律治和华兹华斯的乡间邻居想表达他们对这两个奇怪的城市知识分子的不满时，他们想不出还有什么比称呼他们"民主派"更恶毒的了。

政治经济学家和社会主义者都认为自己先验地掌握着正确答案，因此如果民主意味着让民众投票来决定事情，他们不可能欢迎这种民主。他们只在一种意义上是民主派，即他们认为自己知道什么是对人民最好的，也就是说，他们主张民享的政府，而不是民治、民有的政府。英国政治家、历史学家托马斯·麦考莱认为，普选权"对政府赖以存在的所有目标都具有致命的威胁，是与文明的存在本身格格不入的"，这主要是因为只有少数人能掌握政治经济学这门复杂的科学——西尼尔认为，它是"所有科学中最艰深的科学"。愚昧无知的选民会为了某些明显的短期利益而破坏经常令人不愉快的规则。英国反对特权和贵族的领袖约翰·布赖特说："我才不会假装成民主派。"

在 1815—1848 年这个自由主义时代，一位最伟大的自由主义者使自由与民主的矛盾成为一部传世之作的主题。托克维尔在《论美国的民主》(1831—1835)中认为，大众文化施加了一种"多数人的暴政"，从而扼杀了个人创造力。多数人的统治，无论是精神的还是肉体的，都对个人自由形成压迫，特别是迫使任何人不得脱离标准模式。个人自由需要保护，以防范任何外界权威，民主的权威可能会像君主的权威一样是压迫性的——实际上更具压迫性。自由主义者常常断言，民主会导致社会主义，因为没有财产的多数人如果获得政治权力，就会用于剥夺拥有财富者。或者用亚里士多德的一个说法，他们认为民主会通过暴民统治而导致独裁。"古典的自由主义"将自己标榜为个人主义对专制和民主二者的胜利。19 世纪有许多著作宣布民主与自由二者永远对立。[1]

在反对或怀疑民主政府或社会平等的学者名单中还应该增添当时最伟大的哲学家黑格尔（参见下一章）。他固守启蒙运动的信念，将理性视为"经过训练的理智"，而不是"民众的事情"，因此他不可能成为民主派。他所谓的理性是绝对精神，绝对精神的自我展现被说成是历史的本质。他倾向于把理性（绝对精神）置于有思想的人，即知识精英中，认为他们的智慧与劳动大众的愚昧无知形成鲜明的反差。在黑格尔看来，民主属于已经逝去的小型社会的时代，不适用于现代国家。在去世的前一年，他还在撰文反对旨在扩大选举权、更公平地分配议席的 1832 年《英国改革法案》。

---

[1] 参见维多利亚时代的爱尔兰学者莱基（William Edward Hartpole Lecky, 1838—1903）论述这种冲突的历史著作《欧洲理性主义精神的兴起及其影响的历史》(*History of the Rise and Influence of the Spirit of Rationalism in Europe*)。

此外，我们还应该提及浪漫主义。它倾向于推崇那种蔑视群众、愤世嫉俗的拜伦式英雄，那些在"鼠目寸光的大众"之上天马行空的天才人物。无论某些浪漫主义者与某种理想化的"人民"（不要与卑劣人性的任何真实典型混淆）之间有多大的吸引力，他们的主要兴趣始终环绕着自我，非凡的自我。这种根本性的个人主义与民主相抵牾。

许多人注意到，尽管他们不喜欢民主，但民主代表了未来的潮流。卡莱尔说，民主是"不可逆转的时代要求"。与此同时，卡富尔伯爵在1835年认为，民主是"预定的进化"。两年后，红衣主教曼宁[1]认为："欧洲的进程似乎趋向于通过召唤大量的人民进入政治权力，从而促进民族生活和行动的发展。"托克维尔的伟大探索源于这样一种信念：对于民主的扩散，哀叹和抱怨都无济于事，能做的只有考察其后果并学会与之共存。

1847年，"社会浪漫主义"的政治演说家马志尼宣布："上帝的旨意由人类的进步精神荣耀地显示出来：欧洲正飞速地向民主挺进。"如果人们像马志尼等许多满怀希望的斗士那样确信人类进步的趋势，就几乎只能顺理成章地接受民主这一结果。最好的社会应该让所有人分享好处。如果我们的目标是达到一种完美的境地，那么如果所有人都能达到这种境地就更完美了。这就像中世纪用目的论来对上帝存在所做的论证：在现实存在的某种东西中有一种更完美的存在。随着现世进步的观念深入19世纪人们的思想并变成伟大的信仰原则，它不可避免地带来了民主。英国维多利亚时代的道德导

1　曼宁（Henry Edward Manning，1807—1892），英国威斯敏斯特大主教。

师、牛津三一学院院长休厄尔博士[1]在论述水晶宫世界博览会这个进步的象征时，将艺术和科学的进步界定为从为少数人服务扩大到为多数人服务。

1848年革命

鼓吹政治改革和社会拯救的思想在欧洲各地流传（拜伦和边沁在俄国的名气不亚于在英国），为1848年革命打下了基础。当时，欧洲弥漫着大灾变和期待救世主的情绪。欧洲确实应该到了某个历史顶点。历史学家米什莱[2]和基内等人以及社会主义者路易·勃朗，都用赞扬的笔法来呈现一直受到贬黜的1789年法国大革命；甚至卡莱尔著名的法国革命史著作也表明，在革命恐怖的动乱中可以看到某些令人兴奋的预示。人类正在前进。不同的意识形态会对人类前进的目标各持己见，但几乎没有人否认确实有某种目标存在。

19世纪30年代是烦躁不安的时代；浪漫派青年先是在雨果的话剧《欧那尼》上演时奚落传统主义者，接着把矛头对准更大的目标。披着长发、身着奇装异服的"波希米亚人"在30年代创造了另类天地：麻醉品、同人杂志、另类道德、对自己出身的资产阶级的诅咒等，在很多方面与130年后的激进青年很相似。1835年，在里昂丝织工人的一次起义之后，法国政府对164名激进分子（其中大部分是青年）进行"大审判"，其中的121人被判有罪。在监狱

---

[1] 休厄尔（William Whewell，1794—1866），英国哲学家、历史学家。
[2] 米什莱（Jules Michelet，1798—1874），法国历史学家。

中度过半生的布朗基成为革命英雄。正如前面所述,马志尼组建了青年意大利党,先后被驱逐出意大利、法国、瑞士,直到30年代后期来到伦敦,成为后来许多政治流亡者的先驱。他在伦敦成为卡莱尔夫妇的亲密朋友。他继续以青年意大利党的名义写作和进行密谋,很快就成为一个闻名遐迩的人物。

在英国,宪章运动产生了一份签名人数众多、要求民主选举议会的请愿书。国会下院对此不予理睬。工人阶级的发言人,如爱尔兰人费格斯·奥康纳,甚至对有产者发出威胁。罗伯特·欧文在晚年把注意力转向刚刚起步的工会运动。查尔斯·狄更斯和盖斯凯尔夫人[1]的流行小说包含着他们对社会的抗议和讽刺。甚至可以说,正是在这10年城市穷人的状况得到揭示。欧仁·苏的《巴黎的秘密》与伦敦《晨报》发表的亨利·梅休[2]的报道遥相呼应。1837年,狄更斯发表了《雾都孤儿》。

19世纪40年代,英国的大辩论转到自由贸易与关税保护的争论上,具体体现为要求取消保护农业不受外国竞争伤害的《谷物法》的斗争。自由主义的工厂主组成了反谷物法联盟,把政治辩论引向基层。他们赢得了胜利。正是这一胜利和1832年议会改革使得英国在1848年避免了革命,以更稳健的步伐走向民主。

19世纪40年代,在法国新涌现出来的社会主义思想家中有皮埃尔-约瑟夫·蒲鲁东。他出身于手工业者阶级。他是一个不太系统

---

1 盖斯凯尔夫人(Elizabeth Cleghorn Gaskell, 1810—1865),英国小说家。1848年发表《玛丽·巴顿》,反映曼彻斯特的工人状况。
2 欧仁·苏(Eugène Sue, 1803—1857),法国外科医生,撰写小说《巴黎的秘密》,于1842年在报纸上连载,引起轰动。梅休(Henry Mayhew, 1812—1887),英国新闻记者、社会学家。

但雄辩的写作者,提出"财产就是盗窃"这一轰动的说法。他反对不劳而获,主张废除非生产性的财产(《什么是财产?》,1841)。虽然马克思后来嘲笑蒲鲁东的经济思想过于粗鄙,但蒲鲁东可能是当时最有名的激进理论家,马克思在1843年特别希望能与他会面。蒲鲁东反对国家主义,对无政府主义传统产生很大的影响;他建议用农民和工人的合作社来解决经济上的不公正。他嘲笑当时另一位著名的社会主义者路易·勃朗的济世良方。后者鼓吹建立国家工厂。在蒲鲁东看来,问题的根本是需求而非生产。如果工人没有足够的购买力,国家工厂也会与私人工厂一样变得萧条。蒲鲁东的说法是解释经济萧条原因的消费不足论的经典表述。他支持"李嘉图社会主义者"在英国鼓动的货币改革。欧文派也在其中。他们希望通过某种方式将劳动力当作货币的本位。

蒲鲁东很少长时间地停留在某一个观点上。当时的社会主义者通常不具有系统深入的思想,但他们关注越来越多的对路易·菲利浦于1830年建立的"资产阶级王朝"不满的人。尽管七月王朝在允许言论自由和扶持教育方面已经相当自由,但它的宪法只允许少数人有选举权,它的社会哲学是自由放任的自由主义,它的口号"发财去吧"是经济个人主义的浓缩体现。路易·菲利浦是通过革命而获得王位的,因此当1848年初暴烈的抗议活动到处蔓延时,他很容易接受劝说而放弃王位。德国和奥地利都对巴黎发出的信号做出呼应。在接下来的一年半时间里,欧洲大部分地区怒火沸腾。

1848年3月,米兰爆发起义,赶走了奥地利驻军。威尼斯紧紧跟上,重演这一幕;皮蒙特国王查理·阿尔伯特令人吃惊地颁布了一部宪法,然后对濒于崩溃的奥地利宣战。马志尼从流亡地伦敦赶到巴黎，作为贵宾，受到新成立的法兰西共和国政府的领导人、诗人拉马丁的接待，然后徒步跨越阿尔卑斯山，在米兰受到热烈的欢迎。伟大的作曲家威尔第几乎同时到达米兰，马志尼邀请他谱写一首战斗进行曲。这一段历史体现了人们所说的"知识分子的革命"。[1]

但从一开始，革命者中间就存在着分裂的萌芽；温和派惧怕马志尼，而马志尼不信任温和派。温和派要的是立宪政府、法治、保护财产，绝不要社会主义，甚至也不要民主。各邦国也在相互猜忌，想方设法扩展自己的边界。民族意识几乎还没有形成。在米兰，保守的皮蒙特国王颠覆了马志尼的公民政府，允许奥地利人卷土重来。马志尼哀叹道，人民不是把国旗扔在原则脚下，而是扔在一个卑劣者的脚下。在那不勒斯，国王菲迪南惊魂甫定，就废除了他先前颁布的宪法。

在罗马，1848年11月15日，群众攻陷了宫殿，杀死了反动的教皇顾问罗西伯爵，教皇遂化装逃离罗马。无所不在的马志尼立即成为罗马共和国的首脑。罗马共和国存在了3个月，然后被法国军队颠覆。此时，新建立的法兰西共和国选举另一个波拿巴为总统（使激进派大失所望），而这位拿破仑三世得到保守的农民和天主教徒的支持。与此同时，德国的革命也是昙花一现，在混乱中结束。法兰克福议会制定了一部冗长的宪法，但发现没有人准备好来实施它。俄国沙皇尼古拉一世（沙皇亚历山大的弟弟）毫无自由主义色彩，迫不及待地支持反攻倒算。圣彼得堡没有发生革命。伦敦也是

---

[1] 见英国历史学家刘易斯·纳米尔（L. Namier, 1888—1960）的专著《1848年：知识分子的革命》（1946）。

如此，尽管发生了一次宪章派的大集会。英国舆论对意大利的事业基本表示同情，这与马志尼有很大关系。但是，英国也仅仅是表示同情而已。

理论的混乱和知识分子政治能力的不足（尽管马志尼在罗马政绩辉煌）被认为应对1848年的失败负责。1848年成为历史上功败垂成的一个转折点。这一年，诗人、艺术家和思想家对革命的参与以及他们对这种角色的力不从心的确都令人瞩目。拉马丁一度成为法国的政治领导人，后来怀着对人类的极度厌恶而退出政治舞台（"我见过的人越多，我就越喜欢我的狗"）。理查德·瓦格纳[1]曾经是德累斯顿三头执政之一，后来被迫逃往瑞士。法兰克福议会里都是些气度恢宏的律师和教授。这段历史扫荡了人们对预言家、幻想家和无实际经验的人从政能力的信任。1848年之后，他们基本上退缩到象牙塔中。福楼拜大声呼喊：给我一个最高的象牙塔！在瓦格纳令人眩晕的歌剧和波德莱尔创造的新型诗歌中，都可以发现那种经历革命政治后的幻灭。

但与所有伟大的历史事件一样，1848年革命留下了许多长久的沉积物。1848年，普选权在法国一下子就确立下来，此后就以某种形式保留下来，从未废除。一种新的现实主义从1848年的幻灭经验中产生。浪漫主义在艺术和政治中都不再时髦。年轻的马克思以《莱茵报》编辑的身份参与了德国的1848年革命。他在1849年逃到伦敦后，修改了原来认为革命迫近的观点。过了将近10年的时间，社会主义事业才出现复苏的迹象。马志尼返回伦敦，沮丧地在一旁观

---

[1] 瓦格纳（Richard Wagner, 1813—1883），德国作曲家。

看着意大利以远不如他所预言的那么浪漫的方式完成统一。意识形态和"主义"并没有消亡,但它们在后半个世纪发生了很大的变化。科学的实证主义成为占支配地位的思想体系,文学中的现实主义和政治中的实力政策也风行于世。浪漫主义者的悠然梦想和乌托邦主义者的淳朴方案看起来都与时代渐行渐远了。

第3章

进步的理念：黑格尔、孔德、马克思

> 如果说过去的神灵居住在天空中，那么现在的他们就在人群当中。
>
> ——卡尔·马克思

> 社会科学的基本问题，就是要找到不同社会阶段发展、更新的内在规律。
>
> ——卡尔·马克思

黑格尔

康德之后德国哲学的领军人物黑格尔于1831年死于霍乱（当时的一种瘟疫），享年60岁。黑格尔哲学在全欧洲的学术界所向披靡。直到19世纪末，甚至在英国和美国（有人认为它过于抽象和玄想而予以抵制），大学里的主要哲学家也基本上属于这个学派。不过，黑格尔思想的影响远不止于此。这个博大精深的思想并非完全由专业学术继承。虽然黑格尔本人是大学教授，但他并没有陷入狭隘的专业，也不是仅仅为其他教授写作。他原先是中学教师，还做过家庭教师，后来由于发表的著作而获得柏林大学的任命（按照出生地，他是南德意志人）。黑格尔的重要性或许主要是因为其对马克思的影响而为人所知。马克思于1836年到柏林求学，加入了解释这位大师思想的左翼派别。这些人自称青年黑格尔派。马克思经受了黑格尔主义的洗礼。他并非只是黑格尔的一个弟子（他对黑格尔提出了根本性的批判），但如果没有黑格尔主义因素，也就不可能有他的思想。

马克思不是黑格尔对重要的社会政治思想产生影响的唯一例子。通俗形式的黑格尔主义几乎也是一种意识形态。它的综合性对那些面对法国大革命后欧洲的急速变化和纷纷攘攘的争论感到迷惑的人有很大吸引力。俄国社会主义者别林斯基说，他读了黑格尔的著作后深受震撼，世界有了新的意义。历史和世界不再是一片混沌，每个事件都在一幅展开的图中有了自己的位置。他写道："对我来说，历史过程中再也没有什么事情是任意或偶然的了。"这种启示来自黑格尔的论断："现实的就是合理的，合理的就是现实的。"理解得没错的话，人类事件的过程显示了一种有目的的计划，与宇宙的性质密切相关。

这种"历史主义"并非始于黑格尔。作为西方文化根基的犹太教和基督教就在人类历史中寻找意义和目的。可以说，黑格尔只是把这种人类与时俱进、最终回归上帝的观念世俗化了。这不是反基督教的启蒙运动的特征；伏尔泰对历史很有兴趣，但他看到的基本上是一部"罪恶、愚蠢和不幸"的记录，而且混乱不堪、无序可循，理性只是偶尔莫名其妙地取得胜利。但从卢梭开始，出现了有的学者（F. C. 李）所谓的进步的"浪漫主义神话"，即经由历史从异化到回归，经由文明抵达历史时间终点时更高的完美境地。圣西门等社会主义者确信，"人类精神进步的最高法则"决定了历史进程，"人不过是它的工具"。德国浪漫主义民俗学家赫尔德接受了那不勒斯学者维柯尚无名气的"新科学"，支持另外一种历史主义，即认为人类在文化发展的进程中创造着自己的命运。

当然，黑格尔继承的遗产主要是德国哲学。康德的批判哲学将世界分成主体和客体、本体和现象。黑格尔则提倡一种恢宏而模糊的整体论，即把宇宙看作一个宏大的整体。绝对精神（相当于上帝的一个哲学概念）乃是包罗万象的唯一整体；它通过有限的人类精神在历史中的发展而存在和呈现。绝对精神力图通过这种精神的演化来完成自己。黑格尔解释说，绝对精神有三个部分：纯粹理念或自在的绝对精神、自然或自为的绝对精神以及自在而自为的绝对精神。研究纯粹理念的科学是逻辑学，即黑格尔所提出的辩证逻辑、具体的逻辑；它高于传统逻辑的静态概括。研究自然的科学是自然哲学，即提高到哲学层次来理解的各门经验科学。黑格尔的《精神现象学》试图揭示人类意识是如何与外部的社会演化模式联系起来的，以及内心和外界的辩证互动是如何在一种无限的变化过程中向上向前演进的。

因此，世界在理念上的根本统一，就是人类通过辩证发展——人的精神与外部环境的相互作用——创造自己的历史。精神在人类历史中的自我实现最终导致（或更密切地接近）充分的自我意识，即外部异化的物质领域不断与精神遭遇，被精神征服和吸收。黑格尔的辩证法不是简单的正-反-合的公式。而且，这个公式是费希特首先提出来的。它常常被用于表述一个进程，一种变化的动力：首先是一种状况或一个陈述，然后是对它的否定，最后是一个包含并调和二者的新陈述，接下来又会遇到新的否定，如此循环往复以至无穷。请记住，对黑格尔来说，这种过程并非只是一种论辩结构，它还是宇宙的运转方式。作为起点，有（存在）被无（非存在）否定，在"生成"中形成综合，世界由此开始。这是一个流动中的世界，是动态而非静态的；因此，它的逻辑只能是辩证逻辑，而不是静态逻辑。

所有这些都十分抽象晦涩，令人望而却步，但黑格尔也不乏具体的论述。比较务实的历史学家认为，黑格尔的历史完全是一种抽象的理论。这种观点并不完全正确。黑格尔学识渊博，讲授过自然科学、法律、国家、政治和宗教。他力图把实在的物质世界纳入他的理念的精神领域。他是否提出了一种唯心主义，把实实在在的现实归结为虚幻缥缈的精神？他最著名的弟子马克思对此做出肯定的论断。黑格尔是否写过"历史是披着事件外衣的精神"？马克思嘲笑黑格尔使形而上学具有自然或人类存在的外形。马克思认为，黑格尔发现了正确的方法，但他把历史进程的主体错误地视为抽象的理念或意识，而不是有血有肉的人；他"给它蒙上了神秘主义"。我们的起点应该是有感知能力的人，他们是在工作而非思想中实现自身，他们是在工作中产生思想。

但是，马克思对黑格尔的解释不一定正确。黑格尔似乎把历史进程视为精神与物质的斗争，前者先把自己对象化，然后再竭力克服这种异化，在这个过程中人类至少是帮助了上帝或绝对精神来达到它们的目的。马克思与黑格尔的差异可能比某些人想象的要小。

他们不过是强调了辩证法的不同侧面。重要的是，他们两人都不像他们各自的一些门徒那样固守一种决定论的体系，无论是唯心主义还是唯物主义；他们两人都看到思想和物质之间有一种真实的互动关系。列宁曾经指出："聪明的唯心主义比愚蠢的唯物主义更接近聪明的唯物主义。"

黑格尔并不像有些人指责的那样认为历史的模式可以完全用逻辑来确定，无须考虑实际发生的事情。我们必须研究人的行动、实际发生的事件，但我们必须"把事情看透"，进而发现它们的内在逻辑。这样做，我们不一定能为历史找到一种整齐的逻辑图式，但我们会发现更宏大的意义模式。

按照黑格尔的观点，人类历史有三个主要阶段：亚细亚阶段，古典希腊罗马阶段，日耳曼-欧洲国家阶段。它们的标志分别是绝对君主权力、地区性自由（城邦），以及综合了二者的强大国家中的自由。黑格尔的弟子包尔[1]把辩证法用于《圣经·新约》研究，发现正题是犹太民族主义，反题是保罗的普世主义，合题是公元2世纪出现的成熟的基督教教会。这种削足适履使包尔犯了一些严重的错误。

任意剪裁历史是很危险的。但是，提出假说是必要的。在这个时代，专业的、"科学的"历史学繁荣发展，在德国尤其如此。与黑格尔同时代的兰克和尼布尔[2]等历史学家重视利用档案材料与考证文献。他们认为黑格尔过于玄虚。但他给历史赋予了深刻的哲学含

---

1 包尔（Ferdinand Christian Baur，1792—1860），德国神学家、神学杜宾根学派创始人。
2 尼布尔（Barthold Georg Niebuhr，1776—1831），德国政治家、历史学家。

义，从而唤起人们对历史的极大兴趣，因此所有历史学家可能都应该把他们的专业基础归功于黑格尔。从此，过去不仅仅是信而好古者的消遣对象或者娱乐、编写故事的资料，而且是令人振奋的人类进步景象。如果能得到正确的解读，它将告诉我们有关人类生存目标的基本真理。

黑格尔是从政治角度来界定历史时代的。在奥古斯特·孔德看来，关键是思维方式，而马克思则认为是经济生产方式。黑格尔对政治的偏爱反映了当时德国处于分裂而谋求政治统一这个政治问题的紧迫性。黑格尔有理由认为，当下时代的主导制度是民族国家。19世纪多数历史学家像英国史学大师弗里曼[1]一样相信：“历史是过去的政治。”反对这种狭隘定义的呼声接连不断，但还是有理由说，政治秩序通常给各个时代打上突出的印记，从古老的东方专制制度到希腊城邦、罗马帝国、封建制度，再到领土型民族国家的时代，乃至某种欧洲联盟。政治只不过是人们组织起来集体生活的方式；它是一个基础。如果社会没有找到一种政府管理方式，既不可能有有效的经济生产，也不可能有思想文化生活。无论如何，在杰克逊和林肯的美国也好，在迪斯累里和格拉斯顿的英国也好，在俾斯麦的德国也好，19世纪是一个伟大的政治时代。

有人指责黑格尔鼓吹强权即真理。与所有宣称宇宙具有合理性的学说体系一样，黑格尔的体系似乎要人们相信，凡是发生的事情都是有好处的；凡是现实的都是合理的。任何历史时刻的主旋律都是适逢其时。代表这种主旋律的社会集团都具有其历史正当性。"历

---

[1] 弗里曼（Edward Augustus Freeman, 1823—1892），英国历史学家。

史时刻会光顾每一个民族。"有些民族是"世界历史性"的民族，注定要比其他民族对"伟大的设计"做出更多的贡献。包括战争在内的一切事情都是图案中的必要组成部分。黑格尔多次宣称，作为个体的人是历史目的论的不自觉的工具，"理性的狡猾"利用人们来达到它的超验目的。这种元历史的决定论通常与民族主义结合起来，并将后者当作自己的运作手段。许多批评家认为，这里面包含着导致帝国主义和战争的危险。当然，黑格尔鼓舞和支持了救世主类型的民族主义。霍布豪斯[1]后来竟然指责他是第一次世界大战的导因！举个例子来看，波兰的民族主义者、黑格尔的信徒奥古斯特·基耶兹柯夫斯基伯爵[2]就用黑格尔和赫尔德来论证他的大斯拉夫国家的主张，认为它将为人类演进的下一个阶段而且或许是最后一个阶段增添光彩。与其他民族主义神话一样，泛斯拉夫主义也喜欢这样的思想家，因为他似乎在教诲人们，历史有一个大势所趋的目标，这种历史进步的承担者是"历史性的民族"。

　　黑格尔不仅支持民族主义事业，也关注其他方向。认为万物皆有必然地位的整体论显然也会给任何一种事业留有余地，只要它们显示出必然的动因。黑格尔本人的政治观点有些暧昧。在某些方面，他是一个"右翼人士"。黑格尔年轻时是狂热的拿破仑支持者，但他的主要政治著作（《法哲学原理》，1821）是其反抗时期的作品；他宁要君主制，不要民主，而且反对个人主义。黑格尔推崇自由，但不是消极的自由，即自由放任。他的积极自由是卢梭所谓的"强

1　霍布豪斯（Leonard Trelawney Hobhouse, 1864—1929），英国自由主义政治理论家。
2　基耶兹柯夫斯基（August Cieszkowski, 1814—1894），青年黑格尔派哲学家。

迫下的自由"，自由被说成是可能性的实现。以小孩子为例，我们强迫小孩子上学是为了扩大他成长的可能性，毫无疑问，如果让他选择，他不会选择上学。在黑格尔看来，愚昧无知就是奴役状态。"自由的"野蛮人实际上远远没有现代人自由，尽管后者受制于国家统治。任何生物都不是绝对自由的，只有实现其自然赋予的可能性的自由。鸟可以自由地飞翔，但不能像鱼一样游泳。人作为有理性的生物通过开发自己的理性潜能来实现自由，而这就可能需要牺牲许多行动的自由。我们必须生活在一种有组织的国家里，服从它的法律，遵从共同体的利益。

如果说黑格尔是一个保守主义者或某种保守的自由主义者（没有什么比专横的权力更与他的思想格格不入的了），他的许多信徒却并非如此。有些人成为右派（强调秩序、纪律和国家实力），有些成为中间派（强调立宪政府和法治），但还有些"青年黑格尔派"成为无神论者或共产主义者，其中马克思最为知名。别林斯基也是社会主义者或无政府主义者。黑格尔也影响了反对经济个人主义的温和派，例如，19世纪80年代英国主张福利国家的重要思想家格林[1]。当黑格尔推崇国家时，他以一种特别的方式来使用"国家"这个词。在他的体系里，国家是家庭和市民社会的辩证综合，或者说是普遍与特殊结合成的"具体的普遍"。在辩证法里，更高的形式绝不是废除了原先的形式，而是一种上升。"市民社会"意指私人利益相互竞争的经济领域——这是政治经济学家驰骋的世界。市民社会是必要的，但还不够，需要有国家来纠正它的不公正之处，使

---

[1] 格林（Thomas Hill Green, 1836—1882），英国政治哲学家。

之井然有序。黑格尔认为，国家应该凌驾于私人领域这个共同体之上，应该代表整个社会。马克思正是在这一点上批评黑格尔。马克思认为，国家只能反映市民社会某一阶段的经济利益，资本主义经济秩序必然有一个资本主义国家。将一种资产阶级经济与一个真正的社会国家结合在一起是不可能的。但是，黑格尔认为这是可以做到的。

黑格尔并不像蒲鲁东和其他无政府主义者那样，把国家想象成一个与其臣民对立的利维坦，一个威胁恫吓人民的恶霸。他的国家更接近卢梭的公意，是整个共同体的共同合理精神的体现。这种观点对温和的自由主义者和社会民主主义者有吸引力，因为它考虑国家要求的同时，也不忽视个人的要求。根据黑格尔的观点，只有成为公民，个人才能完全自由和拥有权利。这种支持联合、反对个人主义的倾向，尽管带有保守色彩，却使黑格尔受到较温和的社会改革者的偏爱。

当然，马克思在黑格尔主义中看中的是辩证法所隐含的历史通过革命方式不断进步的变动意识。当受到束缚的变革在一个急剧变化的时刻突然爆发出来时，革命的时刻就来临了。我们无法知道这种演变进程究竟会带来什么结果；正如黑格尔最著名的一句格言所说，密涅瓦的猫头鹰只是在黄昏降临了（The owl of Minerva flies late）才起飞；历史学家在一件事情发生之前从来不会知道将发生什么。

黑格尔在激进主义和保守主义之间的暧昧立场也体现在他的宗教观念中。当时，对许多人来说，宗教问题可能是最紧迫的问题。黑格尔是一个毫不含糊的基督徒，他的哲学与正统信仰是一致的，也是对正统信仰的支持。但丹麦牧师克尔凯郭尔指责他把基督教理性化、抽象化，从而使之丧失了活力。尼采也如是说。（"说上帝就是精神的那个人，在这个世界上向无信仰迈出了前所未有的最大一步。"）黑格尔的新式经院哲学让理性和宗教重合在一起，但最高的综合是哲学。基督教是一种象征或神秘的表达方式，适合那些不能进行哲学思考的人。基督教有幸能让自己稍微低级的表达与黑格尔哲学一致。如果说，许多基督徒因为发现自己的信仰与最先进的哲学一致而更加坚定自己的信仰，那么当然也会有许多人反感这种恩赐态度。

人们可以很容易地与马克思和费尔巴哈一起把宗教抛在一边，仅仅考虑黑格尔的哲学，并将其转换成一种纯粹世俗和人道主义的陈述。青年黑格尔派表现出对《圣经》研究和宗教研究的热忱。马克思激进事业的起点是无神论，而不是社会主义。大卫·施特劳斯与他们关系密切。他的考证性著作《耶稣传》(1835)是19世纪最轰动的书籍之一。它是最早将基督教的建立者当作一个历史人物来对待的重要表现之一。施特劳斯很有底气地宣称，真正重要的不是有关耶稣的那些事的真伪，而是他的生命所表达的理念。

后黑格尔派沿着黑格尔的思路向前迈出一步，就超越了黑格尔。他们发现，上帝不过是人类的一个发明。处于现在精神发展的高级阶段，人们能够看清它所代表的纯粹是人类的一种抱负。马克思的导师路德维希·费尔巴哈宣称："政治应该成为我们的宗教。"在意大利，黑格尔主义变成了反教权主义者的信条，后者认为国家高于教会。因此，罗马天主教会于1864年颁布了著名的《谬误举要》，列举现代异端思想，也把黑格尔主义作为一种反教权的自由主义列入其中。实际上，黑格尔把宗教从历史领域里排除，认为人类的进步只是社会和政治进步，与宗教无关。他把个人宗教信仰与公共事务明确地分开，这是一种传统的路德派立场。

作为一种宗教的替代品，黑格尔主义提供了一幅人类为了实现上帝的旨意在这个世界上挺进的画面，每个人在其中都有一份贡献。我们的鸿鹄志向就是因为我们作为这项伟大的集体事业的一分子而产生的；即便我们有限的成就让我们感到沮丧，我们还是会满怀信心，全力以赴，因为我们知道我们的努力会在这个伟大的计划中占有一席之地。

黑格尔主义产生了强大的吸引力，因为它是一个完整的体系，是一种罕见的统一的整体哲学。它是19世纪的几个体系中的第一个。只有孔德、马克思的体系以及斯宾塞的达尔文主义体系能够与之相提并论，而且，马克思的一些基本思想还是来自黑格尔。当时，人们被突如其来的急剧变化和层出不穷的新思想搞得不知所措，因此需要这样的综合体系。黑格尔提供了一个显然令人满意的统一体，让一切各就其位，并且揭示出令人眼花缭乱的事物表象背后的秩序。自由主义者、保守主义者和社会主义者孰是孰非？面对这个问题，黑格尔主义者会回答说，三者都有道理。它们各有其时间和空间的位置，都是不断进行的对话中的一个角色。面对革命和反革命、战争和政治动乱，黑格尔主义者会表示，所有这些现象都是必然格局的组成部分。黑格尔为理性和宗教二者都找到了位置。许多人认为二者是不共戴天的死敌，但黑格尔认为它们不过是表述同一个真理的不同方式。这种调和体系几乎与托马斯·阿奎那在13世纪中世纪文明的巅峰时期所提供的调和体系同样令人瞩目。

黑格尔的影响遍及欧洲各地，除了专业哲学家外，还影响了其他各种人。这是一个辉煌的成就[1]。19世纪后期，由于布拉德利和鲍桑葵的作用，黑格尔的思想方式在英国的大学里安了家。另外，自19世纪80年代起，由于格林的作用，黑格尔的国家观成为反对自由放任式个人主义的一个资源。意大利哲学家克罗齐和秦梯利[2]使黑格尔主义在意大利占据主导地位。但到19世纪末，出现了一股潮流，反对黑格尔僵化的一元论；美国实用主义者威廉·詹姆斯认为它是一座不透气、令人憋闷的房子。20世纪，有一些实证主义者对它发起激烈的攻击；在《开放社会及其敌人》这部重要著作中，自由主义者卡尔·波普尔（生于维也纳）实际上把极权主义世界的一切罪恶都归咎于黑格尔的有害影响。（好像墨索里尼和希特勒都是黑格尔的弟子似的。）但像亚历山大·科耶夫[3]这样的哲学家重新燃起了左翼对黑格尔的兴趣，发现他比马克思更有说服力。

总之，黑格尔一直是一个几乎永不枯竭的源泉。20世纪的存在主义者莫里斯·梅洛-庞蒂宣称："所有伟大的哲学思想均源于黑格尔。"确实有许多存在主义者追溯到黑格尔；让-保罗·萨特的词汇——自在的存在和自为的存在——就出自黑格尔。奇怪的是，存在主义的另一位伟大的先驱者克尔凯郭尔则强调人类意识的根本不受制约的自由，反对他心目中的黑格尔思想。

无论对黑格尔学说的其他方面如何评价，没有人能否认黑格尔

---

1 这种影响可能是间接的。黑格尔的学说曾经使马拉美感到震惊，但在这位伟大的法国诗人去世后，人们检查他的书房时发现，所有的黑格尔著作都没有拆封。同样，许多马克思主义者从未读过马克思的书。——原注

2 秦梯利（Giovanni Gentile, 1875—1944），意大利哲学家。

3 科耶夫（Alexandre Kojeve, 1902—1968），俄裔法国哲学家。

是一个揭示运动和变化的哲学家；他的宇宙观是有机的而非机械的；他把事物放在过程、发展和演变之中。与达尔文后来所暗示的不同，在黑格尔看来，世界的演变不是盲目或偶然的，而是有目的的，旨在实现更大的完善。

孔德

在德国，"回归康德"运动——告别黑格尔的形而上学方向，回到现象论——所扮演的角色有些类似实证主义在法国的作用。从1850年至少到1880年，实证主义大有占据思想舞台中心之势。

伯里[1]在他那部经典之作《进步的理念》一书中，把孔德奉为19世纪进步信念的典范。马克思在年轻时不断地与黑格尔的幽灵搏斗，但从来没有完全摆脱它。他认为，与黑格尔相比，法国这位社会学创始人在哲学上"极其可怜"。情况确实如此。孔德的"实证主义"明显地继承了法国启蒙运动的反形而上学精神，主张固守事实，避免无谓的形而上学思辨。在法国复辟时期，维克多·库辛[2]开创了具有黑格尔主义性质的哲学，但相当晦涩。而启蒙哲学家和观念学家的传统则要强大得多。

孔德的《实证哲学教程》（6卷）是1830—1842年陆续问世的；1848年后，在后浪漫主义岁月，这部著作开始流行；实证主义成为第二帝国时期的思想正统。与此紧密相关的是，在这个巴斯德和贝

---

1 伯里（John Bagnell Bury, 1861—1927），剑桥大学历史教授。
2 库辛（Victor Cousin, 1792—1867），法国折中主义哲学家。

尔纳[1]的时代，自然科学享有崇高的威望。巴斯德和贝尔纳都自称是孔德的信徒。实证主义看起来比黑格尔的唯心主义更适合做科学的哲学基础，比浪漫主义的乌托邦更适合做政治秩序的基础。

约翰·穆勒写了一部著作论述实证主义，对于实证主义在英国的传播起了促进作用。查尔斯·达尔文在1838年受到马尔萨斯的重要启发，几乎同时也读到孔德的著作，从中汲取了用科学方法来研究生命的观念，摆脱了神学——或者说，摆脱了一种新型科学神学。英国的孔德主义者比斯利教授是马克思的朋友，在1864年实际上主持了国际工人协会的第一次会议。乔治·艾略特及其丈夫也对孔德推崇备至。19世纪50年代，剑桥大学教授理查德·康格里夫也是孔德的信徒。他的一个学生、历史学家和随笔作家弗雷德里克·哈里森是英国最主要的实证主义宣传家。

19世纪70年代，实证主义在俄国知识分子中也很流行，前承黑格尔，后接马克思，成为热切学习西方者偏爱的时尚。后来成为最伟大女性科学家的波兰姑娘玛丽·居里，年轻时出入实证主义者圈子，遭到沙皇警察的极度怀疑。在意大利，实证主义成为19世纪后期的主要哲学流派，其主要代表是罗伯托·阿尔狄哥[2]。总体来看，孔德的实证主义与边沁的功利主义和黑格尔主义一样，成为19世纪上半叶这个综合的时代的主要体系之一。有人把黑格尔称作"又一个阿奎那"，巴兹尔·威利[3]则把同样的称号送给了孔德。不过，这

---

1 巴斯德（Louis Pasteur，1822—1895），法国微生物学家。贝尔纳（Claude Bernard，1813—1878），法国生理学家。
2 阿尔狄哥（Roberto Ardigò，1828—1920），意大利实证主义哲学家。
3 威利（Basil Willey，1854—1897），英国历史学家。

位19世纪的经院学者不是把自己的"大全"（Summa）"建立在独断的神学之上，而是建立在独断的科学之上"。

在孔德那里，我们可以看到与黑格尔同样的政治暧昧立场。孔德（曾经担任圣西门的秘书）是一个温和的社会主义者。他与卡莱尔一样认为，经济个人主义导致不负责任的无政府状态，一个健全的社会应该让利他主义高于利己主义。孔德认为，社会演进的规律总是从利己到利他。他反对正统的宗教，而代之以科学的宗教。孔德提出的人道教对于年轻的理想主义者具有吸引力。这位无所畏惧的科学工作者，人类的勇敢奉献者，坚决反对迷信和谬误，挑战教会和所有束缚人类探索的人。

与此同时，孔德在拿破仑三世统治时期大受欢迎。拿破仑三世推翻了1848年建立的共和国，推行威权主义统治，但他也有一些进步的纲领。经历1848年革命的一代人因幻灭而远离政治，躲在象牙塔中埋头艺术或科学。孔德不喜欢革命，也不喜欢民主，偏爱秩序井然的等级社会[1]。19世纪末，夏尔·莫里斯的准法西斯组织"法兰西行动"就对他表示敬意。约翰·穆勒虽然对实证主义的某些方面产生兴趣，但他宣布，孔德的社会方案是"人类的大脑所能构想出来的最彻底的从精神到世俗的专制主义体系，或许只有罗耀拉能与之媲美"。这位法国的不可知论者（指孔德）与那位西班牙耶稣会创始人一样，害怕思想自由和混乱，推崇教阶制度。不同的是，孔德的教会必须由科学家来领导。

---

[1] 美国南方的奴隶主（例如乔治·菲茨休）用孔德的学说来论证他们的观点，即主张一个有机、稳定的威权主义社会。——原注

按照孔德著名的人类发展三阶段论，根据各个时期的主导思维方式，人类社会从神学阶段发展到形而上学阶段，再发展到实证阶段。孔德笔下的历史至少与黑格尔笔下的一样是思辨的；史实无法塞进这种图式。例如，人类学家就不再接受孔德关于宗教进化的观点，即从物神崇拜到多神教再到一神教。历史学家也会指出，科学早在古希腊人那里就出现了，形而上学迟至与孔德几乎同时代的黑格尔还存在。如果孔德的公式简化成一个命题，即原始民族不可能进行现代思维，那么这几乎就是一句同义反复的废话。对于这种简单化的历史分期，包括马克思的五个经济阶段和黑格尔的三个政治阶段的划分，人们总会有各种反对意见。（孔德可能知道18世纪那不勒斯的历史哲学家维柯。维柯生前默默无闻，但后来被赫尔德复活了；维柯发现，所有文明都从宗教或神权阶段进入英雄-贵族阶段，然后进入凡人或民主阶段，每一次过渡都很突然，"一阵隆隆的雷鸣"就结束了前一个时代，开始了下一个时代。但这不是一种显而易见的进步，而是一个无限的循环。）不过，像约翰·穆勒这样目光敏锐的批评家也认为，孔德的三阶段论乃是理解文明自然演进的一把富于启发性的钥匙。

欧洲正进入实证阶段，需要在此基础上重建其文明。孔德把实证主义定义为一种观察事物的方法。它需要运用假说，但不对现实的本质下任何结论。孔德赞同康德的观点：科学仅仅研究现象。用他自己的话说，"人的心灵认识到获取绝对理念是不可能的，因此放弃对宇宙起源和目的的探寻，也不再试图去了解事物的终极原因。这样做是为了集中精力通过将理性与观察结合起来的实验来发现实际有效的定律，即事物嬗替和相似的不变关系"。这种思想不太新颖。欧内斯特·勒南[1]在某种程度上也是孔德的信徒，但他批评孔德"用糟糕的法语"说出200年来所有科学家都已经知道的东西。这样说不太公平；人们是自康德以后才对这些东西有了清楚的了解，而孔德揭示了其中的许多含义。在哲学上，他或许比那些教条地坚持唯物主义的马克思主义者和其他人更敏锐；他认为，唯物主义是站不住脚的。我们不可能言之凿凿地说现实的本质是什么。（列宁会反驳实证主义或现象论，而主张一种知觉直接复写论，后者在哲学上很天真，但给生机勃勃的唯物主义开启了大门。马克思主义者似乎觉得实证主义有些乏味，不适合革命者的需要。）

基于同样的理由，孔德认为无神论也不能得到证明。关于上帝是否存在我们无法获得确定的知识。科学仅仅是描述性的；我们甚至不能谈论"原因"，只能谈论"可以观察到的［事物发生的］序列"。在《实证哲学教程》中，孔德把各门科学安排在一个逻辑秩序中。从最抽象的数学开始，然后是天文学、物理学、化学、生物学，最后是最具体的学科，他称之为社会学。当然，他自认为是最后这门最伟大科学的发现者。他的社会学包括我们现在所说的心理学、经济学、政治学、历史学，而且很独特地将伦理学包括在内；自孔德之后，人文研究还有所发展。孔德承认，每一门科学都有自己的研究方法，因此不能把社会科学"还原"为生物学，也不能把生物学"还原"为数学。社会学家把社会现象转换成统计数字，实际是对其学科创始人的下述警告置若罔闻：这种做法往往"是用一种大话来掩盖概念的空泛"。

---

[1] 勒南（Ernest Renan, 1823—1892），法国哲学家、历史学家。

后期（在坠入情网之后），孔德把伦理学和宗教放在最高位置，甚至高于社会学，并且创造了一种人道教。第二代伟大的社会学家马克斯·韦伯无情地嘲讽那些创立新宗教的科学家，这显然也击中了孔德的要害。孔德似乎是无可救药地把他的多重角色——社会科学家、社会改革家和宗教先知——混淆起来了。不过，这几种角色的混合也使他的体系对大众有了吸引力。他的英国弟子弗雷德里克·哈里森曾经吹嘘说："实证主义既是一种教育规划，又是一种宗教、一个哲学流派，还是社会主义的一个阶段。"它真的兼有这些性质吗？

作为一个哲学流派，实证主义得以延续，而且发展得越来越精深（参见第7章论述的逻辑实证主义）。社会学作为一门学科延续下来，只是它现在的范围比孔德当时设想的要狭隘很多。人道教与前两者（实证主义和社会学）方枘圆凿，扞格不入，但一度显示出令人震惊的活力。当时，知识界渴望建立一种新的信仰。许多地方，远至巴西，都出现了孔德教会。（实证主义在拉丁美洲极其流行。）英国和法国都建立了实证主义协会，崇奉历史上的伟人——按照孔德的建议，用这些伟人取代基督教的圣徒。当乔治·艾略特表达一个诗人的愿望时，她正是这样想的：

　　加入由不朽的先辈组成的无形的合唱，
　　他们在人们心中复活，使心灵更加辉煌。

孔德以科学的精准原则来做这一切，显得颇为滑稽：从阿基米德到牛顿等，供人们崇奉的伟人不多不少81人。

这很像卡莱尔所推荐的现代的价值源泉：英雄崇拜。而且他们两人都深受圣西门的影响，这一事实显示了这位法国的理性主义者（孔德）和那位苏格兰的雷公（卡莱尔）之间的一种奇怪联系。20世纪的学者、研究维多利亚时代英国历史的沃尔特·E.霍顿指出，英雄崇拜一度相当流行，成为一种替代性宗教，"继承了原来由教会履行的职能"。塞缪尔·斯迈尔斯[1]撰写的成功资本家和工程师的动人传记则给民众提供了榜样，但实证主义教会远远没有达到创始人的期望。实证主义主要成为"理性主义者"，即反宗教激进分子的旗帜。

孔德去世后，实证主义在第二帝国时期的法国极其时髦。主要代表人物都是当时的名流大家，如生理学家克劳德·贝尔纳、辞书专家艾米尔·利特尔、历史学家伊波利特·泰纳以及最耀眼的全能"文人"勒南。这批人基本上把孔德涉足宗教视为一种怪癖，只接受他的科学方法，但他们倾向于将科学视为一种替代的宗教。他们中的多数人最终认识到，科学本身不能给我们提供价值、理想和目标。就我们所知，价值、理想和目标只能出自对大自然的经验研究之外。他们所持有的信念——科学是一项有价值的天职，因为它对人类有益——很难用科学方法来证明。

勒南这位热忱的探寻者一直在寻求一种能够与他的科学世界观和平共处的宗教。与当时英国的那位精神同道马修·阿诺德一样，勒南对信仰的退潮痛心疾首，渴望获得宗教体验。他以证据不足为理由否定基督教，他的《耶稣传》是最知名的《圣经》"高级评注"普及

---

1 斯迈尔斯（Samuel Smiles,1812—1904），苏格兰作家，著有《自助》《工程师们的生平》等。

读物之一。该著作对基督教的超自然主张进行了考证批判，触动了全欧洲的正统基督徒。他还否定过于抽象玄虚的黑格尔主义。他与波德莱尔和福楼拜一样，倾向于创造一种艺术宗教。但是，他毕生苦苦追求而不得的是"科学的宗教"。他最终成为一个怀疑主义者。

他在经过实证主义改造的黑格尔主义中几乎找到了自己的信仰，即人类在历史中的进步提供了上帝存在的证据。在生命的终点，他仍坚持说："科学本身就能把灵魂引向上帝。我的宗教依然是理性的宗教，即科学的宗教。"对于思考不多的大众来说，科学以新技术作为武装，为进步信念提供了最有说服力的依据。到了19世纪80年代，对普通人来说，生活水平已经明显提高。而这种变化背后的原因就是科学。对像勒南这样懂得社会对价值观的需求的人来说，科学也能够提供这些价值观念。但到19世纪末，这种观点在知识分子中就不太常见了。在诗人和宗教人士中开始出现视科学唯物主义为精神之敌的反击潮流。当然，这种情绪属于下一个时代。

19世纪后半叶是取得伟大科学成就的时代。西方文明变得越来越具有实证主义色彩，形而上学和宗教的思维方式受到排斥。日常生活充斥着科学和技术，受到机械模式和解释的影响，因此对于大多数人来说，自觉的精神生活当然应该恪守所谓实证主义的规范，反对任何没有直接经过实验或论证验证的真理。维多利亚时代的银行家兼作家白芝浩认为："在这个世界上生长的是某种实在的东西。"他把这种情况归咎于商业和科学。法国学者贝特洛[1]在1885年抱怨说："这个世界今天已经没有秘密可言。"

---

[1] 贝特洛（Marcellin Berthelot，1827—1907），法国化学家、政府官员，曾任教育部长和外交部长。

当代哲学家卡伊·尼尔森[1]指出，自启蒙运动起，思想史的全部冲动"是在确定对现实和未来的认识时，把科学的权威而非宗教或哲学的权威变成自己的第二天性"。"世界逐渐解密"已经成为不可阻挡的潮流。形而上学，即那种认为不依赖且先于经验研究，纯粹的哲学思考就可以设计出世界的基本范畴和要素的信念，已经失去信仰治疗的作用。孔德的实证主义在两代人之后被逻辑实证主义承袭。后者是一种更精深复杂的哲学，但同样反对形而上学。

在激烈地反对这种生活"理性化"时，一群边缘的艺术家和诗人声称反抗科学理性，而且这种反抗越发明显。孔德虽然不是这种理性化的发明者，也不是唯一表达这种理性化的思想家，但他的确代表了现代西方文明的一种基本特征。

马克思

对于孔德的评价在许多方面也适用于马克思。马克思与其他一些青年黑格尔派背离了老师的思想，从唯心主义转向唯物主义或现象论。他们认为，黑格尔把思想说成是第一性的，这是本末倒置，等于用车来驾马，让儿子生出父亲。他必须"颠倒过来"。现实实际是物质性的，观念仅仅是物质存在的投影。在人类历史中，我们的出发点是真实的、感性的人，而不是幽灵般的观念。路德维希·费尔巴哈（其被广泛阅读的作品《基督教的本质》被乔治·艾略特译成英文）认为，上帝是人的发明，是人类理想的投射。在19

---

[1] 尼尔森（Kai Nielsen），加拿大哲学教授。

世纪 30 年代青年黑格尔派这个柏林的小团体中，马克思的老师布鲁诺·鲍威尔有一句名言，后来经常被错当成马克思的话。这就是：宗教是人民的鸦片。马克思也加入鲍威尔和费尔巴哈的队伍，一起创造"无神论档案馆"，他因此失去了一个获得大学教职的机会。

马克思是莱茵地区一位律师和公务员的儿子。他脱离了担任犹太教拉比的家族传统。他父亲是启蒙运动自然神论的拥护者，但年轻的马克思却具有激烈的反宗教观念，这既源于浪漫派诗人，也源于他自己的暴躁脾气，或许还来自他的博士论文所探讨的古希腊唯物主义者。起初，他迷恋拜伦的风格，写了一些浪漫主义诗歌，但不太成功。马克思思想深处的浪漫主义结构表现为他的造反观念、普罗米修斯不惧天神的精神、对受压迫者的同情以及对商人市侩的敌意。他从波恩转到柏林大学改学哲学后，就加入了黑格尔派小圈子。他先后受到青年黑格尔派摩西·赫斯这位"共产主义拉比"和恩格斯的影响，接受了社会主义。恩格斯的父亲是莱茵地区的一个棉纺织业资本家，在英国曼彻斯特有分支业务。年轻的恩格斯根据英国国会对令人震惊的工厂状况的调查和他自己在曼彻斯特的亲身体验，于 1844 年发表了《英国工人阶级状况》一书。他后来成为马克思的终身战友和支持者。

另一位青年黑格尔派，波兰人基耶兹柯夫斯基发明了另一句名言：在黑格尔之后，接下来应该去改变世界，而不仅仅是解释世界。马克思是天生的活动家，也是一个杰出的宣传家。他获得一份为科隆的一家报纸做撰稿人的工作，后来成为该报的主编。但是，他很快就因冒犯新闻检查制度而丢了工作。离开家乡莱茵地区之后，他将目光转向了西边的社会主义思想的荟萃之地巴黎，同时还继续从事对黑格尔的一项批判研究。1843—1844 年，马克思试图在巴黎创办一份《德法年鉴》杂志，但仅仅出了一期。他在其中发表的一篇文章认为，无产阶级（这是社会主义先驱圣西门使用的概念，马克思可能早就熟悉它了）已经显露于世，注定会成为人类的解放者，体现着历史辩证法的下一轮运动。

马克思在庞杂的 1844 年"巴黎手稿"（长期不为人知，20 世纪才公之于世）中批判黑格尔，和恩格斯一起批判费尔巴哈、施蒂纳以及其他黑格尔派战友。他和恩格斯撰写了《德意志意识形态》和《神圣家族》。黑格尔的"异化"概念原来表示精神外化为自然（然后再克服这种异化），马克思将其改造之后用于表示资本主义条件下工人身上发生的情况：过分的劳动分工和他人对自己劳动成果的占有，剥夺了工人对创造性劳动的满足感。马克思在早期比晚期更强调这个异化概念。（他把这个思想的来源主要归于"博士俱乐部"的另一个成员摩西·赫斯。）在资本主义条件下，工人不仅与自己的劳动产品相异化（疏离），也与自身及其他工人相异化（疏离）。这是对一个机械化和理性化的社会所做的心理学批判，而这个社会靠着"金钱关系"（马克思借用卡莱尔的一个概念）而非人际纽带运转。

马克思与家乡一位男爵的女儿、自己青梅竹马的爱侣结了婚，但他对事业的选择让他的母亲和岳母都大失所望。1845 年，这位激进的青年被德国和法国驱逐出境。他迁居比利时，如其所愿地积极加入了共产主义者同盟。马克思认为这个由威廉·魏特林领导的手工业者团体过于道德化，在理论上太天真；他们需要的是"一种更科学的理解"，而不是他们原来那种"不现实的人道主义"。1847年，马克思和恩格斯为他们撰写了著名的《共产党宣言》。这个宣言是两人思想的一个纲领性陈述，长期受到追随者们的珍视。马克思的那些比较晦涩的著作使他们感到神秘，而这份宣言则使他们能够了解马克思的思想。历史由阶级斗争构成；今天因资本主义出现了危机，这种冲突变得更加尖锐；各种社会主义因为缺乏足够的理论理解和历史知识而批判力量不足——这些观点引出了一个呼唤无产阶级革命的激昂号召："让统治阶级在共产主义革命面前发抖吧。"

1848年，欧洲各地爆发了革命，但几乎毫无共产主义性质。30岁的马克思回到5年前工作过的科隆主编一份报纸。统治阶级为此感到恐惧，但正如我们前面已经指出的，他们很快又利用革命者之间的混乱和矛盾，重新控制了局势。到1849年年中，马克思和燕妮（燕妮在路上生了一个孩子）典当了家传的珠宝，逃到伦敦。伦敦是那一年反动时期许多大陆革命者的避难所。马克思夫妇在伦敦度过了余生。

马克思最初的生活十分艰难，他的6个婚生子女中有3个幼年夭折。除了恩格斯和其他朋友给他提供资助，马克思为霍勒斯·格里利（他对社会主义也颇感兴趣）的《纽约论坛报》撰写关于欧洲的报道，也能获得一些收入。1851年至1862年，这份报纸发表了署名马克思的487篇文章，许多文章生动活泼，其中可以发现《资本论》的蛛丝马迹。

《资本论》是一项巨大的工程。马克思为之付出了很多的智慧和精力。他沉浸于大英博物馆图书馆，只是偶尔停下来写一篇应时之作。他已经不再幻想短期内会发生社会革命；他被迫承认，资本主义比他想象的生命力要长久。到伦敦的第一年，马克思就看到正在准备1851年水晶宫世界博览会的情况。这个博览会展示了各种新技术产品，成为确立资本主义自信心的一个里程碑。饥饿的19世纪40年代几乎奇迹般地让位给了稳定而繁荣的50年代。在法国，被马克思厌恶和嘲笑的拿破仑三世控制了局势，主持了将近20年的政治稳定和经济进步。左派的事业凄风苦雨，马克思曾经加入的共产主义者同盟已不复存在。马克思有十几年的时间脱离政治活动，长期聚精会神地研究经济发展规律。

1857—1858年，马克思制订了一个雄心勃勃的研究政治经济学的计划。达尔文在1859年发表的《物种起源》获得巨大的成功。这对马克思是一个鼓舞。他志在成为"社会科学"创始人，在人类研究中做出类似达尔文在较低级生物研究中的成就。与达尔文一样，他的目标是绘制一个基于社会存在现实的人类进化图式。它将显示，人类从大自然中获取生存资料的斗争如何经历了若干阶段的变迁；在各个阶段，社会关系都发生改变，反映了物质条件的变化。

然而，《资本论》第1卷到1867年才出版。19世纪60年代，气氛再次发生改变，这使得他有精力再次关注实践，回到政治舞台。这个动荡的10年是加里波第、林肯和俾斯麦的时代，美国奴隶和俄国农奴获得解放，德国和意大利实现统一。波兰发生的一场革命（很快遭到镇压）促成了国际工人协会的建立，而马克思与该协会一直关系密切。1863年10月，马克思参加了伦敦的大集会，当时伦敦人民通过集会支持美国内战中的北方。（他的社会主义理论家对手蒲鲁东与卡莱尔一样，支持的是南方。）意大利的解放者加里波第在伦敦受到盛大的欢迎，据说，这是该城历史上欢迎外国来宾人数最多的一次。这些都是激动人心的时刻。

马克思多年一直承担着第一国际的书记工作，为它花费了大量的时间和精力，直至1874年主要由于普法战争的后遗症，第一国际被迫偃旗息鼓。马克思这次旨在实现理论与实践相结合的努力是否比20年前的第一次尝试更有成效，确实大有疑问。而且这一次的实践活动延误了他完成巨著。但是，《资本论》第1卷在1867年的问世以及他在1871年发表的关于巴黎公社的精彩政论，使他获得了一定程度的承认。《资本论》按计划要展开一场庞大的历史、社会和经济分析，马克思在有限的生命里未能如愿。另外3卷是在马克思去世后陆续问世的，由他的朋友和追随者根据零散的片段编辑而成。第1卷出版后用了4年时间才售出1 000册，但几年内就先后被译成俄文和法文，德文的第二版也开始发行。虽然该书的宗旨是向产业工人，即现代"无产者"说明他们自我解放的道路，但理解它的论述也需要一定的认知水平。(在序言里，马克思以嘲讽的口吻表示，这部作品不是为浅薄之人写的。)

直到1887年，即马克思去世后4年，英文译本才问世。当时，正值维多利亚中期文学和思想大丰收的高潮。严肃的读者都沉溺于约翰·穆勒、约翰·罗斯金和马修·阿诺德，很少有人会关注一个德国流亡者的难啃的大部头著作。社会主义读者对该书的反应极其热烈，但他们人数很少，而且在文化上有些孤立。甚至在社会主义者中，马克思也有许多竞争对手。恰在此时，《资本论》的分量足以压倒他们大多数人。

马克思借以创造一个崭新的思想体系的来源当然是古典唯心主义思想、早期的社会主义者和政治经济学。他的朋友摩西·赫斯写过一部作品，论述欧洲思想的三足鼎立格局，分析德国、法国和英国各自独特的思想倾向，他希望将它们结合起来。马克思为完成这种综合付出了很大的努力。他在这三个国家都生活过，而且分别侧重研究了德国哲学、法国的社会思想和英国的经济理论。他对这三者进行了批判，但在批判之后又利用了他所保留的东西。黑格尔的唯心主义是错的，辩证观念和总体观念是对的。欧文和圣西门创造了有价值的社会主义理想，但不懂得如何实现它。亚当·斯密及其后继者对现实经济关系提出了许多真知灼见，但没有看到经济规律是动态的而非静态的。不过，马克思与他的许多信徒不同，他不是仅仅死读一本书。他熟稔从荷马到巴尔扎克的西方文学传统。他的女儿爱琳娜说，莎士比亚的作品是"我们家的《圣经》"。

马克思比从他那里汲取一种教条体系的追随者们要复杂得多。读了这些信徒的一些作品后，马克思曾经感慨："谢天谢地，我不是一个马克思主义者！"马克思不轻易地否定对他的思想的通俗解说，因为他的一个核心信念就是，思想应该结合且影响社会活动，并且通过这种实践经验加以修正。他的使命不是像黑格尔那样仅仅制造另外一个苦心孤诣或透露着研讨班气息的哲学混合物，而是要帮助人们改变世界。在解决理论和实践的矛盾方面，马克思付出了努力。

半通俗的马克思主义认为，马克思科学地证明了资本主义自掘坟墓，因为它越来越具有垄断性和剥削性，既成了"生产的桎梏"，又成了大众苦难的根源。最终，它会因不堪重负而崩溃。马克思主义者确信，历史是一部阶级斗争的记录，阶级是由其在经济生产过程中的角色来定义的。随着资本主义末日的临近，现代无产阶级对自身的状况和历史角色越来越有自觉的认识。社会阶级是"社会变迁的杠杆",这是马克思的许多著名比喻之一。历史阶段是根据经济上占统治地位的阶级来界定的,最初是奴隶主,然后是封建领主,现在是资本家阶级。[1]

马克思主义宣称,经济生产方式基本上决定了社会、政治和文化的形态。这就意味着,现实地说,现存的资本主义(资产阶级)价值观不是永恒的,而仅仅是阶级统治的烟幕。他们所谓的永恒的经济法则只是适用于他们自己的经济体制。对正统信条的颠覆恰恰成为马克思主义对不满现状的知识分子的魅力。后来,弗洛伊德也与马克思一样,成为"揭示欺骗的大师",向我们证明人们所宣扬的理想掩盖着某种秘密,可能掩盖着卑微的甚至无耻的动机。奥登[2]在回忆20世纪30年代在大学期间接受马克思主义的情况时说:"我们对马克思感兴趣就如同我们对弗洛伊德感兴趣一样,因为它是一种揭露中产阶级意识形态的方法。"正如马克思所解释的:"国家内部的一切斗争,即民主政体、贵族政体和君主政体相互之间的斗争,以及争取选举权的斗争等,只不过是一些虚幻的形式。在这些形式下,进行着各个不同阶级之间的真正斗争。"[3] 这是一个历史学家修正全部历史解释的宣言!除了后来的女权主义,再也没有什么能与之相提并论。

---

[1] 在马克思看来,资本家是劳动雇佣者和商品生产者,即"工厂主",另外一些经济学家则把资本家与企业主区分开来。资本家是提供金钱用以投资的人,企业家则借贷这种资本,租用土地,雇用工人,从而形成生产设施。——原注

[2] 奥登(W. H. Auden, 1907—1973),英国诗人,后加入美国国籍。

[3] 见马克思、恩格斯《德意志意识形态》,《马克思恩格斯选集》第1卷,第38页。人民出版社,1972年版。

马克思辉煌的思想大厦被许多现代人当作一种工具，用于整理混乱的世界。但确实可以说，它可能比黑格尔思想体系更接近"范畴的舞蹈"[1]，通过抽象概念对现实世界进行精确阐释。凡是掌握了马克思主义理论的人，都拥有了一个几乎可以对任何事情做出解释的统一的思想体系。他就会有一幅世界整体的图景。但是，真实世界中的事实或事件必须经过译解（有时很费力）才能被纳入这种思想结构。它们的实际含义也就变成了某种在马克思主义的框架中占有一席之地的象征符号。对于马克思主义者来说，几乎任何事情都不是它表面所显示的那样。马克思主义具有一种优势，即按照它自己预设的前提，它基本上是不可辩驳的。

有人认为，马克思对现实所做的主要论断是值得商榷的。"工人的状况必然随着资本的积累而日趋恶化。"[2] 在他的主要著作中，马克思断言，在资本主义条件下，利润率从长远看必然会逐步下降，这就驱使资本家变本加厉地剥削工人，从他们身上榨取"剩余价值"。这种剩余价值的比率因为机械化的发展而呈下降趋势。（马克思依据他所继承的斯密和李嘉图的劳动价值论，认为利润的唯一来源是人的劳动力，而不是机器的生产力。）在《资本论》再版的版本中，马克思从原先所说的"工资必然会降到纯粹维持生存的水平"这样一种观点稍微倒退了一些，转而强调精神的贫困化而不是经济的贫困化，即强调相对剥夺：工人的状况可能有所改善，但雇主获得的更多。他谈到工人因为变成机器的附属物而在精神上沦丧。

---

1 "范畴的舞蹈"（dance of categories）是美国哲学家詹姆斯对抽象逻辑论证的比喻。
2 见马克思《资本论》第1卷第23章。

但马克思主义的基本主张是,在资本主义条件下,工人的状况越来越糟糕,这也就是"资本主义必然灭亡"的原因。但事实上,工人阶级在资本主义条件下不是越来越糟糕。有证据显示,在这个世纪的大部分时间里,虽然人口在大量增加,但普遍的生活水平在提高——这几乎是一个奇迹般的成功故事!资本主义虽然在道义上可能失败了,但在物质上成功了。

通观马克思有关现存"资本主义"社会秩序的论述可以看到:一方面,他认为这个可恶的制度将很快被被压迫阶级的暴力革命所推翻;另一方面,他又认为这个不断进步的、具有生产能力的制度在付出自己必须付出的一切后会平静地寿终正寝。马克思的这种进步论观念使得他不时地承认,资本主义毕竟是社会上升发展阶梯的倒数第二阶,比以前所有的阶段都要好得多。它包含着许多美好的事物,它们在社会主义条件下还会被保存下来。辩证的否定不是抹杀它所反对的东西,而是将其保存在更高的形式里。社会主义是从资本主义的母体中产生出来的,因此资本主义不可能一无是处。资本主义完成了许多进步的事业,创造了先进的技术,打破了地域单位,组建了全国性的经济,甚至是国际经济,而且使民众逐渐习惯了理性的、唯物主义的世界观。未来的社会主义不会摧毁这些东西,而是会完善它们。资产阶级无意之中唤起了工人的自觉意识,并实现了一种具有民主潜力的政治制度。资本主义承担了一种不可或缺的历史角色,在它把自己的角色演完之前,真正的社会主义不会在舞台上亮相。不成熟的革命,例如,浪漫的造反者所呼唤的那种革命,不但无益反而有害。只有水到渠成的时候,新秩序才会诞生,而且这种诞生的过程会几乎没有什么痛苦。

对于那些不以科学方法研究社会的浪漫的革命者，马克思一直持蔑视态度。在俄国，1890年前后，相对于真正激进的人来说，马克思主义是一种比较保守的选择。而对1917年以前俄国马克思主义圈子的成员们而言，列宁主义也是难以想象的。在德国，社会民主党是按照马克思的设想创建的，但并未完全得到马克思的认可。它放弃了暴力革命，转而致力于和平的教育工作。社会民主党人认为，革命会在适当的时机通过选票自动到来。可以说，马克思一直信奉民主。

另一方面，马克思确实有一种革命者的气质，从来没有完全把对现存秩序的愤恨置之脑后。他晚年依然带有反叛性格的痕迹，在去世前一年他还高兴地说，今天的孩子们"面对着人类前所未有的最革命的时代"。他显然不在乎自己被别人说成是资产阶级狂暴而危险的灾星。他告诉俄国的革命者，他们有可能利用村社传统，绕过资本主义，直接进入社会主义。只要形势看起来有可能重振革命的事业，无论是在19世纪60年代的一段时间，还是在19世纪70年代的俄国，马克思都把这看成是有希望的信号并为此欢欣鼓舞。1871年巴黎公社失败使他大为失望后，再加上他晚年被疾病和体弱困扰，马克思似乎看不到再次爆发革命的希望——除了在他的理论似乎并不适用的地方，如俄国。他可能一直在怀念1848年的时光，体味他年轻时那种彻底的黑格尔式改造的远大理想。

要求马克思彻底地完善所有论点，是没有意义的，这是任何一个伟大的思想家都做不到的。难道他能回应对他的经济学的批评吗？要知道这些批评出现在他的晚年，他已经不可能有精力应对。

他对资本主义的分析是基于劳动价值论。斯坦利·杰文斯[1]的《政治经济学理论》在《资本论》第1卷出版刚刚4年就问世了，打响了"边际效益"学派攻击李嘉图-穆勒传统的第一枪；到19世纪末，它就赢得了几乎所有专业经济学家的支持。马歇尔与大陆经济学家门格尔和瓦尔拉斯[2]也对"新古典"革命做出了贡献。这一革命似乎冲击了劳动价值论的学说基础。

商品并不包含着任何由劳动力构成的玄虚的"价值"。价值就是交换价值，而决定它的是，人们对一个商品的需求欲望有多大，需要费多大劲才能生产出它：这与其说是一种社会换算，不如说是一种心理换算。最后的增量，即边际增量决定了交换价值。商品按比率交换，因此它们的边际效益就相等了。在边际主义的指引下，经济学变得极其数学化；在完全竞争条件下的价格确定成为自牛顿以来几乎最精妙的研究。就连瓦尔拉斯也曾宣称："经济学是一门堪与力学和天文学相提并论的数学科学。"由此，这门学科就与历史学和政治伦理学分道扬镳了。

这个故事只不过是19世纪后期各门学科职业化这个大背景中的一部分。尽管马克思建立了"社会科学"，但当时的大学并没有很重视他的学说，只有安东尼奥·拉布里奥拉[3]19世纪90年代在罗马大学讲授唯物主义历史观，另外在俄国也有一些教授宣讲马克思主

---

1 杰文斯（William Stanley Jevons，1835—1882），英国经济学家。
2 马歇尔（Alfred Marshall，1842—1924），英国经济学家。门格尔（Carl Menger，1841—1921），奥地利经济学家。瓦尔拉斯（M. E. L. Walras，1834—1910），法国经济学家。杰文斯、门格尔、瓦尔拉斯三位被公认为经济学"边际革命"的开创者。
3 拉布里奥拉（Antonio Labriola，1843—1904），意大利哲学家，意大利第一位阐述马克思主义的人。

义。那不勒斯的伟大哲学家克罗齐曾对马克思产生兴趣,他在1900年发表的《历史唯物主义和马克思的经济学》中反对教条地对待马克思主义。在欧洲的社会主义运动中,一直有马克思的信徒。1890年以后,社会主义运动东山再起,马克思是其最主要的思想家。关于这一点,我们在后面还会述及。

与此同时,由于马克思的体系包罗万象、气势宏大,而且提供了可以替代现存文化的立场,这就使得马克思对知识分子极具吸引力。这既是它的力量所在,也是它的弱点所在。表面上,人们必须全盘接受马克思主义,不容其他任何异说。阶级文化论把所有现存"资产阶级"思想统统归为"意识形态",取而代之的无产阶级思想(马克思主义)则包含了一切真理。接受马克思主义不是进入一间知识大厅,混迹于其他客人之中。它占据着一个完全不同的建筑物,人们必须对是否进入它做出抉择。

马克思后半生一直住在英国,但他在英国的影响很小。他的追随者中包括他出色的女儿爱琳娜(40多岁时悲剧性地自杀)和古怪的汉德曼(经常身着工人服装,头戴一顶大礼帽)。像威廉·莫里斯[1]和萧伯纳这样的重要人物也欣赏马克思,但很难说是马克思主义者。英国的社会主义更多源于约翰·罗斯金而非马克思,前者在对待各种思想来源时其实也采取了相当折中的态度。不管怎么说,在1919年以前,社会主义思潮还没有积聚起多大的力量。1900年诞生的工党最初在目标上完全是工联主义性质的。与此同时,1885年

---

[1] 爱琳娜(Eleanor Marx, 1855—1898),马克思的小女儿。汉德曼(Henry Mayers Hyndman, 1842—1921),英国马克思主义者。莫里斯(William Morris, 1834—1896),英国工人、社会主义者。

以后，福利国家的观念借助于黑格尔主义的社会思想开始渗透进自由党。

关于19世纪末的活跃景象将在下一章里述及。毋庸赘言，马克思主义在俄国和德国都是一股强大的力量。然而，这两个国家产生了两种不同版本的马克思主义，这反映了前面提到的渐变和革命的矛盾倾向。法国的激进思想界给予马克思一定的位置，马克思的一个女儿就嫁给了一个杰出的法国社会主义者。但法国激进派也尊重马克思的竞争对手蒲鲁东以及另外一些人，法国左派是以四分五裂闻名于世的。

进步观念

马克思的思想是进步观念的又一种版本。它带有深刻的历史主义性质，认为人类社会经历了连续不断的演进阶段，以生产技术和"生产资料"所有制的类型为划分标志。历史上不同的社会阶段因其内在矛盾而导致没落，并且培育了下一阶段的萌芽，从古代的奴隶制社会到中世纪的"封建主义"，再到"资本主义"都是如此。（马克思将11—17世纪都说成是资本主义起源的时间，没有确切地断定向资本主义过渡究竟发生在什么时候。）与黑格尔和孔德一样，马克思的宏观历史阶段图式简单，但也非常有刺激性。

对任何运动而言，"历史站在我们一边"的信念都是一种强大的动力。19世纪的意识形态，无论自由主义，还是社会主义或民族主义，都强调这种信念。邦雅曼·贡斯当和约翰·布赖特这样的自由主义者，以及圣西门社会主义者、马克思主义者、俄国斯拉夫派这样的民族使命鼓吹者，无一例外地宣称以往的历史时代都指向他们所尊崇的事业，即一个逐渐展开的漫长故事的最终结局。

在这个历史专业的形成时代，历史学家讲述一些萌芽如何历经数个世纪成长为强大的法国、英国和德国。在创作有关民族形成的论著时，他们的倾向性显然不逊于马克思。例如，基佐的法国史就是如此。他是学者兼政治家，在七月王朝时期地位显赫。他在法国的竞争对手是更富有文采的浪漫主义者米什莱。麦考莱是英国的米什莱。他是一个散文作家、诗人、议员。他写的一部英国史在19世纪50年代成为畅销书，用华丽的辞藻讲述自由如何兴起和击败君主暴政的故事，几乎不掩饰他的辉格党偏见。俄国历史学家尼古拉·卡拉姆津对于促成俄国民族自豪感所做的贡献可能大于其他学者——对于一个正在寻找自己的特征的民族来说，这是一桩紧迫的事情。

19世纪中期，这种历史著作（有些是文学经典）大量涌现。它们通常都暗含着一种宣传意图，旨在解释历史的目的。当然，19世纪50年代是达尔文和进化论的10年。这将在下一章展开论述。有一些作家试图将达尔文的自然选择概念应用于人类社会的历史或制度的历史。在达尔文的影响下，人们普遍形成了一种观念：万物皆变，适者生存，不适者灭亡。当时，还不十分清楚这是一种直线进步，但看起来还是在向更高的形式进化，尽管不太容易。达尔文的朋友赫伯特·斯宾塞创造了一种极其流行的进化论意识形态，将人类社会描述成逐步向前向上的发展。浪漫主义曾经刺激了人们对过去的想象和兴趣：伯克派认为过去是政治智慧的学校，德国哲学家把过去看作真理的展现过程。卡莱尔、麦考莱、米什莱等用他们的生花妙笔来普及严肃的历史。另外，还有其他一些重要的作家，例如实证主义的亨利·巴克尔[1]。英国维多利亚时代，许多图书馆和私人书房的书架上都摆放着他撰写的多卷本英国史。

与此同时，历史学在德国人的引领下正走向成熟。欧洲各地的重要国家档案馆、图书馆和博物馆将各种资料集中收藏，因此大学研讨班可以对它们进行仔细考订，并将其当作原始资料来使用。人们越来越觉得，历史研究最终从一个猜想和议论的领域转变成一门真正的科学。米什莱和阿克顿宣称："历史学是在档案的母体中诞生的。"德国历史学家用科学的考证方法武装自己，坚信他们的耐心探究最终能揭示人类的重要真相。英国信奉天主教的自由主义历史学家、社会活动家阿克顿勋爵说："历史不仅仅是事件过程的记录，更不仅仅是政治事件的记录。它是探究根源和起因的哲学，它探究对事件起决定作用的深刻精神根源。"

尽管有时人们指责德国学院派，说他们制造了一些沉闷琐碎的政治史，但其实他们很注意历史的宏观图景。德国历史研究的科学学派典范、精力充沛的历史学家兰克撰写了有关中世纪史、宗教改革史和近代早期史的大部头著作，即便按照今天的标准，他的研究范围也是异常宽广；90岁时，他认为自己已经做好撰写"通史"的准备。

兰克不是信奉简单意义上的"进步"的历史学家，因为他认为每个时代都"与永恒保持相同距离"，必须从它自身的角度来理解。

---

[1] 巴克尔（Henry Thomas Buckle，1821—1862），英国历史学家，力求使历史成为一门严谨的科学，著有《英国文明史》。

但他确信，所有碎片都将因某种原因拼凑在一起，构成一个宏大的和谐的图景。正如法国社会主义历史学家路易·勃朗所说的，历史循着上帝之手为它设计的道路前进。拉塞尔·奈在谈到广受欢迎的美国历史学家乔治·班克罗夫特[1]时写道："他将美国的过去看作是由上帝和人共同编写的一部伟大戏剧，逐渐走向胜利的最后一幕，到那时，基督教传统和理性时代的许诺都将变成现实。"

当时，新英格兰的学者，如班克罗夫特，通常会到德国接受先进的教育。阿克顿勋爵和他的朋友、慕尼黑大学教授多林格尔[2]共同阐述了一种基督教历史神学。按照他们的说法，基督教真理是经过教会的中介在历史中逐渐呈现出来的。这是显示历史学时代影响的一个有意思的例证，尽管梵蒂冈拒绝承认其中暗含的意思：以往的教会并不拥有全部真理。一位研究维多利亚时代爱情文学的学者指出，恋爱变成了"事件"，因为事情是在时间中发生的，事情在演进和发展；在生活的各个领域，理解的框架从静态转变为动态。

实际上，所有人都开始相信，过去不仅仅是有趣或有教益的故事的储藏室。19世纪的重大理论以各种方式假定了事物从低级到高级的上升发展。尽管马克思是资本主义社会的激烈批判者，但他也像维多利亚时代的多数人一样对长远的发展持乐观态度。让历史的车轮再多转一圈，目标就将达到。

有一位法国历史学家和社会理论家成为这种乐观主义情绪的重

---

1 奈（Russell Nye），20世纪美国历史学家。班克罗夫特（George Bancroft, 1800—1891），被称作"美国历史学之父"，著有10卷本《美国史》。
2 多林格尔（Johann Joseph Ignaz von Dollinger, 1799—1890），德国历史学家，著有教会法和教会史领域的论著，其著作被列入梵蒂冈禁书目录。

要例外。他的一生（1816—1882）几乎与马克思完全同时，也同样对未来产生了重大影响。这个人就是被称作种族主义之父的戈宾诺伯爵。他的代表作《论人类种族的不平等》正是在19世纪50年代，即历史主义的盛行期，以4卷本的形式问世的。作为法国贵族的后代，戈宾诺看破红尘，将悲惨的文化衰落归咎于种族的混杂。他认为，人类的某些品质与纯粹的种族相对应。他宣称，雅利安人这个最纯粹的白人人种是最有创造力的。但在创造文明的过程中，由于它与其他种族混杂，因此也播下了毁灭的种子。

戈宾诺的这部非专业的作品，即便在当时也没有什么科学价值。但是，它以无所不包的体系和刺激性观点激发了人们的想象。戈宾诺最终成为瓦格纳的崇拜者，并且将自己的种族主义假说传给了英国人休斯敦·斯图尔特·张伯伦[1]。张伯伦直接影响了希特勒在1919年后的德国所宣扬的民族社会主义。实际上，戈宾诺认为，日耳曼民族与其他民族一样，也早已混杂不纯。他认为历史的轨迹就是不断衰落——当然，其方向和命运完全与进步主义者的设想相反。与戈宾诺一样，进化论社会学家瓦歇·德·拉普日[2]认为退化多于进步；正如现代人卑贱的唯物主义和廉价文化所显示的，自然选择似乎是劣胜优败。

奥斯瓦尔德·斯宾格勒的《西方的没落》在20世纪继承了这个观点，使之变得更为流行。但在19世纪中期，它是一个反常现象。到19世纪末，关于退化的话题才变得比较常见。1848年后的

---

1 张伯伦（Houston Stewart Chamberlain，1855—1927），英国亲德派政治哲学家，著有《19世纪的基础》。
2 德·拉普日（Georges Vacher de Lapouge，1854—1936），法国人类学家和社会学家。

幻灭引发了人们的一些怀疑。乔治·索雷尔后来所说的"对进步的幻灭"早就出现在俄国流亡者亚历山大·赫尔岑关于这种幻灭的痛苦回忆中：

> 如果进步是目的，那么我们在为谁工作？这个莫洛克[1]是谁？辛勤劳作的人接近他，他不给予奖赏，反而后退；这些筋疲力尽、在劫难逃的大众所能获得的安慰，仅仅是嘲弄的答复：在他们死后，世间将变得美好。

不过，主要是在第一次世界大战之后人们才激愤地全盘否定进步的神话。埃米尔·布鲁内尔[2]将进步观念称作"一种公理式信仰，既无须证实，也不能证伪……是一种准宗教信仰，否定它就是一种亵渎行为"。迟至1908年，英国哲学家兼政治家贝尔福勋爵[3]还在断言："在西方文明一千多年来的前进运动中，没有任何停顿或倒退的迹象。"

现在看来不同寻常的是，这些信念相信进步不仅是循序渐进地向前向上的运动，而且是全社会的运动。我们今天会倾向于说，有些事情无疑是在"进步"，只是要把这个词限定在某些方面：技术变得效率越来越高，科学知识积累得越来越多，交通和通信越来越快捷。但生活的其他方面依然如故，甚至变得更糟了。只有鲁莽者

---

1 莫洛克（Moloch），古代腓尼基人信奉的巨神，信奉者必须为之做出牺牲。
2 布鲁内尔（Emil Brunner, 1889—1966），瑞士神学家。
3 贝尔福（Arthur James Balfour, 1848—1930），曾出任英国首相。1917年，他作为外交大臣签署了支持犹太复国主义的《贝尔福宣言》，并因此闻名。

才会宣称，艺术[1]、道德或政治智慧进步了。（一位法国诗人怀疑做爱的技术千百年来有什么进步。）我们把所有领域整合起来的能力也江河日下。有些技术进步造成了其他领域的退步，例如，引起精神紧张和道德崩溃。19世纪的乐观主义者认为，社会是一个单位，进步是整体性的，因此各个部分都参与不断的改良。

19世纪上半叶充满了人类历史上第一次有目的的变革所引起的兴奋，虽然也有工业增长和城市化最初痛苦的岁月，但总体情绪是乐观的。切斯特顿在他论述狄更斯的著作中写道，"[19世纪]上半叶充满了邪恶的事情，也充满了希望"，下半叶则反过来。如果说1860年以后出现了更多疑问，那么其中的原因应该从达尔文主义和传统宗教的衰落中寻找。

在由"忏悔的"贵族组成的、一贯迫不及待的俄国知识分子中，在19世纪60年的"民粹派"中，也有类似的现实主义者和实证主义者。他们反对浪漫主义，崇尚科学，信奉唯物主义，主张还原论。他们使得"虚无主义"一词广为流行，意思是嘲笑父辈的价值观念，质疑所有权威。屠格涅夫的《父与子》对他们做了勾画。他们成为俄国的第二代革命者，并且产生出车尔尼雪夫斯基这样最坚定、最狂热的革命者，后者对列宁产生了强大的影响。在他们看来，老一代的贵族自由主义者温和而无力。科学主义被引进爆炸性的俄国舞台，其含义变成了一种坚实而激烈的社会态度。

表达1848年以后的幻灭和反浪漫主义情绪的哲学家是天才而愤

1　20世纪的历史学家雅克达·霍克斯（Jaquetta Hawkes, 1910—1996）看到西班牙洞穴中原始人的绘画，情不自地大喊：艺术如此古老。当然，20世纪的艺术家要回顾原始人的作品，从中汲取灵感。——原注

世嫉俗的阿瑟·叔本华。年轻时，他曾冒险向伟大的黑格尔哲学挑战，但没有赢得任何支持者；晚年，他的思想变得十分时髦。叔本华断言，宇宙中的决定因素不是黑格尔的绝对理性，而是意志。这是一种盲目的、非道德的冲动力量，在人的身上体现为需求和欲望。这种专横的意志将我们毫无意义地束缚在生活的轮子上。叔本华认为，除了东方哲学所追求的最高智慧（泯灭意志）外，只有艺术，尤其是音乐，能够充当解毒剂。（19世纪上半叶，印度教典籍的知识刚开始进入欧洲。）

叔本华将世界视为没有目的、没有意义的权力竞技场，将理性视为直觉的工具。虽然使用的是完全不同的术语，但叔本华的观念其实无异于达尔文。

第 4 章

达尔文与维多利亚时代的信仰危机

人类竞争的历史就是一部进步史。

——弗雷德里克·哈里森

如果世界上有暴民存在，那么也会有人民。我现在说的正是那些位于中间阶层、成百上千值得尊重的人，他们是人数最多且在社会中最富有的阶层。

——布鲁厄姆勋爵

达尔文与达尔文主义

变化是生命的法则，在灌输这个典型的现代观念方面，没有人比查尔斯·达尔文做出的贡献更大。我们之所以没有把他放在第 3 章中研讨，是因为许多人从他发出的信息中看不到令人欣慰的进步观念。变化应该予以承认，但不一定是改善；即便是改善，其代价也令人无法接受。在达尔文笔下，自然界不仅呈现出一幅残酷的、为生存而斗争的场景，"牙齿和利爪滴着鲜血"，而且，这种斗争或许还是无目的的；自然界当然是一团乱局。偶然的机缘决定了后果，死亡的结局装点了生命之树。这极大震动了传统的宗教信仰，除此之外，它不仅威胁到《圣经》上说的上帝造物的教义，更严重的是，它威胁到人类灵魂的唯一性。温伍德·里德[1]讲过这样一个故事：维多利亚时代有一个年轻人，长期受"怀疑之书"（马尔萨斯的《人口论》）和"绝望之书"（达尔文的《物种起源》）的浸染，因而轻生弃世。恐怕这不是唯一一例。有时，达尔文式的绝望情绪似乎扩散到整个维多利亚社会，扰乱了它的美梦。

这部公认的19世纪最重要的著作出版后（在19世纪末，有人在杰出人士当中做过民意测验，以确定19世纪最有影响的10本书。结果显示，唯有《物种起源》出现在所有书单中），出现了一场长期而激烈的争论。这场争论可能会产生如下令人欣慰的结论：第一，为生存而进行的斗争并不总是残酷的；它悄无声息地进行，而且得到的回报是效率和关爱，而不是冷酷无情或残忍凶恶。"最强者"不一定能生存下来，但最优秀者适应了环境；恐龙灭绝了，蟑螂却活下来。第二，如果说达尔文式的世界充满了苦难和死亡，可没有哪一位严肃的思想家曾认为生命是永恒不败的玫瑰。现实主义将人们的注意力转向生命中令人不太愉快的方面，但人们对"邪恶问题"总是会给出解答。达尔文其实是重提了一个老问题。（18世纪的思想家们曾对里斯本地震深感忧虑。）也许有恶就有善，不打碎鸡蛋就不会有煎蛋饼。第三，短暂的生命肯定不能知晓种种痛苦和斗争最终是为了什么，但人们可以与丁尼生一样，"模模糊糊地相信那个

---

[1] 温伍德·里德（William Winwood Reade，1838—1875），英国学者，著有《人的殉难》。

宏大的希望",即肯定有一个最终有益的目的。

这些重要观点以及其他要点,在围绕着达尔文主义的长期争论中逐渐显露出来。最终,它们没有消除那种让人不安的感觉,即这个世界再也不会是一方乐土了。但是,它们也没有驱散维多利亚时代普遍存在的乐观情绪。当然,人们的心智风景线永远变动不居;每个人都可以从历史上最令人难忘的思想革命中认识到这一点。变化取代了稳定。达尔文让人们知道了他的存在。

同其他伟大的科学发现者一样,达尔文并不是新真理唯一和非凡的创立者,毋宁说,他得益于长期以来许多人做出的贡献。1858年,他决心出版自己写了20多年的一部手稿的简本,这么做是因为,他知道至少还有一位博物学家会提出大致相同的论题。时至今日,依然有少数学者认为,达尔文和生活对阿尔弗雷德·R. 华莱士[1]太不公平;有学者认为,还有人也是这种接近成功的候选人。但大多数学者断定,达尔文,同爱因斯坦和弗洛伊德一样(这两位分别创设了以他们的名字命名的、具有划时代意义的理论,但也不乏竞争对手),应该得到这份殊荣。倒不是进化论自身的缘故——进化论此前至少已存在半个世纪——而是因为他给了它比较合理的解释,让人信服。

进化观念有一段历史。古希腊人,如阿纳克西曼德和恩培多克勒就提到过它。此外,在1858年前的一个世纪里,进化作为一种思辨观念曾引起人们的兴趣。18世纪,人们对生物学表现出极大兴趣。

---

[1] 华莱士(Alfred Russel Wallace, 1823—1913),英国博物学家,与达尔文同时提出自然选择的进化论。

法国启蒙运动时期最有名的作家布丰，以及包括狄德罗和莫佩尔蒂在内的其他杰出的启蒙哲学家，都思索过生命的起源和物种的性质。另外，查尔斯·达尔文的祖父伊拉斯谟·达尔文医生，在1798年写的诗中推测原初的"微小形式"：

一代接一代繁荣兴盛
获得新生力量，长出更大的枝干；
无数种植物从中生发
撒入鳍、脚和翅膀的领域。

性情怪异的苏格兰法学家蒙博多勋爵[1]是位业余的人类学家和多产作家，他持有类似的看法，甚至声称他的一些朋友长尾巴。在谈到这位到处受嘲笑的蒙博多勋爵时，约翰逊博士说道："其他人也有奇思怪想，但隐而不发。"

但在达尔文的这些先驱当中，没有一个人论证实际的物种演变。似乎缺乏令人信服的证据来支持它，布丰也不遗余力地抨击了它。但这个问题已经提出来，在接下来的这个世纪里，各种资料从四面八方涌来，一群研究者摸索着寻找一个答案。达尔文收集到的许多条证据来自许多不同的领域，这使得进化论的演进成为思想史上最有趣的一个研究课题。

证据主要来源于新兴的地质科学，以及相关的古人类学和化石研究。在18世纪行将结束之际，这些研究开始盛行。日内瓦地质学

---

[1] 蒙博多勋爵（Lord Monboddo, 1714—1799），著有《论语言的起源与发展》。

家德·索绪尔似乎是第一位在1779年使用这个术语的人。1788年，苏格兰人詹姆斯·休顿提出了"均变"理论。在整个18世纪，人们对化石的意义和地球的年龄进行了思考，尽管经常是异想天开。1780年，德国矿物学家维尔纳提出了一种假说：地球最初为海洋覆盖，海水退却之后留下了各种矿物、化石和岩层。[1]这就是"灾变论"或"水成论"，看起来与《圣经》中的故事吻合。休顿向这种正统观提出挑战，他用各种不变的自然力在漫长时间里的缓慢作用来解释这些现象。这种"均变论"惹恼了一些宗教人士，因为它很难与《圣经·旧约》中的叙述一致。这两个学派之间由此产生了激烈的争执。对于任何一门科学来说，争论都是好事。

今天，我们可以说两派都有合理之处，但从时间因素考虑，休顿显然更胜一筹。在地球年龄这一问题上的革命乃是我们世界观念的重大变化之一。1780—1830年到来的这场以地质学为基础的革命，可以与17世纪天文学上的革命相提并论。在空间的无限拓广之后，又有了时间的无限绵延。"啊，地球实际存在的年代是多么悠久漫长，"伟大的法国古生物学家拉马克惊叹说，"那些认为地球只存在了6 000多年的人，他们的思想又是有多么渺小！"（当时通行的正统学说还是以《圣经》的记载为依据。）

随着新证据，尤其是化石逐渐增多，保守主义思想被迫让步。英国国教教士威廉·巴克兰[2]（当时地质考察成为深受英国人喜爱的

---

[1] 德·索绪尔（Horace Benedict de Saussure, 1740—1799），瑞士物理学家、地质学家。詹姆斯·休顿（James Hutton, 1726—1797），苏格兰地质学家，被公认为现代地质学之父。维尔纳（Abraham Gottlob Werner, 1750—1817），德国地质学家，水成派创始人。

[2] 威廉·巴克兰（William Buckland, 1784—1856），英国国教会牧师、古生物学者。

一种乡村户外运动）将《圣经》观点和地质学观点折中，保留了《圣经》上的洪水灭世说，但他提出更久远的系列洪水说。[1] 在19世纪20年代，巴克兰自称发现了6 000年前洪水的证据，印证了《圣经》所记载的那一次。但他用经过修正的灾变论来适应威廉·史密斯和法国科学家居维叶这些化石分析大师所搜集的古生物学证据。巴克兰认为地球经历过好几次大洪水，可能是四次，每一次洪水都灭绝了地球上一切生命，每一次洪水过后，上帝都要重新创造生命。为什么上帝偏偏以每一次大灾难为界线、分好几个阶段来完成他的工作，而不是毕其功于一役？这依然是个谜。但灾变论者虽然挽救了《圣经》的记载，却牺牲了公认的那种创世进化论。

19世纪30年代，另一位英国人查尔斯·赖尔[2]撰写了一部权威性的地质学综合著作。这部作品对于青年达尔文有着不同凡响的重要意义；后来成为剑桥科学家的达尔文写道："我觉得，我的书有一半出自查尔斯·赖尔爵士的思想。"他终生都是赖尔的朋友，赖尔的办公室里有他的照片。赖尔是一个彻底的均变论者，他毫不理会宗教方面的反对意见，认为它们无足称道。越来越多的化石知识表明，进化是有可能发生的；与此同时，时间观念的革命也给了这种观点一臂之力，因为新的时间观念为一个绵长缓慢的过程提供了足够的时间。但化石记录上明显出现了巨大时间间距以及突然的中断，使巴克兰的观点显得有理有据。（在漫长的稳定时期之后，突然发生

---

[1] 奇切斯特主教戏仿蒲柏描写牛顿的诗句：疑团升起，洪水传说有待澄清：/巴克兰出面，事情反倒更糊涂。——原注
[2] 查尔斯·赖尔（Sir Charles Lyell, 1797—1875），英国地质学家，认为地球表面特征是在不断发生缓慢变化的自然过程中形成的，反对灾变论或求助于《圣经》，主要著作有《地质学原理》。

转变,直到今天我们依然能够看到这种情况,尽管我们拥有更多的化石记录。)赖尔不是进化论者。他不可能在化石中寻找足够的证据来支持物种转变或演变,即某一物种实际从另一物种演化而来。生物学证据似乎支持了物种恒常不变的传统观念,其他证据也说明了这一点,例如,杂交动物没有繁殖能力。当然,某些物种灭绝的证据现在威胁到了古老的"伟大的存在之链"。

正如我们所知道的,泛泛的进化观念已经在社会弥漫:社会变迁的明显事实促成了它们的传播。但无论是黑格尔还是孔德,都没有提到低等生命形式的进化。黑格尔认为:"自然和历史是两回事儿,自然没有历史。"人类与低等生命形式有着一种逻辑上而非时间上的联系。自然界的循环是永无休止的重复,从中演化不出什么新东西,这与人类历史的情况正好相反。黑格尔热衷于让人类历史成为"上帝"恩宠的独特领域,这就使他远离自然进化论。浪漫派的科学观被称作自然哲学(Naturphilosophie),为一些德国哲学家津津乐道,虽说它是从进化的角度构架起来的,但绝不"科学"。这种观念认为,有一股精神力量贯穿整个自然。

叔本华,这位令人关注的德国哲学悲观论者相信,这股生命力量在我们身上表现为一种生存的本能,大自然用它来诱使我们积极进取,物种因此绵延不绝地繁衍。这种观念可能也影响了达尔文主义的形成。不过,虽然有少数人提到物种演变的进化论,但这只是一种思辨观念,缺乏足够的证据。早在1800年,拉马克便提出一种理论来解释物种的进化,他的理论注定很有生命力,却未能说服大多数思想家。拉马克相信,习得的特征能够继承下来。长颈鹿由于够食物而把脖子伸长了一点,然后把这点进步遗传给后代,它后代的脖子因此而变得更长。实际上，这种情况并没有发生；后天习得的特性是不能通过基因来遗传的。达尔文对拉马克进行诋毁和嘲笑；拉马克这个牵强附会的愿望或意图或许很能吸引人，但肯定流于空想，这就好像在说，鸟儿想去飞翔，使得鸟类的一个器官伸长为翼翅。达尔文则主张，有些鸟类恰好有非常近似于翅膀的器官，它们生存的机会更大一些——这是一个机械和偶然的过程，如果不把意志或愿望归因于自然界，就会更科学一些。至少他认为，这种"自然选择"无疑是进化当中最重要的过程，即使它不是唯一的过程。

科学知识在好几个领域内的迅速发展，再加上广泛的科学探险，带来了许多有关地球上生命形式的新材料。1831—1836年，达尔文本人乘"贝格尔号"远航，研究和搜集动物学方面的证据。这位没有什么天才迹象、体弱多病的年轻人，原本打算继承威严父亲的衣钵去行医，结果未能如愿，接着，剑桥大学的一位教师让他申请"贝格尔号"的一个职位，结果改变了他的一生。出发之时，他本来没有打算推翻人们根深蒂固、极为珍视的观点；但在采集和观察标本的过程中，他脑袋里形成了许多疑问。他开始深信，物种并非一成不变。在几乎相同的环境下，为什么会出现许多不同的亚种？

但总的来说，在"贝格尔号"上度过的难忘五年中（他的日记详细记载了这段时间的生活），达尔文只是急于进行观察和采集工作，将各类标本（骨骼、岩石、化石、稀有植物和动物）带回英国，扩充博物馆的收藏——正是越来越多的标本为建立关于地球的年龄和演变、生命的起源和本质的理论奠定了基础。他一有空闲就整理这些标本。有一大批职业的或业余的博物学家对这些事情苦思冥想。

达尔文只是其中之一，但他是最伟大的，至少是最执着的。由于收入足以供温饱，他就在肯特郡的一个乡村定居下来，在那里进行搜集和实验工作，一边同病魔做斗争，一边应付维多利亚式家庭生活的拖累（他家里有10个孩子）。

然而，正是由于读了其他学科的书籍，达尔文才形成有关演变成因的理论。托马斯·马尔萨斯与赫伯特·斯宾塞给他提示了"适者生存"的观念。在19世纪头40年里，马尔萨斯的《人口论》印了好几版。达尔文在读这本书时说："这本书马上让我想到，在有利的环境下，物种的变异往往能够保留下来，在不利的环境下，就会被毁灭。结果一个新的物种形成了。"那位忧郁的牧师（马尔萨斯）提请人们注意的环境是，人口增长的速度往往超过食品供给的速度。出生的人总是要比活下来的人多很多。在动物界和植物界，情况就更是如此。在1837年至1838年间，达尔文就形成了这种假说，接下来，他用了20年的时间悉心收集证据支撑它。早在1844年，他就写出了一份手稿，但直到使它完全具有说服力他才将其发表。由于天性保守，达尔文实际上不愿意接受自己的逻辑。

他采取谨慎态度，汲取前人率尔操觚的教训。这些人为数不少，不止可怜的拉马克一人。1844年，苏格兰百科全书编撰家、以博学著称的学者罗伯特·钱伯斯[1]匿名出版了《造物的自然史遗迹》。这本书提出的进化论假设引人深思，尽管这个假设不够明晰，证据也不够充分。这部作品引起了轩然大波。在达尔文成名的15年前，人人都在谈论进化论，诗人们备感沮丧（丁尼生的名句"牙齿和利爪

---

[1] 钱伯斯（Robert Chambers，1802—1871），出版家，曾出版《钱伯斯百科全书》。

滴着鲜血的自然界"出自《悼念》，该诗集问世远远早于达尔文的《物种起源》)，科学家争执不休。钱伯斯最后得到的裁定是"无法证实"。解决这个问题固然紧迫，但显然必须超越这种非专业行为。所以达尔文等人不停地工作。

《物种起源》是一部科学论证的杰作，作者精心构思的目的就是让读者明白，长期以来被认为不可思议的物种演化观念实际上有根有据。达尔文用大量的例子证明，迄今为止，地球上出现过的物种肯定多于活下来的物种（尽管大象是繁殖速度最慢的动物，但如果所有小象都活下来，地球的承受能力很快就会被突破）。除此之外，他还倚重人们同样熟知的事实，即每一物种都会发生少量变异。两个人不可能长得完全一样，一个人总是要比另一个人高大、健壮、聪明、英俊。所有活着的动物也是如此。鉴于生存斗争激烈，由于某种原因，生存价值更大的那些变体一定能活下来，而且它们自身繁殖的速度比其他物种快。环境状况的变化，例如气候的变化，将向它们提出挑战，要求它们去适应。

达尔文利用的另一个因素出自地质学证据，是地球迄今存在的时间。在达尔文时代，人们所认定的地球年龄并不像今天我们说的那么长，但肯定比以前认为的要长——从大致 6 000 年到达尔文时代的 50 万年，再到今天的 40 亿年。他认为，这段时间足以让无穷多次细微的自然选择滴水穿石。

达尔文在论证这些问题时，行文言简意赅，很有说服力，这得力于他对古典修辞的娴熟掌握。达尔文的著作之所以能够传世（我们将他的进化论观点用于分析他自己），乃是因为他不仅善于汇总证据，而且善于表述要点。达尔文不像精英式专家那样大量使用深奥费解的术语或高等数学知识；只要识字，差不多人人都能看懂这本书，但这本书的科学性令人印象颇深。少数人曾指出，这本书实际上未能证明它的要点；某一物种是怎样突然转变成另一物种的，在这个关键问题上，达尔文未能提供决定性的证据。但他援引了解剖学、育种试验[1]、古生物学以及其他领域的知识，合并成支撑他的自然选择假说的大量证据。

达尔文主义的传播

达尔文的书一面世，便销售一空，随即引发了争议。这场达尔文革命几乎触及所有领域。这就是它成为思想史上经典之作的原因。宗教、哲学、社会科学、文学以及艺术从此均不复旧貌。进化论的巨大影响导致一切思想的结构发生根本性转变。

大多数科学家服膺于进化论，尽管他们对达尔文以"自然选择"为主要原因的理论未必完全接受。各地情况有所不同。达尔文本人评论说："很奇怪，国籍居然影响观念。"法国人把路易·巴斯德奉为自己的生物学英雄，往往把达尔文主义视为一个帝国主义式的盎格鲁-撒克逊入侵者。《物种起源》出版12年后，法国人类学家的一次会议宣布，"没有任何证据，甚至没有任何预设"支持把自然选择当成物种转变的原因。但到了1872年，达尔文可以这样写，"几乎所有科学家都承认进化论原则"，而且他觉得，多数人都认为

---

1 达尔文曾经深入伦敦酒馆的工人当中，学习他们怎样培育鸽子，这是下层阶级特别喜好的一种消遣。这个突出事例说明了他的科学求知欲和平易近人。——原注

自然选择是主要的进化手段。少数人固执己见表示反对；反达尔文主义的一个突出例子是美国哈佛大学杰出的博物学家路易·阿加西斯，他在后半生一直试图推翻这个"洪水猛兽式的"理论，并因而丧失了自己的科学声誉。

尽管达尔文最终保住了自己作为一个伟大科学家的地位，但他的理论经历了某些修正，而且还在被修正。达尔文对于遗传机制知之甚少，而学界也是到1900年才理解这种机制。（奥地利修士格雷戈尔·孟德尔在1866年就发表了他的开拓性发现，但在1900年之前一直没有得到科学界的重视。）今天，几乎没有生物学家否认自然选择的重要性，但变异的功能，包括大突变或偶然发生的极端变异的功能，似乎同样重要。而这是达尔文不了解的因素。达尔文主张进化的演变过程是缓慢和渐进的，而且宣称"大自然不会制造飞跃"，这在很大程度上是错误的。现代理论强调突变飞跃。晚近的遗传学证实，遗传并不仅仅像达尔文所说的那样通过亲本特征的混合而起作用；所有的亲本特征都保存在基因里，很可能完好无损地出现在后来的某一个体的身上。先是漫长的稳定时期，然后是急剧全面的变化，这是惯常的进化方式。达尔文的错误在于，他把这种显见的非连续性归因于化石记录的不完整。[1] 不用说，在达尔文之后生物学有了长足发展；这里也无须考察当代进化理论的种种精妙之处。总之，理论是沿着达尔文所开辟的道路前进的。

令人惊叹的是，拉马克的进化论更具有道德吸引力，到了世纪

---

[1] 目前有一种观点认为，在约5亿年前的"寒武纪爆炸"当中，突然产生了现存大多数种类的动物。同样，智人的产生也是相当突然的。——原注

之交，居然还有拥护者。它能够让人接受进化论，而不接受自然选择。维多利亚时代的文人和自由思想家塞缪尔·巴特勒对正统宗教持有批评态度，他最初很赞赏达尔文，后来逐渐认为他是骗子。巴特勒受到天主教生物学家圣·乔治·米瓦尔[1]的影响，回到拉马克的进化论。达尔文曾将米瓦尔看作危险的敌人。巴特勒在《新旧进化论》(1879)中向当时确立的所有科学法则展开进攻。他依据拉马克式的原则，制定出一套很有吸引力的进化宗教观。每个人对人类的知识和意识都有贡献，而且将他的贡献传承给下一代；我们都能感觉到，我们学到的和创造出来的东西并没有付诸东流，而是构成了人类进步链条上的一个环节。很不幸，从遗传的角度看，这种观点并不正确。我们可以竭尽所能来教育我们的孩子，但他们无法通过生物遗传机能来继承我们的知识。

达尔文的真科学具有令人不安的内容，这其实是当时许多人反对他的原因，尽管当时的迹象不如后来明显。著名德国科学家冯·贝尔不相信这种把人看作"物质的产物"并把人贬低到动物水平的理论。达尔文以前的朋友、剑桥大学地质学教授亚当·塞奇威克[2]宣称，接受达尔文主义将会"把人类降低到有史以来最低的水平"。萧伯纳后来写道："假如能够证明整个世界都是这种选择［指达尔文的'适者生存'］的结果，那么只有傻瓜和无赖才

---

1 塞缪尔·巴特勒（Samuel Butler, 1835—1902），英国小说家、批评家。著有《埃瑞璜》(*Erewhon*)，即nowhere一词的倒写，意为乌托邦。圣·乔治·米瓦尔（St. George Jackson Mivart, 1827—1900），英国学者，著有《物种起源》(*The Genesis of Species*, 1871)。Genesis 在《圣经·旧约》中作为第一卷的标题，意为"上帝创世记"。米瓦尔以此与达尔文的《物种起源》(*The Origin of Species*)相抗颉。

2 冯·贝尔（Karl Ernst von Baer, 1792—1876），德国胚胎学家，提出比较胚胎学。亚当·塞奇威克（Adam Sedgwick, 1785—1873），英国地质学家、古生物学学者。

能坚持活下来。"

当然，让某些基督徒感到震惊的是，达尔文学说暗含对"创世记"的否定以及对人类特有的灵魂的否定（如果灵魂存在，根据达尔文的原理，它已经存在于变形虫中了）。但是，不安的情绪不只存在于正统宗教界。萧伯纳和巴特勒并不持有正统的信仰。在达尔文主义的世界里还可能讲什么道德价值吗？或许，最令人不安的特点就是整个过程明显是偶然性和无目的的。偶然因素决定了整个物种的灭绝，而其他物种，在气候变化可能导致它们死亡之前，也会现身世上，自有一段风光的时候。比起中世纪人们对世事变幻无常的思考，达尔文的思想更令人沮丧。

在研究自然的过程中（以及经历了爱女夭亡的个人悲剧后），达尔文失去了对宗教的信仰。赖尔的地质学最先使他脱离了《圣经》里的基督教思想；接下来，自然选择的观念在他的大脑中又摧毁了自然宗教的经典论证，即种种证据表明各种生物体现了上帝的设计和目的。19世纪初，英国流行的一部教科书是威廉·佩利的《自然神学》（1802）。该书利用了大量经过仔细观察而得到的详细材料，论证有机体适应环境的神奇能力，证明这一切都是"智慧的造物主"有意设计的。换一个视角来看，佩利的许多例子可以被视为自然选择之后适应环境的结果，而不是造物主的设计。更进一步看，我们会发现许多极不完美的设计案例，也就是当代生物学家斯蒂芬·古尔德[1]所说的"莫名其妙的安排和令人可笑的解决办法"，比如，他

---

[1] 斯蒂芬·古尔德（Stephen Gould，1941—2002），美国进化论科学家、古生物学家、科学史学家和科学散文作家，提出"间断平衡"进化理论。该理论被称为"生物进化大爆炸"理论。著有《熊猫的拇指》《自达尔文以来》等。

的一本书的名字所揭示的"熊猫的拇指"。按说，神圣的造物主应该赐予大熊猫一个正常而非临时凑合着用的拇指（由于适应环境而形成的腕关节骨）。残留的退化器官同样也能说明问题：动物身体的某些器官不再有用，但它们的存在证明了这种动物先前的身体结构。

在《物种起源》的结尾，达尔文提出了一种实际上被广泛接受的有神论：令人高兴的是，上帝经过一番选择，将所有生命的种子种在少数简单的生命形式中，而不是分门别类地创造出物种。但正如他的书信以及后来出版的著作所揭示的，达尔文放弃了这一立场。他从生物界看到了太多的偶然因素和邪恶，让他无法相信有一个仁慈的神圣计划存在。"我无法让自己相信，仁慈和全能的上帝会故意创造出埃及蠊，有意让它们寄生在活生生的毛虫体内，也无法相信，他会创造出猫捉老鼠的游戏。"他还想到，人类思想自身就是进化顺序的产物，因而纯粹是生存的工具。我们之所以有种种想法，是因为它们能让人类应对环境，而不是因为它们是对的或者是错的。

这些想法注定会让其他人感到震惊。说来也奇怪，这似乎将科学与神学都置于缺乏任何高尚理由的境地；一切都不可避免地成为生存竞争的工具。让达尔文本人有些困惑的思考，反映出许多人的思考被这种新的认识弄得乱了阵脚。达尔文不愿意成为教条主义者，他自称"不可知论者"。但仔细研究他的宗教观点后会发现，将他的那些观点归结为无神论不算是荒腔走板。达尔文绝对没有为上帝造物和天意安排去搜寻任何证据。

与此同时，大惊失色的基督徒和某些达尔文思想的坚定追随者之间展开了争论，这给维多利亚时代的思想界增添了不少生气。最有名的一场争论是 1860 年塞缪尔·威尔伯福斯主教与托马斯·赫胥黎之间的交锋。赫胥黎有"达尔文的斗牛犬"之称。这位性喜辩论的科学家对宗教敌意很深，他断言："就像赫拉克勒斯的摇篮旁边躺着被扼死的蛇，在每一门科学的摇篮旁边都躺着被消灭的神学家的尸体。"据传说，"油滑的塞姆"（这是威尔伯福斯的敌人对他的称呼）曾表示，他可不情愿认猴子为祖先。赫胥黎针锋相对地予以回应：他宁愿是一只诚实的类人猿的后代，也不愿意是一个有脑袋却不愿意使用的人的后代。[1] 然而，并非所有宗教人士都反对达尔文学说。而且，达尔文的敌人中有一些科学家和其他非宗教人士。不过，科学与宗教的冲突已成为一个典型的维多利亚时代的精彩片段。我们还会提到它，因为它包含的因素不仅仅是达尔文主义。

有人论证说，达尔文主义所说的进化符合上帝的意愿。他们试图以此来结束这场冲突。生命从原始的黏土造的东西，经过无数时代，上升为有理智、有灵魂的存在，在这个过程中就没有崇高的东西吗？（亨利·德拉蒙德[2] 的说法）即便存在着种种残酷和苦难，人类毕竟还是拥有了一个辉煌的结果，这是不可否认的事实。达尔文主义的信徒指出，"牙齿和利爪滴着鲜血"这种说法有点言过其实。生物的生存主要取决于它与自然的斗争，而不是生物之间的竞争，而且生物之间的合作有助于它们的生存。那些悉心照料后代和互相

---

[1] 赫胥黎的后代继续激烈地反对有神论。托马斯·赫胥黎的孙子、20 世纪著名生物学家朱利安·赫胥黎自称"人文主义者"，他宣布，尽管牛顿已经证明无须上帝来引导天体的运行，然而，"有了达尔文的自然选择观念，摒弃上帝引导生命的演变过程这种观念，就是可能的和必要的了"。（《生活在进化中》，1944）——原注

[2] 亨利·德拉蒙德（Henry Drummond, 1851—1897），英国传教士、作家，参与建立使徒公教会。

帮助的动物往往能够生存下来。与精力和智力相比,体力是次要的。自然选择经常是悄无声息和毫无痛苦的,是通过阻止低劣生物的繁殖来进行的。更有智慧的物种终将胜出,人类就是伟大的例证。

美国博物学家阿萨·格雷称赞达尔文"恢复"了自然的目的论。即使是"分期实施的计划",毕竟有一种设计。正如卡莱尔夫妇指出的,不管我们是否起源于变形虫,这与我们的精神生活无关。著名美国哲学家乔赛亚·罗伊斯[1]坚信一种进化论的唯心主义。他指出,与动物不同,人类的精神的确在寻找价值:这个事实与达尔文的事实同样无可非议,即便二者之间的差别有些令人不解。达尔文没有把我们变成野兽,也不可能这样做。他为我们提供了崭新的、令人费解的知识,但只要人类的意识存在,它就会超越物质,就会追求理解和善。一些最保守的神学家和老派的加尔文教徒,反而容易接受达尔文主义。他们早就知道,苦难和冲突乃是原罪的后果,因此是生活的组成部分。只有天真的乐观主义者才会对以下看法感到不安:如柯勒律治所说,世界不是一个穿着衬裙的女神,而是一个穿着紧身衣的魔鬼。

生机论的进化观认为,"生命力"是进化的基本原因,自然选择只是它使用的一个手段。这就是叔本华所说的"意志"——一种非理性的"奋进不息、坚忍不拔、充满生机的力量","一种自发的活动,一种愿望迫切的意志"。这位另类的德国哲学家把意志当作构成宇宙基本现实的精神,以取代黑格尔的"心智"。叔本华是

---

[1] 阿萨·格雷(Asa Gray, 1810—1888),美国19世纪著名的植物学家。乔赛亚·罗伊斯(Josiah Royce, 1855—1916),美国哲学家。

悲观主义者。在他看来,这股力量折磨着我们,它诱使我们经历生活的磨难和骚乱,它是聪明人压制欲望以求内心平静的大敌。其他人对生命力的看法要乐观一些。作为自然秩序的一个组成部分,人类的智力不乏创造性。法国生机论在19世纪末亨利·柏格森的通俗哲学中达到顶点(关于柏格森,下文还要进行探讨)。它从进化论出发,补充或替代了达尔文的机械论和唯物论,它与拉马克的观点有些类似——拉马克依然后继有人,尽管他的门徒很少是职业生物学家。

但从哲学上讲,达尔文主义进一步败坏了唯心主义和唯理智论的声誉。"自然主义"认为心智是进化的产物,观念是自然选择的结果。就连我们之所以确信自然界是能够被理解的,也是因为我们祖先中不能理解自然的那些人没有生存下来。理性是幸存者的特征。萧伯纳剧中的一个人物说过,现代的观点不是"我思故我在",而是"我在故我思"。理性是它试图理解的自然的产物。与猴子的尾巴或长颈鹿的脖子一样,心智本身也是进化的产物。真理就是有用的东西,或者是经过多年的斗争一直发挥作用的东西。心智不再与它试图理解的世界对立;它是世界的一部分,是其进程的产物。(当然,这种观念本身也可能不是永恒的真理,只不过是进化的产物。)

柏格森、尼采和美国的实用主义者(如约翰·杜威)都受到这种大胆思想的影响,并为它大伤脑筋。无论怎么看,思想领域都已被改变。宇宙观发生了转变。在阿纳托尔·法朗士看来,这场"现代革命"产生了矛盾的后果,它给人们带来了自信,同时也带来了不安。对此,大多数人可能都会同意。杜威在《达尔文对哲学的影响》(1909)中认为,由于破除了柏拉图主义的永恒事物和黑格尔封闭的形而上学体系，转而提倡"转变原则"，达尔文主义就鼓励了多元化和大胆实验。进化论宛如令人耳目一新的轻风吹拂唯心主义的荒原。它呼唤新的知识和新的艺术形式，例如，在建筑方面，它要求的不是传统风格的建筑，而是一种完全不同的、现代所要求的现代样式。

其他科学的影响

科学作为主导思维模式勃然兴起，这主要归功于达尔文，但它是一种更大模式的一部分。许多人指出，这种变化大约出现在19世纪中叶。牛津学者马克·帕蒂森[1]则追溯到1845—1850年。美国大法学家小奥利佛·温德尔·霍尔姆斯认为，在所有思想代沟中，他那一代与父母一代之间的思想代沟最为严重（大约1865年左右）："这就是看待世界的科学方式所产生的影响。"除了达尔文及其《物种起源》，他还提到赫伯特·斯宾塞和亨利·T.巴克尔，这两个人试图应用科学的方法来研究人类事务。关于斯宾塞及其"社会达尔文主义"，下文还要详谈；还有其他科学进步和科学英雄。

天文学家们准确地测量了地球与太阳以及地球与月球之间的距离，对于星球之间难以置信的距离有所认识，他们还发现存在其他星系这一惊人的事实。拉普拉斯1796年出版的《宇宙体系论》几乎以掩饰不住的狂喜来赞美物质自然界的井然有序。但最终导致物理学在19世纪末发生巨变的那些困惑，早就冒出来了。1827年，

---

[1] 马克·帕蒂森（Mark Pattison，1813—1884），牛津大学林肯学院院长。

法国军事工程师萨迪·卡尔诺注意到能量损耗显然是无法挽回的，就像身体凉下来之后失去的热量那样。当整个宇宙接近平衡温度时，它是否用掉了所有能量？（著名英国物理学家开尔文勋爵之所以轻视达尔文主义，是因为他认为热力定律表明，宇宙的存在不可能像地质学家说的那么久远。）在此，热力学似乎否定了牛顿的物理定律，因为牛顿定律设定的是互逆关系，而不是不可逆的单向运动。科学家们为解决这个困惑所做的努力一直持续到19世纪末。悲观论者在热力学第二定律中发现了反对进步的另一个论据：从长远看，世界的发展方向是反过来的。

波兰姑娘玛丽娅·斯克罗多夫斯卡（她婚后的名字玛丽·居里更为世人所知）以路易·巴斯德为自己的偶像——巴斯德因对细菌学和医学做出非凡的贡献而被称为"生物学的伽利略"。她想去巴黎学习物理和化学。在华沙时她就喜欢上了化学实验室。她的表兄曾在伟大的俄国化学家门捷列夫手下工作，门捷列夫建立了元素周期表，而未来的居里夫人将给它添加几个很有分量的脚注。在19世纪，化学革命与生物革命同步发展。18世纪末，法国的一位银行家和业余科学家成为"化学领域的牛顿"，此人在法国大革命中成为恐怖统治[1]的牺牲者，他就是安托万·拉瓦锡。化学当时处于思想波澜的浪尖上；在思考科学观念对于其他知识学科的影响时，柯勒律治认为，舍勒、普里斯特利和拉瓦锡的发现，"将无限多样的化学现象简化为少数基本元素的作用、反应和互换"；与牛顿在18世纪的影响相比，这些发现对于哲学和其他领域的影响毫不逊色。值得

---

[1] 恐怖统治指雅各宾派专政时期。

注意的是，弗里德里希·恩格斯在阐明他宣称在自然界中存在的辩证唯物主义规律时，往往援引化学例证。

在英国，化学与达尔文所在的圈子发生了有趣的联系。约翰·道尔顿（他是汉弗雷·戴维的门生，达尔文的祖父伊拉斯谟·达尔文在风景如画的威尔士的朋友）提出了原子论，发现了化学亲和力的带电性质；当"原子"结合在一起，它们相互交换电脉冲。电流与磁力相似，在此也与化学联系起来。原子被认为是坚硬的、不可简约的物质单位，这就是它在希腊文中的原义；也就是牛顿所说的"固态的、实心的、无法穿透的"粒子。

著名的苏格兰天才学者詹姆斯·克拉克·麦克斯韦致力于研究大气分子明显的不规则和无法预测的运动，1905年爱因斯坦遇到这个问题时依然感到困惑。它是自然界不确定性的一个例证，打破了科学主义对完全有序和可以彻底解释的自然秩序的信仰。麦克斯韦的伟大贡献在于，他用数学公式表述了电磁学定律。电流现象研究的长足进展，从18世纪末的伏特和伽伐尼一直到19世纪30年代米歇尔·法拉第发明电动机，为电气大举侵入生活铺平了道路：在此后的几十年内，电力开始为城市照明、火车运行、工厂运转提供动力。克拉克·麦克斯韦对各种射线的理论预测导致了科学家对X射线、无线电波以及其他形式的放射性能量的发现。他在1864年出版的著作可能是世纪末爆发的整个科学革命的开端，这场科学革命的代表人物是马克斯·普朗克、阿尔伯特·爱因斯坦、玛丽·居里等人。

尽管达尔文在公众中具有压倒一切的影响，但上述科学研究领域也具有同样重要的意义：它们提高了人类控制自然的能力，同时

第4章 达尔文与维多利亚时代的信仰危机

也产生了某些理论上的困惑。在19世纪后半叶，专业性科学组织达到了史无前例的程度，其标志是为数众多的国际性会议、期刊、专业学会、合作研究。所有的自然科学都取得了进步，在这个过程中，它们揭示出宇宙令人惊奇，但有时也令人惊惶的面貌。

在大学内部，科学家们领导了改变高等教育基本原则的斗争。在19世纪中期以后，牛津和剑桥发生了教育史家所说的"从牧师到学监"[1]的转变。这是一个世俗化的过程，也是一个科学化的过程；新的学监可能是人文主义者，也可能是科学家，反正不是牧师。老派的神职人员中有许多人痴迷于科学；而有些新学监则对科学表示强烈的谴责。但不管怎么说，这时的牛津和剑桥已经不再是达尔文在19世纪20年代所见到的那个样子了。那时，科学在大学里几乎没有什么地位，大学的主要目的是为英国国教培养教士。大学的目标现在变成提供文科教育，为世俗事业提供人才。课程科目扩大了，历史、各种现代语言被纳入其中，而且在原来所授科目（希腊文-拉丁文-数学）的基础上至少添加了某些自然科学。类似的情况也发生在法国，1866年，巴黎大学解散了神学系——巴黎大学中世纪创建者的在天之灵肯定会寝食难安。

不过，思想界的主要领袖依然是"文人"。他们不是专家，有些人甚至不是大学出身。赫伯特·斯宾塞这位以最通俗的方式为维多利亚时代的人们综合了一切知识的设计师就并非科班出身。他出身中下层，主要靠自学成才。此人精力充沛，记忆力惊人，深受赖

---

[1] "从牧师到学监"（from clergyman to don）是恩格尔（A. J. Engel）于1983年出版的一部研究19世纪学术职业兴起的专著的名称。

尔和冯·贝尔的影响，他在达尔文之前创造出"适者生存"这个短语。人们已经不假思索地称他为"社会达尔文主义者"，但这个说法忽视了一个事实，即他的进化理论实际上更多地带有拉马克的色彩，而不是达尔文的色彩。达尔文说他"胜我十倍"；而且，斯宾塞涉猎的范围和思考问题的胆略确实远远超出那位喜欢称自己为"无足称道的科学家"的人（也许这是他故作谦虚之态）。事实上，达尔文最喜欢写的是北极雁和蚯蚓的习性而不是哲学理论。把进化论扩展到万事万物还有待斯宾塞放手去做。

斯宾塞与社会达尔文主义

斯宾塞著作等身，涉猎甚广，鲜有能望其项背者。他渊博的学识往往让对手望而却步。倘若以著作的销售量为衡量标准，他堪称有史以来最受欢迎的严肃思想家。美国出版商亨利·霍尔特[1]写道："也许没有哪一位哲学家能像斯宾塞那样，从1870年到1890年风行一时。"霍尔特享有在美国销售斯宾塞著作的特权，令人羡慕。威廉·詹姆斯将斯宾塞的体系称作"自阿奎那或笛卡儿以来，建立包罗所有知识的综合体系最雄心勃勃的尝试"。新知识纷纭复杂，旧框架轰然倒塌，这一切让人头晕目眩、无所适从，他们迫切地寻找这样一种综合。斯宾塞素有中产阶级的马克思之称，他也可被称为英国的孔德或黑格尔。

与其他雄心勃勃的体系建造者一样，斯宾塞也会逐渐贬值。斯

---

[1] 亨利·霍尔特（Henry Holt, 1840—1926），美国小说家、著名出版商。

宾塞致力于建构一种普遍的进化理论，但结果几乎没有流传下来什么。正是针对斯宾塞的情况，T. H. 赫胥黎谈到"一个美丽的理论会被一个丑陋的事实毁掉"，而斯宾塞设计的整个宇宙都遵循相同进化规律的图式，受到太多"丑陋事实"的干扰。斯宾塞把自然世界和人类社会归结为同样的原理。他把这些原理概括为，从同质性向异质性的进化，从无差别到有差别的进化，从分离到统一的进化；"从一个相对分散、均质和不确定的格局到相对集中、多样和确定性的格局"，概莫能外。换句说话，宇宙始于散布在空中的原子，人类社会始于没有分工的孤立个体；随着劳动分工或分化，它们都向一个复杂的、有组织的体系发展。读到这里，学生可能马上会想到许多反对意见。现在的科学家让我们去相信，在宇宙初始之际（或宇宙循环往复之际），原古的原子发生爆炸，此后就一直散布开去，这与斯宾塞的说法正好相反——按照他的说法，分散的宇宙尘粒逐渐聚合在一起。而原始时代的人类社会是十分紧密地组织起来的。

然而，斯宾塞后期的社会学对理论家们产生了重大影响，因为他强调，在一个复杂的社会有机体内，社会的变迁是通过非稳定平衡来完成的。斯宾塞的模式不同于马克思的模式之处在于，前者强调循序渐进和渐变，后者则强调突变和革命——这令人回想起均变论与灾变论的争论。

不幸的是，斯宾塞随意地将他的科学研究与意识形态混在一起。他开始将达尔文式的生存竞争（即适者生存）观念应用于经济社会。斯宾塞一度主编《经济学家》杂志。他是在熟悉了政治经济学之后转向进化论的，因此，将二者紧密联系在一起。约翰·梅纳德·凯恩斯曾写道："可以说，适者生存这个原则是对李嘉图经济学的一个总的概括。"斯宾塞随意地将意识形态因素掺杂在他的社会科学里。尽管他还从埃德蒙·伯克那里借用了把社会看成一个复杂有机体的观念,但他在很大程度上借鉴了英国的自由主义传统,这个自由主义传统可以从曼彻斯特学派一直追溯到约翰·洛克。斯宾塞是一位十分放肆的"不可知论者",他的科学实证主义断然排斥无法用经验证实的东西。本质、起源、终极原因都属于"不可知"领域,思考这些问题毫无用处。斯宾塞是一位像孔德那样的实证主义者,像《纯粹理性批判》的作者康德那样的现象学家。事实上,虔诚的基督徒把他当作这个时代的一个领头的离经叛道分子。

斯宾塞的自由主义表现在他对个体进化的见解中。他认为个体一直朝着更自由、更少限制这个方向发展。尽管社会变得越来越复杂、相互依赖的程度越来越高,但它也变得更具多样性、更加自由。竞争是进步的关键。斯宾塞常常心安理得地认为,穷人无法适应竞争环境,因此最好任其死掉。下面这段经常被人引用的话最早出现在《社会静力学》1851年的第一版中,该书后来多次再版时也都基本予以保留:"禁绝当前的悲惨状况必然会使将来的几代人处于更严重的悲惨境地",因为,"当将普遍的人类的利益联系起来而不是单独考量时",让自然的竞争过程淘汰那些有缺陷的有机体,是更明智、更善良的做法。这就好比一个外科手术,它固然会产生痛苦,但为了身体的长远利益,却是必不可少的。对弱者和穷人的慈善关怀,斯宾塞显然是无情加以拒斥,这使他自19世纪80年代以来饱受攻击。

至少可以说,斯宾塞的观点是混乱的。生物学意义上的竞争涉及的是病弱机体和健康机体,不应与经济竞争相提并论。也许为下一代人考虑，我们不会让身体或精神有缺陷的人活下来繁衍后代；然而，一个病弱之人可能是一个思想或艺术天才，他对整个人类的价值要比一位健康的运动员大得多。一个人陷入贫困，可能是运气不好或环境不利造成的，而并非由于天赋能力或性格上的问题；把那些在争取经济成功的竞赛中落后的人都说成是"不适应环境者"，应该淘汰，这是欺人之谈，很难让人相信。

另外，不同的社会单位在受自然选择的制约方面有所不同。斯宾塞有时将它们混为一谈。是个人之间在特定社会内部相互竞争，还是社会与社会之间进行竞争，抑或是像家庭这样的社会组织在进行竞争？著名社会进化论者 E. B. 泰勒[1]认为："世界上那些最能维护自身的机制逐渐会取代不太胜任的机制。"斯宾塞与黑格尔一样，认为通过社会单位之间的竞争，就像通过国家之间的竞争一样，我们可以提高效率。斯宾塞强调说，社会就是类似于人体的有机体，在功能上组成一体而且不断成长；它们受到环境的考验，从小发展到大，从简单发展为复杂。他激烈地反对帝国主义，深信一个国家或种族不应强行统治另一个国家或种族。同曼彻斯特学派的自由主义者一样，他也持有这样一种信念，即在现代世界，战争已经过时，取而代之的是经济国际主义。这些看法也许有自相矛盾之处。一个社会内部的残酷竞争难道就不会阻碍这个社会与其他社会进行生存竞争吗？如果你们对自己国家的穷人残酷、冷漠，那么当你们与另一个国家对抗时，肯定得不到他们的支持。

除了上述混乱观点之外，斯宾塞还一贯认为，自由竞争能够创造

---

[1] 泰勒（Edward Burnett Tylor，1832—1917），英国人类学家。

出最优秀的社会以及最优秀的人类。所谓"最优秀"是指最有效率、最能适应环境的挑战。正是在达尔文和斯宾塞的影响下，社会人类学作为一门专业学科而问世。社会人类学最初提出这样的假设，即人类社会有一个与生物界类似的进化阶梯。例如，在宗教上，最早出现的是万物有灵论，一路发展下去，最后出现了一神论；世界上现有的"原始"民族在欧洲人走过的路上刚刚起步，这条路最终将把他们引向欧洲现在的地位。泰勒宣告："人类的组织机制就像岩层一样，其接替系列全球基本一致。"对于诸如此类的人类发展规律的怀疑也随即出现。到19世纪末，这门新学科（人类学）的实践者们发现，每一个原始民族都有其独特性，无法套用某一种进化模式。尽管如此，社会学和人类学的最初动力就产生于人们对发现这些规律的期盼。

斯宾塞名下的社会达尔文主义所认可的社会伦理，被美国社会学家威廉·格雷厄姆·萨姆纳毫不隐讳地描述为"赶快干活，否则完蛋"。这种社会达尔文主义未能取悦于其他达尔文主义者。社会达尔文主义在很多方面是一种激进的信条（例如，它是反宗教的），引起了许多社会主义者的兴趣。在德国，达尔文主义与马克思主义紧密结合。[1] 英国社会主义者拉姆齐·麦克唐纳[2]在1894年出版的一本论社会主义和科学的著作的前言中写道，达尔文主义"不仅没有在思想上与社会主义对立，而且是社会主义的科学基础"。斗争是生活的法则；条件变了，社会制度也随之改变。这两种观念很容易被派上激进用场。萧伯纳在《为什么达尔文得到了社会主义者的欣

1　见 Alfred Kelly, *The Descent of Darwin*, 1981。——原注
2　拉姆齐·麦克唐纳（Ramsay MacDonald, 1866—1937），英国工党领袖。

赏？》一文中，同往常一样，半是严肃半是调侃地指出，达尔文主义打击了资本家的气焰，告诉他们，他们能发家致富，并不是因为这是他们应得的，而只是出于偶然。事实上，现有研究结果表明，达尔文主义并非像过去所说的那样，是急于证实自己巧取豪夺合理的商人所青睐的对象。

托马斯·赫胥黎积极支持达尔文和反对教会人士。1893年，他在著名的系列演讲中宣称，在人类事务中，自然选择并不是应该遵守的规则。与在自然界不同，进步在这个领域表现为同自然和进化的斗争，"步步为营，遏制宇宙的进程"。他同意马修·阿诺德的观点：

> 人应该始于并了解自然止步之处，
> 自然和人永远不可能成为忠实的朋友。

活下来的可能是最优秀的，这是从实用角度而非道德角度而言的。毫无控制的进化会导致道德退化和社会崩溃。或者，正如有些人所说的那样，人类有理性的进化表现在，用更高的生存价值——福利与和平——取代粗野的肉体冲突，人类的进化是由大脑而非臂力来组织的。有人指出，即使在生物领域，冲突也不是唯一的法则；作为生物生存的一种手段，合作还是存在的。（俄国无政府主义者克鲁泡特金亲王在一本被广泛阅读的书中就是这样认为的。[1]）

由此，产生了一系列有趣的争论和无数的混乱。达尔文本人在

---

[1] 这里指的是克鲁泡特金（1842—1921）的著作《互助——一个进化的因素》。

后来的一部著作《人类的由来》（1871）中宣称，如果让"精神和身体孱弱者"活下去，而不是像"野蛮"部落那样把他们消灭掉，那么对人类是有害的。他还宣告："在全世界范围内，无数低级人种将被高级人种淘汰。"达尔文似乎实实在在地采纳了斯宾塞主义。由于他坚信妇女的天性不同于男子，近年来女权主义者也对他颇有微词。达尔文的表弟弗朗西斯·高尔顿在《遗传天才》（1869）一书中创造了一个术语"优生学"，用以表示一门通过维系比较聪明的遗传种系来改良人类素质的科学。在有了希特勒之后，这类观念显然让我们感到不舒服。

"社会帝国主义者"是达尔文主义众多支系中的一个。1894年，一位名叫本杰明·基德[1]的35岁英国文官兼业余生物学家，出版了《社会进化》一书。这本书立刻成为畅销书，被翻译成包括汉语在内的10种语言。尽管基德的盛名后来完全消失，但在当时，他至少是与卡尔·马克思齐名的社会思想家。基德的社会进化论是社会主义和帝国主义的大杂烩。自然选择是针对社会群体施行的，那些借助宗教信仰、合作的习惯而紧密结合的群体更具有优势。基德的思想中也混杂着世纪末所特有的某些非理性主义因素。他还是一个古怪和极端保守的女权主义者。他认为，女性虽然在理智上逊色，但在进化的阶梯上，她们依然领先于男性；情感比理性重要。在这里，进化论观念继续迸发出火花，有些火花还相当炫目。

在19世纪最后30年中，深受达尔文影响的自然主义文学流派也曾一度占据文学舞台的中央。爱弥尔·左拉、杰克·伦敦、格哈

---

[1] 本杰明·基德（Benjamin Kidd，1858—1916），因《社会进化》一书而闻名。

特·豪普特曼[1]以及其他同类作家以极为坦诚的笔触书写社会底层的生活，他们追求一种科学意义上的客观态度以及已经近于宇宙悲观论的现实主义：命运是盲目的，通常也是残酷的。《物种起源》出版时，左拉和托马斯·哈代（伟大的英国小说家，后来成为诗人）都是19岁，他们这一代人感受到了它的巨大冲击。他们除了受到自然选择进化论的影响之外，还受到科学在总体上产生的特定影响，把科学方法应用于文学和哲学的实证主义的特定影响，以及社会总体上所发生的迅猛变化，尤其是科技和工业的迅速变化的影响。左拉还受到了法国在1870年普法战争中惨败的刺激——这个事件似乎证明，在一个激烈竞争和迅速变化的世界里，一个民族要么适应，要么消亡。一切似乎都证明了这样一个教训，即稳定已不再是常态；变化之神成为新的主宰；谁若不识时务，谁就会倒霉。

维多利亚时代的信仰危机

生活在19世纪70年代的那一代人发现，这股新的反宗教思潮已经使父母和孩子的思想变得泾渭分明，罗伯特·路易斯·史蒂文森[2]的父亲对于儿子受到斯宾塞的教唆深感绝望，他认为，一个不信仰基督教的人要么是"骗子、疯子，[要么是]傻瓜"。英国自由党首相威廉·格拉斯顿认为，文明社会不可能在诽谤《圣经》启示

---

1 格哈特·豪普特曼（Gerhart Hauptmann，1862—1946），德国剧作家，于1912年获诺贝尔文学奖。
2 罗伯特·路易斯·史蒂文森（Robert Louis Stevenson，1850—1894），英国作家，著有《金银岛》《化身博士》等。

的力量中存在下去。保守派人士哀叹道:"恶魔掀起来的不可知论的尘埃充斥了我们的肺管。"这场信仰危机的成因可能主要是对这部古代神圣著作进行的一种新的历史考证,而不是达尔文和科学。但就像法国作家朱尔·龚古尔所说的那样,科学每天都咬上帝一口。这两记重拳,一记来自历史,另一记来自自然界,几乎是同时出击。在英国,《随笔与评论》[1]这部反对完全根据字面意义理解《圣经》的里程碑式宣言,在达尔文抛出重磅炸弹之后一年就面世了,几乎产生了同样震撼人心的效果。二者都是世俗化大潮流的组成部分。

19世纪,基督教依然非常活跃。维多利亚时代的英国出现了一场宗教复兴,由此产生了牛津的英国国教高教会派。他们热衷于古代的神迹和仪式[2],有意去抵消日益蔓延的实证主义的影响;在另一个方向上出现的是势力更大的英国低教会派的福音运动。各类基督教福音派的教义都强调,教徒在归信之后应笃信教义,身体力行。英国福音派是以反对18世纪英国国教松弛放纵、徒有基督教虚名的名义起家的。另外,它也反对不信上帝的法国大革命。福音派教徒的神学非常简单,他们强调的是意志而不是复杂的教义,他们严格遵守道德信条,满脑子工作伦理。结果,他们招来了无数言辞激烈的对手。这些对手不无道理地指责他们思想狭隘和庸人习气,但福音派教徒在个人行为领域取得了惊人的成就。这场运动的奠基人之一威廉·威尔伯福斯(也就是赫胥黎的死对头"油滑的塞姆"的父

---

[1] 《随笔与评论》,1860年出版,收有7篇文章。7位作者中,6位是思想自由的圣公会教会人士,还有1位是非宗教人士。
[2] 神迹,指天主教念珠祈祷时默想的关于耶稣和圣母马利亚的15件事,如耶稣诞生和受难,以及圣母升天等。

亲[1]），在下议院工作了 45 年。他在退休之际回忆，在过去的 100 年中，下议院是如何从醉醺醺、大吵大闹的浪荡子的聚会变成了现在庄严持重的议会。

英国之所以成为世界上领先的工业国家，大概主要与这种约束和活力有关。通常所说的"中产阶级品质"——节制、勤勉、节俭、思想严肃，以及厌烦包括艺术在内的无所事事的娱乐活动——实际上源于福音主义的精神以及不从国教的新教各派的类似精神。福音派的改革热忱体现在废奴运动、海外传教活动中，还表现为他们在一定程度上力求保护工人不受虐待（福音派的托利党人沙夫茨伯里勋爵，是主张通过立法来限制劳动时间的最有名的倡导者）。但是，福音派没有向现存社会秩序提出挑战。他们劝告工人不要造反，而要接受从属地位，通过努力工作来提升自己。福音派惊人的精力和奉献，他们的狭隘与狂热——注定会遭到维多利亚时代许多年轻人的反抗——对于后世人来说是难解之谜。但他们的影响是巨大的，这一点毫无疑问。维多利亚女王本人就是其中的一员。在居统治地位的"中产阶级"那里，福音派的基督教思想是最强劲的意识形态。究竟是中产阶级创造了它，还是它造就了中产阶级？这个问题需要卡尔·马克思来回答。（当代历史学家鲍伊德·希尔顿[2]探讨了它与社会经济思想的关系。）

英国国教中的第三股力量广教会派源于柯勒律治的概念"知识

---

1 塞缪尔·威尔伯福斯（Samuel Wilberforce，1805—1873），英国教士、教育家。1860 年，在与赫胥黎的辩论中攻击达尔文的进化论。他是慈善家、政治家威廉·威尔伯福斯之子。
2 鲍伊德·希尔顿（Boyd Hilton），剑桥大学历史教授。这里提及的是他的著作《赎罪的年代》（*The Age of Atonement*）。

阶层"。这支力量非常微弱，尽管它的思想成就非常突出。实际上，柯勒律治向世俗精神做了让步，他希望能维系一种全国性机构，吸收最优秀、最出色的人，致力于宇宙最美好的事物。罗马天主教会早已分裂得不成样子，1860年，它又面临着自由主义与保守派传统主义相互对立的危机，这场危机导致教皇于1864年颁布《谬误举要》，1870年召开影响重大的全世界基督教公会议。

四分五裂的基督教信仰内部的所有这些分歧，比起"高等考证"[1]引起的那些分歧，显得无足轻重。一群有影响的教士和学者在《随笔与评论》中实际上宣布，我们应当正视现实，即受过教育的人已不再相信《圣经》字字是真理。他们希望表明柯勒律治以及其他浪漫派神学家早先提出的观点，即放弃《圣经》记载的真实性并不意味着要毁掉整个基督教，还有其他理由来证明基督教的有效性。但对于那些笃信基督教的人来说，这本书令他们震惊，它导致了英国国教内部的一场异端审判。19世纪60年代，又出现了所谓高等考证派的大众化读物，例如欧内斯特·勒南的《耶稣传》和J. R. 西利的《看这个人》(1865)[2]。我们都记得，在这两本书问世之前，还有黑格尔主义者大卫·施特劳斯在1835年出版的《耶稣传》。事实上，德国人在利用现代历史手段研究《旧约》和《新约》方面领风气之先。

这些事情都不是新出现的。早在17世纪，著名哲学家斯宾诺莎

---

[1] 高等考证(Higher Criticism)和低等考证(Lower Criticism)都属于圣经考证学(Biblical Criticism)。
[2] J. R. 西利(John Robert Seeley, 1834—1895)，英国历史学家。《看这个人》是耶稣传记。"看这个人"，这句话是罗马总督彼拉多将耶稣指给犹太人看时说的(见《约翰福音》第19章)。

第4章 达尔文与维多利亚时代的信仰危机

和奥托利会的传教士理查·西蒙神父就对《圣经》进行了考证（而在信仰路德宗的德国，则更早出现了这种苗头）。18世纪的自然神论者和怀疑论者从这些考察中收集了许多材料；在整个18世纪，人们就当时所接受的各种《圣经》版本一直在展开激烈的争论，因为这些版本造成了许多棘手的文字问题（《圣经》原本亡佚，翻译和抄写错误百出，各种解释相互冲突——这些问题直到今天还足以养活一大群学者）。由于新的信息涌现，再借助于考证学的发展（德国历史学家由此而闻名），对《圣经》的研究进入了新阶段。"高等"（历史）考证不同于"低等"（文本）考证之处，主要在于人们意识到，其他古代民族的丰富口传材料在许多方面与《圣经》有关。《圣经》不再被孤立地看作一部独特的文献。它被纳入刚刚重新发现的大背景中。这样来看，它就成为人类历史的一部分，而不是神迹的记录。

1878年，J.韦尔豪森[1]有力地论证了原先的一种理论，即《圣经》中出现较早的篇章（《摩西五经》），有相当一部分在它们记载的事件发生很久之后才见诸文字，直到公元前400年左右才定型，也就是说，距摩西已经将近1 000年。韦尔豪森的看法在学者中间，尤其是年轻学者中间占了上风。一位法国学者在1894年写道："无论何人，只要他全然不带偏见，只要他不预先断定一切批评都是假的，他一定会接受如下观念，即这部祭司法典是在巴比伦之囚以后才形成的。"简言之，《摩西十诫》并不是由摩西传达的上帝旨意，而是出自公元前4世纪或前5世纪那些犹太律法学家之手，后者面对的

---

[1] J.韦尔豪森（Julius Wellhausen, 1844—1918），德国圣经学者。

是流传几百年的来历不明的资料和传说。

对于某些虔诚的教徒来说，这个结论令人震惊，因为它对《圣经》是否是天启真理提出质疑，也就是向基督教的根基提出质疑。自由派神学家认为，以色列和犹太[1]的历史在广义上证实犹太民族被赐予独特宗教使命的说法是合理的。但自由派神学家的观点很难说服那些从小就对《圣经》上的每一句话深信不疑的人，例如格拉斯顿，因为他们相信《圣经》是基督教赖以生存的稳固基石。令埃德蒙·戈斯[2]感到惊异的是，他母亲"已经形成一种很明确的观念，即《圣经》中的所有叙述显然是绝对真实的，不容变更，在历史上确有其事"。她肯定比她那老于世故的儿子更有代表性。

1872年，乔治·史密斯[3]提请人们注意古巴比伦的洪水记载。这是一个惊人的发现。《旧约》中的许多内容都能在犹太人接触过的巴比伦人等古代民族的宗教文献中找到对应的记载。拓宽对非西方文化的了解，促成了这种对传统的欧洲宗教的去中心化。人类学研究成果借助于某些著作（例如，19世纪末弗雷泽流传甚广的成功之作《金枝》）而得以普及；这些成果显示，甚至有些原始宗教的教义也与基督教和犹太教的教义非常相似。19世纪，随着欧洲人对印度思想的认识逐渐加深，另一个完整的高级宗教世界显现出来。这一切都削弱了基督教独一无二的地位。比较宗教学发现，降临世上，被杀之后复活，然后救赎他人，这样的神祇出现在许多传说中；这很可能是人类的一个神话原型。基督传奇故事中关于殉道者、行神

1　犹太（Judea），古巴勒斯坦的南部地区，包括今巴勒斯坦南部地区和约旦的西南部地区。
2　埃德蒙·戈斯（Edmund William Gosse，1849—1928），英国诗人、批评家。
3　乔治·史密斯（George Smith，1840—1876），英国亚述学家。

迹者、"人子"、流浪者等人的神话也是各个民族津津乐道的故事。

希伯来思想也许依然有其独创性——坚定的一神论，对弥赛亚的强烈企盼，严格的道德戒律。但《圣经》故事讲述的许多细节，基本上没能超越其他古代民族的经验。犹太人绝不可能重新成为过去意义上的"独特民族"。

到了19世纪末，人们在对《新约》进行考证后，开始质疑四福音书是否能够构成有关基督生平的四种独立证据。《马太福音》和《路加福音》的作者严重依赖《马可福音》，甚至《马可福音》所包含的一些插入性文字也不是来自耶稣本人。所有故事都取材于耶稣死后几十年才形成文字的口头传说。这些引起了很大的争议，然而经过细致入微和饶有趣味的历史分析，最终的结果是，记录耶稣生平的福音书的准确性遭到了怀疑，加在他身上的各种观念和格言警句的准确性遭到了怀疑。怀疑思想更严重的人，如伯特兰·罗素会说，还没有过硬的证据能够让一个不带偏见的人相信基督的存在。即便确实有过这样一个人，有关他生平的记述也是杂乱无章的，很不可靠。

历史上是否存在耶稣其人，提出这个问题并不意味着摧毁基督教。但有些头脑简单的虔诚教徒会那样想，这也是可以理解的。"现代主义者"和"基要主义者"之间的争执不久就使大多数基督教教会产生了分裂。1864年，本来就很愤怒的教皇庇护九世，因意大利的自由民族主义者攻击教皇的世俗权力而大发雷霆。他发布了《谬误举要》，使罗马教会站在与19世纪大多数思想对立的立场上；自由主义和民主、现代科学和黑格尔哲学，都被宣布与基督教和教会势不两立。1870年，又是这位教皇召集了全世界基督教大会，主要目的是宣告教皇无谬误这一教义。这是继 16 世纪特兰托公会议之后的第一次大会。经过了一番激烈的斗争，教皇的目的达到了，在斗争过程中，许多德国、法国、英国的主教反对教皇党；在教皇上谕颁布之后，天主教徒中的一些自由派人士脱离了教会。

毫不奇怪，不久尼采就宣告上帝的死亡，夏尔·贝玑[1]惊恐地注视着西方历史上首次出现没有耶稣的世界。许多生活在 19 世纪最后几十年的人认为，这个问题令人非常痛苦。1888 年，汉弗雷·沃德夫人发表了小说《罗伯特·埃斯梅尔》。这部流行小说的主要内容是，一个英国国教会牧师接触到高等考证，最后他相信有关基督生平的超自然说法无从证实，良知促使他脱离教会，放弃神职。对于维多利亚人来说，这是一个非常戏剧性的故事。

约翰·莫利评论说："曾经生机勃勃的信仰现已偃旗息鼓。"在格拉斯顿这样的人看来，这个结果一定会"完全斩断把人与未知的世界联系在一起的纽带，而这个纽带在依旧受人尊敬的宗教的名义下，给予人们一个更美好世界的希望，从而减轻人们现实生活的艰难困苦"。一部著名的通俗小说虚构了这样一个故事，人们发现了一份文献，它明白无误地证实基督复活的故事是假的，然后就出现了这样的后果：所有法律和秩序轰然倒塌，文明生活全部灭绝。

但在 1876 年，著名小说家弗吉尼亚·伍尔芙的父亲、维多利亚时代的杰出学者莱斯利·斯蒂芬在他的《不可知论者的自辩》中宣称，他不再有什么信仰，但还想继续做一名绅士。一群活跃的"理性主义者"（"现世主义者"）对教权主义的垮台欣欣鼓舞，他

---

1 夏尔·贝玑（Charles Péguy, 1873—1914），法国诗人。

们自己组建了一种怀疑论者"教会"。一位诗人写了这样一句俏皮话,"宗教信仰主要存在于诚实的怀疑中",而不是宗教教条中。利顿·斯特雷奇[1]说,维多利亚时代的无神论者都是怀有宗教热忱的。与孔德和费尔巴哈一样,他们都想建立一个人道宗教。1885年,有一位无神论者制造了一桩轰动一时的事件:他被选入议会,但就职时拒绝宣誓,因为誓词里有这样一句话:"上帝保佑我吧。"

维多利亚时代的作家与宗教:约翰·斯图尔特·穆勒

19世纪后半叶的作家大多在某种程度上带有这种悲观情绪或焦虑。在维多利亚时代的名人中,从各方面衡量,约翰·斯图尔特·穆勒或许是最杰出的思想家。他涉猎的范围之广是当时其他英国思想家不能望其项背的:从纯粹哲学一直延伸到政治思想和经济理论;在经济学理论方面,他写出了维多利亚时代最权威的教科书。他的许多文章还触及文学和伦理学。他涉足政治,而且与妻子一道写出了19世纪最著名的女权主义文献。他积极参与了争取妇女权利的运动以及其他反潮流的事业。

他的父亲詹姆斯·穆勒继续坚持边沁对宗教的鄙视态度,把宗教看作幼稚的迷信。约翰·斯图尔特·穆勒就是在这种反对有神论正统观念的环境中长大的。他发现,一边是严厉的理性主义,一边是他在精神上对更温情、更令人宽慰的东西的需要。这使他在二者之间无所适从。正如他在著名的《自传》中讲述的,他在柯勒律治

---

[1] 利顿·斯特雷奇(Lytton Strachey,1880—1932),英国传记作家。

那里找到了让心里感到平衡的东西。诗歌取代了宗教的位置。伯特兰·罗素就是读了穆勒的著作后放弃宗教信仰的，有同样经历的肯定不止罗素一人。穆勒年轻时（1831）写过一篇题为《时代的精神》的文章。他指出，这个社会"最耀眼的人物"都悄然无声地放弃了宗教信仰。穆勒对孔德产生了兴趣，他在这位法国人开创的学科和社会思想中找到了矫正英国个人主义的办法，尽管孔德思想中的许多内容他都不接受。这位与妻子哈利特·泰勒合葬在阿维农的穆勒，受惠于法国人之处甚多。[1]他极为赞赏托克维尔那部论民主的巨著。

穆勒读过狄更斯的小说，还与托马斯·卡莱尔建立了牢固的友谊，尽管后者在很多方面与他志趣相反。这种向多维视野开放的胸怀，是穆勒思想的一个突出特点。有人说他的思想是一系列妥协。这看上去可能与他满怀热情地投入各种事业的行为相矛盾，但他的一个主要事业是争取思想自由。在这个问题上，他写出了权威著作。但他根据自己的理解否定康德和黑格尔；对于他这种英国头脑而言，这两个人的思想过于抽象。他在哲学上属于经验主义和实证主义，因此不赞同康德主义者的说法，即思想的法则纯粹是精神建构；他认为它们在客观上是存在的，而且他系统地论述了归纳逻辑——科学的方法论。

穆勒是个人自由的古典捍卫者，虽然在一定程度上对社会主义抱有同情态度，但他惧怕所有社会主义规划中暗藏的强制因素；他强调，合作必须是自愿的。在他那本著名的教科书《政治经济学原

---

[1] 阿维农是法国东南部的城市。1858年，穆勒夫妇在法国和意大利旅游，哈利特·泰勒在阿维农患感冒不治病故。因怀念妻子，后来穆勒每年在阿维农生活一段时间。1873年，穆勒病故于该地。

理》中，他以个人主义的资本主义为基础，但他已做好准备，如果在无限制的私有企业大潮中出现了合理的例外，他会予以支持。有人指出，随着这本书版本增多，那些例外也随之增加，结果穆勒成了英国费边社会主义的始祖。他总是乐于用柯勒律治对于共同体的偏爱来调和边沁主义的狭隘个人主义。他曾大胆放言："比起大多数人当前的处境，共产主义施加的种种限制简直是自由。"尽管同情社会主义的理想，但穆勒依然怀疑，在人性的当前状态下，如果不使用强制手段，社会主义能否行得通。而他绝不准备放弃个人自由的信念。

实际上，他最有名的著作是《论自由》，而且他妻子哈利特对这本书贡献颇多。这是为维护最大限度的个人自由而进行的经典论证，虽然读者看完全书还在考虑，穆勒是不是留下了太多不严密之处。"针对文明社会[1]的任何成员，违背他的意志而正当地行使权力，只能有一个目的，那就是防止别人受到伤害。说是为了这个人的利益，无论是物质上的还是道德上的，都不是充分的理由。强制他去做什么或忍受什么，都不可能是正当的……即便在其他人看来，这么做是明智的，甚至是正确的。"（显然，我们当代的福利哲学完全否定了这一原理。）穆勒进而为争取最大限度的思想和讨论自由而去寻找理由。我们压制的学说很可能是真理，除非我们敢妄自尊大地说，我们的看法永远不会错；即使不是真理，它也可能含有一些真理的成分；即使它几乎没有真理的成分，它也还是有价值的，因为

---

[1] 穆勒强调"文明"这个词。他说，野蛮人比较适合开明的专制君主来统治，自由的王国非常需要治下的人民具有高度的自制力。——原注

它迫使我们出示证明我们信仰的理由，以防止思想僵化停滞。[1]

不过，穆勒说得很清楚，在某些情况下，自由言论必须受到限制，例如，当它"积极怂恿某些有害行为"时。法官小奥利弗·温德尔·霍尔姆斯后来评论说，在拥挤的戏院里没有喊"着火了"的自由，这就是穆勒的意思。在这个问题上，人们在多大程度上能够就准确的界限达成共识？霍尔姆斯利用这个原则禁止反战人士在战时自由发表言论，而一些自由主义者认为这项判决严重践踏了公民的自由权利。穆勒似乎认为这些界限能够在逻辑上划清。喜欢强调社会要求而不是个人要求的人，都能够利用穆勒的大多数论证来反对他。这种维多利亚时代的回应，有一个例子，就是詹姆斯·菲茨詹姆斯·斯蒂芬[2]的《自由、平等、博爱》。

尽管如此，穆勒的这本小册子具有高屋建瓴的气势和高度的严肃性，是维多利亚时代的一部杰作。穆勒认为，现代世界太缺少维护人类的尊严所必需的自由。他借用朋友托克维尔所谓"多数人的暴政"的观念，认为"多数人的暴政"已经取代君主专制主义，对自由构成了威胁，民主时代产生了这个时代特有的不宽容。"现在几乎没有人敢特立独行，这是当前时代主要危险的标志。"从鞋子到思想，一切都在标准化；正如此后的许多人一样，穆勒抱怨，大众文化促成了从众和平庸。穆勒为一些不被理解的事业奋斗过，例如，允许犹太人成为议员，以及保障海德公园演说的自由。后者是英国

---

[1] 穆勒在维多利亚时代的同时代人、伟大的罗马天主教徒约翰·亨利·纽曼为了让宗教信仰适应自由主义，提出了类似的观点，即异端对于信仰很重要。除非错误使我们澄清思想，否则我们对自己信条的理解总是不够完整。——原注
[2] 詹姆斯·菲茨詹姆斯·斯蒂芬（James Fitzjames Stephen, 1829—1894），英国法官。他在《自由、平等、博爱》一书中质疑这些口号的价值。

自由的著名象征，穆勒当时是议会中的无党派议员，在议会中使用阻挠手段挽救了它。[1]

或许，穆勒最为人知的奋斗体现在他的另一部著作《论妇女的从属地位》中。这部论著写于1861年，就在这一年，俄国解放了农奴，美国黑奴制开始走向尽头，加里波第为了意大利摆脱外国统治而开始远征。解放是现代化的一个重要过程。解放的结果有时不尽如人意，但这个过程不可避免而且不可逆转。这本书是穆勒与哈利特·泰勒以及她与前夫生的女儿合写的（穆勒与哈利特等了好多年，直到哈利特的丈夫去世后他们才结婚。在当时，离婚几乎是不可思议的事情）。这本书1869年才出版。在此之前，争取把妇女选举权纳入1867年改革的斗争失败了。这表明反对势力根深蒂固。世界似乎准备好去解放奴隶，但还没有准备好去解放妇女。穆勒夫妇发起的这场运动在很多年里没有什么成果。

与对妇女的普遍看法相反，穆勒夫妇认为，性别差异的根源在于社会习俗，而不在于先天的心理素质，因此，妇女与男人有同样的智力潜能，应当接受同样的教育。维多利亚时代其他著名人物，包括约翰·罗斯金和托马斯·卡莱尔在内，强烈反对穆勒的观点。卡莱尔的思想在很多地方都不太正统。他娶了一位智力超群的女性，却认为她的职责就是支持和照顾他；他认为，女性天生就是"被动的"而不是主动的。达尔文也认为，在科学家所在的创造性领域没

---

[1] 当时，托利党政府试图禁止人们在海德公园集会。穆勒和另外一些议员成功地阻挠了这一提案。见穆勒《自传》第7章。

有女性的一席之地。1864 年，詹姆斯·布赖斯[1]评论说："那种认为妇女的头脑与男子的头脑一样可以而且值得栽培的观念，在一般的英国家长看来是一种冒犯，甚至是一种革命的胡说。"伊丽莎白·巴雷特·勃朗宁[2]深入思考过女诗人的困境：如果太有理智，就会被认为不正常（不像女人）；如果十分女性化，又会被认为浅薄。

虽然穆勒夫妇的小册子在英国掀起了妇女运动，但它绝不是第一个探讨这个问题的。雪莱的岳母、左翼卢梭主义者威廉·葛德文的妻子玛丽·沃尔斯通克拉夫特 1792 年就出版了《为妇女权利辩护》。女权主义传统来自启蒙哲学家。虽然社会主义者由于宣扬性解放而让许多人感到不快，但他们一直在关注妇女解放问题。圣西门的弟子们就在寻找一位女性弥赛亚。1848 年以前，一个重要的女权主义者群体中有著名的小说家乔治·桑。19 世纪 40 年代，马志尼流亡伦敦时，与一个英国家庭有了交情，这家的 4 个女儿同那位著名的法国小说家乔治·桑一样，个个叼着雪茄。奥斯卡·王尔德的母亲，这位维多利亚时代中期爱尔兰的一位女士宣称，追溯女人的历史，从古到今，"透过漫长的岁月，我们听到的只是她们的枷锁声"。

接着，英国就有了自己的女性乔治[3]；这个女人自称乔治·艾略特，放弃了自己的原名玛丽·安·埃文斯。也许，她是维多利亚时代最伟大的小说家。如果不是她，那么这个头衔就会落到杰出

---

[1] 詹姆斯·布赖斯（James Bryce，1838—1922），英国历史学家、外交家。著有《神圣罗马帝国史》。
[2] 伊莉莎白·巴雷特·勃朗宁（Elizabeth Barrett Browning，1806—1861），英国女诗人，其丈夫罗伯特·勃朗宁也是诗人。
[3] 18 世纪到 19 世纪初，统治英国的汉诺威王室的国王为乔治一世、二世、三世和四世。

的勃朗特三姐妹中的一个人身上。维多利亚时代最伟大的诗人罗伯特·勃朗宁的爱妻，伊丽莎白·巴雷特·勃朗宁本人并不以诗人自诩。即便妇女事实上没有处于被奴役状态，她们在思想上也受到奴役（她们的确处在不同的和从属的法律地位，这正是穆勒所质问的），这种看法不大符合为数众多的第一流女作家的情况。勃朗特姐妹和乔治·艾略特继承了简·奥斯汀的卓著事业，她们是长期享有盛誉的女性小说家。妇女可以写小说，并且几乎垄断了某类不太深奥的故事写作。还有那些才气逼人的"女才子"，从世纪初令人生畏的哈丽雅特·马蒂诺（以及《弗兰肯斯坦》的作者玛丽·雪莱）到世纪末的比阿特丽斯·波特·韦布[1]。韦布的突出贡献在于经济学和政治思想，如果不是在科学的话。约翰·斯图尔特·穆勒从他夫人那里受益之多以及对她崇拜之深，不亚于奥古斯特·孔德的人道教。

在对待妇女和其他事物的态度上，维多利亚时代处于传统和现代之间。对于性别角色和两性交往的处理成为维多利亚时代大多数伟大小说的有趣关键，这些小说包括狄更斯、艾略特、萨克雷、哈代、梅瑞狄斯、巴特勒和吉辛的作品。简·纳尔丁在研究典型的维多利亚时代小说家安东尼·特罗洛普时发现，随着他年事渐高且与时俱进，他向更自由的女权主义方向转变。

实际上，维多利亚时代人对于女性的理想化几乎到了狂热的地步，而这一点恰恰后来遭到女权主义者的反对；闺房天使被写得过

---

[1] 比阿特丽斯·波特·韦布（Beatrice Potter Webb, 1858—1943），社会主义者。与其丈夫西德尼·韦布、萧伯纳等一起创立费边社。

于纯洁，简直不食人间烟火，作家有意让她遗世独立，成为美德的象征。萧伯纳曾写道，总得有什么东西去崇拜，于是维多利亚时代人"制定了一种道德和约定：女性即天使"。都说维多利亚时代的人在性方面讳莫如深——萧伯纳就说过，直到步入青年，他才知道女人也长着双腿。这在很大程度上是为了维护一个有关女性的神话，即有些女性是高不可攀的仙境中人。工作了一天之后，男人们从那个显然不够完美的工作世界回到家里，应该可以遇到不同和更美好的事物。妇女们也想去那个破烂的市场或肮脏的工厂里工作，或涉足腐败的政界，这种观念会让维多利亚时代的人感到惊讶。不管怎么说，穆勒超越了这种父权制的思想状态。

在生命即将结束之际，他重新思考了自己的反宗教立场。他感觉唯科学主义已经破产，而且逐渐开始相信一个有限的上帝的存在。上帝不是全知全能的，他需要我们的帮助。在《有神论》一文的结语中，穆勒似乎对19世纪所有形式的信仰都做出了裁决。他向人道教表示敬意："那个真正的，尽管纯粹是人的宗教。"黑格尔的精神似乎出现在下面的叙述中：

> 人在一生当中要有所作为，哪怕是微不足道的作为，从而向圆满走近一点点（善战胜恶），这是最令人鼓舞和兴奋的想法，它能够给每个人带来启迪。

但他可能还要补充一句：超自然力可能也会做出贡献——这是对他毕生坚持的理性主义立场的巨大让步。

维多利亚时代的其他哲人

诗人、批评家、散文作家、讽刺作家马修·阿诺德史无前例地替文明传统大声辩护。阿诺德对于基要主义的基督教百般挑剔，很不中意，但他对于宗教的式微深感忧虑。他在 1852 年发表的诗歌《恩培多克勒在埃特纳》，是对那位"古代达尔文"自杀一事的追思——恩培多克勒发现生活毫无意义，便纵身跳进了火山。阿诺德在他本人这首最有名的诗篇中哀叹，信仰的海洋"向后退却，[发出]忧郁的、长长的咆哮声"，把我们留在了黑暗笼罩的平原上。阿诺德深入思考了浅陋浮躁的"现代生活的怪病"，提请那些醉心于进步观念的维多利亚时代读者，文明不是由物质性的东西和纯粹的人数构成的；它是理智和品位的发展，"某种适度心态"，开通，理智，审慎，精致。阿诺德对现代生活的堕落感受得最深刻——早于大多数知识分子——他看到了它"病态的忙乱和相互抵触的目标"。

在《文学与教条》一书中，阿诺德以他特有的温文尔雅的方式，呼吁从教条主义者手里挽救宗教的精髓，从基督徒手里挽救基督教。福音派"市侩们"思想偏狭，使他很反感。但是，他并不宽容唯物主义的科学家。宗教教条主义和科学教条主义都是精神的敌人，精神应该是宽容、开明、有人情味的。本质上说，阿诺德的宗教类似于孔德的人道宗教。他对生活的推崇比不上他对文学——"世界上思想和言论的精华"——的推崇。"最优秀的诗歌具有一股塑造我们、鼓励我们并使我们快乐的力量，这一点是别的东西做不到的。"《圣经》固然在伟大文学的行列中，但很难超过柏拉图、莎士比亚以及其他大师。他有一句名言：希伯来精神和希腊精神都是欧洲文明的基本组成部分，但在福音主义盛行的英国，希伯来精神过剩。

阿诺德把教条的科学与教条的宗教相提并论，说它们同样令人痛惜。这与列夫·托尔斯泰的观点非常类似。这位俄国文学巨匠宣称，"我们这个时代最可怕的两种瘟疫"，一个是教会里的基督教，即国家及其仆从的宗教——托尔斯泰本人经常是它的死对头；另一个是"唯物主义"，即包括达尔文主义者在内的科学家和历史唯物主义者的粗糙教条。托尔斯泰认为，不加批判地把科学当作一尊新神来供奉，与信仰教条的宗教何其相似。

另一位维多利亚时代的哲人约翰·罗斯金提供了一种以社会服务为宗旨的宗教。罗斯金是学建筑出身的，他的《建筑的七盏明灯》和《威尼斯之石》使他在19世纪中叶成为维多利亚时代这方面研究的最高权威；他出色的描写能力在很大程度上得益于托马斯·卡莱尔。而且，罗斯金从新的中世纪主义视角继承了卡莱尔对经济个体主义的批判。罗斯金认为，所有伟大的艺术都出自健全的社会；哥特式艺术出自中世纪工匠之手，当时的工匠还没有沦为机器的附庸，他们是具有创造性的艺术家。罗斯金就像现代的耶利米[1]一样，怒斥工业时代的英格兰只有物质没有精神："我们制造了一切，除了人。"劳动分工毁掉了创作过程的完整性。结果建筑失去美感；伦敦成了"一堆可怕的、乱糟糟的砖结构建筑物"。萧伯纳说过，罗斯金对资本主义的激烈批判，反倒让人感觉马克思的批评很温和。

---

1 《圣经》中的人物，公元前7世纪和公元前6世纪的希伯来先知。

罗斯金在《给那后来的》(1860)[1]一书中厉声反对不负责任的经济学和忽视弱者的社会信条。这本书极具说服力，因而成为英国社会主义运动的"圣经"。研究曼彻斯特学派的历史学家 W. D. 格兰普[2]认为，罗斯金对自由放任学说的质疑最为有力。

威廉·莫里斯这位手工艺人、诗人和社会主义者，到19世纪末一直是英国社会主义的灵魂人物。他的信念中既有马克思的成分，也有罗斯金的成分。但事实上，这两种社会主义思想差别非常大。罗斯金既反对唯物主义又反对民主（反对平均主义）。经济和道德更新的关键在于以新的态度对待劳动和艺术。罗斯金暗示说，道德衰弱的原因在于审美方面。中产阶级的清教思想和功利主义合在一起，使他们对艺术极端漠然，这位商人的儿子如是说。罗斯金最初深受中产阶级喜爱，随着他对他们的价值观和生活方式的攻击越来越多，他受欢迎的程度逐步下降，到了晚年他精神异常，时好时坏。罗斯金一直被奉为散文大师，他的门徒包括世界各国的一些大作家：普鲁斯特、托尔斯泰、甘地以及弗兰克·劳埃德·赖特[3]都在其列。他试图根据中世纪模式重新建立一心一意为社会服务的制度（和平队[4]会让他感到高兴）。[5]这些主张能否成功很令人怀疑，但罗斯金死

---

[1] 《给那后来的》(Unto This Last) 这个标题语出《马太福音》第20章。

[2] W. D. 格兰普（William D. Grampp），美国芝加哥大学教授，著有《曼彻斯特学派经济学》(1960)。

[3] 弗兰克·劳埃德·赖特（Frank Lloyd Wright, 1867—1959），美国建筑师，早年曾经是草原式建筑学派的主要倡导人。

[4] 和平队，由志愿人员组成的美国政府代表机构，成立于1961年，到发展中国家提供技术服务。

[5] 在现代改革事业中利用中世纪的骑士精神，这种做法有一段历史。1810年，法国流亡贵族弗迪南·德·贝尔蒂埃创建了信仰骑士会，它是启蒙运动时期共济会的一个分支。——原注

后在牛津大学留下了一个以他的名字命名的学院,这个学院一心帮助工人阶级子弟上大学。

由于他对中世纪情有独钟,罗斯金似乎很接近约翰·纽曼领导的牛津运动的天主教思想,事实上,在19世纪晚期的美学流派中也可以看到该运动的痕迹。不过,罗斯金并没有走上朝拜罗马的大路。他的确信仰一个超验的上帝,但很难说这个上帝是基督徒的上帝。他可能同意阿诺德的看法,现代人最需要的是一种信仰,但同阿诺德一样,他想要的是一种人文主义的信仰,这种信仰来自对于美和手工艺的认识。观看伟大的艺术品和建筑,而且,首先成为一名艺术家,这意味着在日常生活中创造出美好的东西,人类由此可以重新获得完整性。他写道:"看清世事的,是诗歌、预言和宗教。"

一个可信的基督教神话式微之后,出现了许多竞争者来填补空位——阿诺德思忖道,这个神话无论存在与否都是我们不能容忍的。许多维多利亚时代的人都有类似于阿瑟·克拉夫[1]的经历,他毕生都在怀疑,但始终上下求索。穆勒使他变成了怀疑论者,他转向卡莱尔去寻找信仰,后来又抱怨:"卡莱尔把我们领进荒野,然后就撒手不管了。"同马修·阿诺德一样,他也辞去了牛津大学研究员职位;牛津运动、功利主义、上帝一位论派、实证主义,牛津大学里这些相互冲突的观点只是令他更加困惑。他受到柯勒律治的广教会的吸引;1848年,他又对革命充满了希望。但他从未找到自己一直寻找的答案。他因从未成名而知名,以未能实现自己的希望而成名。正是那种希望使人认为他是牛津大学最聪明的学生。但是,克拉夫

---

1 阿瑟·克拉夫(Arthur Hugh Clough, 1819—1861),英国诗人。

还是写道:

> 战斗过,却失败,
> 总比从未战斗过好。

"不要说斗争没用。"有时,维多利亚时代的人似乎很愿意玩味他们的精神痛苦。

当然,维多利亚时代的人并不像通常所说的那样志得意满。诚然,自由贸易和自助等统治阶级的正统观念似乎占据了主导地位。塞缪尔·斯迈尔斯的《自助》是19世纪英格兰的一部畅销书。乔治·奥威尔说过,他父亲一生只读过两本书:《圣经》和《自助》。斯迈尔斯的《工程师们的生平》也很受欢迎,这本书里讲的都是穷小子如何发家致富和暴得大名的故事。法拉第的父亲是铁匠,斯蒂芬森的父亲是煤矿工人。以个人主动精神为基础,在干预最少的政府和自由贸易的统治下,英国走向了富强之路。伦敦颇有影响的杂志《经济学家》毫无异议地断定,个人利益的总和"永远等于公共利益"。

维多利亚女王的漫长统治(1837—1901)成为英国全盛时期的传奇象征。这正是中产阶级如日中天的时代,一个"改善的时代"。但在主要作家中间,从来不乏反抗的声音。这个时代的主要文学家查尔斯·狄更斯以前嘲讽法律和教育,以及残酷无情的贫民院、愚蠢无能的官僚,此时则在《艰难时世》(1854)中挥动如椽大笔,用力鞭挞这个任由贪婪的资本家和冷酷的政治经济学家横行的世界。

查尔斯·金斯利[1]的小册子《廉价衣服和邋遢鬼》揭露了劳动剥削。卡莱尔和罗斯金激烈的声音渐行渐远；前者由于痛恨自由主义的正统观念而显得很片面。金斯利，还有罗伯特·勃朗宁的朋友F. D. 莫里斯[2]都是基督教社会主义者。对于他们来说，真正的宗教就是争取社会公正和改善工人阶级状况的事业。到了1884年，对于英国知识分子来说，社会主义已经成为一个宗教替代品。

1　查尔斯·金斯利（Charles Kingsley，1819—1875），英国作家、牧师。
2　F. D. 莫里斯（Frederick Denison Maurice，1805—1872），英国国教会神学家，基督教社会主义创始人之一。

第 5 章

从自然主义到现代主义

19 世纪中叶之后的文学

19 世纪纯文学领域取得了重大进展。这是文学在欧洲各地大放异彩的时期。在"阅读时代",作家成了文化英雄。他们可以凭借写作来摆脱贫困和默默无闻的状态,像乔治·桑那样一举成名,像巴尔扎克和狄更斯那样发家致富,像维克多·雨果那样操纵许多人的命运。诗人和小说家承担了以前属于教士的角色。随着传统教会的式微,以及宗教和哲学领域内所有共识性正统观念的衰落,富于想象力的大作家们为现代世界提供了绝大多数价值观念。他们行使了社会学家、社会史家以及社会批评家的职能,生动地记述了这个时代纷至沓来的所有紧要事件,其中既有公共生活事件,又有个人生活事件:都市社会、工人状况、贫困、性、婚姻、妇女角色。弗洛伊德说过,他们是首批精神分析专家。

在结构上不拘一格的长篇小说,这个"松散肿胀的怪物",一直引领潮流。司汤达、巴尔扎克、福楼拜、左拉、艾略特、萨克雷、狄更斯、哈代在英法两国思想领域的重要性,不在哲学家和科学家之下。在政治文化贫乏的俄国，屠格涅夫和托尔斯泰等作家充当了更为重要的公共角色：先知和导师。维多利亚时代的诗坛也发出了不凡的声音，勃朗宁和丁尼生领一代风骚，诗篇亘绝古今。与浪漫派相比，他们的诗风更持重；与"世纪末"的唯美主义反叛者相比，他们诗歌的教谕味道更浓厚；与二者相比，他们更有可能成为沟通高雅文化和低俗文化的桥梁。由于易卜生、豪普特曼、王尔德、萧伯纳等人的缘故，戏剧也蓬勃发展起来。

1848年以后的那一代作家有一个特点：他们日渐脱离公共价值观，在欧洲大陆尤其如此。有一群后浪漫主义作家自称为"现实主义者"。文学与艺术联手对抗浪漫主义的梦想和姿态。在法国，"为艺术而艺术"[1]流派不满浪漫派的文风和题材，指责他们多愁善感、故作多情。戈蒂耶[2]大声疾呼："把我们从中世纪中救出去！"他的朋友乔治·桑的那种"流畅文风"为古斯塔夫·福楼拜所诟病。"为艺术而艺术"主张文学应该精雕细刻、减少道德说教。这些作家厌恶资产阶级社会，同时又对社会主义乌托邦产生了幻灭，他们退而持守一种嘲讽的超然姿态。他们躬行极为客观的、"科学的"方法来对待文学。他们尊奉"现实主义"，在小说中不写英雄人物。他们文风简洁，文字雕琢，有几分回归古典主义的意味。伟大的意大利歌剧作曲家威尔第的《路易莎·米勒》，标志着他"从年轻时代的华丽繁复转向一种质朴平和的风格，更适合描写普通人和人类的

---

1 "为艺术而艺术"的说法最早由邦雅曼·贡斯当于1804年提出，后来因戈蒂耶的阐释发挥，成为唯美主义的主要理念。
2 戈蒂耶（Théophile Gautier，1811—1872），法国诗人、小说家、评论家。在法国文学从早期浪漫主义转向唯美主义和自然主义的过程中影响深远。

情感"。[1] 这也是狄更斯所走的道路,是时代的特征。

福楼拜的《包法利夫人》是19世纪50年代最著名的法国小说。作者无情地嘲笑了浪漫主义。可怜的爱玛·包法利是所有文学作品中最有名同时也是最可悲的女主人公之一。她因无法接受现实而毁掉了自己,尽管我们可能很同情她对沉闷的外省生活环境的反抗。《包法利夫人》不做道德判断的立场令公众感到震惊,而且开了稍后出现的"自然主义"的先河。在自然主义作家的笔下,世界处于偶然和盲目的机缘的支配下。福楼拜生性孤僻,他以"现实主义"为策略攻击资产阶级的偶像。在这方面,与他不谋而合的是俄国流亡作家伊凡·屠格涅夫。屠格涅夫的生卒年恰好与马克思相同,而且30年代末他可能在柏林见过马克思。屠格涅夫的《父与子》是描述19世纪中叶两代人冲突的经典之作。爱玛·包法利有些像稍后托尔斯泰笔下的安娜·卡列尼娜,她也是冒险犯下了通奸罪而陷入毁灭。她们是哈代笔下的苔丝和左拉笔下的娜娜的先驱,都是悲剧命运的牺牲品。

现实主义作家福楼拜与现代主义诗人的先驱夏尔·波德莱尔一道,既得了恶名,又取得了真正的艺术成功。1857年,一个因《包法利夫人》,一个因《恶之花》,两人都面临刑事起诉。在英国,所谓的拉斐尔前派[2]画家和诗人遭到批评,被说成道德败坏;19世纪

---

[1] 见朱利安·巴登(Julian Budden)著《威尔第的歌剧》(*The Operas of Verdi*)。
[2] 青年画家亨特、米莱斯和罗塞蒂于1848年建立的画派,倡导发扬拉斐尔以前的艺术精神(感情真挚,形象朴实)。后来,刘易斯加入。1854年,几人分道扬镳。该画派当时被一些人斥为借标新立异来欺世盗名。

60年代，有意挑战的诗人阿尔杰农·斯温伯恩[1]掀起了一场风波。这些为艺术而艺术的作家蔑视基督教和传统道德。在斯温伯恩未发表的小说《莱斯比亚·布兰登》[2]中，除了同性恋主题外（戈蒂耶和波德莱尔也曾触及这一主题），还有唯美主义思想，它要求人们培养他们的感受力，沉浸在美感之中。波德莱尔的"撒旦崇拜"不仅体现在一种新诗所具有的震撼技巧中，似乎也要求这位诗人选择病态和变态的主题。

1866年，约翰·莫利义愤填膺地写道，斯温伯恩是"一帮色情狂中的淫荡之首"。实际上，斯温伯恩的"头韵诗"[3]迷倒了整整一代唯美主义者（在他失去创造力和步入平静的老年之前），他建议用"美德的百合和倦怠"换取"邪恶的玫瑰和狂喜"。他早年的崇拜对象也包括意大利的奥尔西尼[4]这类革命人物——此人曾试图暗杀拿破仑三世。

哈罗德·尼科尔森[5]曾写道，斯温伯恩的诗剧《阿特兰塔在卡吕冬》（1866）的面世，对于渴望新奇的"知识分子"（这是他的用语）来说，是"一道耀眼的闪电。""这个时代正在寻找它的异端。"异端就是主张，艺术的震颤效果或为艺术而生活的震颤效果比美德更重要；主张个人体验比公共责任更有价值。如果说，斯温伯恩的

---

[1] 阿尔杰农·斯温伯恩（Algernon Charles Swinburne, 1837—1909），英国诗人、批评家，被称为维多利亚时代中期反叛诗人的象征。
[2] 《莱斯比亚·布兰登》（Lesbia Brandon）。莱斯比亚是古希腊岛屿名称，因希腊女诗人萨福等一群女同性恋者生于此岛而闻名。
[3] 头韵诗是一种押头韵的英文诗体，例如：Round the rocks runs the river。
[4] 奥尔西尼（Felice Orsini, 1819—1858），意大利民主主义者，1858年暗杀拿破仑三世，未果，后被处死。
[5] 哈罗德·尼科尔森（Harold Nicolson, 1886—1968），英国外交家和作家，著作等身。

西方现代思想史：1789年至今

《诗歌与民谣》"仿佛在文学界引发了一场地震",那么可以说,它直接引领了奥斯卡·王尔德和瓦特·佩特——他们肆无忌惮地鼓吹一种无视道德的新唯美主义,同时在生活中向社会礼教发起挑战。维多利亚时代的体面社会果真被激怒了。他们把这种邪恶归罪于法国人,结果,1887年当局试图查禁或审查从英吉利海峡对岸舶来的文学作品。唯美主义反抗商业社会规范的全部故事迅速蔓延到欧洲,而欧洲不久就处于瓦格纳和尼采、易卜生和陀思妥耶夫斯基的支配下——这种反叛本身的来源倒是十分体面(牛津和剑桥所传授的希腊古典作品恰恰是产生堕落的首要机制)。[1]

新作家总体上不涉及政治。这些新作家讨厌颐指气使的资产阶级、肥头大耳的银行家或庸俗的商人,在这方面他们比头脑简单的社会主义斗士更甚。波德莱尔宣布,无论哪种形式的政府,无论是共和政府还是君主政府,都没有给诗人留下位置。1848年以前,他是傅立叶主义者,同时也仰慕社会主义者布朗基和蒲鲁东;1848年,他曾参加街垒战斗。但在那场革命失败后,同许多人一样,他陷入悲观绝望。在悲观地逃避社会的同时,他最伟大的文学创作时期开始了,直到他染上梅毒,英年早逝。

自然主义

左拉作品中的一位人物说:"每隔20年理论就会发生变化。"处于现代时期的文学和艺术确实有这样的标志:每隔几年就有一代

---

[1] 《伊壁鸠鲁信徒马利乌斯》的作者瓦特·佩特是19世纪晚期唯美主义的领袖。——原注

不安分的人起来造反。原因是显而易见的。20世纪的诗人约翰·贝里曼[1]被叶芝和奥登的诗歌弄得非常紧张，他评论说，自己决不会完全像他们那样写作："如果那样，我的位置又在哪里呢？"每一代人，最终是每一位作家，都想发现自己的声音。一种新的风格、新的写作方式带来的兴奋感很快就会消失。如果说乔治·桑开始让福楼拜感到厌恶，最后，这位大师本人也失去了制造震颤效果的能力。

19世纪中叶"现实主义"和"为艺术而艺术"之后的艺术运动，是自然主义和象征主义。这两个重要流派有相同的地方。象征主义产生于19世纪80年代，在一定程度上是对自然主义的反动；（巴黎的）"脱离左拉"，（柏林的）"彻底摆脱霍普特曼"，是象征主义及其近亲"颓废派"的战斗口号。但"世纪末"象征主义的源头，实际上在波德莱尔和兰波这两位19世纪五六十年代的作家那里。而且到1890年，爱弥尔·左拉及其追随者发出的强劲冲力也只波及世界上的部分地区；杰克·伦敦和斯蒂芬·克莱恩[2]等美国作家只是在1900年左右才听说自然主义。易卜生和陀思妥耶夫斯基等主要人物感受到了来自自然主义与象征主义的影响；有时，二者的影响是同时的。

一般来说，法国是美学创新的开路先锋。在法国，自然主义是19世纪70年代的流行口号，左拉是自然主义的主要代表。作为福楼拜时代现实主义的延伸，自然主义是一种更严酷的现实主义。自然主义者在文学作品中探访贫民窟，深入"充满生活气息、人头攒

---

[1] 约翰·贝里曼（John Berryman, 1914—1972），美国诗人。
[2] 斯蒂芬·克莱恩（Stephen Crane, 1871—1900），美国小说家。

动的街区"（于斯曼[1]的说法）去发现罪犯、妓女、酒徒；左拉还在农村发现了腐化堕落行为（见《土地》）。自然主义的动机显然是想通过揭露资产阶级引以为荣的这个社会的种种可怕之处，让资产阶级不得安生。在这个达尔文和巴斯德的时代，科学对于自然主义的影响可以在左拉的主张中看出来。左拉说，作为一名小说家，他不过是一名具有科学精神的社会学家，用手头上的笔记本记录下人们生活的本来面貌。（不过，这种说法很可疑。）科学上的决定论笼罩了自然主义文学。左拉那部卷帙浩繁的家庭史小说，意在追寻环境和遗传因素对同母异父的兄弟姐妹的生活产生的影响。[2]

原则上，自然主义作家并没有高扬什么理想，也不去发现什么价值观念。他们的作品只是如实地展现世界本身严酷的现实：充斥这个世界的，主要是像野兽般残忍的人或穷困潦倒的人；这也是一个受偶然因素和机缘支配的世界。在实践上，自然主义著作很容易激起读者对那些贫困的可怜人的同情。但左拉描写产业冲突的小说《萌芽》（拥有众多读者），并没有把工业里的凄惨悲剧归咎于矿主。（比较一下格哈特·豪普特曼描写西里西亚织工的名剧，就可看出来这一点。）每个人都陷入罗网，身不由己。正如狄更斯笔下的一个人物喜欢说的："这不是任何人的错。"但这类宣传小册子式的作品十分尖刻地揭示了残酷的生活状况，的确发挥了社会服务的作用。

在左拉的英国同行、才华横溢又颇有争议的托马斯·哈代身

1　于斯曼（Joris Karl Huysmans, 1848—1907），法国小说家、艺术评论家，早期受自然主义影响。
2　左拉的《卢贡-马卡尔家族》是包括20部长篇小说在内的小说集，副标题为"第二帝国时期一个家族的自然史和社会史"。

上，可以看到一种深刻的悲观主义，它部分来自达尔文主义。哈代在19世纪90年代的小说，尤其是《德伯家的苔丝》和《无名的裘德》把人描写成一个近乎邪恶的神的无助受害者。在《德伯家的苔丝》的结尾，哈代评论道，"众神的主宰对于苔丝的戏弄也完结了"。纯粹的偶然因素毁掉了生命。哈代后期的小说惹怒了英国公众，他不得不彻底放弃小说创作，自1895年后转向诗歌创作。但这股风气已经广为流布。爱尔兰人乔治·穆尔[1]，以及美国的杰克·伦敦、克莱恩、弗兰克·诺里斯[2]和西奥多·德莱塞等人，他们沉浸在时新的无神论，同时也揭露工业社会的黑暗面，表现都市丛林中的生活伤痛。西奥多·冯塔纳[3]领导着柏林一个著名的自然主义流派，其基础同样是对资产阶级文化的厌恶。

尽管亨里克·易卜生剧作甚多且难以分类，但这位挪威戏剧家打破传统信仰和习俗的戏剧，很可能最符合自然主义-现实主义范畴。19世纪80年代，他的戏剧在欧洲轰动一时。它们触痛了社会的敏感神经，当然引起公众的激烈争议。易卜生的《群鬼》在欧洲大陆首场演出10年之后，于1891年在伦敦上演，在英国引发了一场戏剧争论，就像法国经常发生的那样；《群鬼》成为当代的《欧那尼》[4]。萧伯纳为此写了《易卜生主义的精髓》一书，为该剧辩护。该书也是这一时期最重要的文学批评著作之一。萧伯纳在这本书中

---

[1] 乔治·穆尔（George Augustus Moore，1852—1933），爱尔兰作家。
[2] 弗兰克·诺里斯（Frank Norris，1870—1902），以美国西部为背景进行小说创作的作家。
[3] 西奥多·冯塔纳（Theodor Fontane，1819—1898），德国作家，被认为是德国现代现实主义小说的第一位大师。
[4] 《欧那尼》是维克多·雨果的剧本，1830年演出成功，标志着浪漫主义对古典主义的胜利。见本书第1章。

发出疑问，为什么有人称颂易卜生是在世的最伟大的戏剧家、现代的莎士比亚，而有人则以维护社会体面和社会秩序为名压制他？答案在于，易卜生无情地攻击了传统道德。在《群鬼》中，表面上端庄贤淑的妻子和母亲实际生活在谎言、不贞和腐朽之中，在很大程度上类似于名剧《玩偶之家》中的娜拉。在《人民公敌》(1882)里，体面社会迫害一个诚实的人，因为他想通过说出财产罪恶来源的真相来妨碍这个社会的物质繁荣。虽然痛恨"社会中坚"(易卜生另一部戏剧的名字)，但易卜生遵循的是自然主义的路数，没有更多地推崇理想主义的改革者。在他笔下，戏剧《培尔·金特》的同名主人公是一个现代堂吉诃德，他把梦想当作现实，令人感到滑稽可笑。由于《玩偶之家》，易卜生成了女权主义的英雄，可是，易卜生却说自己与女权运动毫无关涉，这令女权主义者好生尴尬；1898年，他对挪威的女权主义者说："我一直以描写全人类为己任。"

象征主义

易卜生在晚期剧作中采纳了象征主义的观念和技巧。19世纪80年代中期，象征主义突然侵入欧洲的文明意识中，极少有严肃的作家（音乐家或画家）不受这股风气的有力影响。与此同时，《象征主义宣言》（莫雷亚斯[1]所作）、《瓦格纳评论》在巴黎面世，马拉美的诗歌以及前自然主义者乔里斯·于斯曼耐人寻味的重要著作《逆流》出版，这些都是一场名副其实的审美意识革命的征兆。也许，这场

---

1 莫雷亚斯（Jean Moréas, 1856—1910），法国诗人。

革命是现代史上意义最深远的革命。

于斯曼《逆流》一书的主人公德·爱森特是一切"极端唯美主义青年"的原型。奥斯卡·王尔德和《黄皮书》不久就将他们介绍给维多利亚时代惊慌失措的公众。他们形销骨立,腐化堕落,老于世故,是颓废文明最后的苍白但雅致的花朵,他们用艺术和不良习气来自娱自乐。王尔德《道连·格雷的画像》的主人公拿起一本臭名昭著的《逆流》,感觉到"一股浓烈的香味好像一直萦绕着书页,令人心神不安"。冷漠、残酷、长着绿眼睛的荡妇充斥"颓废派"的短篇小说和鸿篇巨制。像王尔德这种同性恋者、这种颓废人物,可能变得更加邪恶,体现了马里奥·普拉斯[1]所说的"浪漫派的痛苦"。利用文学来攻击体面社会,会让人怀疑这是一种不可名状的罪恶。俄国象征主义者亚历山大·杜勃罗留波夫[2]吸食鸦片,住在贴着黑壁纸的小阁楼里,做黑弥撒;他是这些"世纪末"艺术家兼叛逆者惊世骇俗的生活方式的一个例证。

象征主义-颓废派的观点从巴黎迅速传到维也纳、意大利、俄国以及整个欧洲,它几乎成了尼采所说的"我们这群无家可归的人"的旗帜。这是一小群先锋派艺术家和知识分子。胡戈·冯·霍夫曼斯塔尔[3],这位深受马拉美影响的维也纳剧作家和诗人,在1893年写道,在欧洲各城市散布着由好几千人组成的一个"精神共济会",他们体现了这一代人的意识。

象征主义的根源肯定早就存在,它在很大程度上源于上一代

---

1 马里奥·普拉斯(Mario Praz, 1896—1982),意大利艺术评论家。
2 杜勃罗留波夫(Dobrolyubov, 1836—1861),俄国文学评论家。
3 胡戈·冯·霍夫曼斯塔尔(Hugo von Hofmannsthal, 1874—1929),奥地利诗人。

"受诅咒的诗人"波德莱尔和兰波。兰波相信，诗人避开理性思考，在"合理的感觉混乱"状态下接触象征领域，就能更深一层地接触现实。兰波的这个观点近似于宗教神秘主义。他过的是一个异化的反叛者的生活；他离开欧洲，在非洲各地游荡。有些人把这个古怪的天才当成真正的宗教崇拜对象。

诗歌完全不同于散文，或许这就是象征主义流派的首要原则。诗歌不应说理，不应叙事，也不应描述，它应该利用形象和象征，去传达理性的描写无法表现的微妙和内在的心理世界。这股创作"纯粹"诗歌的冲动，源于兰波的朋友保罗·魏尔兰在19世纪60年代所属的帕尔纳斯派[1]。它的目标是使诗歌在形式和内容上都与散文分道扬镳，使诗歌偏离以前所有的文学原理，使它不同于丁尼生和勃朗宁所写的长篇叙事诗。诗歌不应当成为另一种话语模式，而应该是一种符咒，借助一种词语的神秘性，去捕捉那些不可言喻的情绪和印象；戈蒂耶将诗歌称作"一种精巧复杂的文体，充满了隐喻和暗示，挤压了言说的疆域"。

法国象征主义者认为，理查德·瓦格纳实际上是象征主义的创始人。他们宣布，瓦格纳的艺术观是"象征主义的源头"。诗歌应当仿效音乐。这位变成预言家的伟大德国作曲家提出了冶各门艺术于一炉的总体艺术观念。他还提出，社会需要情感和宗教上的振作，需要恢复共同体的感受和文化丰富性，而艺术正是一种拯救之道。

---

1 帕尔纳斯派（Parnassian school）：1866—1876年，法国一部分年轻诗人不定期地出版了3册诗歌丛刊，定名为《当代帕尔纳斯》（帕尔纳斯是希腊名山，相传这座山是祭祀太阳神和美术之神阿波罗以及诗神缪斯的圣地），帕尔纳斯派因此得名。保罗·魏尔兰（Paul Verlaine, 1844—1896），法国诗人。

但瓦格纳比法国象征主义者更信奉艺术的社会功能,认为一所国立音乐厅可以使人民摆脱资产阶级的市侩作风和唯利是图思想的影响。即便是马克思(几乎是他同时代的人)也没有像他这样蔑视金钱崇拜;但瓦格纳的革命建立在一门颂赞英雄人物的新艺术的基础上,这门新艺术是从民众的无意识中挖掘出来的。这位19世纪最伟大的歌剧作家深深地影响了弗洛伊德、荣格和尼采。在很多方面,他是整个现代文化运动的核心人物。他是一名成功的企业家,也是成功的艺术家和预言家,他筹到足够的资金在巴伐利亚的拜罗伊特[1]建立了自己的剧院。他的歌剧在这里上演,来自世界各地的门徒开始汇聚于此。

易卜生、瓦格纳、陀思妥耶夫斯基以及法国象征主义者,在整个欧洲,从罗马到斯德哥尔摩再到圣彼得堡,形成了一个声气相投的先锋派团体。瑞典的奥古斯特·斯特林堡和意大利的加布里尔·邓南遮也是元老级成员。王尔德也是,或许他是这场运动的主要理论家和最有争议的人物。

思想传播的路线从伦敦延伸到巴黎,再到维也纳,然后又从维也纳回到伦敦,遍及整个欧洲。1884年创办《瓦格纳评论》的法国象征主义者和颓废派(他们在大师瓦格纳死后不久创办了这个刊物),包括马拉美和迪雅尔丹[2]。迪雅尔丹学过音乐。他的小说《月桂树被砍倒》引入了"意识流"的写法,影响了西格蒙德·弗洛伊德和精神分析,以及乔伊斯和现代文学。(瓦格纳也直接对乔伊斯产

---

1 拜罗伊特,德国中东部巴伐利亚城市,该城尤以瓦格纳1872年到此定居而闻名。
2 迪雅尔丹(Édouard Dujardin, 1861—1949),法国作家。

生了深刻影响。）

　　这场语言和生活的革命，让 19 世纪末少数具有创造精神的欧洲青年大为振奋。一些当代的理论家，如米歇尔·福柯和朱利亚·克里斯蒂娃，认为这一时期的知识型或意识形态素[1]发生了剧烈的突变；一个全新的话语世界取代了旧体系。整个欧洲几乎同时感受到了这种危机意识。它的根源是一种极端无聊、对"险恶社会"极端厌恶的情绪。这种强烈的反感使得《逆流》的主人公德·爱森特斩断了他与现实世界的一切联系，也放弃了表现这个世界的那种现实主义的科学文风。在帝制之下的德国，西奥多·冯塔纳对周围的一切"无比憎恨"，无论是宫廷、贵族还是资产阶级（1896）。这是一种典型的反抗姿态。在一个毁坏了一切美感和正直的社会秩序面前，象征主义者感到义愤填膺——德·爱森特惊呼："［这是］一个险恶的社会。"

　　有人说，象征主义者既不能接受现实，也不能改变现实——他们对社会主义者的乌托邦梦想已经绝望——所以他们利用生活和作品去否定现实，否定现存主流社会的现实。他们发明了一个想象的世界并称它为现实。王尔德表达了象征主义对外在"现实"的反抗，表达了艺术家创造的一种新世界图像。王尔德写道："生活的首要任务是尽可能显示它自身的人为性质。"他又补充说："第二项任务是什么，尚无人发现。"他宣告，自然是一件可怜的东西；让它去模

---

[1] 知识型（episteme）是法国思想家福柯在《词与物》中使用的概念，表示每个时代的基本认识模式。意识形态素（idéologème），指的是意识形态中的最小单位。法国思想家克里斯蒂娃在《作为文本的小说》（1970）中使用了这一概念，认为它既有在文本中的组织功能，又能表示文本在社会历史语境中的意味。

仿艺术。自然的确模仿了艺术；伦敦的雾是对印象派画作的模仿。[1]巴尔扎克和狄更斯发明了19世纪。根据同样的精神，这位隽语大师（王尔德）评论说："任何傻瓜都能创造历史，但把它写出来就需要一个天才。"

象征主义最著名的文学形象之一、维利耶·德·利尔-阿达姆[2]的戏剧《阿克塞尔》[3]的主人公，独自住在一座瓦格纳式的城堡里，研究信奉偶像崇拜的哲学；当他遇到前来刺杀他的那个姑娘，两人立即而且庄严地坠入爱河，他们决定自杀，因为现实不可能像他们此时此刻感受和体验的爱情那么完美。（波德莱尔发现自己的每一次浪漫爱情几乎都立即令他失望。）阿克塞尔伯爵和萨拉认为，继续活着太庸俗："我们的仆人都能替我们做那些事。"在邓南遮的颓废小说《死亡的胜利》中，男女主人公也把死亡当成最令人激动的事情。

这种强烈的理想主义是基于对当时现实的彻底憎恶，它本身就可能变成死胡同，导致人们自杀或沉溺于毒品。但象征主义也有它积极的一面。毫无疑问，它成功地开创了一种新的写作类型，这种写作以充满诗意的笔触去探索无可名状的内心世界，努力暗示那些无法言传的东西，其中包括"神经官能症的微妙心理，激情过后的垂死自白"，这是从波德莱尔和兰波到魏尔兰和马拉美等法国诗人一直在培养的东西。乔伊斯的弟弟说过，乔伊斯最喜欢的诗歌是："利用像符咒一样吸引着大脑，带来惊奇和美感的文字的魔力，去

---

[1] 印象派画家把伦敦的雾画成紫色的，人们才发现伦敦的雾的确是紫色的。后来发现这是工业污染造成的。

[2] 维利耶·德·利尔-阿达姆（Villiers de l'Isle-Adam，1838—1889），法国小说家、剧作家、评论家。

[3] 埃德蒙·威尔逊那部研究象征主义的经典之作就叫《阿克塞尔的城堡》。——原注

捕捉各种心绪和印象……"

叶芝曾宣称："要是一个人真正的生活被偷走了，他就得到别的地方去找它。"这种"内心的转向"源于敏感的个体对国家的疏离；它造就了一种新的诗歌，一种新的语感，一种新的欧洲意识。它是整个19世纪艺术与文学逐渐脱离社会（这个社会就是"被看作上流社会的那一帮吵吵嚷嚷的银行家、中小学校长和牧师"）这一进程的高潮。19世纪80年代，象征主义不仅全面反叛主流社会（社会主义者和博物学家已经进行过这类反抗），而且全面反叛上一代知识分子和艺术家（那一代知识分子和艺术家希望通过批评社会来使其改变）。它反叛一切想象得到的社会，这表现在，易卜生在《野鸭》中从攻击幻想转向攻击对幻想的需要。象征主义是一些人的"内心活动"：他们放弃了改变社会的希望，而且厌倦了浪漫派尝试过的唯心主义的出世语言。历史就是不断地耗尽所有选择的过程："我们已经厌倦了众所周知的寻常事物。"资产阶级已经读懂了歌德和雨果！

这场危机的一个标志就是，在理性与智力之间产生了分裂感，甚至"智力成了灵魂的敌人"［路德维希·克拉格斯[1]；"灵魂起来反抗智力"（叶芝，1892）］。象征主义者说过"合理的感觉混乱状态"、词语的神秘性、不事说理的新诗。丰富、微妙、像梦一样难以捉摸的内心世界，与外在公开的自我分裂，成为一个需要专门探讨的领域。这个领域有其独特的研究方法，完全不同于科学家和政

---

[1] 克拉格斯（Ludwig Klages, 1872—1956），德国心理学家、哲学家和批评家，创立德国的生机论哲学运动。

治家的方法。象征主义者寻找一种新的诗歌语言，这是因为日常的话语语言无法传达体验的真正滋味。从科学研究转向小说创作的维也纳作家罗伯特·穆齐尔引用比利时象征主义者莫里斯·梅特林克[1]的话说："我们相信我们已经潜入海底最深处，但当我们从水里出来，我们苍白指尖上的水珠却丝毫不像它所来自的海洋。"

大部分现代诗受到象征派大诗人魏尔兰和马拉美的影响，在他们之后是朱尔·拉弗格[2]和保罗·瓦莱里[3]。几年后，T. S. 艾略特将象征主义的风格和基调带入英国诗歌。与西欧的象征主义相比，俄国的象征主义在总体上更有神秘色彩，而且更加激进。按照诗人维亚切斯拉夫·伊万诺夫[4]的"神秘的无政府主义"，艺术家在破除难解之谜时使用的特殊智慧应该用于改造生活，建设一个新世界。但这种恢复诗歌政治职能的希望在欧洲也并非完全没有，奥地利的胡戈·冯·霍夫曼斯塔尔就是一例。

对象征主义的批评

同大多数读者一样，老派的现实主义作家通常也对这种新文学吃惊不小，他们认为，这种文学出自穷困潦倒的流浪汉之手，几近

---

1 罗伯特·穆齐尔（Robert Musil, 1880—1942），奥地利作家。莫里斯·梅特林克（Maurice Maeterlinck, 1862—1949），比利时诗人、剧作家，其象征主义剧作《普莱雅斯和梅丽桑德》等影响甚广。

2 朱尔·拉弗格（Jules Laforgue, 1860—1887），法国印象派诗人，"自由诗体"的创始人之一。

3 保罗·瓦莱里（Paul Valéry, 1871—1945），法国诗人、小品文作家、评论家。

4 维亚切斯拉夫·伊万诺夫（Vyacheslav Ivanovich Ivanov, 1866—1949），俄国象征派诗人、哲学家。

疯狂。这种说法并不适用于这场运动的创始人，即马拉美和穆齐尔，他们都是严肃的作家和思想家。其他人，如王尔德和邓南遮，则处于中间，他们都是一些在人格上无法让人忍受的人，同时也是热忱的艺术家。"世纪末"的唯美主义反叛者和革命者五花八门，什么类型都有。他们与文学传统毅然决裂。1910年，一位重要的英国诗人称 T. S. 艾略特的诗歌为"疯狂"之举。当时，这位来自美国的年轻侨民正将法国象征主义的技巧和见解引入英国文学。

马克斯·诺尔道[1]宣称，心智健康的人其实没有隐秘的生活。这位犹太社会主义者写了一本名为《堕落》(Entartung, 1892)的书来攻击新文学。这本书可以与托尔斯泰在《什么是艺术？》(1897)中对象征主义的激烈抨击相提并论。诺尔道在新文学中看到的只有"堕落"。他宣称尼采、沃尔特·惠特曼、瓦格纳、易卜生，甚至托尔斯泰（托尔斯泰本人是反对象征主义和颓废派的），以及那些法国诗人，都是病态的。他们都是疯子，都与社会为敌，沉迷性欲（诺尔道认为，过度纵欲会毁灭文明）。这位德国社会主义者差不多准备赞同柏拉图的主张，将艺术家从社会中驱逐以维护社会的稳定。他确实宣布自己推崇但丁、莎士比亚和歌德的"健康的艺术"。（先锋派作家几乎都崇拜莎士比亚，这可能会使他重新考虑这个问题。）现代派极少能通过他的批评审查——豪普特曼的《织工》是一个例外。他庆幸普通人没有受这些很有诱惑力的妖言的影响，因为他们更喜欢的还是音乐厅的曲子和滑稽戏，而不是瓦格纳和易卜生。

德高望重的作家列夫·托尔斯泰也谴责这种新文学和艺术，说

---

[1] 马克斯·诺尔道（Max Nordau, 1849—1923），医生、论辩家、早期犹太民族主义者。

它们是精英式的、反社会的，而且晦涩难懂。文学应当说普通人的语言，向他们传达重要的真理。而这些现代作家彼此之间都几乎难以交流。他们的座右铭是"我憎恶群氓"。托尔斯泰认为自己可以说俄国农民的语言。在晚年（他死于 1910 年），托尔斯泰给俄国农民写过简单明了的道德故事。《战争与和平》的作者，在经历了一场深刻的精神危机之后，转向一种原始的基督教，写下一些很有感化力量的宗教小册子。19 世纪末的"回归宗教"运动反对实证主义科学的统治。托尔斯泰是其中的一个重要人物。当托尔斯泰陷入绝望时，哲学家的抽象概念，以及科学家列举的事实和理论，都对他毫无用处。于是，他转向了基督教（不是俄国东正教会的官方基督教，而是早期基督徒信奉的原始教义，前者是他攻击的对象，而且它试图谴责他的学说）。托尔斯泰认为，那种徒有其表的宗教歪曲了基督的原意，而基督的原意所包含的深刻属灵真意绝非纯粹的教条所能表现的。他否定原罪、基督神性以及各种圣礼，称这些东西都是"粗俗、堕落的巫术"。俄国教会因而开除了他的教籍。他的宗教著述（例如《上帝的王国在你心中》）产生了巨大的影响。他也感受到东方宗教的影响，而且试图发现作为一切信仰基础的基本真理。

托尔斯泰也许是"一战"之前那段时期最伟大的预言家；他使世界为之倾倒；世界各地有很多人来到他的俄国庄园顶礼膜拜。虽然他也是俄国地主贵族中的一员，但他强烈谴责俄国以及欧洲地主贵族的腐朽。像卢梭或美国哲人亨利·梭罗一样，他主张回归简朴生活，去除一切矫揉造作。他谴责战争以及一切强制形式，这使他成为和平运动的英雄和政治上的无政府主义者；他认为国家是人类的敌人。对邪恶势力采取不抵抗原则，这是他政治信仰的基石，虽说他本人并不总是遵循这个原则。尽管他倡导无政府主义、和平主义以及与政府不合作的态度，但俄国政府——可能是世界上最专制的政府——却不敢动他。杜霍波尔事件是说明他享有世界性声誉的一个突出例证。[1] 他竭力挽救这个基督教共产主义流派，使之免受沙皇政府的残酷迫害，并且成功地在世界各地筹募一笔资金，把他们集体送到加拿大。

托尔斯泰送光了他文学创作挣来的钱，最终又放弃了所有财产（这让他的夫人大为惊愕）。他后来最有名的弟子是伟大的圣雄甘地，那位具有传奇色彩的圣人和现代印度民族之父。世界上有无数人承认他是先知。在那些到托尔斯泰庄园朝圣的人当中，有美国政治领袖威廉·詹宁斯·布莱恩[2]。哲学家路德维希·维特根斯坦就是靠读托尔斯泰的《圣经》评论挺过第一次世界大战的各个战役的，他在战后试图按照托尔斯泰的计划去做一名乡村教师。这个计划没有兑现。有人可能猜想，这是因为托尔斯泰与农民之间的距离之远，远远超出列夫伯爵自己的想象。但他的地位和名气却是一个突出的现象。他能获得这么大的声誉，在19世纪的作家当中实属罕见。他通过影响大众舆论而成为影响世界的人物。

在1886年之前，对西欧人来说，俄国几乎没有什么文学。屠格涅夫是唯一的例外。而他的一生几乎都是在国外度过的，更证明了

---

[1] 杜霍波尔派（Doukhobors），18世纪兴起于俄国的农村教派。他们否认教会和国家的权威，主张个人直接接受启示。他们因坚持平等主义与和平主义而不断遭到迫害。
[2] 威廉·詹宁斯·布莱恩（William Jennings Bryan, 1860—1925），美国民主党和平民党领袖、律师、演说家。

第5章 从自然主义到现代主义　　217

这个普遍的看法。此后，俄国文学风行一时，这在很大程度上不仅归功于托尔斯泰，也归功于反对自然主义的趋势，即"转向内心"以探索人物的心理。其中，关键人物是陀思妥耶夫斯基。他是最伟大的心理小说家。后来，弗洛伊德把他同莎士比亚和歌德放在一起，称他们是精神分析的真正创始人。[1]普遍认为，陀思妥耶夫斯基从俄罗斯人的心灵中获取了灵感，据说俄罗斯人的心灵最为深沉。但事实上，他在文学上主要得益于欧洲作家：莎士比亚、卢梭、拜伦、司各特、狄更斯、歌德、巴尔扎克和雨果，同时得益于俄国作家的先驱，即普希金和果戈理。陀思妥耶夫斯基生于1822年，其情绪激昂的气质使人联想到波德莱尔；他年轻时也是社会主义者，1849年被捕，在西伯利亚的牢营中度过了四年时光。这段经历尽管十分可怕，却为他的小说提供了丰富的素材。出狱之后，他不再是激进分子和无神论者，而是成了一名保守分子和宗教信徒。

从1866年到1881年去世，他写出了一系列震惊世人的小说。从《罪与罚》到《卡拉马佐夫兄弟》，这些小说不仅在文学上，而且在哲学、宗教和心理学上留下了思想印记。在生动地表现严肃思想方面，陀思妥耶夫斯基是最成功的作家。如果说弗洛伊德称他是精神分析先驱，尼采则从他那里借来了"超人"这个观念，萨特则认为他是存在主义的发源地。尼采的"上帝死亡"说以及它所表示的可怕危机感，也可以在这位俄国作家的作品中发现。《卡拉马佐夫兄弟》中的一个人物说，历史可分为两部分：从大猩猩到毁灭上

---

[1] 三部最伟大的俄狄浦斯式的作品是《俄狄浦斯王》、《哈姆雷特》和《卡拉马佐夫兄弟》。弗洛伊德还应加上下一代作家D. H. 劳伦斯的《儿子与情人》。——原注

帝，从毁灭上帝到改造世界。

陀思妥耶夫斯基怀有这样一种信念：斯拉夫民族肩负着挽救堕落的欧洲的潜在使命，因为他们还信教，没有被物质主义腐化。他与托尔斯泰一道，是1914年后基督教复兴运动的先驱者，尼古拉·别尔嘉耶夫称他们是"精神时代的先驱"。陀思妥耶夫斯基的现代性主要表现为这种哲学维度，而不是文体的新奇。

萧伯纳与爱德华七世时代的人[1]

萧伯纳是另一位固守传统表现方式的大作家。尽管他不是传统意义上的思想家，他没有用晦涩的风格装扮自己的思想。他为易卜生辩护，支持瓦格纳和尼采，阐述马克思的思想，他还是女权主义者和素食主义者。萧伯纳的使命就是将新思想强加给眼界褊狭的英国人。正是出于这个原因，他的风格只能是直截了当。他的戏剧经常借用人们所熟悉的闹剧或滑稽戏的结构，不同之处在于，他在戏剧中注入了大胆的思想。驾驭"思想剧"的才华和伏尔泰式的机巧聪慧使这位博学多才的爱尔兰移民脱颖而出。在动荡不安的19世纪80年代，这位年轻人闯荡伦敦，见到社会主义者、空想家、女权主义者以及海德公园里的演讲者等各色人物。

萧伯纳的一些剧作本着社会主义的精神揭露了社会的罪恶或虚伪，还有一些剧作反映了他对流行一时的尼采思想和生机论思想的

---

[1] 爱德华七世时代的人（Edwardian），是指活跃在20世纪最初10年（1901—1910），即爱德华七世在位期间的英国人。

沉迷。伯特兰·罗素认为，萧伯纳是英国的弗洛伊德（他们正好同龄），说他"驱散"了有关性和家庭关系的"谎言"。萧伯纳的大部分剧作都令维多利亚时代的人感到震惊，但他的妙趣横生又使他们兴致盎然，心甘情愿地接受辱骂。这正是因为他那种闪烁才智的批评方式，所以他同伏尔泰一样，成了"可以为所欲为的疯子"，有权去批评人们的精神偶像。

萧伯纳的戏剧贯穿着大胆、自由的精神，打破各种礼教，教人们伸张个性。萧伯纳采纳了尼采的一个见解，让他笔下的唐璜发现最优秀的人实际都在地狱而不是在天堂。他颠倒了通行的规则：女人喝白兰地，抽雪茄，男人则卑躬屈膝、胆小如鼠；令人尊敬的职业斯文扫地，而不受尊敬的职业却令人肃然起敬；华伦夫人的职业（世界上最古老的职业——色情业）不比一个体面商人的职业更糟糕。萧伯纳笔下的恺撒是一个尼采式的超人，他的行动受到理性的控制，超越了善恶。《回到玛士撒拉时代》宣扬"创世进化"或"突生进化"理论，这是颇有影响的巴黎哲学家亨利·柏格森特别喜欢的一个主题，事实上，"生命力"是萧伯纳一贯的主题。克林·威尔逊评论道，萧伯纳的戏剧"写的都是同一件事：'生命力'的隐蔽的创造冲动，以及它促使人们去做根据日常逻辑难以理解的事情的方式"。

《人与超人》与弗洛伊德的《释梦》在同一年写成。这部剧作的主人公是一位现代唐璜，但剧中真正的胜利者是唐纳·胡安娜这位新女性；约翰·西蒙写道，萧伯纳的戏剧"把女性看作损人利己者，但同时认为女性本质上比男性更健康、更明智"。在这部剧中，正如在他的大部分戏剧中，萧伯纳所涉及的思想范围极为广泛，包括社会主义、达尔文主义、性解放、女权主义、生机论和新的美学信条。在50多年的创作生涯中，萧伯纳写了50多部剧作，还有大量的散文，其中包括相当有分量的音乐批评。他创作的鼎盛时期是1895—1917年。他还参加费边社的政治活动，一度出任市政务委员会的教区代表。他与爱德华七世时代的其他人物（如威尔斯、罗素）一起，为加强那个时代惊人的思想能量做出了贡献。但正如我们指出的，他不是一名文学现代主义者，他的作品与先锋派作品不同，几乎不存在与大众交流的障碍。他只是在思想上是现代的。

赫伯特·乔治·威尔斯的创作能力更为惊人，他在50多年里写了100多本书[1]，平均每年两本以上，此外他还给杂志写了数量众多的文章和评论。单凭这些他很难成为不朽人物，因为许多低俗小说作家单凭出版数量就足以超过他。但威尔斯是一位高质量的作家，无论他的小说还是其他体裁的作品，都是如此。与萧伯纳一样，他在文体上没有什么创新，他喜欢让普通读者看懂他的书。晚年，他曾激烈批评那些卖弄新奇文风的作家。但他早期的小说赢得了高度赞扬。1912年，有人在文学界权威人士当中进行过一次民意测验，结果显示，在当时所有在世的英国小说家中，威尔斯的地位仅次于哈代，但当时哈代已停止小说创作很长时间。有人根据他在1900—1910年所写的社会讽刺作品，盛情地把威尔斯比作狄更斯。1906年，一篇有代表性的评论称他为"幽默风趣的作家，尖酸刻薄的才子，处处表露出新的创意"。这些小说，例如《托诺-邦盖》和《波里

---

[1] 1966年，威尔斯研究会编订了他的著作目录，他独立成书的著作共有156种，尽管有些只是寥寥数页的小册子。沃伦·瓦格纳在《H. G. 威尔斯和世界国家》一书中列了108种，有些著作与颇受欢迎的《世界史纲》一样，是多卷本。——原注

先生的历史》,鲜明地再现了英国(主要是伦敦)的真实人物,这些人不是有钱有势的大人物,而是普通的小人物。这些故事针砭时世,生动揭示了"中下层阶级生活的绝望无助",他们的狭窄眼界以及可怜幻想。

众所周知,威尔斯同时还创作另一种文学体裁。他可以说是这种体裁的创始人。那就是科幻小说。他在这方面的作品有《时间机器》、《隐身人》、《月球第一人》和《莫罗博士的岛屿》等。它们为后来的恐怖片、星际旅行和未来学建立了模式,这些小说也被拍成早期电影。尽管在威尔斯之前已经有少数作家探索过"科幻小说"的创作,但使它登堂入室的却是威尔斯。威尔斯是公认的科幻小说大师。后来的科幻小说家都以他为鼻祖。

威尔斯出身寒微,他父亲做过家仆,当过二流运动员,后来开商店,但很不成功。威尔斯对小人物的了解还是很真实的。他从未在牛津或剑桥念过书。他曾在布店当学徒。他大学时代学的是理科,他拿到了一份微薄的奖学金到南肯辛顿师范学院学习,后来在伦敦大学获得理学学士(1889)。那时,他遭遇了一场严重事故(在足球比赛中受伤),他的第一次婚姻也是灾难性的,但他挺了过来。他精力过人,那种活跃的生命力在一生中如火山喷发。这似乎是时代的风尚。有一位学者为威尔斯的朋友安妮·贝赞特撰写传记,第一卷的题目便是《安妮·贝赞特早年的五面人生》[1]。贝赞特夫人最初信奉无神论,是查尔斯·布拉德洛的弟子,布拉德洛因 1885 年拒绝在下议院进行宗教宣誓而知名;贝赞特夫人还是女权主义的先驱,

---

1　The First Five Lives of Annie Besant,芝加哥大学出版社,1960 年出版。——原注

她提倡节育和自由恋爱；她与萧伯纳一道成为（社会主义的）费边社的创始成员，她教过自然科学方面的课程，帮助组织工会和罢工，后来却受到通神论的影响，去了印度，并发起了印度民族主义运动（她在甘地之前担任印度国大党主席）。这在维多利亚-爱德华七世时代是一种很正常的生活方式。

在维多利亚时代晚期，人们同样可以在威尔斯身上发现他至少有五面人生。19世纪80年代，也就是在他的青年时代，他就已经成为社会主义者，聆听萧伯纳、威廉·莫里斯和亨利·乔治的教诲。与此同时，达尔文主义的科学进化论精神也对他产生了深刻影响。威尔斯就此写了许多本书，1902年出版的一本书的冗长书名最能体现他的主旨：《机械与科学发展对人类生活和思想可能产生的作用》。他具有一种预言未来科技发展动态和后果的特殊才能，这种才能与他的科幻小说创作才能密切相关。航空、原子能（也许还有核战争）、预制装配式住宅建筑、郊区化、巨型城市等人类即将遇见的事物，威尔斯都预见到了，就算他的预见没有让人感到怪异，肯定也给人留下了深刻印象。要知道，1902年，莱特兄弟还没有进行他们的首次飞行，放射性尚未发现。在这些问题及其他问题上，威尔斯显示出他不仅了解最新的科学信息，而且能想象出科技变迁对于人类生活的意义。未来学现已成为一门学科（尽管尚有争议），而它的开端可以追溯到威尔斯。

与萧伯纳一样，威尔斯晚年成果颇丰，而且笔耕不辍，但他最终还是与时代格格不入；他的鼎盛时期在1914年之前。无论小说创作还是非小说创作，他都取得了成功，不仅保持了很高的学术质量，而且适合大众阅读。这种成就可能是空前绝后的。他在第一次世界大战后写的《世界史纲》成为严肃的史学著作中销量创纪录的畅销书。我们还可以补充一点,他在1910年创作的长篇小说《安·维罗尼卡》中,以同情的笔触大胆地表现了"一位解放了的女性"。这部小说甚至令他的社会主义朋友们感到震惊。就此而言,他为推动妇女解放所做的贡献,也许比爱德华七世时代的任何一位伟人都重要,甚至超过了萧伯纳和罗素。

20世纪初现代主义的诞生

在欧洲大陆,一种更有魄力、更有胆识、更有实验色彩的艺术风格一直方兴未艾;直到20世纪前十年结束之际,它还没有对英国产生太多的影响。弗吉尼亚·伍尔芙曾宣称,临近1910年末,"人类品性发生了改变";她主要想到的是当时伦敦举办的后印象派画展,这次画展在公众当中引起了巨大争议。

这场革命已经在欧洲进行一段时间了。如果把1890—1910年所有的美学"宣言"汇编成书,一定不会少于730个。野兽派是马蒂斯和杜飞领导的一个著名画派,立体派随之产生。我们在德国的表现主义和法国的立体主义中可以分别看到现代主义绘画的两翼:注重情感的倾向和注重理性的倾向。立体派注重几何分析,表现派则注重主观象征。它们的共同之处是激进的实验主义倾向:偏离传统的现实主义,在抽象的形式或内心的幻象中寻找更深刻的现实。亨利·马蒂斯解释道:"客体有一种固有的真实,必须使其脱离客体的外在表象。""忠实的描摹不是真实。"另一位大画家瓦西里·康定斯基于1910年创作了第一幅抽象画。他宣称:"客体总是屏蔽我的意蕴。""远离实在,远离物质,回到精神"成为箴言。

这是对更深刻真实的严肃思想追求,它力求将人类从科学理性的牢笼中拯救出来。但普通人往往对这种新艺术深恶痛绝。它的反现实主义取向是人们不喜欢它的一个原因。人们无法从这类绘画或雕塑中"认出"什么东西,并且怀疑这些艺术家在拿他们开玩笑——这种看法倒是有一丝真实的成分。这些艺术家挺身反抗的是资产阶级碌碌无为和民众平庸市侩的世界,他们反对的是官僚主义、机械呆板和琐碎无聊的世界。公众的反应通常是震惊和愤怒;当现代主义艺术家通常更大胆地表现色情时,公众的反应就更激烈了。伦敦和纽约的观众向现代画展扔东西。弗朗茨·约瑟夫皇帝居然用马鞭子抽打考考斯卡[1]的一幅绘画!本来不好发火的爱尔兰人,却因为 J. M. 辛格[2]的剧作《西方世界的花花公子》而发生骚乱,闹了一个星期,而这部剧作现已被奉为经典。这是自浪漫主义运动以来与传统决裂的最极端事件,或许比浪漫主义有过之而无不及。对于刚刚适应先前那场决裂(指浪漫主义)的人们来说,这次决裂太过火了。对 19 世纪各个时期人们的艺术观念的研究,例如,佩尔西·施拉姆[3]论述九代汉堡人的著作,已经表明艺术家与普通公众、先锋派品味与民众品味之间的鸿沟正在逐步扩大。

资产阶级支持技术的不断变化,而且崇尚"进步",但排斥艺术中的任何新东西,这似乎十分矛盾,但情况确实如此。一百年后,

---

1 考考斯卡(Oskar Kokoschka,1886—1980),奥地利表现派画家。
2 J. M. 辛格(John Millington Synge,1871—1909),爱尔兰剧作家,被称作爱尔兰文艺复兴的领袖。
3 佩尔西·施拉姆(Percy Ernst Schramm,1894—1970),德国历史学家。

他们却又甘愿拿出几百万美元去买当时他们嘲笑和忽略的绘画作品：凡·高、毕加索、马蒂斯、克利、蒙德里安的作品。这场革命自然也扩展到其他艺术领域。音乐是一个引起激烈争执的领域。1903 年，巴黎音乐学院排斥莫里斯·拉威尔[1]；1907 年，古斯塔夫·马勒与维也纳音乐界发生激烈争执。但这些事件与几年后人们面对更大胆的创新时的反应相比，只能算是小巫见大巫了。瓦格纳和德彪西篡改了自然音阶，阿诺德·勋伯格则完全排斥自然音阶而采用十二音作曲法。他的"序列音乐"创造了一种新的音乐结构。1913 年，勋伯格和艾尔班·贝尔格[2]的作品上演，引发了维也纳人的抗议骚动。在此之前，巴黎发生了一场更有名的骚乱，针对的是斯特拉文斯基的《春之祭》中大胆的节奏与不和谐的和弦。

新的建筑也招致了类似的强烈抗议。维也纳建筑师阿道夫·洛斯[3]的"国际式风格"深受美国的影响。1910 年，他成为群起攻击的对象，他在米歇尔广场设计的建筑物洛斯宅，招致"一片愤怒之声……这种强烈的愤慨之情在维也纳还是罕见的"。这是与建筑学传统，也就是与过去的各种风格决裂。过去，古希腊的、中世纪的（浪漫主义所复兴的）、文艺复兴的或巴洛克的风格，体现了把建筑提升为艺术的追求。现在的这种决裂很大程度上源于达尔文主义的影响，现代主义的先行者路易·沙利文[4]的作品就是例证。难道每一

1　莫里斯·拉威尔（Maurice Ravel，1875—1937），瑞士巴斯克裔法国作曲家。他在巴黎音乐学院三次竞争罗马大奖，都因评委中几位极端保守的成员反对而落选。
2　艾尔班·贝尔格（Alban Berg，1885—1935），奥地利作曲家，师从勋伯格。
3　阿道夫·洛斯（Adolf Loos，1870—1933），生于捷克，主要活动在奥地利。因其建筑理念而闻名。
4　路易·沙利文（Louis Sullivan，1856—1924），美国现代建筑（尤其是摩天楼设计美学）的奠基人。

种人类文化模式不是像社会进化那样必须适应新环境吗？正如美国的弗兰克·劳埃德·赖特、瑞士的勒·科布西耶[1]以及建筑界的其他年轻的反叛天才的作品所显示的，临近1914年时，最激动人心的领域莫过于建筑学现代主义的前沿。

这是才华横溢的一代人。他们在第一次世界大战之后才得到基本认可，我们在第7章将对此进行深入探讨。"一战"前夕，乔伊斯、D. H. 劳伦斯、弗吉尼亚·伍尔芙、弗兰茨·卡夫卡和马塞尔·普鲁斯特正值作家学徒期，但已经预示了小说的革命。这场艺术和文学大爆炸受到了新兴的哲学与科学观念的推动，我们将在下文讨论。这些新兴的观念包括亨利·柏格森的直觉、弗里德里希·尼采的酒神精神、弗洛伊德的无意识心理以及与阿尔伯特·爱因斯坦密切相关的物理学革命。(《未来主义宣言》大声呼喊："时间和空间在昨天死掉！")与此同时，政治与社会思想继续蓬勃发展。

有人可能会认为，光是欧洲就已经足以让人们眼花缭乱、无暇旁顾。然而，艺术现代主义的一个显著特征是，它把触角伸到域外之地。安德烈·纪德宣告："欧洲令我厌烦。"保罗·高更辞掉布鲁塞尔一家银行的工作，到南太平洋寻找绘画题材。罗伯特·路易斯·史蒂文森云游四海，最终在萨摩亚定居。在"世纪末"的这一代作家和艺术家当中，有很多人几乎总是处于运动不居的状态；可以说，他们"居无定所，行无定向"，这种情况绝非莱内·马利亚·里尔克一人所有。就当时艺术所受到的具体影响而言，日本的

---

[1] 勒·科布西耶（Le Corbusier, 1887—1965），国际式建筑学派的第一代建筑师，也是该学派最积极的倡导者。

影响也是一个方面。当时日本与西方的联系非常引人注目，有一些作家，如美国人拉夫卡迪奥·赫恩[1]，对此做过概述。在20世纪头几年的法国，"空气中弥漫着东方的气息"。埃兹拉·庞德，这位在英国领导现代主义的美国侨民，在他的意象主义诗歌中采用了日本俳句形式。不久，非洲雕刻对欧洲先锋派艺术产生了同样深刻的影响。

非理性主义者

19世纪末的艺术、文学与各种哲学思潮紧密交织，我们在上文提到尼采和柏格森时就已经暗示了这一点。因为这些哲学家把艺术当成通向真理的主要途径。他们是后科学主义者，而且是某种程度上的反理性主义者。他们相信，最深刻的真理逃避我们纯粹的逻辑分析。他们会赞同法国小说家兼政治家莫里斯·巴雷斯[2]的说法："我们的理智——这是附在我们自我的外表上的多么微不足道的东西！"我们的逻辑本身是一种语言建构，它肯定无法穷尽无限丰富的经验。生活远远大于思想。

在法国批评家乔治·盖伊-格兰特[3]看来，深受亨利·柏格森影响的诗人，在"主观主义放纵"中表现出一种情感狂乱，柏格森宣扬的自由的内在流动完全不同于公众对时间和空间约定俗成的看法。

---

1 拉夫卡迪奥·赫恩（Lafcadio Hearn，1850—1904）：在都柏林长大，19岁移居美国，1895年入日本籍，取名小泉八云。
2 莫里斯·巴雷斯（Maurice Barrès，1862—1923），法国作家、政治家，因为鼓吹个人主义和狂热的民族主义而产生较大影响。
3 乔治·盖伊-格兰特（Georges Guy-Grand），20世纪法国学者。

伊妮德·斯塔基[1]在回忆这位巴黎哲学家对她们那一代人的巨大影响时这样写道："柏格森给我们带来了诗歌和神秘的直觉，证明了自由和理想主义的合理性，释放了意识的流动。"柏格森19世纪90年代在巴黎大学的讲演，就产生的轰动效应而言，足以同中世纪阿伯拉尔的演讲相媲美。不久，人们就把他与笛卡儿、卢梭和孔德相提并论，把他当成一代思想大师。柏格森的第一部名作于1889年面世，当时他30岁。与尼采相似，柏格森的行文极具天赋，这确保了他拥有一批读者；他在使用隐喻和诗歌意象方面不拘一格，因为他相信，纯概念思考无法最好地传达现实的本质。柏格森是作家们的哲学家，他与象征主义运动有密切关联。

柏格森严格区分了理性的、概念化的理智和直觉性的理解。前者是实用的工具，关注有用的知识，但并不能产生真理，因为现实是无法如此条块分割并用概念来思考的。这一点接近于康德的现象-本体之辩。现实是一个连续的整体，需要用直觉来把握。"生命力"存在于万物之中，流过直接经验。与理智相比，直觉（被界定为本能，它具有自我意识和反思性）让我们更接近"生命的本质"，而理智处理的是生命的表面现象。柏格森说，他是从思索时间的意义开始哲学思考的。他自己只能得出这样的结论，钟表显示的日常生活的时间，也就是物理学家所说的时间，完全不同于经验中的实际时间。人类分析和划分事物的智能使人们产生了前一种时间观念，这种时间观念固然有用，但不符合经验。

当我们用直觉来把握直接经验时，发现的是一个无法分割的连

---

[1] 伊妮德·斯塔基（Enid Starkie，1897—1970），牛津大学的法国文学教授。

续体，它是一种我们只能用诗歌意象来描述的"绵延"（duration）。其他事物也是如此。科学告诉我们，钟发出的声音是一系列的振动，可我们却把它当作一个整体来体验。一首曲子不是一系列音符，它是无法描述的；我们只是通过直觉来感受它。按照华兹华斯的说法，科学在"屠杀式地进行分解剖析"。现实是不可分割的，因而也是无法分析的；只要我们出于权宜之计不得不对它进行分析，那么我们就是在歪曲现实。"科学只是由一些惯例组成，它徒有其表的准确性完全建立在这种情况之上；科学所提供的事实，尤其是科学定律，都是科学家人为的成果；因此科学不能教给我们任何真理；它只能充当一种行为规则。"[1] 尼采会说，科学在本质上是神话。

批评者反对柏格森主义或实用主义把"概念化"过程贬斥为约定俗成，他们只需指出这样一点就够了：这些哲学家也不得不使用概念性的或思想性的语言，否则就等于禁止思想。大家都承认，概念与现实不是一回事。就在此时（19世纪90年代），奥地利科学家、哲学家恩斯特·马赫[2]（爱因斯坦深受他的影响）非常有说服力地论证了这一点。概念性知识不能穷尽现实，也不是处理现实的唯一方法。但要是说科学与现实完全分离，说它根本不能告诉我们任何有关现实的东西，说它只是展示自己武断制订的符号和象征，那就走得太远了。然而，柏格森主义者对科学的反击很有说服力，依然产生了重要的影响；它的主要结果是证实和恢复了"直接经验"形式——如文学、宗教以及各种神秘或非理性的经验——的正确性。

---

[1] R. B.Perry, *Present Philosophical Tendencies*（1912），第230—231页。——原注
[2] 恩斯特·马赫（Ernst Mach, 1838—1916），奥地利科学家、哲学家。

柏格森主义的主要思想打破了处于支配地位的实证主义对于宗教或形而上学思想的禁锢。艾蒂安·吉尔松[1]在回忆柏格森对他们那一代人的影响时写道:"自孔德和康德以来,形而上学第一次凭借自己的力量展开反对科学决定论的斗争并取得了胜利。"夏尔·戴高乐说柏格森"更新了法国的精神面貌"。

柏格森提出了一种生机论的进化理论。他在一本销路甚广的著作《创世进化》(Creative Evolution,1908)中反对达尔文主义的机械论。他认为生命本身具有某种目的性力量,没有这股力量,就无法解释进化。当时,"突生进化"学说得到许多思想家的支持,它在英国最主要的支持者是塞缪尔·亚历山大。"突生进化"学说认为,自然逐渐创造出自身,而不是自古以来就存在;生命演化出新的和不可预知的形式。我们身处一个尚未完成的世界中,我们也在帮助它形成。"创世进化",正如柏格森指出的,是西方思想传统中的崭新观念。这个令人振奋的观念将达尔文主义者那种相当阴郁的机械无神论变成了对一个不断发展的世界的神奇自由的感受。

编辑兼作家夏尔·贝玑是柏格森的法国弟子之一。他是一个不拘泥于教条的基督徒、民主主义者、社会主义者。1914年之前,他是法国最具影响力的作家。贝玑说,柏格森的哲学是"直觉的哲学……它讲的不是科学理性的缺陷,而是一种意图,即直接接触有生命的、活动的事物的本质"。这种哲学强有力地把贝玑最终推向了神秘主义。小说家们也把表现未曾加工的"意识流"的主张归功于柏格森。我们前面还提到他对萧伯纳的影响。

---

[1] 艾蒂安·吉尔松(Etienne Gilson,1884—1978),法国天主教哲学家、中世纪哲学史学家。

柏格森是美国哲学家威廉·詹姆斯的朋友。他与詹姆斯和约翰·杜威的实用主义息息相关。在攻击理智性或观念性知识方面，他们大体一致。正如杜威所说："有一种经验在支撑着知识及其对象，支撑着它们的图式化或结构成分。"换句话说，直觉经验更为深刻，成为支撑认知过程的基体。正如尼采所说，我们必须反对纯粹感知的教条。柏格森与这两位实用主义者有些类似于现象学创始人埃德蒙·胡塞尔。胡塞尔比他们更晦涩一些。他在世纪之交用"现象学"这个术语来表示一种系统的学问，即研究事物和概念在被语言概念化之前是如何直接传递给精神的。

英国人 F. C. S. 希勒，以及意大利人帕皮尼和佩佐里尼[1]是实用主义在欧洲的代表。实用主义在欧洲不及它在美国影响大。后来，帕皮尼成为法西斯主义者，这或许表明了实用主义容易受到环境影响和容易接受一切活跃的信条的倾向，据说柏格森主义也有这种倾向。在德国风行的"创世进化"观念或"生命哲学"（马克斯·舍勒[2]乃是柏格森的德国同道）有一个弱点：它们常常将时新的东西当作生命力或历史精神的显现而予以接受。知识分子莫名其妙地迷恋1914年的战争，在很大程度上就是这种综合征在作怪。战争发生了，令人感到新奇；因此它在本质上一定是神圣的。理性无法对它进行判断，因为生命在理性之上。

---

[1] F. C. S. 希勒（Ferdinand Canning Scott Schiller，1864—1937），德裔英国哲学家、心理学家、优生学家。帕皮尼（Giovanni Papini，1881—1956），意大利新闻记者、文学家。佩佐里尼（Giuseppe Prezzolini，1882—1982），意大利新闻记者、随笔作家、文学批评家。

[2] 马克斯·舍勒（Max Scheler，1874—1928），德国哲学家。

弗里德里希·尼采

在德国，当人们谈论形而上学复兴的时候，总要引用哈特曼、洛采和倭铿[1]，还有舍勒。但在19世纪末的德国，弗里德里希·尼采是最重要的人物，他的影响力遍及欧洲。在19世纪80年代，他就以一系列振聋发聩的作品声名鹊起，这些作品不同于以往的任何著述，他在这些作品中利用德语从全新的角度阐述了许多惊人的观念。他的著作异乎寻常，以至于数年后他才为人所知；但到了1900年，也就是在他45岁中风失去语言能力的10多年之后，他在欧洲知识分子中风靡一时。（当时，"知识分子"这个词刚开始被用于描述某种精神气质；在法国，据说这个词的起源可以追溯到1898年在德雷福斯事件的喧嚣声中发表的一份"知识分子宣言"。）

欧洲的青年艺术家和知识分子经常欢呼，说尼采准确表达了他们未能说出的内心感受。安德烈·纪德说："早在他的著作面世之前，尼采的影响就已经在我们中间存在；它降落在成熟的土壤上。"从都柏林的威廉·巴特勒·叶芝到布拉格的弗兰茨·卡夫卡，富于想象的作家对尼采的呼应尤其强烈。但尼采是一部宣言，他道出了所有与众不同的人的心声，这些人是精神上的少数派，是大众的公敌，他们对深受报纸影响的大众深恶痛绝。事实上，尼采是现实欧洲文明的敌人；人们应该做的只不过是摧毁欧洲文明，重新开始。"我看到一股强大的悲凉情绪笼罩着人们心头。最优秀的人厌倦了

---

[1] 哈特曼（Karl Robert Eduard Von Hartmann，1842—1906），洛采（Rudolf Hermann Lotze，1817—1881），倭铿（Rudolf Eucken，1846—1926），这三个人均为德国哲学家。

第5章 从自然主义到现代主义

他们的工作……一切都是虚幻的，一切都是无关紧要的，过去的一切也是如此。"

在预言式著作《查拉斯图拉如是说》中，尼采借鉴古希腊的酒神颂歌，采用了一种抒情诗形式。尼采是一位少年得志的学者、古典语文学家，24岁就获得博士学位，当了巴塞尔大学教授。尼采与当时新兴的刻板枯燥的学术专业化取向发生了冲突。那些学院派批评他的《悲剧的诞生》(1872)过于玄奥。马克斯·韦伯所说的"没有精神的专家"，正是尼采抱怨的对象；他们认为尼采马虎草率、不够严谨。作为教授，尼采并不成功，所以不久他就称病辞去大学教职。

不过，《悲剧的诞生》是一部出色的作品，包含了尼采主要思想的萌芽。尼采认为，古希腊人的天才主要不是像浪漫派主张的那样源于欢快的乐观主义，而是源于悲剧性的受难；与其说它体现于哲学理性主义和科学，不如说它体现于原始的激情放纵，这种原始的激情放纵经过理性的调和"升华"为艺术。狄奥尼索斯，这位代表音乐、悲剧和纵酒狂欢的低等神祇，在尼采看来，是这股原始力量的象征，没有这股力量，人们就不可能产生真正的创造力。它正是过于理性化的现代欧洲人所失去的。古希腊人之所以伟大，是因为他们既有狄奥尼索斯又有阿波罗。阿波罗的"有分寸的节制，明智的宁静安详"和讲究形式又不失灵活的做派，都与狄奥尼索斯不讲求形象、有节奏的狂乱相辅相成，创造出最高级的艺术，正如古希腊艺术表现的那样。"我们必须这样来理解古希腊悲剧：它是经常在阿波罗式的形象世界里现身的狄奥尼索斯式的合唱队。"古希腊人不仅是理性主义者，他们的思想中还充盈着生存意志。他们最伟大的时代是以赫拉克利特与埃斯库罗斯为代表的早期哲学家和戏剧家的时代。柏拉图和欧里庇得斯则是古希腊人颓废的标志。西方文明继承的正是古希腊人的颓废而不是他们的伟大之处。

这种振聋发聩的视角颠倒体现了尼采尖锐的反偶像思想，也就是他的"价值重估"。他反对的对象有：基督教教会（这种否定生命的宗教适合奴隶）和传统的道德（"最有害的无知"）。人类需要有超人来拯救颓废文明，他一定要超越道德，"毫不怜悯退化的人"。查拉斯图拉在他最有名的一句箴言中宣布"上帝死了"：欧洲人杀死了他；一种具有强制性的信仰不再存在。尼采以轻蔑的口吻拒斥（保罗的）基督教[1]，与马克思经常表现出的态度很相似：说它是"人民的柏拉图主义"，一种"致命且具有诱惑力的谎言"。但与马克思不同的是，他需要新的神祇，至少是新的神话；与上帝的死亡相伴生的是一场因精神空虚而引起的可怕危机。

既然看透了所有神话（尼采伟大的怀疑之作是《人性、太人性的》，1878），那么除了生命本身，就没有什么可以相信的了；我们必须有勇气去接受生命现实的样子及其全部的意义虚无，因为生命本就如此。通过生活，通过努力塑造我们的现实状况、实现我们自身独特的品性，我们就能证实自身的生命力。在否定基督之后我们可以接受狄奥尼索斯。从尼采回肠荡气的文字中浮现出的基本精神是，骄傲地张扬个性，对抗群氓，对抗当权者，乃至对抗宇宙本身。存在主义者从他那里学到的是，完全自由的人性意识有力量在非道德的世界中维护并进而创造价值。"既然我们杀死了上帝，难

---

[1] 保罗的基督教，指罗马天主教。

道我们不应该成为有资格做出这种事情的神祇吗？"

对尼采产生深刻影响的人包括叔本华、瓦格纳和达尔文。他早年在瑞士见过瓦格纳；1864年，他在读叔本华的文章时也读了达尔文的著作。叔本华的"生命是意志而非理性"的观念浸透瓦格纳和尼采的思想，但尼采逐渐摈弃了这位伟大的悲观主义者的做法，即认为生命一无是处而沮丧地加以否定；查拉斯图拉的 amor fati（爱命运）就是对叔本华的答复。即便我们看到生命是无理性的，也还是要拥抱它。

非理性主义思想并非新鲜事物。哲学家施莱格尔在晚年（1837）说过，最真实的思想根本不是理性的，而是直觉的和神秘的。这番话令他的听众大为惊愕。叔本华宣布："意识纯粹是我们精神的表面，对于它，正如对于地球表面一样，我们不知道它下面的内容，只知道它的外壳。在有意识的理智下面，是有意识或无意识的意志。这是一种进取的、坚韧的活力，一种恣意强求的意志。"叔本华将意志和理性区分开来，并认为前者是最重要的。这种区分也可见于达尔文描述的自然图式：理智只是生存的工具，是努力适应环境的整个有机体的组成部分。正如尼采津津乐道的：如果说我们还能理解这个世界，那是因为未能理解这个世界的人没能活下来。

出生于萨克森的尼采不是一个书斋哲学家。他宣称："我用自己的整个身体和生命来写书。"他所有的思想都是针对生活中的迫切问题。他对欧洲的现状深恶痛绝，尤其是对1870年战胜法国之后、被骄傲与繁荣冲昏头脑的德意志深恶痛绝（在普法战争中青年尼采曾在普军服役），这是他的基本情怀。尼采向那些在动荡起伏的世纪之交满怀喜悦的青年读者传达了一种高高在上的、对于当前处境可怜的人类的轻蔑。民主制、社会主义、资本主义、大众和"经济人",都是他以嘲讽口气攻击的对象。他认为,重新开始的唯一机会就在于依靠一小撮绝对没有被腐化的残余分子。灭绝现有的人类,创造出超人——尼采的这个号召,如果落到希特勒那种人手里,将是一种危险的观念;但尼采既不是种族主义者,也不是民族主义者,他在这些问题上与他曾经崇拜的瓦格纳分道扬镳。他自称是"一位善良的欧洲人",他讨厌反犹主义。

尼采是一位敏锐的心理学家。他对西格蒙德·弗洛伊德和卡尔·荣格很有启发。人性中隐秘的、未被文明化的本我(id)的力量潜藏在无意识领域中(尼采用德语 das es,即英语的 it 来表示这种力量。弗洛伊德可能是通过格奥尔格·格罗德克[1]获得了这个词;在英语中它通常被翻译成"id");它可以升华成创造力。这种狄奥尼索斯因素在一定程度上与性欲有关。尼采曾指责说,基督教道德观将性本能与道德败坏联系起来,从而毁坏了西方文明。"一个人如果认为自己弃绝了性欲,那他就错了,因为他的性欲还在以怪异的吸血鬼的形式继续存活,戴着神秘的伪装折磨着他。"尼采用箴言形式抛掷出需要心理学家更加系统地阐述的思想。事实上,他几乎是激励人心的新奇思想的无穷源泉。

同所有伟大的作家一样,他的政治影响不只有一端。一方面,作为无神论者、传统宗教与道德的激进批评者、自由精神之友,这位最不循规蹈矩的思想家自然会对左派产生吸引力。许多社会主

---

[1] 格奥尔格·格罗德克(Georg Groddeck, 1866—1934),德国医生,尊崇弗洛伊德的思想,与弗洛伊德有通信联系。

者或无政府主义者把革命的行动主义归功于他。他是先锋派的宠儿，是"波希米亚人"的导师。有些俄国布尔什维克也将他与马克思相提并论。另一方面，尼采蔑视民主制和社会主义，他认为二者是基督教奴隶道德的谬种流传，教人们顺从、平等和平庸。他鼓吹人的不平等，他的话可用来替帝国主义、专制主义以及战争张目。贝尼托·墨索里尼从左翼社会主义转向法西斯主义，在一定程度上就是受了尼采的影响；希特勒和纳粹分子对他大加赞美，虽说他们显然误解了他。[1]在第一次世界大战期间（1914—1918），协约国政府将尼采与普鲁士战争机器联系起来。（尼采的崇拜者、美国文人 H. L. 门肯[2]说，美国参战后，有一天，警方曾询问他与"德国鬼子尼采"的关系——当时尼采已经死了 17 年了。）但任何真正了解尼采著述的人都发现，这种看法的荒唐程度不亚于大多数的战争宣传。

现在，尼采的那种腐蚀性的怀疑主义对"解构主义"批评有一定的启发。他指出，所有的人类陈述都只不过是无法证实的武断之言，它们源于权力意志。他喜欢说，有多少种不同的视角，就有多少种不同的真理。简言之，尼采的思想火焰在许多方向上闪动，而且在所有被人们视为不可能的地方引燃了导火索。不可否认的是它的威力。这位居住在锡尔斯-玛丽亚（瑞士地名）的哲人说过："我是炸药。"确实如此。弗吉尼亚·伍尔芙在读柯勒律治的作品时曾说，思想会"爆炸"并引出其他各种思想。尼采就是能够产生这种效果

---

[1] 保管尼采书信文件集的是他妹妹，此人思想上亲纳粹，她在编辑整理尼采著作的过程中带有一定的倾向性，结果使得尼采看起来与希特勒主义是声气相投的。只是在最近几十年，尼采的著作才出了一个完整和准确的版本，这样一来，对于尼采的评价才渐趋公正和全面，这个过程仍在进行。——原注

[2] H. L. 门肯（Henry Louis Mencken, 1880—1956），美国评论家、报人。

的人。《查拉斯图拉如是说》的读者遍及世界（例如，它出了很受欢迎的日文本），它还被编成曲子（理查·施特劳斯和古斯塔夫·马勒先后作曲），它与卢克莱修、但丁和歌德等人的作品一起成为欧洲文学中的伟大哲理诗。

说到底，尼采对理智主义的反叛似乎是他最显著的特征。这是范围更广泛的反理智主义倾向的一部分。象征主义诗人也有这种倾向（瓦格纳是尼采和象征主义诗人共同的思想来源，1884年《查拉斯图拉如是说》出版，象征主义运动诞生）。犹太宗教哲学家和犹太复国主义者马丁·布伯[1]，在哈西德派的犹太民间传说中发现了"一股原始的生命力，一种不假思索的、面向直觉经验的开放性，这种东西在过于精致的西方基本上已经消失了"。客观理性是人类堕落天性的产物，会把事情物化，掩盖它们的本相；创造神话的过程是一条比创造概念的过程更容易通向真理的途径。（见俄罗斯哲学家兼神学家尼古拉·别尔嘉耶夫，《创造性行为的意义》，1914年。）奥地利人罗伯特·穆齐尔放弃了科学，转而从事小说创作，因为他认为只有后者才能发现内在的真理。他曾论及理智与深度之间的冲突。在法国，乔治·索雷尔大力宣扬一种新原始主义向野蛮神话的回归，回归到正常本能尚未被过多理性败坏之前的状态。这方面还有许多其他例证。这个时期的一个流行信念是：西方社会濒临死亡，导致它死亡的主要原因是过于理性化，或者说理智过多，科学和抽象的知识过多，人类失去与自然的联系，失去与神话和象征的接触，

---

[1] 马丁·布伯（Martin Buber, 1878—1965），德国犹太宗教哲学家、《圣经》诠释家、德语散文大师。

失去与正确的宗教和言语的联系。

"人类的理性太疲倦了，"罗曼·罗兰在1913年出版的史诗小说《约翰·克利斯朵夫》的最后一卷中让主人公这样思索，"它刚刚付出巨大的努力。它倒下来沉睡不起……连科学也表现出这种理性疲倦的迹象。""疲倦"这个词似乎不适合用来描述1914年前的创作爆炸，但谁也不能忽视无理性的音调。"我一直认为，我本人就是我深信不疑的一场更伟大文艺复兴的喉舌，"爱尔兰大诗人叶芝在1892年写道，"这场灵魂反抗理智的斗争在世界上刚刚开始。"

弗洛伊德

西格蒙德·弗洛伊德和萧伯纳是同龄人。他深受尼采启发，但只比尼采小12岁。他比亨利·柏格森略为年长。弗洛伊德是一批具有创造性的犹太艺术家和科学家中的一个（这批人大多背弃了古代宗教信仰）。他们出生于奥匈帝国治下的莫拉维亚或捷克斯洛伐克，早年随家人迁居维也纳；有同样经历的还有古斯塔夫·马勒、路德维希·维特根斯坦、埃德蒙·胡塞尔。弗洛伊德三岁时来到帝国首都，此后就一直在那里生活，直到他生命的最后一年，他才因纳粹迫害而流亡异域。1881年他在维也纳大学获得医学学位，后来他在这里当教授。他在一生中度过绝大部分时间的维也纳住所开展著名的精神分析治疗。现在这个住所已经成为一个圣地，但他从来没有真正喜欢过这个城市。他开创的精神分析运动是一场国际性运动，首任国际精神分析学会主席是瑞士人，即苏黎世的卡尔·荣格。弗洛伊德的密友桑多尔·弗伦奇和卡尔·亚伯拉罕分别把精神分析传播到布达佩斯和柏林。该学会在欧美的主要城市都有分支组织，或许伦敦和纽约的分会最为出色。人们从世界各地来向弗洛伊德学习，他也经常出国讲学，最引人注目的是1909—1910年，当时国际精神分析学会刚刚发起。不过，弗洛伊德早年曾在巴黎师从夏尔科博士[1]。

弗洛伊德是医生，本性上是一位头脑冷静、差不多属于实证主义的科学家，是达尔文-巴斯德的实证精神培养出来的。他轻视宗教，经常贬低艺术；认为宗教和艺术是患有神经官能症的人所依赖的幻想支柱。弗洛伊德总体上不喜欢形而上学、神秘主义以及一切无法从经验上得到证实的科学方法。如果说他在研究无意识心理时使用了一些奇怪的象征和神话，那他这么做全是为了理解无意识心理，也是为了制服它。（"哪里有本我，哪里就有自我。"）再者，弗洛伊德天才的一个关键之处就在于，他在西方文学方面有深厚的功底。他以令人信服的妙笔援引西方古典文学作品来建构他的主要概念：俄狄浦斯情结、那喀索斯情结（自恋）、净化（亚里士多德《诗学》中的概念）。他对文学和艺术产生了巨大影响。弗洛伊德集科学家和艺术家于一身，他在这两方面所做的平衡经常是不稳定的，两头不讨好，但这也是他产生巨大影响力的根本原因。

在100年前，维也纳就有一位医生安东·梅斯梅尔[2]大力推广弗洛伊德时代所说的催眠术，用来治疗"歇斯底里"。歇斯底里是"神经错乱"的一种，它的标志是瘫痪、颤抖以及其他找不出明显生理

---

[1] 夏尔科博士（Jean Martin Charcot, 1825—1893），法国医生、现代神经病学先驱。1885—1886年，弗洛伊德在他的诊所实习。

[2] 安东·梅斯梅尔（Anton Mesmer, 1734—1815），奥地利医生，发明了一种催眠术（mesmerism）。

学原因的身体问题等症状。[1] 在观看夏尔科使用催眠术时，弗洛伊德认为，他已经发现疗效不是催眠本身造成的，而是由于唤起了潜藏的记忆。在维也纳，作为一名渴望有所作为的年轻开业医师，弗洛伊德利用自己的专长，尝试各种办法将被压抑的经验带到意识领域以唤起潜藏的记忆。大脑里存在"无意识"区域，这个观念很早就有，晚近时期，叔本华主义者爱德华·冯·哈特曼的书中就有描述（《无意识哲学》，1869）。我们在上文中已经说过，弗洛伊德受惠于叔本华和尼采。叔本华就曾探讨儿童性欲和压抑。

实际上，弗洛伊德所处理的问题也是人们一直在思考的，因为它们是人类经验的基本组成部分：性冲动、家庭关系、梦、掠过我们心头的零星思想，隐秘的、难以启齿的欲望，还有语言。小说家和诗人们探究过这些事物，民间文学也偶尔触及，但尚未有人系统和科学地处理它们。或者说，至少还没有人认为它们是相互联系的——作为人性这一整体的组成部分。心理学本身就是一门新学科：据说，第一个心理实验室是威廉·冯特[2]在1879年建立的。当然，伟大的作家在创作时都是心理学家，弗洛伊德坦诚地承认他们走在前面。有关狄更斯、哈代以及19世纪几乎所有小说家和诗人的各种研究成果都告诉我们，这些作家在弗洛伊德之前就探究过人的心理。[3] 狄更斯发现自己有催眠能力，1844—1845年，他日夜不停地对一位

---

1 梅斯梅尔称这种力量为"动物磁力"，他相信它的载体是一种无形的流体，很像古代斯多葛学派所说的"元气"。但不久就搞清楚了，这类具体的物质根本就不存在，虽然心理力量还是存在的。——原注
2 威廉·冯特（Wilhelm Wundt，1832—1920），德国实验心理学家。
3 另见罗斯玛丽·萨姆纳：《托马斯·哈代：擅长心理分析的小说家》（麦克米伦，1981），以及埃克伯特·法斯：《退回精神世界：维多利亚时代的诗歌与精神病学的兴起》（1989）。小说家司汤达似乎也预示了深层心理学的出现。——原注

朋友的妻子进行催眠，她患有肌肉挛缩和惊厥症，在接受催眠的状态下，这些病症有所减缓，狄更斯的做法让妻子万分嫉妒。当病人处于昏迷状态时，狄更斯向她询问她的各种梦境，想更多地了解她所说的威胁她的"幽灵"的情况。

弗洛伊德将大量材料汇聚到一起，总结出一个一般性理论。他继续援引文学和临床材料。探察病人被压抑的记忆的"自由联想"方法，是卡尔·荣格独自发现的，这可能是受到了迪雅尔丹在1886年出版的"意识流"小说《月桂树被砍倒》的启发。1879年，达尔文的表弟弗朗西斯·高尔顿发明了词语联想测试法。

弗洛伊德写了一些评论作家和作品的论文，论述哈姆雷特、蒙娜丽莎、陀思妥耶夫斯基。这些文章引人入胜，但也颇有争议。在这些文章中，他试图用被压抑的性冲突来揭示这些杰作的独特性质。他因此成了文学批评领域的弗洛伊德学派的创始人。此外，弗洛伊德赋予文学与艺术新的主题和题材。一度受到禁锢的、惊世骇俗的话题，例如乱伦、同性恋、幼儿性欲以及各种"变态行径"，被公之于众，这不仅仅是弗洛伊德一个人努力的结果。维也纳医师理查·克拉夫特-埃宾在1886年出版了《性心理变态》一书，引起了广泛讨论，就在这一年，弗洛伊德开始他的精神分析业务。（另一位性学先驱是英国人哈夫洛克·蔼理士。）但弗洛伊德将性冲动的这些反常表现，与灵魂内部本能欲望和社会禁忌之间冲突的生动画面联系起来。自我被本我和超我相互对立的要求撕裂，成为二者交锋的场所。这是一种新形式的悲剧，剧作家和小说家很快就学会了怎样去利用它。

在1914年以前，精神分析还默默无闻，到了20年代，它就产生了巨大影响。我们后面还会探讨这方面的情况。不过，弗洛伊德一生中最有创造性的时期是20世纪前10年。他最有分量的著作《梦的解析》出版于1900年。这是在他刚过40岁、经历一场中年危机后进行自我分析的产物。这本书开篇讲的是俄狄浦斯情结。弗洛伊德以前断定，引起神经官能症的压抑通常与性有关，现在他把创伤性的性体验定位在童年时代。他最初假设的是儿童受到了大人的性骚扰或诱奸；但不久他开始相信，事实上，性欲早就存在。（通过对梦的分析，弗洛伊德声称，他发现自己在两岁半时就对父亲产生了性嫉妒心理。）这是对维多利亚时代的人尤为津津乐道的天真童年神话的一次重创，导致很多人反对弗洛伊德的意见，甚至厌恶弗洛伊德本人。但这并没有阻止他不顾一切地继续拓展他的大胆理论。他的理论已经成为精神分析的基石。其内容是，男性幼儿早在两岁时就可能对母亲产生性依恋心理，对父亲心怀嫉妒，由此引起各种并发症。（有人可能成为同性恋——弗洛伊德不把同性恋视为"生理变态"，而是将其视为能够为人所理解的人格偏差。）

弗洛伊德相信，基本的人格特征形成于幼年时期。到了1905年，他又补充了先前没有提到的性发展初期的细节，他试图将这些细节与成熟时期出现的性格特征联系起来。这些发展阶段是口腔阶段、肛门阶段和生殖器阶段。与此同时，弗洛伊德详细记录了一系列案例，并用自己的理论进行了解释，它们是安娜、朵拉、狼人、小汉斯等人的案例，这些案例注定要给他带来很大的声誉，同时也会引起某些争议。

弗洛伊德的思想从一开始就具有挑战性、争议性和独到性。他吸引了一大群出色的门生和同事，但其中也不乏古怪的人。他们也喜欢表演俄狄浦斯式戏剧，与自己的精神父亲决裂，自立门户，创立自己的理论。国际精神分析学会在某些方面具有专业性科学组织的特征，但在另一些方面，它更像一个很容易发生神学纠纷和异端分离的宗教派别。到了1913年，第一次，也是最大的一次分裂发生了。弗洛伊德的年轻同事、帮助创建国际精神分析学会的苏黎世人卡尔·荣格，与弗洛伊德发生激烈争执，然后离开弗洛伊德，创立了自己的精神分析门派。

精神分析究竟是一门科学，还是一门伪科学（正如许多人说的那样），是一种人本主义宗教，还是一套类似于马克思主义的意识形态？有人可能会说，它主要是文学的一个分支。这不仅因为弗洛伊德是很有造诣的文体家，对世界文学明显感兴趣，而且使他成名的那种治疗方法，就是分析者与病人之间的长时间对话，就是在讲述生活的故事和展开情节。1910年，大作曲家和指挥家古斯塔夫·马勒精神错乱，想找他的维也纳同乡弗洛伊德博士面谈。弗洛伊德对他说，实际上，我应当向你请教。马勒的一支交响乐很像弗洛伊德式的分析，乐曲中，困惑不能自已的灵魂回顾过去，发掘出许多奇怪的记忆，最后成功地进行了心理整合。另一位维也纳人阿图尔·施尼茨勒也是犹太人，同时也是医生。他用戏剧的形式表现他的心理学研究。弗洛伊德本来也会这样去做：许多作家在文学创作时也取材于本我-自我-超我的三角关系、俄狄浦斯情结以及弗洛伊德所论述的其他戏剧性心理。弗洛伊德认为自己是科学家，这只是因为他有科学家的气质。

第 6 章

19 世纪末的社会和政治思想

> 随着智识主义和理想观念的发展……艺术起到了现世救赎的功效……艺术在理论与实践理性的压力日益增长的情况下，为人们的日常生活图景提供了救赎之道。
>
> ——马克斯·韦伯

> 压迫个体的将不再是暴君，而是乌合之众……我情愿回归贝都因人的游牧状态，只有那样的生活才是自由的。
>
> ——福楼拜

继续前行的社会主义

马克思的理论虽说深深地影响了社会主义，但并没有垄断社会主义运动。就这个术语（社会主义）最宽泛的意义而言，它指涉的范围很广：从相当保守的右翼势力（其中包括基督教社会主义者和福利国家的改良者），到 19 世纪 80 年代被称为"无政府主义"的革命极左派。在这两极中间，还有名目繁多的社会主义。社会主义赖以生长的土壤，当然就是对现存社会经济秩序的严重失望情绪，而这种秩序被马克思称为"资本主义"。

马克思同时代的人中有米哈伊尔·巴枯宁。此人是俄国革命家。马克思曾与他多次斗争。巴枯宁的思想一度风行，尤其在俄国；巴枯宁门徒的恐怖主义策略最终让他名声扫地。陀思妥耶夫斯基在小说《群魔》中精彩地讽刺了他的这些门徒。蒲鲁东在当时法国社会主义中的威信至少与马克思不相上下，但他在很多重要的地方不同于马克思。美国人亨利·乔治的著作《进步与贫困》，在英国以及欧洲大陆的部分地区产生了不同寻常的影响，成为萧伯纳和威尔斯所在的著名的费边社的主要思想来源之一。费边社成员借用了马克思的许多言辞，却反对他的经济理论，他们致力于建立性质比较折中的渐进式社会主义。诗人、手艺人威廉·莫里斯既是罗斯金的门徒，也是马克思的门徒。他大力宣扬"基尔特社会主义"，主张回归中世纪工匠的传统。

与此同时，马克思的嫡传弟子们也围绕着对马克思本意的理解发生争执，分裂为左右两派。也许，我们可以根据各国的偏好来探讨这种洋洋大观的社会主义局面（英国的费边主义、法国的蒲鲁东主义、德国的马克思主义），但我们最好按照"从右到左"这个顺序来看待这一局面。1889年，英国贵族哈考特勋爵[1]宣布："现在我们都是社会主义者。"他的意思是说，除了不干涉联盟的少数狂热分子外，事实上，所有人都不再教条式地捍卫纯粹的私人资本主义。所谓纯粹的私人资本主义是指，除了强制性维护合同和惩罚犯

---

[1] 哈考特勋爵（Lord Harcourt, 1827—1904），英国律师、报人、政界人物。他在担任财政大臣时提出了对死者的财产征收累进税的法案。

罪之外，国家不予任何干预。我们在前面（第3章）曾提到黑格尔派哲学家T. H. 格林在19世纪80年代的牛津所发挥的作用：他是这场温和革命的促动者。[1]"煤气与用水"的社会主义，即公用事业设施的公有制，开始在伯明翰等城市出现，在那里，托利党政治家约瑟夫·张伯伦指出，现代城市急需建立公共卫生部门。在与之相对的另一政党内部，从19世纪80年代开始探讨一种"新自由主义"，到1910年，"新自由主义"基本在党内占据了主导地位。这种新自由主义完全不同于旧自由主义之处在于，它认为贫困是社会问题而非个人问题。

很难想象还有比德意志帝国的缔造者和长期主政者奥托·冯·俾斯麦更保守的人物了，但是，这位铁血宰相是主张由政府管理并由政府出一部分钱来资助社会保险（健康、年老、失业）的先驱人物。1890年，新即位的德皇威廉二世将俾斯麦免职并撤销了反社会主义法之后，立即呼吁召集一次国际会议来探讨"国际劳动立法"。按照丹尼斯·麦克·史密斯[2]的说法，1900—1914年几乎一直担任意大利政府首相的焦利蒂，"研究《资本论》，付诸应用并从中受益"。焦利蒂同意下面这种看法，即向工人让步可以防止他们追随那些疯子参与暴力革命。前面我们还提到了建立在管家制度和团结传统基础上的一种托利社会主义。

在法国，就在德雷福斯事件引起一场轩然大波之后，一些自称激进派或激进社会主义者的民主党派，与社会主义眉来眼去；

---

[1] 米尔纳勋爵回忆说："[19世纪70年代初]我到牛津时，自由放任理论还在坚守阵地……但不到10年，极少数墨守成规、持守旧说的人便已开始被当作古董。"——原注
[2] 丹尼斯·麦克·史密斯（Denis Mack Smith, 1920—2017），剑桥大学教授、意大利史专家。

诸如白里安和克列孟梭[1]等国务活动家为了保护小产业的利益，准备向大产业征税，福利支出的预算直线上升。政治家兼知识分子布尔茹瓦[2]的《团结》发现，自然界的情况与社会一样，更多的是合作和相互依存，而不是你死我活的竞争。与此同时，这些资产阶级激进派对于无政府主义的暴力行为毫无同情，他们动用军队镇压罢工。

1891年，罗马天主教教皇利奥十三世颁布著名的教皇通谕《新事物》（论劳工状况），攻击资本主义的贪婪和物质主义。这个对新社会道德的呼唤引起了广泛讨论，激发了基督教社会主义的复兴。在19世纪90年代，基督教社会党在奥地利和德国出现。社会基督教思想绝不是新事物；法国的阿尔伯特·德·曼恩和拉图尔·杜宾[3]追随拉梅内（见第2章），对中世纪的统合主义经济学产生了兴趣。美因茨的传教士W. E. 凯特勒[4]试图让工人阶级得到德国政治领导人的关注。这些人在政治上都是保守派，他们希望转变上层阶级的思想而不是希望下层阶级去革命。但他们反对现代资本主义，主张从根本上重新组织经济生活以适应基督教原则。法国、德国和意大利开始出现天主教工会，个别资本家（如莱昂·霍梅尔）开始尝试开办"基督教工厂"。

1　白里安（Aristide Briand, 1862—1832），法国政治家，当过11次法国总理。克列孟梭（Georges Clemenceau, 1841—1929），法国政治家，"一战"期间出任总理，战后被授予"胜利之父"称号。
2　布尔茹瓦（Leon Bourgeois, 1851—1925），法国政治家、国际联盟的倡导者。
3　阿尔伯特·德·曼恩（Albert de Mun, 1841—1914），法国基督教社会党领袖。拉图尔·杜宾（La Tour du Pin, 1834—1924），法国贵族，帮助曼恩创建法国基督教社会党。
4　W. E. 凯特勒（Wilhelm Emmanuel von Ketteler, 1811—1877），德国美因茨主教、社会改革家。

像法国的夏尔·贝玑这么重要的先锋派作家，如果给他的社会思想进行分类，他很可能会被称为基督教社会主义者。在19世纪末，英国也经历了基督教社会主义的重要复兴。爱德华七世时代的著名文人 G. K. 切斯特顿与他的朋友、流行诗人希莱尔·贝洛克自成一派，显得十分活跃，两个人都是天主教徒，传统上有"教皇至上主义者"之嫌，他们鼓吹一种基督教社会主义或基督教无政府主义，他们的机智和学问赢得了一批读者。切斯特顿是萧伯纳的朋友和辩论同伴，是爱德华七世时代头脑最机敏的人物之一，他为爱德华七世时代讽刺风格的形成和侦探小说的兴起做出了贡献。但贝洛克的《奴隶的国家》表明了这些"分配主义者"对国家社会主义的敌视态度；他们的理想既不是产业的国有化，也不是福利国家，而是把财产广泛分配给小生产者。

费边社会主义

我们应当把费边社看作社会主义的中间派。费边社的言辞并不温和。费边社脱胎于刚有雏形的所谓"新生活协会"。这个协会的创始人是一位杰出的苏格兰人，名叫托马斯·戴维森。当时，他们正在寻求一种新的信仰。1884年，费边社与戴维森集团分道扬镳；转过年，萧伯纳加入费边社。费边社成员认识到，边际效用革命已经使马克思的劳动价值理论声誉扫地，因此，他们马上断定"抽象的经济学"没有太多的价值。为了寻求一种更注重经验的经济学，他们利用了费边社创始人比阿特丽斯·波特·韦布的导师查尔斯·布思[1]的思想，布思著有一部极为详尽的开拓性著作《伦敦人民的生活和劳动》（9卷，1892—1897）。布思写道："无论是正统的经济学还是非正统的经济学，它们的先验推理都不能满足现实的需要。"由于受到德国历史学派（古斯塔夫·施穆勒和阿道夫·瓦格纳）的影响，布思将费边社成员引向一种注重事实和描述的经济学。

韦布夫妇（西德尼和比阿特丽斯）的主要作品都是大部头的历史著作，研究对象是地方政府、工会和贫民救济。他们相信，应当借助确凿有据的文献来解决问题。但费边社撰写的许多尖锐批评资产阶级社会的小册子，却主要以辞气争胜，而不是以罗列史实见长。事实上，费边社成员的见解并不一致；他们是一群易于负气使性的文人，改不了相互吵闹的积习。但勤奋干练的韦布夫妇和才华横溢的萧伯纳，再加上经常来助威的 H. G. 威尔斯，以及其他大显身手的著名学者，使这个圈子给人留下了深刻印象。

费边社成员深信，社会主义是人类社会更高级的形式，是社会进化过程的下一个阶梯。C. E. M. 乔德在1951年写的回忆录中流露出他们的使命感：

> 1914年以前，英国在社会和经济上明显存在不平等现象，多数人生活在贫困和苦难之中，少数人穷奢极侈、摆阔斗富，令人愤慨。我们相信，社会主义制度会消除贫困和苦难，整治不平等现象。这便是费边社会主义最初时期的情况。我们的队伍以萧伯纳、韦布和威尔斯为先锋，阔步行进，势不可当——

---

[1] 查尔斯·布思（Charles Booth，1840—1916），英国轮船主、社会学家。

步调稍微有些不一致——直奔生产工具、分配和交换实行国有制的希望之乡，我们相信这个希望之乡近在咫尺。

在早期阶段，费边社成员没有太多的学究气，因而能够向工人阶级听众大声宣扬他们的主张。1887年11月13日，萧伯纳、威廉·莫里斯、安妮·贝赞特以及其他社会主义知识分子，在特拉法尔加广场游行，遭到了警察的粗暴对待。此后，他们选择了通过议会来实现渐进式变革的道路。他们的任务是向政客们全面展示工人生活中的事实，迫使他们承认社会立法的必要性。他们运用这一原则最成功的一次，或许就是韦布夫妇于1909年提交的少数派报告，报告针对的是官方对《济贫法》所做的一次全面调查。这份报告通常被认为是新的经济福利哲学最重要的表达。报告认为，防止贫困主要是政府的责任，而不是个体的责任。

在韦布夫妇提交报告两年之后，自由党政府促使《国民保险法案》通过。一家主要报纸称其为英国"有史以来尝试的最伟大的社会重建计划"。它以德国制度为蓝本，允许政府管理和分配一笔资金，以此作为失业保险金。为了支付这笔资金以及不断上涨的其他政府开销，就在这一年，议会同意征收所得税，两百年来这在议会中还是头一次。反对派宣布，这项税收与个体的基本权利对立，这是名副其实的社会革命的第一幕。有些人将议会征收所得税一事与当年查理一世非法征税相提并论。但费边社非常有说服力地论证了一种"集体主义"，他们说，这种集体主义是拥有大产业和复杂的相互依存关系的现代工业社会的必然结果。

在这种社会主义知识分子与务实的倾向工联主义的产业工人

之间，存在一种心理鸿沟。可以想象，威廉·莫里斯邀请工人们到他那典雅的家中探讨劳动美学，他们的神色是多么局促不安。乔治·奥威尔写道，社会主义一直是知识分子而非工人的思想信条。费边社成员是知识精英；比阿特丽斯说过，每当情绪低落时，她就想自己是世界上最聪明的民族里最聪明的阶级中最聪明的人。法国和英国的工会领袖，往往鄙视那些社会主义知识分子，说他们喜欢理论争论胜过喜欢"劳工运动的实际工作"。然而，1871—1906年，费边社的确出了很大的力，帮助工会得到法律承认和获得罢工的权利，其中包括财产损害诉讼的豁免权。他们带着复杂的心情观察劳工组织的迅猛发展。

一些马克思主义者谴责工联主义者只想替工人多争取一点报酬，而不想"改变整个制度"。列宁宣布，工联主义是无产阶级的资本主义。法国的"工团主义者"则梦想通过一场总罢工来完成革命，他们认为，不断涌现的工会组织是"构成未来社会基础的单位"。但后来，工团主义主要理论家乔治·索雷尔不再相信工会是社会革新的力量。不管怎么说，工会的出现实际上与社会主义思想家无关，而且工会产生了自己的领导人，产生了特定的文化——这种文化主要以酒吧、音乐厅和足球赛为标志，而不是以政治集会和革命为标志[1]——它们单独形成了一股力量，它们只是偶尔与社会主义政党合作。

---

[1] 莉莲·刘易斯·希曼在评论克里斯·瓦特斯的《英国社会主义者和流行文化政治：1884—1914》（斯坦福大学出版社，1990）时写道："尽管社会主义者千方百计加以引导……但大部分英国工人最喜欢的，还是到酒馆里推杯换盏和兴致勃勃地观看足球赛，而不是参加合唱团和文化补习班。音乐厅最早出现在19世纪50年代，到了1900年，伦敦已经有50多家音乐厅，'绝大多数工人阶级'到那里去消遣、娱乐。——原注

一些工团主义理论宣扬彻底脱离政治。讲求实际的工联主义者在争取某些政党的支持时，往往不顾及这些政党的立场。在英国，议会里的工党诞生于 1900 年，它的成立受到 H. M. 海德曼的非正宗的马克思主义和费边社的一些影响，但它在下院中的席位不到百分之十，而且，它直到 1918 年才采取社会主义纲领。而工人组织一般更喜欢与老牌政党，尤其是自由党打交道，无声无息地向它灌输工会的现实目标。这正是费边社的办法。

费边社认为，社会主义是未来的潮流。但它是逐渐到来的，每天接近一点，而不是通过一场大革命一蹴而就。议会民主制和其他自治机制将确保它被和平采纳。费边社极力强调地方政府的作用；与通常的说法相反，此时（1914 年前）他们并没有主张全部产业国有化，而是希望郡和区新成立的政务委员会能够拥有和经营大部分工业。他们的确把公有制当成了万灵药。他们以为，从经济活动中排除地主和资本家，就能增加工人的分量并带来物质繁荣。在这方面，他们经常是很天真的。

欧洲马克思主义的社会民主主义

德国的情况很不同。在那里，马克思主义政党发展成欧洲有史以来最强大的社会主义组织。德国社会民主党最初是通过挫败俾斯麦消灭他们的企图而赢得了威望。这位诡计多端的宰相建立了欧洲最早的由国家管理的社会福利制度，试图减轻贫困、分化工人，同时，他在 19 世纪七八十年代宣布社会主义者是非法的。但德国社会民主党还是从这场迫害中生存下来，培养了能干的领导人，在1890年取得合法地位之后（除了很短的一段时间外）成为德国最大的政党；它也是第二国际的主导力量。第二国际这个世界性组织多次召开激动人心的国际代表大会，每年国际劳动节都会组织盛大的游行。到1914年，它的成员达到1 200万。第一次世界大战毁掉了它。

社会民主党的领导人与工会建立了密切的联系。他们接受了以和平民主的手段推翻资本主义的可能性，这个立场得到了弗里德里希·恩格斯的赞同。[1] 恩格斯一直活到19世纪90年代（马克思已于1883年去世）。在第二国际的会议上，他们反对无政府主义者的激进主义。他们根据马克思所提出的资本主义自我毁灭理论，鼓吹社会主义的到来是不可避免的。但与费边社不同，他们并不认为社会主义是一步一步来临的，他们在等待资本主义制度一下子崩溃的伟大日子。正是出于这个原因，他们通常拒绝在政府中与"资产阶级"政党合作。

他们是一个训练有素的群众组织，出版自己的报纸和杂志。其领导人是一些受过教育的很有才干的德国人，即奥古斯特·倍倍尔、威廉·李卜克内西、爱德华·伯恩施坦和卡尔·考茨基。这些人都认识马克思，可以说，是马克思指定的接班人，尽管马克思很少与其中的任何人意见一致。德国社会民主党为了迎合德国人对节日的喜好，还发展了一种大众化的社会主义文化，以歌曲、游行、野餐为内容。与法国和英国的工会活动家不同，德国的工会活动家将社

---

[1] 恩格斯关于这一点最有名的论断是，"由少数人引导无意识的群众进行革命的时代已经过去"。——原注

会民主党人当作他们的政治援手。

很难否认，正是马克思本人给他们留下了理论争论，使他们的会议气氛十分活跃。"改良还是革命？"是其中持续时间最长的一场争论。19世纪90年代末，马克思的老朋友爱德华·伯恩施坦选择了前者，其方式似乎从根本上"修正"了马克思的思想，从而引发了一场风暴。伯恩施坦相信，马克思关于资本主义衰落、无产阶级苦难加重的预言被证明是错误的。中产阶级没有消失，而是在增加；工人的生活有所改善，而不是更糟；阶级斗争有所缓和，而不是越来越尖锐。伯恩施坦的结论使他的立场接近于英国费边社。他声称："在所有发达国家，我们看到，资本主义资产阶级的特权正在逐步让位于民主组织。"

既然有了政治民主，就有可能通过投票而非街垒战来建立社会主义，这并非伯恩施坦的思想要点，尽管他对此深信不疑，就像其他大多数社会民主党人那样。不过，大多数人依然相信，这场胜利会突然来到；社会主义与资本主义无法兼容，真正的社会主义者的任务是，保持无产阶级精神直到胜利的那一天。陷入妥协政治中会削弱阶级意识。社会民主党拒绝接受伯恩施坦的渐进思想与阶级合作主张，大多数社会民主党人差点把他开除出党。但他们依然相信，通过法律、民主、议会手段能够取得革命的胜利。

法国社会党也被同样的问题困扰。他们因派系纷争而分崩离析。在20世纪头10年中，他们设法形成统一的局面，但并没有达成一致意见。1899年，社会主义者米勒兰同意在左翼共和派领导的政府中任职，法国社会党人就这一举动展开了严肃的争论。两位杰出的社会党领导人让·饶勒斯[1]和朱尔·盖德展开了交锋。饶勒斯不是教条的马克思主义者。与费边社一样，他认为，以这种方式渗透到资产阶级阵地是件好事，因为资本主义政权会一点点垮掉；但如果不去占领它的前哨阵地，它又怎么能够垮掉呢？但是，盖德通过滔滔不绝地阐述正统马克思主义思想勉强占了上风。（盖德的一位主要助手是马克思的女婿保尔·拉法格。）与德国反对伯恩施坦的那些人一样，他强调阶级斗争、工人阶级的团结，强调资本主义和社会主义水火不容。与德国的同道一样，在1914年之前，法国的社会主义团体拒绝就任政府中的部长职位——它本来是可以借此来分享政府权力的。不过，左翼和右翼的冲突继续存在。法国社会主义者的力量要比德国社会民主党的力量弱，虽然比英国社会主义政党的力量强；1914年，该党在国民议会中赢得六分之一左右的席位。

他们还缺少团结，党内存在强大的非马克思主义传统。如果说盖德，这位"戴着长柄眼镜的托尔克马达"[2]，是一位刻板的马克思主义论辩家，那么大学者、批评家饶勒斯则是一位文明的人文主义者，他的许多思想并非来自马克思，而是另有所宗。莱昂·布鲁姆[3]后来写道，在饶勒斯看来，社会主义是"顶峰，汇合点，人类自文明以来创造的一切成果的遗产"。还有一些法国社会党人继承了蒲鲁东"互助论"的衣钵，怀疑国家，倾向于地方主义和无政府主义，强

1　饶勒斯（Jean Jaurès, 1859—1914），法国社会主义领袖，在"一战"爆发前夕，因反战遇刺身亡。
2　托尔克马达（Torquemada, 1420—1498），西班牙第一任宗教总裁判官。
3　莱昂·布鲁姆（Léon Blum, 1872—1950），法国第一任社会党总理（1936）。

烈推崇个体的自由。[1] 蒲鲁东的追随者让·夏尔-布伦[2] 毕生为地方分权主义而奋斗，他反对各种形式的中央集权；治疗社会痼疾的办法是让人们扎根于具体的生活群体中。这与马克思主义主张中央集权的倾向正好相反。

意大利也出现了类似的情况。改良主义者、修正主义的社会主义者，例如菲利普·屠拉蒂[3]，认为民主制的发展已经使革命成为时尚的手段。但左派反对这种观点，认为这是危险的异端。意大利出现了围绕马克思主义的热烈探讨。大哲学家本尼狄托·克罗齐曾对马克思产生浓厚的兴趣，但最后认为马克思过于教条而予以拒斥。在马克思主义阵营内部，安东尼奥·拉布里奥拉[4]教授辨析了唯物史观，与艾基立·劳里亚粗糙的实证主义决定论展开交锋。对于普通读者来说，拉布里奥拉的著作过于深奥。

在俄国，马克思主义争论经历了相似的转向。经过著名的 G. V. 普列汉诺夫的介绍，马克思主义进入俄国。普列汉诺夫，这位自学成才的人，像许多有政治意识的俄国人一样，流亡国外，在瑞士生活和从事著述多年。19 世纪 70 年代，俄国革命者在政治上主要信仰民粹主义，其思想基础是确信俄国村社制度具有独特性。早期俄

---

1 蒲鲁东摇动他那生花的妙笔写道："被统治就是接受那帮既没权利也没德行这样做的家伙的规训、检查、监视、指挥、法律支配、控制、囚禁、教导、宣传、灌输，在他们那里挂号登记，接受他们的评估、鉴定、审查、命令……［统治者］打着公共利益的幌子……去征用、训练、敲诈、剥削、垄断、勒索、压榨、哄骗、抢劫［被统治者］……［被统治者］稍有反抗，便遭到镇压、纠正、诋毁、威吓、迫害、折磨、缴械、扼杀、监禁、枪杀、审判、判刑、驱逐出境、当作牺牲品、出卖、背叛……"——原注
2 让·夏尔-布伦（Jean Charles-Brun，1870—1946），法国教师、新闻记者。
3 菲利普·屠拉蒂（Filippo Turati，1857—1932），意大利社会党创始人之一。
4 安东尼奥·拉布里奥拉（Antonio Labriola，1843—1904），意大利马克思主义学者。

国社会主义的"三巨头"是信奉黑格尔主义的别林斯基、马克思的无政府主义对手巴枯宁和亚历山大·赫尔岑。赫尔岑是很有影响的作家，参加过1848年巴黎的六月革命，革命失败令他极度失望。借助一位德国历史学家的研究成果，这些俄国社会主义先驱在俄国村社中发现了蒲鲁东互助论的"自然基础"。虽然巴枯宁和赫尔岑后来的声望有所下降，但他们还是对民粹主义运动产生了深远的影响。后来的社会革命党就是从民粹主义运动中衍生出来的。

19世纪60年代，沙皇政府镇压了村社社会主义者，尽管他们不是暴力团体。车尔尼雪夫斯基和皮萨列夫[1]被捕入狱；1868年，莫斯科大学关门。结果，70年代产生了青年理想主义者"到民间去"的朝圣运动。这次运动使他们幻想破灭，并导致几百人被捕。在这次与农民（他们生活在完全不同的精神世界中）接触的尝试失败之后，知识青年中因为绝望而出现了革命恐怖主义。这又是一条死胡同。民粹主义演变成暴力，在1881年刺杀沙皇亚历山大二世的事件中达到高潮。在反对民粹主义狂热行为的过程中，冷静而注重分析方法的马克思主义受到了欢迎。19世纪90年代，马克思主义在俄国产生的后果是，使人们从撰写非法的革命小册子转向系统地研究经济学、社会学和历史。某些马克思主义思想在俄国甚至可以合法存在，这是对它温和外表的一种不寻常的赞赏。青年列宁能够出版一部论经济发展原理的著作。人们可以从马克思主义立场出发，赞同资本主义制度比落后的俄国进步这种说法。马克思主义这件武器既可以用来打击农业民粹主义，又可以用来打击革命恐怖主义。

---

1 皮萨列夫（Dmitrii Pisarev, 1840—1868），俄国讽刺文学家。

普列汉诺夫本人是一位很有教养的,甚至对审美趣味要求很高的知识分子。他主张等待民主革命的到来,理由是俄国只有经历资本主义阶段之后,才会发生民主革命。但那些更具有行动气质的人却不大愿意等待。1903年,列宁提出建立职业革命家的精英团体,训练他们去夺取政权。对于坚持正统马克思主义的普列汉诺夫来说,这是异端;俄国社会民主党内部大部分成员都赞同普列汉诺夫。事实上,在大多数时候,列宁的布尔什维克集团是少数派,而孟什维克派在人数和名声上都大得多。(在俄国,二者加在一起依然是少数派。)1917年,胜利和名声出人意外地降临在列宁头上;在此之前,人们一直认为他远离马克思主义正统,而且他大部分时间侨居瑞士,因此他在社会主义谱系中很孤立地偏居极左翼(另外参见第7章)。

我们总结一下马克思主义论争:马克思主义在欧洲大陆风行一时(但英国没有出现这种情况),成为社会党或社会民主党的正统指导思想;这些政党在1914年前夕有了良好的组织,拥护者不断增多。但在这些政党内部,围绕下述问题展开了尖锐的争论:民主政治在大多数(欧洲)国家都有了不同程度的发展,那么在民主政治和工联主义的时代,阶级斗争、革命和一举彻底消灭资本主义,是否已经成为过时的方案?通常给出的答案是,既不放弃马克思主义转而采纳费边社的渐进主义和机会主义(如伯恩施坦提出的),但也不强调通过非法或密谋手段进行暴力革命(在马克思主义内部,只有少数俄国人主张暴力革命)。

大多数社会主义者坚信,一场启示录式的革命将会改变整个制度,但他们认为,只要他们的政党在选举中赢得大多数,这场革命就会和平地到来——是理论而非经验告诉他们,这里有某种必然性；同时他们也拒绝与非社会主义者建立统一战线共同执政。因为这种妥协很不稳定，会引发一定程度的内部冲突。在社会主义阵营内部的左派和右派之间，也就是说，在法国的阿尔伯特·托马斯和朱尔·盖德之间，在德国的爱德华·伯恩施坦和罗莎·卢森堡之间，在俄国的普列汉诺夫和列宁之间，无论是意识形态还是个人气质，都有很大差异。这种矛盾状态可追溯到马克思主义学说内部未能解决的两难之境，尤其是唯意志论与决定论之间、精英主义与民主之间、革命与进化之间的两难之境。一方面是对他们的呼唤，这种呼唤要求他们代表被压迫者去行动，另一方面是一种信念，即相信历史发展的客观规律已经为民主社会主义的胜利做好了准备。后者似乎更科学，更符合马克思主义的立场，但会导致一种消极态度，也就是列宁嘲笑的"挽歌式社会主义"，只满足于消极等待。

无政府主义

　　无政府主义者是否算作社会主义者，这是一个概念辨析问题。马克思与巴枯宁之间裂痕很深；让无政府主义者不能容忍的是，马克思主义者在采取政治行动夺取国家政权之后还想继续利用国家政权进行革命。因为，虽说马克思和恩格斯都希望革命之后国家将逐渐"消亡"（恩格斯语），但他们主张，在革命和共产主义最终实现之间的过渡时期，应夺取和利用国家政权，在此期间，"无产阶级专政"可能是必要的。无政府主义者做出预言：马克思主义者在利用国家的时候，必然受它的腐蚀。根据无政府主义观点，革命必须在国家政权之外进行，而且必须立即消灭这个恶魔，用自由公社的联合取代它。

无政府主义在德国的影响很微弱（尽管有时它也很引人注目；一名德国无政府主义者被怀疑在芝加哥的秣市广场扔炸弹，引发了美国历史上的一个著名事件）。"无政府工团主义"，或者通过工会采取直接行动的主张，在法国比较有势力，在意大利和西班牙也是如此，或许这与国民气质有关。无政府主义者很可能是喜爱和平的，是中央集权制的敌人，是自由与合作的朋友。但19世纪八九十年代，人们更熟悉的是无政府主义者所采用的暗杀或其他暴力行动。他们根本不相信通过选举和议会所采取的政治行动会有什么价值。

有些无政府主义者是片面的马克思主义者，他们从那位大师那里学到的是，经济决定一切，代议制立法机构是虚伪的，资本主义掌握并将继续掌握国家政权，直到无产阶级社会革命将它粉碎为止。革命胜利之后，不再有议会或国家；纯粹自由的无阶级社会将会出现——政府根本不存在。大多数无政府主义者在马克思主义唯意志论方向上走得很远，超出了党的正统思想的范围。他们强调个体通过行动改变自身处境的自由；没有什么东西是预先决定的。他们甚至可能得出结论，说社会主义只是一个神话，一种宗教，根本不是一门科学。马克思主义的唯科学主义是资产阶级性质的，它是知识阶级的意识形态。在社会主义内部，持有这种观点的典型人物是意大利无政府主义者阿尔图罗·拉布里奥拉，以及后来的比利时人亨利·德曼[1]。最典型的人物是下文探讨的乔治·索雷尔。

---

[1] 阿尔图罗·拉布里奥拉（Arturo Labriola, 1873—1959），意大利工团主义者，他是马克思主义理论家安东尼奥·拉布里奥拉的弟弟，他创办的《社会主义先锋队》周刊是意大利工团主义运动的中心。亨利·德曼（Henri de Man, 1885—1953），比利时劳工党领袖。

无政府主义种类繁多，不一而足。事实上，就其本质而言，这些个人主义的激进分子不可能持有一种共同的信念。其中相当多的人试图通过劝诫，或更恰当地说，通过行动来煽动革命。极端的无政府主义者在19世纪90年代掀起一波暗杀浪潮，让资产阶级和社会民主党人都感到震惊，后者愤怒地谴责了他们的行径。1880—1901年，恐怖主义分子暗杀了俄国沙皇、美国总统、奥地利王后、意大利国王和法国总统；在20世纪前10年，他们的暗杀行动继续进行，被杀的人当中有开明的俄国首相斯托雷平。1914年7月4日，一枚原本用于刺杀约翰·D.洛克菲勒的炸弹在纽约爆炸，3名无政府主义者身亡。而就在此前的一个月，年轻的加夫里洛·普林西普和他的波斯尼亚战友（称他们为无政府主义者可能更合适），刺杀了奥匈帝国皇储，引发了第一次世界大战。

恐怖对象不限于大人物。曾用炸弹袭击下议院的著名法国恐怖分子拉瓦科尔，搞过好几次没有政治动机的谋杀。1894年，22岁的法国无政府主义者爱弥尔·亨利在巴黎火车站咖啡馆里扔了一颗炸弹，造成2人死亡，20人受伤，而这些人都是工人、小商店店主和公务员，没有一个显赫的政治人物。在法庭上，他被指责滥杀无辜，可他却满不在乎地回答："每个人都有罪！"1881年，另一位法国好斗分子前去刺杀政治领袖莱昂·甘必大[1]，因为没有找到甘必大本人，他就开枪杀死了他遇到的第一个资产阶级，权当替死鬼。这些人笃信"用行动去宣传"。他们只想吸引公众的注意力，渲染他们认为被当局袒护的可怕的不公正现象。

---

[1] 莱昂·甘必大（Léon Gambetta, 1838—1882），法国共和派政治家。

将无政府主义完全等同于这些骚乱分子是错误的。托尔斯泰的基督教无政府主义就主张非暴力。他很清楚,消灭国家需要很长一段时间,因为这需要人性发生基本的变化。"从国家暴力过渡到自由、合理的生活,不可能一蹴而就。国家是用了几千年时间才定型的,所以它还得用几千年时间才能解体。"以暴易暴只会延长这个周期。另一位赫赫有名的哲学无政府主义者也是俄国人。他就是克鲁泡特金亲王。

在世纪之交,麦克斯·施蒂纳[1]的一本书很流行,译成英文后的书名是《自我及其所有物》。施蒂纳曾是马克思所在的柏林博士俱乐部成员,后来马克思将他和其他青年黑格尔派放在一起嘲笑。施蒂纳一直想把黑格尔的世界精神个体化。费尔巴哈将黑格尔的世界精神变成整个人类,马克思将它变成无产阶级;施蒂纳则在个人那里为它找到了归宿。所有范畴都出自我的心灵,唯一的最高现实就是具体的人。唯一重要的东西就是个体的自由。人们创造他们自身的现实,而且应该有他们自身的道德观。这种无政府主义与正在发生的性革命密切相关,它试图从社会道德的约束中解脱出来。弗洛伊德所说的本我和超我之间的冲突,实际上反映了这场颠覆维多利亚时代道德的反叛。尼采要求我们每个人都应该"变成我们自己",这是世纪末这种解放情绪的一部分。唯一值得先锋派艺术家注意的政治信条就是无政府主义。

乔治·索雷尔是法兰西第二共和国的主要政治思想家之一,通常被认为与社会党人饶勒斯、右翼政论家夏尔·莫拉斯三足鼎立。

---

[1] 麦克斯·施蒂纳(Max Stirner, 1806—1856),德国哲学家。

将他算作无政府主义者，是把一个复杂的思想家过于简单化了。但痛恨国家和一切权威，这倒非常接近索雷尔的主要气质。在他许多相互矛盾的政治思想中贯穿着一条主线，那就是敌视"中央集权的雅各宾国家"以及（索雷尔这位知识界的局外人所说的）国家在大学中的思想领导权。他从未加入政党组织，他希望教育摆脱国家的控制。一切官僚的、有组织的、接受指挥而非自主发生的事物，都在索雷尔鄙视之列。

这位牛虻式的人物，毕生都在逆潮流而动。他是一位很有影响力并且很有原创性的思想家。他最初是马克思主义者，后来逐渐感觉到正统的社会主义者已经官僚化，变成了体面人。（索雷尔与马克思本人之间的距离，并没有他与马克思主义，即马克思门徒的机械教条之间的距离那么远；他很清楚，马克思本人的思想要精妙细致得多。）他们的唯科学主义也是错误的。社会主义实际上是一种启示录式的宗教。每个人都靠神话活着，现代欧洲需要的就是一种有活力的神话。索雷尔在说到"革命的神话"或者说到总罢工的时候，总是带着赞同的口吻；这些信念可以与早期基督徒的信念相提并论。柏格森和尼采的许多非理性主义思想也渗入索雷尔的思想中，虽然看起来与其说是一种直接影响，不如说是思想的平行发展。事实上，对他影响最大的是18世纪意大利的维柯，他推动了维柯思想的复兴。乔伊斯从维柯的复兴中撷取灵感，并把维柯所说的历史时代的循环起伏编织进他的长篇小说。当一个社会被过多的文明和民主消耗殆尽，必然会出现一个野蛮的时代来更新它的活力。索雷尔之所以笃信"神话"和本色的无产阶级，乃是因为需要从根本上进行道德和文化更新。"民众的灵魂必须回到原始状态，在那种状态下，一切都是本能的、创造性的和诗意的。"

这个目标如何达到，还不太清楚，也许正如乔伊斯所想象的，可以通过全面更新语言来实现。索雷尔提出了革命精英的观念，主张以一种新神话或新宗教的名义猛烈地扫荡资产阶级文明。"索雷尔主义"将挺进意大利，融入墨索里尼的法西斯主义。（索雷尔一直活到向那位意大利领袖热情欢呼，但他也热情颂扬列宁——他赞颂一切动摇令人压抑的现状的东西。）在他后期的思想中，索雷尔放弃了无产阶级社会主义，转而拥护民族主义的神话，因为后者看起来似乎具有更大的潜力。他对工会的幻想逐渐破灭，因为工会竟然同商业公司一样唯利是图，官僚主义严重。到了1910年，索雷尔开始接近莫拉斯的"整体民族主义"。索雷尔最初是德雷福斯的捍卫者，但他最终与取得胜利的德雷福斯派分道扬镳。实际上，索雷尔似乎铁了心不与任何人保持一致。他的政治思想经历了"一个又一个大转弯"。但其中始终如一的基调是，从道德角度批评现代文明，即主要依据卢梭的精神，批评其腐败、浅薄和颓废。

民主制

索雷尔的有些思想在许多年里是始终如一的，其中包括他对民主的憎恶。批评民主的人很多，但可能没有谁像他那样对民主深恶痛绝。在一定程度上，这是他憎恨国家的结果。暴君究竟是一个人还是一群人并不重要，暴君就是暴君；那种认为建立在议会基础上的政府带来的麻烦要少一些的信念，让索雷尔大为震怒。他指出："我们每个人身上都有一点点暴君的影子和奴隶的气息！"本着同样的精神，赫伯特·斯宾塞宣布，如果由民众选举产生的议会威胁到了自由，那么它的神圣权利就与国王的一样应该受到抵制。但对索雷尔来说，民主还代表了社会最后的颓废阶段，然后，维希政权这个晴天霹雳标志着社会回到野蛮状态；民主是价值和社会秩序被毁灭后的残存之物。民主是腐化和堕落的，因为它所对应的社会阶段就是以这些腐化和堕落为标志的。领导与等级制度在未堕落的阶段占上风。

民主制实际上是在19世纪后几十年形成的，就这个词的政治意义和社会意义而言，都是如此。1867年，《伦敦时报》的社论指出："有人提议，把权力从有钱人和有才智的人手里转移到每天必然为生存苦苦挣扎的那些人手里。我认为，这个提议是国家面临的最大威胁之一。"[1] 托马斯·卡莱尔赞同说，扩大选举权，就像"穿越尼亚加拉大瀑布"一样，是一场孤注一掷的赌博。但1867年和1884年，英国一步步地实现所有男性公民的选举权；到了1910年，女性也强烈地要求获得选举权。1848年之后，法国实际上一直没有废除普选制度，但在第二帝国期间，普选受到操纵，因此失去了主要意义。但1874年之后，共和国重新确立。德意志帝国有一个由普选产生的国会，尽管它缺乏负责任的权力。宰相俾斯麦认为："当今时代，由350人组成的议会不可能最终指导一个大国的政策。"也许它不可能，但在由选举产生的立法机构中产生一个向它负责的内阁，这样一种政府体制在英国获得成功，而

---

[1] 正如迪斯累里在《坦克雷德》中评论的："我不相信公众会思考。他们怎么可能呢？他们根本没有时间。"——原注

且在法国，它至少勉强维持了下来。

到了19世纪90年代，先前敌视议会制政府的一些左派和右派此时却"团结起来"支持它。1889年，法国的民主政治遭受挫折，几乎再次出现一个军事独裁政权，但这一次，威胁失败了，反民主的冲动基本上被平息。按照专门研究法国民主制度的历史学家戴维·汤姆森的说法，1871—1876年，"法国农民大众的信仰发生转变，开始信奉民主共和制"。自由主义者的信仰也发生转变，此前他们一直确信（正如托马斯·麦考莱宣称的），普选权将导致一种新的专制主义，这种专制主义"与文明的存在势同水火"。此时，更为典型的是普雷沃-帕拉多尔[1]在《新法兰西》中表达的观念，制衡大多数人的意志可以防止滥用普选权，从而导致一种切实可行的"自由共和制"。

所有政府都必须关注公共舆论。批评家们指出，公共舆论可能是好事，也可能是坏事，这取决于公共舆论的开明程度。那些还不相信民主制的人不但抱怨选民无知、感情用事，而且抱怨竞选方法有失尊严，抱怨政治机器和老板们的操纵。他们还抱怨说，根据格雷欣式的政治法则，坏政客一定会挤掉好政客。[2]但只要是明白人，几乎没有人会认为，少数人在政治和社会上的统治依然可行。"我们必须教育我们的主人"，在这种思想的驱动下，许多国家建立起公共教育制度，强制人们送孩子上小学。文盲现象在南欧和东欧依

---

1 普雷沃-帕拉多尔（Lucien-Anatole Prévost-Paradol, 1829—1870），法国文人。1868年，发表《新法兰西》，攻击拿破仑三世的统治是"民主专制"。
2 格雷欣法则，也就是所谓的"劣币驱逐良币法则"，指两种实际价值不同的金属货币同时流通时，实际价值较高的良币必然被实际价值较低的劣币排挤掉。

然大量存在，但到了 1900 年，它在西欧几乎销声匿迹。廉价的通俗报纸通常迎合最低的知识水准。它们的兴起在受过良好教育的那些人看来，是一件可耻的事情。在动荡不安的 19 世纪，数以百万计的人离开传统的农村环境搬到大城市，大城市突然之间变得拥挤不堪，在这里，一种新的流行文化正在经受临产的剧痛。

民主原则的一位批评家亨利·梅因[1]也不得不承认："民主原则已经发起攻势，必将所向披靡，反对者势单力孤。"民主原则的胜利得到了"普遍认可"。但除了这种"大局已定"的感觉外，在那些很有思想且对社会持有批评态度的人中间，同时存在着一种几乎同样强烈的舆论。这些人认为，民主要么是一场失败、一场灾难，要么是一场骗局。对于民主的兴起，知识分子与其说热情赞扬，不如说深表遗憾或深表忧虑。托克维尔和穆勒都不相信民主，因为他们担心智力和素质的降低。（穆勒为民主做的最有力的论证是，它可能成为一个逐渐提升大众水准的教育过程。但到了 19 世纪末，这种情况还是很难看到。）

马修·阿诺德在 1861 年初版、1879 年重新发行的《民主》一文中写道："我们的社会可能注定变得更加民主；那么将由什么人或什么东西给这个国家带来高雅的格调呢？这可是严重的问题。"一个社会拥有真正的价值，不仅是因为大部分人积极活跃而且有自由；它之所以有价值就在于它生产了素质高的人。1865 年后，美国哲人、民主诗人沃尔特·惠特曼也以类似的文雅语调说话。素质和"高雅格调"的问题，贯穿所有抨击大众文化所体现的民主的言论中。在

1　亨利·梅因（Henry Sumner Maine，1822—1888），英国法律史专家。

19 世纪这类抨击随处可见。马克思的朋友布鲁诺·鲍威尔曾认为："大众是精神的敌人。"在易卜生的话剧《人民公敌》中，斯托克曼医生宣布："少数派总是正确的。"

19 世纪 80 年代，法国作家埃德蒙·谢勒[1]大声疾呼："经过这场危机，人类能否保留住天才、美和高贵品质还是一个疑问。在这场平庸化的悲剧中，在这场各民族阴沉、可怕的经历中，是否还有什么东西没有从历史中消失，这还是一个问题。"文学、艺术，甚至哲学都选择了挑衅性的、反社会的道路，这是对 19 世纪兴起的公然炫耀民主的都市文化的反应。伯特兰·罗素，虽说他主要的思想倾向是激进的和社会主义的，但 1920 年他惊叹："像这样尊重龌龊不堪的大众就是在毁灭文明！"事实上，导致这种敌视态度的因素，不仅是有教养的少数人的精英意识，还有阅读通俗小报、受标语口号影响的大众的"愚蠢行径"。欧洲文化漫长的传统创造出一整套极为丰富的思想和艺术表现方式；现在它被组织起来，通过让人消费得起的书籍、期刊、博物馆、音乐厅供人们利用，而这些消费手段却是知识分子佯作不屑一顾的都市-技术社会的组成部分。先前有许多人被挡在这个高雅文化圈子之外，现在他们可以步入其中。正如 D. H. 劳伦斯所言，这个"欧洲的文明意识"形成了另一个天地，那些能够登堂入室的人在这里满心喜悦。但这个世界不是"真实的"，它与生产者和消费者、购买者和销售者、工程师和工人、酒吧老板和政客所组成的世界是不一样的，对于这些现实的人来说，正如叶芝所写的："我们和所有的缪斯都是毫无价值的东西。"

---

[1] 埃德蒙·谢勒（Edmond Schérer, 1815—1889），法国神学家、文学批评家。

知识分子的兴起，以及知识分子与大众文化的交锋，这些内容充斥现代时期。19世纪末，这种对抗达到顶峰，或许是因为这两种现象刚刚兴起。莱昂内尔·特里林在《自由的想象》中说，支配欧洲文学的"那些人，据我们所知，对待民主自由主义的传统是漠然的，甚至是敌视的"。正是现代世界不寻常的矛盾、它极端的"两面性"，这种动荡的活力，同时造就了没有文化的大众和愤世嫉俗的艺术家-知识分子。

"但这一点我是知道的，我痛恨乌合之众！"沃尔特·萨维奇·兰多[1]的信条几乎成为19世纪晚期所有知识分子的座右铭。乔治·吉辛[2]在世纪末写道："我身上的所有本能都是反民主的，我简直不敢去想，当群众绝对占据统治地位时，英国会是什么样子。"他注意到，这不是一个阶级问题。无论上层阶级还是下层阶级，当他们聚在一起时，都是"吵吵嚷嚷的怪物"。这群"吵吵嚷嚷"的大众，也就是尼采所说的"喧闹的侏儒"，是思想贫瘠、目光短浅的文化所造就的只会看报纸的"报废的人"。他们让十分敏感的少数人感到恼火，后者认为自己的智识使其有别于大众。这些少数人虽然具有共同的感受，但他们可能来自任何阶级。吉辛就是一个典型的落魄文人，在"波希米亚区"或"格拉布街"过着穷困潦倒的生活。

遇到民主文化时发出"恐怖惊叫"的文明少数派，不完全是愤世嫉俗的艺术家。科学家有时也写下他们对大众心性的不信任。这

---

[1] 沃尔特·萨维奇·兰多（Walter Savage Landor, 1775—1864），英国诗人、散文作家。
[2] 乔治·吉辛（George Gissing, 1857—1903），英国小说家。

是为理智制定的又一个极高的目标，它要求最高超的才智。维多利亚时代的法制史学家亨利·梅因，在他那本 1885 年出版的、经常为人引用的《大众政府》中宣称，普选"可能会禁止珍妮纺纱机和动力织布机以及脱谷机的使用"，普选可能会保留格里高利历法和禁止牛痘接种法，实际上，普选会阻碍科学进步。科幻小说家 H. G. 威尔斯预言说，未来社会是根据科学有效组织起来的，他相信"民主因其内在的矛盾，必然会成为明日黄花"。他认为，民主的主要矛盾在于，民主依据的不是"理智判断的过程"，而是非常无知又反复无常的公众舆论。关于科学真理（诸如达尔文主义）与民主价值之间的冲突，当时有许多讨论。尽管有些人认为科学本质上是民主的（甘必大宣称："蒸汽机站在共和派一边。"），但也出现了相反的看法。在 1904 年出版的《科学面前的民主》一书中，法国社会学家 C. 布格莱引用了 T. H. 赫胥黎的观点，认为人生而自由和平等的说法是荒谬的。他指出，民主制的敌人，如夏尔·莫拉斯和保罗·布尔热[1]，称得上科学精神的真正传人。

正如我们已经指出的，社会主义者对民主的态度是矛盾的。他们中许多人鄙视"资产阶级民主"，说它是骗局，是为了将工人的注意力从他们真正的目标，即社会革命上转移开来而精心策划的诡计。民主制度是资产阶级"上层建筑"的组成部分，它有意或无意地与资产阶级剥削策略联系在一起。如果工人阶级的确获得了多数选票，试图改变社会制度，这个骗局就会露出真面目。在任何情况下，真正的决定都不是律师和演说家做出的；恩格斯称他们是"议

---

1 保罗·布尔热（Paul Bourget，1852—1935），法国小说家。

会呆子"。民主制反映了社会的阶级结构，但无法改变它。不管怎么说，最终的目标一定是社会主义；民主只能是手段，也许它还不是最好的手段。

包括列宁在内，许多人都做了类似的思考。但这些看法不能完全消除人们这样一种感觉，即民主毕竟是一种现实的力量，社会主义者应当利用它。难道他们不是最能代表群众的意愿吗？但社会主义领导人拒绝参加议会制政府，他们更喜欢等待整个制度最后崩溃——在那之后，一定会出现某种民主，一种完全不同的民主。这表明社会主义者对于以选举产生的立法机关的形式出现的民主制有很深的怀疑。

不用说，右翼思想包含反民主的因素。诚然，许多保守分子看到，普选不一定会产生混乱或共产主义，于是他们转而支持民主。法国的工业家和主教共同"支持"他们曾经漫骂的共和制。以夏尔·勒努维耶[1]和雅克·普雷沃-帕拉多尔为代表的一派保守主义分子转向了自由主义民主制，因为后者能够取代革命的或"雅各宾"式的民主制。这条思想路线导致了一种明显低调的、赞同民主的理由，即民主不但不是乌托邦，反而正好相反，它是矫正乌托邦的方法。乔治·克列孟梭断定，民主"在各种可怕的邪恶中是最能让人忍受的"。这种关于民主的论述乃是对民主含义的完全颠倒。

法国保守的民族主义者批评议会制民主腐败、软弱、权力分散、制定不出有效的政策，是亡国的催化剂。但亚当夫人[2]创办的

1　夏尔·勒努维耶（Charles-Bernard Renouvier, 1815—1903），法国哲学家。
2　亚当夫人（Mme. Adam, 1836—1936），法国文人、极端热烈的共和派分子。

《新评论》——爱国的民族主义的喉舌——却偏离了这种判断准则。它认为，在对德战争中，与保皇主义精神相比，共和精神更能增强民族的力量。其观点与英国的本杰明·基德的观点很接近。与此同时，影响甚大的夏尔·莫拉斯发起了"法兰西行动"运动。这场运动可能是1900—1914年最活跃的运动，当然吸引了青年学生的注意力。它出版了一份著名的报纸。在莫拉斯不知疲倦的笔下，源源不断地流出一本又一本的著作和小册子。这是以秩序的名义对整个自由主义民主精神的反动。它号召恢复君主制，并召唤法国的古典主义和理性主义传统。

莫拉斯继承了孔德对于社会无政府状态的憎恨。在他的思想中有一个突出的主题，即需要有才智的少数派来领导国家。这场运动留给（第一次世界大战）战后法西斯主义的礼物之一是"统合国家"思想。这种思想是从天主教社会运动那里借来的，是回到中世纪的社会观念，即把社会看作由各个群体组成的等级体制，而不是平等个人的集合。在20世纪头几年，"法兰西行动"运动强烈敌视共和国，1912年之后，随着战争阴云临近，它倾向于支持共和国，因为它是积极爱国和强烈反对德国的。作为民族主义者、传统主义者、反犹主义者、民主反对者，莫拉斯向自由主义议会制国家开战。作为一个先驱者，他已经隐约预示了战后的"革命的保守主义"，即后来人所共知的法西斯主义。

古斯塔夫·勒庞也认为民主已经对国家造成了致命的威胁。这位才华横溢的业余心理学家写了一本研究群众心理的名作《乌合之众：大众心理研究》。这本书初版于1895年，后来不断地再版；它对西格蒙德·弗洛伊德产生过影响，也影响到阿道夫·希特勒。在

《政治心理学》(1912)中，勒庞尖刻地斥责选举产生的代表，这些人受"民众最卑鄙的利益"的支配，只想着重新当选，根本不顾国家的利益，他认为民主使现代国家产生了极为严重的权威危机，同时他敦促可敬的中产阶级在社会保卫战中反攻，他也预示了法西斯主义的出现。

最后，在这一时期成长起来的那一群才华横溢的社会学理论家当中，有些人认为民主制其实并不民主。自相矛盾的是，它恰恰产生了另一种形式的精英统治。正如马克斯·韦伯所言："在任何地方，无论是在民主制内还是在民主制外，政治都是少数人的事。"韦伯的朋友罗伯特·米歇尔斯[1]宣布，寡头政治是一条铁律。为了协调选举人和选举过程之间的关系，作为民主产物的政党其存在是很有必要的；但事实上，随着政党的发展和壮大，它们不可避免地落入少数人的控制中。选举人越多，政党就越多；寡头政治与民主是同步发展的。这个悖论足以与马克思所谓的"发现"相媲美，即资本主义在制造利润的过程中反而摧毁了私有财产；民主通过开动作为自身工具的群众性政党反而产生了寡头政治，正是由于群众性政党规模庞大，政党被迫形成一种精英主义的结构。政治首领们组成的"看不见的政府"控制了美国的政治，许多研究著作都曾指出这一点，例如，M. 奥斯特罗果尔斯基的著作《民主政治与政党组织》。米歇尔斯的著作《寡头政治的铁律》依据的是他对德国社会民主党的研究；富有讽刺意味的是，在意识形态上最民主的政党却逐渐被少数内部成员紧紧控制。

---

[1] 罗伯特·米歇尔斯（Robert Michels, 1876—1936），德国社会学家、精英理论创始人之一。

有两位意大利人处在精英主义理论的最前沿。一位是西西里人盖塔诺·莫斯卡，著有名作《统治阶级》(初版于1896年)，另一位是维尔弗雷多·帕累托。他们发现，意大利的现实情况已经损害了意大利复兴运动(即统一运动)时期人们的高度期待。在谈到意大利政府的一位首脑时，帕累托说他是"统治和掠夺这个国家的那个投机分子集团的首领"。

社会学思想的兴起

透过表面的形式结构和官方宣布的目标去发现社会机制的真实实践，这种志向是新型社会研究，即社会学的一个特点("社会学"这个术语出自奥古斯特·孔德)。这种志向可以和弗洛伊德的观念相提并论。弗洛伊德认为，在人格外表的后面有许多不同的内容。可以说，它是幻想破灭的产物；按照历史学家弗里茨·林格[1]的说法，社会学是"在悲剧面前一种英雄式的进行理性阐述的理想"。马克斯·韦伯和维尔弗雷多·帕累托的思想，以及这一代才华横溢的社会理论家中其他人的思想，的确有这种冷冰冰的悲观主义特点。他们步马克思和孔德的后尘，改进和深化了已有的观念，但他们在行文中保留了开阔的视野和生动的力量。他们还没有成为目光褊狭的专家。1890—1920年，这段时间的确是社会学的黄金时代。

社会学是清醒者的避难所，这种状况从韦伯的经历中可以看出。韦伯的父亲是德意志第二帝国时期的著名政治家。韦伯本人也

---

1 弗里茨·林格（Fritz Ringer, 1934—2006），德裔美籍学者、欧洲思想史专家。

很想从政，但在海德堡大学读书期间，他因为受母亲的思想影响而放弃了这个想法；他厌弃父亲所在的那个庸俗的圈子。他一度精神崩溃，有好几年完全丧失了思考能力。他在摆脱精神崩溃状态之后，像弗洛伊德一样（大约在同时）成了很有影响的思想家、作家和讲演者。"世界除魅"成为韦伯的一个著名主题，这一点可以理解。刺激社会学发展的主要社会因素，或许是从乡村社会环境到都市社会环境的快速变化，从传统社会到现代社会的快速变化，在德国，这种变化尤为迅速。但还有一种促成因素，那就是浪漫主义政治理想失败之后产生的幻灭情绪；这种情绪在德国最为强烈。正是在德国，俾斯麦的现实主义外交取得了 1848 年的革命者不能取得的成就。

19 世纪 60 年代实现统一之后，德国的社会转型尤为突然。但是，法国小说家莫里斯·巴雷斯所说的"失去根柢"的现象在法国也很明显。离开规模小、联系紧密的乡村社会，走进大城市，必然要经历文化休克。一些重要的社会学家都有过这方面的亲身经历。爱弥尔·涂尔干在巴黎大学（索邦）[1]读书时感到非常孤独；在他辉煌的社会学研究工作中，他把大部分时间都用于论述他所谓的"失范"，即那些失去了稳定社会规范引导的人惶惑不安的心理状态。19 世纪 80 年代，德国社会学的重要先驱弗雷德里克·滕尼斯做了一个影响深远的区分：礼俗社会和法理社会。前者指小规模的、有内聚力的、紧密团结在一起的共同体，例如，长期比邻而居的人群；后者指由现代城市或国家组成的"大社会"，庞大而复杂。在"大

---

[1] 根据其他资料，涂尔干是在巴黎高等师范学校读书。

社会"里，个体感觉更自由，但也更心神不安。格奥尔格·齐美尔从农村来到城市，也有过文化休克的体验。他写了一篇有名的开拓性文章，论述城市生活对人们心态的影响："造成现代生活中最深刻的问题的根源是，在势不可当的社会力量面前，个体还想保留他的生存自主权和个体性。"在城市里，个体有更大的自由、更多的机会、更强烈的精神刺激，但也面临着丧失社会纽带、无归属感、迷失生活方向等问题。

在韦伯、涂尔干和罗伯特·米歇尔斯的笔下（米歇尔斯的确提到"政治社会学"），社会学研究与政治学研究的界限并非泾渭分明。社会学是对社会现象所做的科学的或不偏不倚的研究，它可以研究各种事物；在这一时期，社会学家们很愿意将它引向政治。韦伯研究了政治权威的种种形式以及西方经济秩序的起源，米歇尔斯考察了政党的结构。费边社会主义者格雷厄姆·华莱斯的《政治中的人性》是一部另辟蹊径的著作。他认为，以往的政治学总是探讨抽象的概念，很少探讨现实的人。华莱斯认为，当我们面对现实时，就会认识到那种认为人们按照理性行事的观点是错误的；"大部分人的大部分政治观点并非出自经过检验的推理思考，而是出自用习惯检验的无意识或半意识的推论"。华莱斯表明，现在之所以出现理性下降的情况，是由于人们背井离乡、"脱离原住地"、被抛进大城市的乌合之众之中。

涂尔干强调现代人丧失了他所谓的"社会团结"。他还认为，在人类丢失了原始的团结形式之后，社会学能够帮助现代人找到某种更为高级的团结形式。涂尔干写道："在很短的时间内，我们社会的结构发生了深刻变化。我们的信仰陷入了困境；传统失去了它的统治地位；个体判断从集体判断中解放出来……突然出现的新生活还没有完全组织起来。"[1]与德国的"讲坛社会主义者"[2]的观点接近，他认为国家的力量可以防止现代资本主义造成的分崩离析的后果。作为巴黎大学的思想名人，涂尔干（他是阿尔萨斯犹太人的后裔）也是第三共和国政府的要员，是高度集权的法国教育体系的行政官员。也许，这位社会党人兼社会学家利用民主国家可以恢复那种已经丧失的团结，从而给个人提供一种指导。像他这样相信官僚可替代教士和族长，可能是把信任放错了地方；涂尔干能够比较有效地诊断现代人的不幸，但在提供药方时则力不从心。

在这些社会学家当中，马克斯·韦伯无疑是最伟大的。这位学者博大精深、成果丰硕，让人想到弗洛伊德和荣格。韦伯的主要经历是在海德堡大学当教授。他不断地经受病痛的折磨，1920年去世，年仅56岁。在那段时间里，他写出了一批视野广阔、见解敏锐的著作，涉及的时空范围从古代和东方社会到欧洲社会，探讨的主题有宗教与经济学之间的关系，以及政治权威的类型等。他最为人知的著作是《新教伦理与资本主义精神》。这部著作引发了一门专门的学问。（齐格蒙特·鲍曼[3]曾写道："新教伦理之争早已达到这样一个阶段……单凭它产生的证据和观点的数量，就足以使争论的成果与

---

[1] 从以下事实中可以看出19世纪都市化迅速发展之一斑：1801年，在欧洲都市化程度最高的英格兰和威尔士，居住在10万人以上的城市的人口不超过10%，而到了1901年，这个数字已经上升到35%以上，有58%的人口居住在2万人以上的城市。应当记住，绝对数字可能更大，因为英国的人口在19世纪几乎翻了两番。——原注
[2] "讲坛社会主义者"是19世纪德国资产阶级自由派中主张社会改良的一派。在他们的推动下，俾斯麦采取了社会福利措施以遏制工人政党的影响。
[3] 齐格蒙特·鲍曼（Zygmunt Bauman, 1925—2017），波兰后现代思想家。

它试图阐明的主题同样需要讨论，也同样深不可测。"）韦伯的主要论点通常经过简化之后被表述为，宗教观念与世俗活动相互作用产生一种特殊的"生活方式"，新教和资本主义就是这样相互作用的，前者导致了"现世的禁欲主义"，赋予工作和节俭以神圣的特质。

韦伯的社会研究表现出惊人的渊博。与所有的历史学家一样，他发现，为了理解某些事物就必须理解一切事物。他是历史学家、经济学家、法律学家。当时，社会学刚被确立为一门学科；德国社会学家协会于1909年成立；韦伯在他生命的最后几个月获得了一个被专门称作社会学教授的教职。他的第一篇论文发表于1892年，讲的是中世纪贸易公司的历史，此后他又发表了一篇研究古罗马农业与法律关系的论文。然后，他对当时德国东部地区的农业工人状况做了一个调查，调查成果收入"社会政治学"论丛出版。在学术思想成熟时期，韦伯开始写大部头的综合研究之作《经济与社会》。就规模而言，这本书可与马克思《资本论》相提并论——而且同《资本论》一样，这本书没有完成，它是在作者死后别人编辑和整理杂乱的遗存片段才成书的。韦伯的某些灵感源于马克思。马克思的一个核心观念是，利用科学方法来研究社会、经济和政治的现象。韦伯赞同这种观念。

他对世界各种社会中的城市的分析是一部经典之作。同马克思一样，韦伯的兴趣始终在于解释欧洲资本主义。与马克思不同的是，他并不认为资本主义是所有社会生命周期中的一个阶段，而是认为它是西欧在千百年的历史发展中所产生的独特事物，它的形成在某些方面可归功于古代犹太教和基督教。它并不是作为一个完全不同的实体脱胎于封建主义；就某种程度而言，它是一直存在着的，就像封建主义依然存在一样。这只是相同的构成成分在比例上逐渐发生变化的结果。(有人可能认为马克思也说了类似的意思，认为马克思在《共产党宣言》中用"资产阶级"不是表示一个社会实体，而是表示一种原则，这种原则通过历史起作用，"把一切封建的、宗法的和田园诗般的关系都破坏了"，支持"赤裸裸的利害关系"。)

韦伯似乎在说，合理性和效率乃是从西方文明早期播下的种子里萌发出来的，并且无情和不可逆转地发展着。韦伯的主要兴趣在于他所说的"合理化"，即事物组织得井井有条、遵守某些规则和有序的过程这种趋向。他的朋友米歇尔斯在社会民主党走向官僚化过程中所看见的东西，韦伯将其视为欧洲历史，甚至是人类历史上的一条基本原则。一些习俗或形式始于传奇事迹或巫术，然后稳定下来成为常例。(夏尔·贝玑曾评论道："一切事物都始于神秘，终于政治。")例如，音乐逐渐变成一门科学。政府从王室演变成官僚机构。在这个过程中，自发性消失，"除魅"(这是韦伯的术语，表示除去巫术)现象发生，学究式的专家取代自由精神而占据了主导地位；这当然会有很大的损失，但效率会有提高。

由于现代资本主义具有非个性化和官僚主义的特征而令人生厌，这种厌恶情绪也出现在社会主义者的思想中。这种情绪在与韦伯同时代的一个人身上表现得尤为强烈，他就是维尔纳·桑巴特。[1] 而韦伯成了社会主义者的敌人，因为他指出集体所有制也不可能推翻合理化、除魅和"异化"。"资本主义"也好，"社会主义"也罢，

---

[1] 维尔纳·桑巴特（Werner Sombart, 1863—1941），德国社会学家、经济史学家，以研究资本主义著称。

现代社会本质上是一样的。劳动分工、官僚制、职业化、纪律、效率等，工业社会的这些基本特征，都不会被所有权是赋予国家还是赋予大公司这个问题所触动。实际上，社会主义者通常提出了一种更严重的集权化和合理化。任何一种先进的技术型社会都会经历相同的异化和失范问题。

由此产生了韦伯的悲观看法。这通常是一道斯多葛主义的指令，即要求人们坚忍而顺从地"忍受我们时代的命运"，不要期待奇迹的发生。（在这一点上，他又与晚期弗洛伊德有相似之处。）被锁在合理化"铁笼"里的现代人不可能很幸福，而我们对此又无能为力。韦伯把谴责一股脑儿地倾泻到各种新宗教的发明人以及学术界的先知身上。学生不应当向教授讨教如何生活！如果我们无法忍受一个严酷的现实，可以回归旧有的宗教：

> 对于那些无法像一个真正的人那样忍受我们这个时代命运的人，我们应当告诉他：他最好静悄悄地回去，无须像通常那样公开认错，只是如常人一样。旧教堂张开了宽阔的手臂，以慈悲为怀欢迎他。[1]

由此可见，这些社会学家不能给我们任何有关拯救的启示，他们只是指出了我们目前的困境。当然，韦伯对后来的社会学影响是巨大的。他使用的词汇已经成为它固定的组成部分。影响尤为深远的是韦伯对政治权威模式的分析——父权制权威、世袭制权威、官

---

1 见韦伯的《以学术为业》。

僚权威和超凡魅力的权威。在我们这个时代，当官僚制度取代了建立在家庭基础上的更有个人特征的权威来源时，韦伯所说的"超凡魅力"（韦伯给我们增添的词汇之一）型领导就重新出现了。因为循规蹈矩、消除个性的权威有一个突出的弱点，就是它无法应对紧急情况。当官僚主义心态遇到一种新情况时，它就无能为力了。伟大的个体应运而生，不管怎么说，他是通过其独特的人格力量迫使人们效忠于他的。拿破仑像两千年前的恺撒那样表现出超凡魅力。后来又有了墨索里尼和希特勒。

当然，19世纪末也不乏先知式人物。从托尔斯泰和斯特凡·格奥尔格到玛丽·贝克·艾娣和布拉瓦茨基夫人[1]，都以不同的神秘方式行使着领导权威。似乎是为了呼应韦伯对魔法终结的感叹，一大批魔法师应运而生。他们通常与边缘化的文学前卫派有联系。那些前卫派纷纷加入密社[2]和其他神秘主义教派。

在其他知名的社会学家当中，意大利社会经济理论家帕累托也像韦伯那样悲观（帕累托才华横溢、博学多才，还是工程师和数学家）。他认为人类的政治思想在本质上是非理性的。他曾说过，要是知道自己的著作《社会学通论》会有许多人看，就不会写它了！各个集团和阶级争夺权力的斗争永远不会结束。如果马克思所谓的"无产阶级"获胜，它也会成为新的统治阶级，最终遭到

---

1 斯特凡·格奥尔格（Stefan George, 1868—1933），德国诗人，以他为中心形成一个文学流派。玛丽·贝克·艾娣（Mary Baker Eddy, 1821—1910），美国基督教科学派创始人。布拉瓦茨基夫人（Helena Petrovna Blavatsky, 1831—1891），出身俄国贵族家庭，现代通神学创始人。
2 密社（Hermetic Society）是由英国神秘主义者安娜·金斯福德（Anna Kingsford, 1846—1888）创办的通神会。安娜·金斯福德是英国最早的女医生之一，还主编了一份女性主义报纸。

其他阶级的反对——这种说法准确地预言了俄国以及其他共产主义国家所发生的事。（据说，在所有社会理论家当中，帕累托最让列宁头疼。）

帕累托一针见血地将所有理想归结为自私自利的权力斗争，这让人想起了霍布斯和他著名的意大利先辈马基雅弗利。帕累托认为，当我们意识到理想中潜藏的错觉和权力的现实，从而尽可能地建立权力制衡机制，我们才能最好地实现自由。我们应当追求建立一种流动的精英阶层，这样就能将潜在的革命者吸收到权力圈子中。但总的来说，帕累托并没有给出解决现实问题的办法，他只是在描述现实，他对现存的欧洲统治阶级的状态并不乐观。他的社会学有一个有趣的特点，就是他试图划分思想里的基本情感因素，即"积淀"。他认为各种思想体系的基础是这些情感"积淀"，它类似于荣格的"原型"或韦伯的"权威模式"，是真实存在的，通常是理性原则的无意识决定因素。[1] 当时，几乎没有人像他这样无情地揭露理想和意识形态。

尽管这些社会学家极为博学，而且他们对知识的追求通常不带功利动机，但他们绝非超然于世事之外或不进行价值判断。他们都看到了危机。涂尔干"说起社会学时，带着先知的那种道德热诚"。他认为社会学能够通过解释如何获得团结和避免失范来拯救我们。韦伯有时给人留下的深刻印象是，他非常雄辩。他是存在主义的先

---

[1] 帕累托列出了6种"积淀"（residue），但似乎可以归纳为两种主要形式："联合的本能"和"集合的执着"。他用这两种形式表达的东西与现代化的多元主义社会和整体的有机社会很接近，也就是滕尼斯所说的法理社会和礼俗社会。讲求联合的狐狸是资本家和狡猾的政客，狮子则带有封建主义的英雄豪壮色彩，或许这就是韦伯所说的"超凡魅力"。——原注

驱：雅斯贝斯是他的学生。表面上最客观的帕累托实际上最愤世嫉俗。道理很简单，他之所以采取超然的立场，是因为他对世事不再抱有幻想。假如你真的不再相信各种"神仙"，而是要忍受生活，那你只好远远地走开，抱着超然世外的态度去嘲笑生活。社会学有权成为拒绝或讽刺社会的一个策略。故作外人之态来大发感慨："看看这些怪人，他们的风俗习惯有多古怪！他们所做的事情有多荒唐！"这是斯威夫特和孟德斯鸠在 18 世纪就用过的老策略。某些社会学家也如法炮制。[1] 有人说社会学是乡村无神论者对乡村傻瓜的研究。社会学本身也要用社会学来阐释。在这一时期，它与社会主义者、愤世嫉俗的艺术家以及其他局外人一起批评大众民主、"资产阶级"、平庸市侩以及其他精神上的敌人。

宗教危机

社会学家认为，宗教危机是具有整合性信仰的紧密共同体的消失造成的。涂尔干认为，宗教的主要作用在于促进社会团结；一个真正的共同体必须具有某种共同的价值体系，后者通过典礼和仪式变得神圣化。（1912 年出版的《宗教生活的基本形式》可能是他最出色的著作。）人们普遍相信，祖先传下来的基督教信仰不再履行这类功能。自从基督教分裂为经常互相敌视的教会和教派之后，长期以来，基督教普遍遭到理性主义者、怀疑论者、不可知论者、人文

---

[1] 这类讽刺中最明显、最有名的是美国社会学家罗伯特·林德和海伦·林德在《中部小镇》一书中对美国小镇的无情讽刺。20 世纪 20 年代，它与辛克莱·刘易斯的小说一样很受欢迎。刘易斯的小说也以美国小镇为讽刺目标。——原注

主义者、实证主义者、社会主义者、科学家和历史学家的攻击。社会主义者与夏尔·贝玑一道指责基督教是富人的宗教。我们都知道,达尔文主义沉重打击了正统宗教。尼采宣布:"上帝死了。"(我们杀死了他。)弗洛伊德是无神论者。夏尔·贝玑将基督教时代的结束确定为1881年(第一次出现了"没有耶稣的世界")。科学实证主义的名气从来没有像当时那么大过。许多书以"一元论"的名义宣告,宗教不再具有认识功能,因为科学已经或即将掌握全部答案。恩斯特·海克尔[1]的《宇宙之谜》就是这方面的例子。它是世纪之交的一部畅销书。

诚然,这种一笔抹杀宗教的倾向,在受过良好教育的少数人中比在普通民众中更为明显——尽管有关确定大众宗教心理的研究(例如,1900年进行的关于去教堂做礼拜的一次调查)通常显示,民众的宗教情绪在减弱。但与19世纪中叶相比,知识分子中出现了一个突出的逆反现象,即有些人试图恢复或重新界定宗教信仰。我们已经指出,这一时期的某些哲人,如托尔斯泰和柏格森,在不遗余力地振兴宗教,虽然那是一种非正统的宗教。精神冲动往往被引向非正统的宗教,甚至被引向非基督教的宗教。

柏格森的著作和威廉·詹姆斯著名的演讲集《宗教经验种种》,都强调宗教经验作为一种经验的价值。《宗教经验种种》阐述了詹姆斯的立场:重要的是信仰的意愿。即便宗教是虚假的,它也有心理上的价值;至少它非常有趣。最有趣的是,我们可以看到,对象化的宗教观念都是信仰本能的外在表现。数年后,伊曼纽尔·穆尼

---

[1] 恩斯特·海克尔(Ernst Haeckel, 1834—1919),德国医生、解剖学教授。

耶[1]说道，一个世纪前，一个人要么是基督徒，要么是反对一切宗教的理性主义者，而现在这两种人都不多了，反倒是出现了形形色色多少带有异域情调的新宗教。有些人甚至可能像叶芝那样，发明了一套私人神话。

在法国文人，甚至在某些英国文人中，出现了一股天主教复兴热情。乔治·桑塔亚那[2]被罗马天主教的"了不起的错误"所吸引，这件事表明这些宗教归信现象尤为复杂；没有人真的以为这种信仰是"真实的"，但只有浅陋的人才会认为，指出这一点便足以毁灭宗教。认为宗教是虚假的，但有用或者相信起来有好处，这种看法无疑有缺陷。西蒙娜·韦伊[3]后来抱怨说，柏格森把宗教信仰描述得"像一粒粉色的高级药丸，可以给人大量的活力"。但像这样带着自我意识转向宗教，把宗教当成诗歌或神话，是世纪末先锋派的典型做法。许多人这样做完全是出于逆反心理，有意走向事情的反面。例如，画家伯恩-琼斯[4]就说过："科学越是具有唯物主义特征，我就越要画天使。"这是因为，在当时的英国，一个离经叛道的诗人转变为天主教徒，就像欧内斯特·道森和弗朗西斯·汤普森[5]那样，在体面人中引起的震撼，远远大于下一代人转变为共产主义者所引起的震撼。

弗洛伊德的同事卡尔·荣格后来成为他的对手。他们的一个主

1　伊曼纽尔·穆尼耶（Emmanuel Mounier, 1905—1950），法国作家、新闻工作者。
2　乔治·桑塔亚那（George Santayana, 1863—1952），西班牙人、哲学家、诗人、文学批评家。1872年移居美国，1924年定居罗马。
3　西蒙娜·韦伊（Simone Weil, 1909—1943），法国哲学家。
4　伯恩-琼斯（Edward Coley Burne-Jones, 1833—1898），英国前拉斐尔派画家。
5　欧内斯特·道森（Ernest Dowson, 1867—1900），英国颓废派诗人。弗朗西斯·汤普森（Francis Thompson, 1859—1907），英国审美派诗人。

要分歧在于，荣格赞成利用宗教来治疗神经官能症，而宗教是弗洛伊德一笔勾销的东西。荣格这位苏黎世的精神病医生，受到过尼采的影响。他最初转向心理学的原因是，心理学似乎将宗教、哲学和科学结合在一起。荣格并没有像弗洛伊德那样强调性压抑和童年经历的重要性，把这些经验说成是精神失常的根源。两人都相信，无意识是心理决定因素，梦是了解无意识内容的钥匙。但是，对于荣格来说，与其说无意识是野蛮的反社会冲动的根源，不如说在某种"集体无意识"之中孕育了神话或"原型"。问题是如何治疗自我分裂。办法是，将这种无意识的神话素材与有意识的社会自我结合在一起。集体无意识出现在神话、童话、艺术、诗歌以及睡梦中。它的原型可在一切伟大的宗教中找到。荣格本人就是一个天才学者，他在古代和当代文明之中漫天撒网，寻找这些原型。在这方面，他是结构主义人类学家的先驱；他的门徒倾向于研究比较神话学，以及从主题角度分析艺术和诗歌。

完全成熟的或"个体化的"人格一定会消解"人格面具"（persona）。"人格面具"是荣格的术语，它的含义大致相当于弗洛伊德的术语"自我"（ego）。它是我们的社会角色，社会期待我们去扮演的角色，也是人为性质的人格的面具。它必须学会吸收无意识心理成分，以利于个体化和创造性。在此，荣格显然把目标对准了这个时代的主要心理困境，即内在世界与外在世界之间的精神分裂。他对人格类型进行过有名的分类：内向型和外向型（以及更细的分类），显然与这个问题有关。

在这里宗教表现为一种心理需要，它的作用是培育和丰富心理，因为它与整个人类的全部内在体验联系在一起。宗教是人类的基本需要。这些伟大的"神话"表现了最深层次的心理语言，植根于人类的集体生活之中，满足人的基本本能。没有它们，人性就会枯萎。他认为，一旦人类脱离这个领域，就会产生巨大的损害。荣格在《未被发现的自我》中写道："本能的动力和意象共同形成了一种先验的东西。人类若是忽视它，将非常危险。"假如我们不去认识和控制潜藏在无意识中的力量，它们将会狂暴地、以非理性的方式冲脱出来。他认为，现代人过多地生活在理性概念的领地里，忽视了潜在的情感决定因素。荣格附和尼采的说法，即现代个体过于理性化了，需要重新接触某些健康的原始主义。"人类社会的进化取得的巨大成果……是以巨大的损失为代价的。"

与弗洛伊德一样，荣格（比弗洛伊德年轻近20岁）具有长久而惊人的创作生涯。尽管他的文笔不如弗洛伊德准确清晰，他还是能够把神话、象征和神秘体验的重要性传达出来。第一次世界大战给他以深刻的震动，把他推向了神秘主义，而神秘主义一直是符合他的性情的。不过，他依然是一位职业精神病医生。他坚信："精神病医生是最懂得心灵健康的人，社会上的许多事情严重依赖心灵的健康。"他的"学派"不如弗洛伊德的学派兴旺，但大人物却请他排忧解难。美国最富有的一个家族的后代、精神上很苦恼的保罗·梅隆，给他建了一所房子，并以荣格的名义出版了系列丛书。

在这位瑞士哲人家门的上方，镌刻着一句拉丁文口号，大意是："无论你承认与否，上帝总是存在的。"我们总得去选择一种信仰，就像弗洛伊德所认为的那样。（他说，弗洛伊德把他曾驱走的上帝当成超我给弄了回来。）与弗洛伊德不同，荣格喜欢告诉病人"找一些东西去信仰"。当然，他并没有擅自规定信仰的形式；它可能是一种东方神秘主义，也可能是一种原始的泛灵论，还有可能是一种"高级宗教"，因为价值存在于原型的根源之中而不是形式结构里。西蒙娜·韦伊会在此发现另一种"粉色药丸"；事实上，（让弗洛伊德恼火的是）荣格受到亨利·柏格森不少影响。

年轻的伯特兰·罗素本是一个不可知论者、反基督教人士、怀疑论者、哲学上的反唯心论者。他在一篇很有影响的文章《一个自由人的崇拜》（1903）中，却用了近乎痛苦的语调说明人对信仰的需要。在十几岁时，罗素就追随穆勒和达尔文，不再相信上帝，而且对自己身处其中的维多利亚时代令人窒息的虔诚氛围深恶痛绝。与托尔斯泰很像，他最反感的是"有组织的世界性教会"。但与那位俄国哲人另一个相似的地方是，罗素对宗教充满了渴求。他后来这样写道："在我能够接受的任何哲学信仰中，我从来没有找到宗教式的满足。"但他从来没有停止尝试，因为他认为："为了珍视生命，有必要去珍视纯粹的生命之外的某些东西……人类生命之外的某种目的。""人道主义者"的困境在于，仅仅去崇拜人性，就会使人失去杜绝人们做明显邪恶事情的标准（罗素[1]敏锐地意识到了这一点）。这位年轻的哲学家，注定要活到将近100岁，并且成为20世纪最著名的人士之一。在《一个自由人的崇拜》中，他面对着一个残酷和乏味的世界，雄辩有力地呼唤着自由精神的能力，"不因机遇的主宰而灰心丧气，独立于这种统治他外在生活的恣意暴政，保持着一种心灵的自由"。人类要面对这一事实，即他们在广阔无限的、非

---

[1] 罗素（Bertrand Russell），生于1872年，卒于1970年。

人格化的宇宙中只是微不足道的、转瞬即逝的偶然事件,他们的所有成就注定要"埋在被毁灭的宇宙的废墟之下"。因此,人类只能在心灵的自由中寻求安慰并形成一种信仰,即一种"对善的看法"。罗素奋力向残酷的命运做出普罗米修斯式的挑战。

所以,宗教精神传播很广,但教义的趋向各种各样,混乱不堪。就在1914年之前,英国学者J. N. 菲吉斯在《十字路口的文明》一书中表达了他对那座众声喧哗的巴别塔——尼采、柏格森、詹姆斯、托尔斯泰、罗素——的失望,他们宣扬无神论、怀疑主义、直觉主义、生命力、"信仰意志"、权力意志。

俄国充斥了各种奉行神秘教义的信仰。作曲家斯克里亚宾[1]宣扬艺术家有救世主的作用,他宣布自己就是上帝所选定的救世主;诗人伊万诺夫鼓吹,基督与狄奥尼索斯在"为狂喜而狂喜"状态下神秘地结合在一起;这些人处在"新宗教和迷信激增、扩散"的氛围中(马丁·库珀[2])。在欧洲的另一端,乔伊斯在都柏林遇见了密社和通神学会,这些团体读的是布拉瓦茨基夫人、安妮·贝赞特以及其他现代神秘主义者的作品。人们对于超常的精神现象,如神灵托信、神视、闹鬼等有着严肃的兴趣,而剑桥大学哲学教授C. D. 布罗德[3]等人则允许它使用自己的名义。加入精神研究协会成了一件很时髦的事。在世纪之交那几年出现了一些言行怪诞、走极端的神秘学人物,例如弗雷德里克·罗尔夫(笔名科尔沃男爵)和阿莱斯

---

[1] 斯克里亚宾(Alexander Nikolaievich Scriabin, 1872—1915),俄国作曲家、钢琴家。
[2] 马丁·库珀(Martin Cooper),20世纪英国史学家。
[3] C. D. 布罗德(Charlie Dunbar Broad, 1887—1971),英国哲学家。

特·克劳利[1]（术士、色鬼、信奉魔法者）。被弗洛伊德学派除名的奥托·格洛斯[2]和其他人创建了一种性宗教，此人曾被弗洛伊德视为主要门徒，后来因生活丑闻而被开除，此后，他的名字就不再见于有关心理分析的记载。

尼古拉·别尔嘉耶夫曾提到，托尔斯泰和陀思妥耶斯基属于他所说的"精神时代的先驱"之列，这位俄国存在主义者还提到另一位俄国人索洛维约夫和两位法国人，即莱昂·布洛瓦[3]和夏尔·贝玑。贝玑最初是德雷福斯派和社会主义者，主编过战前法国知识界最有影响的《半月丛刊》，这本杂志刊载各式言论。尽管他本人是天主教徒，但本质上信奉自由之精神。与托尔斯泰相像，他反对一切虚假和低劣的东西，宣扬正直，致力于精神和思想生活，宣扬社会公正，献身于艺术，以此来证实人类灵魂的价值。

次要人物可能比主要人物更能显示时代的趋向，这方面的例子是萧伯纳和威尔斯的朋友 A. R. 奥雷奇[4]，他主编了一本名叫《新时代》的杂志，它很可能是伦敦最主要的先锋派文学的喉舌。奥雷奇出生于利兹，早年是费边社社会主义者，后来又成为所谓的"社会信用理论"的狂热支持者，这是当时主要的经济上的灵丹妙药。但到后来，他受到亚美尼亚术士兼骗子 G. I. 古尔捷耶夫的影响，古尔捷耶夫与布拉瓦茨基夫人都是红极一时的神秘学者。古尔捷耶夫声

---

1 弗雷德里克·罗尔夫（科尔沃男爵）（Frederick William Rolfe, Baron Corvo, 1860—1913），英国画家和摄影家，曾写诗、撰文。阿莱斯特·克劳利（Aleister Crowley, 1875—1947），英国作家，自称是"吸毒和性交成瘾者"。
2 奥托·格洛斯（Otto Gross, 1877—1920），瑞士精神分析学者。
3 莱昂·布洛瓦（Léon Bloy, 1846—1917），法国小说家，狂热信奉天主教。
4 A. R. 奥雷奇（Alfred R. Orage, 1873—1934），英国学者、报人。

称，自己传授的精神学源自古往今来所有宗教圣贤的思想，是一种具有神秘教义的神智学，受他影响的人很多，其中有叶芝和美国建筑学家弗兰克·劳埃德·赖特。古尔捷耶夫是许多东方精神领袖的先驱。在之后的几十年里，他们把那些厌倦世事、惶惑不安的西方年轻人弄得神魂颠倒。[1] 欧洲人的精神饥渴由此可见一斑。

作为宗教的民族主义

对一些人而言，社会主义是一个替代性的宗教，而对另一些人来说，艺术或科学是替代性的宗教。对民众而言，带有象征和仪式的最显眼的价值体系是民族主义。知识分子没有完全忽视它。贝玑最突出的文学成就之一，是他把圣女贞德提升到法国民族象征的地位。19 世纪之前，贞德在法国几乎默默无闻。有些浪漫派对于中世纪的所有事物都感兴趣。他们复活了 15 世纪这位奥尔良姑娘、殉道者、抗英女英雄的故事。19 世纪中叶的伟大民族主义历史学家，尤其是儒勒·米什莱，将贞德描述为法兰西民族之母。她的神话愈演愈烈。除了贝玑，夏尔·莫拉斯也在她身上大做文章，这么做的不光有保守派人士。社会主义者、自由主义者、反教权主义者以及神职人员都聚集在贞德周围，把她当成民族团结的象征。

左派人士也在法国历史上找到了自己的英雄，他们自己推出了法国向全人类承担的使命。德国社会民主党人对于民族主义和社会主义之间的关系困惑不已。他们最后得出结论，革命之后，民族差

---

[1] 就在 1914 年之前，多次访问欧洲的孟加拉诗人和哲人泰戈尔第一次访问欧洲时就引起了轰动。——原注

别不会消失，而是会变得更加纯粹；民族的生活特色将在更高的层面上继续存在。不能让资产阶级把德国的过去据为己有！马克思本人倾向于认为，在摆脱了资产阶级政权之后，民族会成为社会主义人类所在的共同体的自然形式。

第一次世界大战将会显示，民族主义的吸引力要比假想的国际主义大得多——显然，对于知识分子也同样如此（见下一章）。作为社会生活基础的种族特征的延续是一个惊人的事实。苏格兰人与居住在同一个岛上的英格兰人在政治上联合已经两个世纪了，但在精神上，苏格兰人从来没有感觉到他们是大不列颠王国的一部分（现在依然没有）。这个联盟保持下来是出于实用目的的需要，但它从来没有在人们的心里或思想里扎下根。威尔士人也是如此。

至少文学得承认这一事实，在比较著名的文学民族主义运动中有爱尔兰凯尔特复兴运动，这场运动利用爱尔兰民间文学的主题，它甚至企图复兴古代凯尔特语作为文学媒介。威廉·巴特勒·叶芝也许是19世纪最伟大的诗人，他就是在这场爱尔兰文艺复兴运动中崭露头角的。另一位著名人物是米斯特拉尔[1]，他是法国普罗旺斯省用复兴的奥克语写作的诗人。

1896年，西奥多·赫茨尔的著作《犹太国》奠定了犹太文化复兴的基础。其目的是想在祖先生活过的巴勒斯坦土地上建立现代犹太国家。犹太复国运动大会始于1897年。一种政治色彩不太鲜明的犹太复国主义让青年卡夫卡和布拉格的其他犹太作家很感兴趣。法国的德雷福斯事件、俄国对犹太人的迫害，以及德国和奥地利的反

---

[1] 米斯特拉尔（Frédéric Mistral，1830—1914），法国诗人。

犹骚乱，都使犹太人深切感受到这一现实：欧洲再一次受到不宽容心态的控制。但当时，犹太复国主义主要是知识分子和作家的事情。

那些在很大程度上"被同化的"犹太人也继承了他们所在国家的文学传统；19世纪晚期和20世纪早期，有一群在一定程度上放弃了犹太习俗礼仪的杰出犹太作家、音乐家和艺术家为欧洲文化做出了巨大贡献。这个名单包括马克思、弗洛伊德、爱因斯坦、古斯塔夫·马勒、路德维希·维特根斯坦、卡夫卡、柏格森，有一半犹太血统的马塞尔·普鲁斯特以及其他许多人。他们中的许多人转向犹太复国主义，这是对现存欧洲文明不满的一种表示，也是寻找自己身份的手段。像马丁·布伯这样的神学家在宣扬一种根深蒂固的犹太民族主义的拯救恩宠时，他的腔调与莫拉斯、巴雷斯、瓦格纳以及其他"整体的民族主义者"的腔调相同。犹太复国主义的主要历程还没有展开；但它起源于世纪之交的思想动荡中，这一时期的突出特征是寻求新的价值观念。

就在1914年前，民族主义发展到顶峰，几近狂乱。加布里埃尔·邓南遮，著名的意大利作家，他的变态色情小说和生活方式使其在19世纪90年代成为"颓废派"的领袖人物。在1909年左右，他成了一名狂热的民族主义者，号召意大利磨刀霍霍扑向非洲，然后再向全世界进军。（意大利做出的反应是，从土耳其人手里夺下的黎波里，这为后来与"一战"爆发有很大关系的一系列事件做好了准备。）泛德意志联盟幻想着德国人统治整个欧洲。在法国，莫拉斯领导的爱国的、激烈反对德国的"法兰西行动"很受学生欢迎。饶勒斯在1911年试图将社会主义者团结在一起，反对扩大兵役制，但没有成功，这是1914年和平主义破产的预兆。各式各样的泛斯拉夫主义在俄国非常盛行，丹尼列夫斯基[1]认为，在拉丁民族和北欧人支配世界历史之后，该轮到斯拉夫人了。不管怎么说，俄国人要么向亚德里亚海挺进，要么退回乌拉尔山之后。泛斯拉夫主义者法达耶夫宣布，统一东欧的斯拉夫民族显然是俄国命定的。在伦敦，有关英帝国命运的书籍也同样流行，按照历史学家爱斯梅·温菲尔德-斯特拉福[2]的说法，"出版界散发着血腥味，回荡着雷鸣声"。

国际生活就是一个角斗场，那些不准备参与权势争夺的国家注定会消失——这是世纪之交很多人都信奉的达尔文主义遗产。在西奥多·罗斯福时代，这种观念席卷整个美国，让许多头脑复杂的人感兴趣。（罗斯福本人肯定是最有见识的美国总统之一。）例如，英国诗人约翰·戴维森[3]是尼采的门徒，他认为"整个世界都是不道德的"，因此狂热地支持英国的帝国主义行径。他与路特亚德·吉卜林一道，认为英帝国主义有权统治并且有权严厉统治那些次要的人种。社会主义者H. G. 威尔斯解释说，"那一群群黑人、棕色人种，还有不洁白人[4]，还有黄种人"，将不得不出局，"他们注定要灭绝和消失"。

这类说法与1914年爆发的世界大战有很大关系，那场战争结束了维多利亚时代，开辟了世界历史新阶段。思想家们对这些事件所起的作用非同小可。

---

1 丹尼列夫斯基（Nikolai Yakovlevich Danilevski，1822—1885），俄国作家，鼓吹泛斯拉夫主义。
2 爱斯梅·温菲尔德-斯特拉福（Esme Wingfield-Stratford，1882—1971），英国历史学家，著有《英国文明史》等。
3 约翰·戴维森（John Davidson，1857—1909），英国诗人。
4 不洁白人，原文是dirty-white，指的是WASP（祖先是盎格鲁-撒克逊人的白人新教徒）之外的白人，如爱尔兰人、意大利人、犹太人和天主教徒等。

第 7 章

困境中的西方：第一次世界大战及其后果

> 好人总是缺乏信念，而坏人总是充满热情。
>
> ——叶芝
>
> 人们不会毫无渴望，却会渴望虚无。
>
> ——尼采

战争的思想根源

　　不用说大家都知道，1914 年国际秩序被打破，这种局面将在 20 世纪相当长的时间内发挥主导作用。长达四年的大规模杀戮导致俄国的红色革命，以及意大利和德国的黑色革命，欧洲各地普遍失去了信心。这场战争最终给战胜国造成的心理打击几乎不亚于战败国。战争期间，宣传机器甚嚣尘上，真理遭受了前所未有的劫难。出于战争的缘故，一种新的犬儒主义应运而生，对人类价值的信仰荡然无存，这种情况是欧洲近代历史上从未有过的。发生在 1939—1945 年的第二次世界大战，是一场更深重的灾难，它正是第一次世界大战的直接产物。

人们不免试图在1914年的政治秩序危机和思想文化危机之间寻找某些对应关系。历史学家习惯于从外交史和政治史角度——民族利益的冲突，各国之间的联盟，军事计划，国际会议和国际对抗——来描述1914年战争的起源，这么做是正确的。但关于战争的起源，也有思想因素掺杂其中。民族主义的兴起是导致战争的一个显见因素。政客们时不时地根据达尔文主义精神宣布，斗争、竞争和武力是生命的规律。民主制度迫使官员顾及公共舆论，而公共舆论经常是好战和思想狭隘的，同时带有激烈的爱国热情。外交不是在真空中发挥作用的；政治家属于他们所在的时代，接受那个时代盛行的思想观念。詹姆斯·乔尔[1]在颇有见地的演讲《1914年：未言明的假设》中认为，历史学家需要"重新建构研究对象没有说出来的假设"，"重新创建当时的政治领导人所处的舆论氛围"。

1914年，"未言明的假设"包含着在作家和知识分子中普遍存在的那种对战争的独特渴望——这让后人很难理解，但这是战争之初"八月"精神的重要组成部分。最开始，战争在各国极受欢迎。拉姆齐·麦克唐纳在英国抵制战争精神时，意识到自己在反对"英国历史上最得人心的战争"。人们志愿报名参军的景象证明了这一事实。而且，争先报名的是青年诗人、艺术家、大学生和知识分子。法国、德国、俄国的情况基本相同。不久，意大利也出现了类似情况。

在知识界的领袖中很难找到反对这种尚武精神的人。罗曼·罗

---

1 詹姆斯·乔尔（James Joll, 1918—1994），英国历史学家。

兰是极少数试图采取抵制态度的人物之一。他惊呼："各国思想领袖无不满怀信心地宣称，本国人民的事业就是上帝的事业、自由的事业以及人类进步的事业。"很多人都在把这场战争说成是神圣事业，包括上一章探讨的大部分人物，1914年他们仍然在世：柏格森、涂尔干、贝玑、韦伯、弗洛伊德（他"把自己的利比多献给了奥匈帝国"）。另外，与历史学家和社会学家同样显眼的还有诗人和小说家托马斯·曼、斯特凡·格奥尔格以及阿诺德·本涅特[1]等。在战争之初，除了极个别的例外，社会主义者忘记了他们在理论上反对战争的原则，反而团结起来支持本国的事业。在英国，当红的偶像人物是青年诗人鲁珀特·布鲁克[2]，他和其他许多愿为战争牺牲的人一道慷慨赴难，义无反顾。诚然，罗曼·罗兰说"无不"，那是夸张，但在1914年，反战者属于极少数。他们试图阻挡奔向战车的人流，结果却只能招致灭顶之灾。

这种极端好战精神如此强烈，足以证明弗洛伊德在战争期间发现的"死亡愿望"是正确的。造成这种气氛的原因可以追溯到1914年前的思想倾向。其中，比较明显的因素有：（1）一种愿望，即因厌倦单调乏味、唯利是图的资产阶级文明而产生的追求刺激、冒险和浪漫经历的愿望；（2）一种意识，即觉得战争可以为精神更新提供机会，因为战争可以与过去决裂，可以迸发出无私的理想主义；（3）一种激昂情绪，即因集体感的恢复，以及阶级冲突和人际冲突的弥合而欢欣鼓舞；（4）一种启示录式的、尼采式的心态，即把始

---

[1] 阿诺德·本涅特（Arnold Bennett，1867—1931），英国作家。
[2] 鲁珀特·布鲁克（Rupert Brooke，1887—1915），英国诗人。

料未及的大灾变看成对一个衰亡文明的可怕审判，但同时也看成复兴的必要前奏，看成一场"炼狱之火"或大洪水。所有这些态度都与战前思想倾向有关。

第三点可能与战前思想的关系最密切、最明显。愤世嫉俗的知识分子看到了一种回归人类的光荣方式。卡尔·沃斯勒[1]写给克罗齐的信令他们激动不已："一个7 000万人口的民族兴高采烈地上演了一出气势恢宏的话剧，所有人，毫无例外……为大家活着，为祖国活着。"诸如马克斯·舍勒这样的思想深邃之士也逐渐关注"在多元社会中寻找统一和共性"。居然有那么多人认为战争是根治社会失范、精神飘零的良方，能够实现一种共同体，即"整体的民族主义"。在这场战争中，战壕里的人们形成了休戚与共的情感，这种情感让他们彼此依赖；他们中的许多人，即使后来讨厌战斗，也很珍视这种体验，并且希望把它带入战后的生活中。

研究1914年思想氛围的人都知道，一种奇异的神秘精神可以解释人们为何多年忍受痛苦而大力支持这场战争；这种精神主要存在于年轻人当中，在那些带有诗人气质的青年、理想主义者和不安分的年轻人当中。（"老人送年轻人上战场"，这种陈词滥调是错误的。年轻人叫嚷着去打仗，他们责怪老年人胆小退缩。）1914年，一直被赋予浪漫色彩的战争终于来临，它把人们从琐碎和贪婪的岁月中解脱出来，因而大受欢迎。在法国，自1905年以来，出现了尤金·韦伯[2]仔细研究后总结出的"纪律、英雄主义、复兴、民族

1　卡尔·沃斯勒（Karl Vossler, 1872—1949），德国浪漫主义作家。
2　尤金·韦伯（Eugen Weber），美国当代历史学家。

天才"现象。夏尔·贝玑于1905年从社会主义转向民族主义，这是一个标志性事件；此后，这位德雷福斯派作家变成了一名爱国主义者、反和平主义者，充满热情地预言未来的对德战争。1913年，在法国青年大学生中间进行过一次思想调查，结果发现，对他们产生主要影响的人有贝玑、巴雷斯以及其他同类人物。其中一位是保罗·克洛岱尔[1]，他的戏剧和诗歌融合了英雄主义、宗教和法国传统。

就在战争爆发前的那些年，德国掀起了一场青年运动，其狂热的理想主义随后注入了战争。青年运动的候鸟们[2]起来反对他们的长辈。他们满脑子尼采式思想：在启示录式暴力的伴随下实现彻底的精神更新。斯特凡·格奥尔格这类诗人还在幻想着用战争净化灵魂。像亨利·柏格森这样相对比较温和的哲学家认为，战争会给欧洲带来"道德的新生"。贝玑在参加马恩河战役之前还在吟唱："死于正义之战该有多么幸福！"这场战役开始不久，他就死在了战场上。

这种狂热的战争精神对于促成战争的爆发有很大作用。这倒不是说诗人和知识分子有意策划了战争；这场战争的爆发有如晴天霹雳，完全出乎大多数人的意料。只有极少数职业外交家知道当时的危机有多么严重。但正因为如此，它几乎就像是神灵发出的预兆。

几个波斯尼亚青年刺杀弗朗兹·菲迪南大公，引燃了战争的导火线。1914年之前欧洲狂躁的激进思想让他们激动不已。他们崇拜

1　保罗·克洛岱尔（Paul Claudel, 1868—1955），法国作家。
2　这里是"候鸟协会"名称的转用。候鸟协会是1901年创办的德国青少年徒步旅行协会。此后各种学生团体纷纷成立。

高尔基、安德烈耶夫、惠特曼、王尔德和易卜生。他们从1848年的浪漫主义那里学到的是诛戮暴君（罗西尼，《威廉·退尔》）。他们生活在青年时代的文学浪漫主义氛围中，受到当时一些令人振奋的作家的思想滋养，受到象征主义和颓废派的很大影响。他们与国际上的无政府主义运动保持着联系。[1]

当然，每一方都认为这场战争中本方是正义的，都说自己受到了对方的攻击。为了给自己找到支持战争的理由，社会主义者认为，如果他们不参战，他们的国家就会连同社会主义运动一道被毁灭。德国人进而指出，俄国的胜利将是欧洲最反动势力的胜利。同样，法国人相信，德国人的征服将会彻底摧毁法国取得的社会进步成果。各国的工人阶级都怀有强烈的爱国主义热情，而知识分子出身的社会主义者没有想到战争会以这种方式到来。第二国际经常在口头上宣告，世界各地的工人绝不应当在资产阶级统治者强迫他们参加的战争中自相残杀，但这场战争不是这样发生的。绝大多数人只知道他们的祖国受到攻击，因而必须挺身保卫它。英国、德国和俄国的少数社会主义者与劳工领袖固然有不同的想法，但也只好遵守党的纪律。在相当短的时间内，德国的李卜克内西和流亡在外的俄国布尔什维克中的列宁，起来反对这场战争；在英国，拉姆齐·麦克唐纳辞去工党领袖的职位。但在那几年中，这些只是旷野中的呼喊。

知识分子参与战争的程度很惊人。他们当然奔赴战场，亲临战

---

[1] 见弗拉基米尔·德迪耶夫的文章《50年以后的萨拉热窝》，载《外交事务》，1964年6月，以及他的著作《通向萨拉热窝之路》(1966)。——原注

阵；有些人已经四五十岁了还自愿参军；他们写诗咏怀，称这是一个再生的过程，颂扬它的神秘性。许多未能亲临战壕的人则把才智用在宣传上。英国文坛巨子阿诺德·本涅特当上了英国一个宣传部门的主管；一些著名的历史学家炮制了许多手册，证明敌人永远是邪恶的（这种材料必须让人信以为真），证明敌人野蛮凶残，但这类故事大多是向壁虚构。许多作家、艺术家和知识分子在战争中罹难。在那些牺牲的才智之士当中，有英国诗人鲁珀特·布鲁克、威尔弗雷德·欧文、艾萨克·罗森堡、查尔斯·索利、爱德华·托马斯；艾弗·格尼发了疯。才华横溢的画家弗兰茨·马克、埃贡·希尔、奥古斯特·麦克、雷蒙·杜尚-维龙和翁贝托·波丘尼惨遭杀戮；诗人格奥尔格·特拉克尔和雕塑家威廉·莱姆布鲁克自杀。造就法国精英的著名学府巴黎高等师范学院，1911—1913年毕业的学生，有161人参军，其中81人死于战争，另有64人受伤。一部阵亡法国作家选集收录了500名作家的作品，其中有贝玑、阿兰-富尼埃（法国的鲁珀特·布鲁克），以及普西夏里等人的作品。这个单子可以一直开列下去。

在西线战场可怕的大屠杀中，伤亡最惨重的是下级军官，一般来说，他们都是受过良好教育的青年。人们不禁发出疑问，随着这些人成千上万地罹难，该有多少可能震惊世界的成就被埋葬？他们当中，有的人才智可能在乔伊斯、爱因斯坦或艾略特之上，只是因为在战场上捐躯而没有写出《尤利西斯》和《荒原》，也没有提出相对论。另一方面，在这场战争的刺激下，出现了大量有创造性的作品和思想。

第7章　困境中的西方：第一次世界大战及其后果

幻灭的情绪很快就开始出现。赫伯特·里德[1]回忆说："只需在战壕里待上一周,就会涤除那些残存的对战争的浪漫想法。"随着战争旷日持久,伤亡人数增长,抗议的呼声不可避免地出现了。最后,活下来的人大都为自己曾卷入战争而感到羞耻。然而,应该记住,在1914年8月却不是这个样子,当时,反叛的一代人找到了他们的伟大圣战。伊莎朵拉·邓肯[2]还记得:"当时我们都热情如火,激情燃放。"思想史研究者发现,这种精神状态与上一代人的思想躁动有很大关系。

如果说这场战争最初很受欢迎,那么到最后,它却往往成了令人痛苦的幻灭,这种情绪延续了很久,影响了战后人们的世界观。"战争是地狱,建造这所地狱的人是罪犯。"西格弗里德·萨松[3]在战壕里写道。在诗歌中可以发现幻灭的发生发展过程。这场战争产生了质量很高的诗作。它一直是作家的战争,甚至它的理想破灭也产生了灿烂的文学篇章。在这方面没有任何一场战争能与它相比。最初的"光荣的幻想"沦落为伤心和失望,以痛苦告终。苦恼、恐怖、被等待死亡的心绪折磨的神经、被毒气杀死的士兵、令人讨厌的伤口,甚至虱子,都成为前线诗人笔下的素材:[4]

> 冬日的战壕,阴沉可怕,
> 　这里有巨型炸弹和虱子,却没有朗姆酒。

---

[1] 赫伯特·里德（Herbert Read, 1893—1968）,英国作家。
[2] 伊莎朵拉·邓肯（Isadora Duncan, 1878—1927）,美国舞蹈家。
[3] 西格弗里德·萨松（Siegfried Sassoon, 1886—1967）,英国诗人、小说家。
[4] 在战斗的间隙有大量的闲暇去写诗；士兵并不总是待在渗水的战壕中。另外,"来自阿尔芒耶尔的小姐"（一首歌曲的名称）带来了严重的社会疾病问题。——原注

不久他们就开始蔑视那些待在家里、对战争的真实情况一无所知的人。一种生死患难的袍泽之情将士兵们紧密地联系起来；有时，他们还感觉到，自己与敌对战壕里受难者的关系，比他们与待在家里的那些体面人或指挥他们的高级军官之间的关系要密切得多。战士诗人写道，基地那些喝兵血的将军"急切地将忧心戚戚的敢死队赶上前线去送死"，而他们自己却安然返回故里，老死户牖之下。那些在最初几场战役中幸存下来，而且像大诗人威尔弗雷德·欧文那样几乎挺过整场战争的人（欧文在即将停战之际阵亡），对于战争的感受只有恐怖、遗憾、无聊。战争引发的浪漫情绪一去不返，战后时期人们一想到战争就深恶痛绝。讽刺的是，这种情绪却有助于第二次世界大战的到来，因为战胜国中的和平主义舆论使得一心复仇的德国人有可能推翻和平协议，打破力量平衡。

战争结果：苏维埃共产主义

这场导致生灵涂炭的战争结束之后，并没有产生一个"美丽新世界"，而是出现了一片失望沮丧的景象。奥匈帝国解体后，取而代之的是一堆新成立的、没有明确边界的、乱糟糟的小国家。在英国，这场战争让老旧的自由党一蹶不振，却使工党势力大增并且开始采纳社会主义纲领。1919年召开的巴黎和会，美国总统也躬逢其盛。结果，战败的德国人刻骨铭心地感到不公正，战胜的协约国也产生了分裂。大多数人认为，巴黎和会并没有给道德崩溃的世界带来一种新的目标意识。国际联盟是战争期间人们寄予未来希望的主要象征；到了1919年，它历尽波折，总算在争议声中成立了，但美国不肯加入，进一步加深了人们的这种看法：它注定让人失望透顶。

1917年11月的俄国革命似乎给人们带来了唯一的一线希望。在推翻旧有统治阶级的"震撼世界的10天"里，这场革命的领导人谴责整个国际政治秩序以及占据统治地位的经济制度，并且发出世界革命的号召。它的领袖似乎是一个天才人物，是引人注目的焦点。

弗拉基米尔·伊里奇·乌里扬诺夫，在历史上更为人知的是他从事革命活动时用的化名尼古拉·列宁（许多历史书和百科全书都把这两个名字混在一起，称他弗·伊·列宁）。他很早就是正统的马克思主义者，而且从一开始就有一种强烈的革新个性。沙皇政府判了他哥哥死刑，并将他从喀山大学开除，但这丝毫不能平息他的革命气质。尽管他头脑冷静理智，并且对经济理论和哲学问题感兴趣，但他是一个浪漫主义的革命者。他深受民粹主义者车尔尼雪夫斯基狱中之作《怎么办？》（1863）的影响，成了一名职业革命家。正如车尔尼雪夫斯基解释的那样，这需要毕生的彻底奉献，在反抗现行统治秩序的残酷斗争中，心无旁骛，也不应顾及道德。此时，俄国革命已形成光荣的传统；正如列宁所言，他是第四代革命者，往上可以追溯到1825年虽败犹荣的十二月党人。革命已经成熟地发展成一门艺术，主要由那些受良心谴责的俄国上层人士来实践，这些"忏悔的贵族"对本国的落后深感耻辱。

严格地说，列宁不是贵族家庭出身，但也绝非无产阶级出身。他的父亲是外省的一名晋升上来的中级官员。列宁本人上了大学。马克思认为，知识分子的领导对于想法简单的工人来说是必要的。这在列宁身上体现得极为明显，正如阿道夫·G.迈耶所说，列宁

"认为无产阶级革命需要才智不凡之士,这些人意识到了不可遏抑的趋势,合理地组织了历史的原材料,从混乱不堪的要素中创造出秩序和进步"。列宁的布尔什维克派受到尼采的一些影响,他们更加强调这种创造性意志要素。俄国的现实情况几乎也迫使他们不得不采取这一立场。无产阶级尚未出现,这个国家只不过刚刚开始工业化,中产阶级是否存在还是个疑问。没有人能够满怀信心地等候第二天会发生资本主义的自我毁灭,资本主义只不过刚刚开始。列宁嘲笑第二国际马克思主义者的"安魂曲式社会主义"。他试图证明,一个由积极分子组成的先锋政党符合马克思主义,他期盼革命早日发生,建立革命专政。

列宁与列夫·托洛茨基(此人是地主的儿子)一起详尽阐述了这种理论。认为俄国能够从落后的农业社会直接进入社会主义,这种说法无疑与马克思最初的设想不同,但有人会说,俄国是世界资本主义链条上最薄弱的环节,因此革命可能在这里发生,随后扩散到全世界。恰恰因为俄国如此落后,它才为一场成功的革命提供最好的机会。这场革命将由此变成世界革命。培养一个由少数训练有素的人组成的政党,并夺取政权,从长远看,这是符合马克思主义的。列宁选择了这样一个由"革命的社会主义知识分子"领导的"先锋队"政党,以工人的名义开展活动。列宁没有完全坚持这一立场,但他一直在想办法调和马克思主义和革命论。1903年,俄国社会民主党阵营发生分歧,但列宁领导的布尔什维克派在(人数本来就不多的)俄国社会民主党内实际是少数派。1900—1917年,列宁大部分时间在国外,主要在瑞士。在此期间,列宁从事理论工作,他的周围聚集了少数忠实的门徒,这些人被他身上超凡的魅力深深吸引。

但在全世界的马克思主义舞台上，他不是一个显赫的人物，当时占据这个舞台的主要是西欧马克思主义者。

列宁是极少数从一开始就反对 1914 年战争的人之一。甚至大部分布尔什维克都认为，除了保卫自己的国家不受德国侵害之外别无选择。列宁不是和平主义者，他宣扬的是，将各个国家之间的战争转变成为两个阶级之间的国际性内战。他的立场几乎没有得到声援，绝大多数的欧洲社会主义者依旧效忠他们的政府。1917 年，二月革命爆发后，列宁乘坐那一列著名的闷罐车从瑞士返回俄国。德国人允许它开往彼得格勒，因为他们认为列宁会让俄国退出这场战争的。他的确改变了布尔什维克的政策，立即号召结束战争，但新政府却在欧洲社会主义者以及其他人的怂恿下继续战斗，结果只见形势逐渐恶化。这种形势导致布尔什维克在 11 月初发动政变，最终产生了列宁领导下的政权。这种形势构成了世界历史的重要组成部分。在此，列宁又是独自一人推动了布尔什维克夺取政权。

但以公有制企业为基础的社会制度卓有成效，这种消息不胫而走。如果资本主义国家不担心自己的利润，它们为什么要实行封锁和武装干涉来推翻布尔什维克政权？这是有计划的财富生产，代表了未来的经济。在玛丽·居里的朋友、法国人保罗·朗之万的领导下，西方知识分子签名抗议反布尔什维克主义运动，热情赞扬为布尔什维克主义献身的人。

新成立的苏联共产党政府很早就得到了西方知识分子的重要支持。1927 年，在纪念布尔什维克革命胜利 10 周年之际，美国自由派杂志《国家》评论说："在这黯淡的时代，它的 10 年却闪烁着光芒。"在萨科-万泽蒂事件引起骚乱的1927年,[1]恐怕这是左派很有代表性的看法,虽说在1918—1921年苏俄内战的混乱中,同情列宁的人有所减少。1921年,伯特兰·罗素访问了苏俄。他认为列宁是他见过的最令人反感的人。欧美对1917年布尔什维克夺权的浪漫化早就开始了,最早的大概是美国记者约翰·里德的《震撼世界的十天》列宁死后,党内关于政策发生了纷争,与此同时,他的继承人问题也在党内引发了斗争。直到1929年之后,西方世界出现了大萧条,约瑟夫·斯大林作为苏维埃强人开始崛起,西方知识分子才重新集合起来,形成了一股支持新苏联的主要力量。

意大利和德国的法西斯主义

没有哪一个地方能比德国的情况更令人困惑和绝望了。战争的结束大大出人意料;很少有德国人意识到他们即将战败,因此他们很难接受全盘失败的事实。他们根本没有尝到受侵略的失败滋味;整个战争期间,德国军队一直在敌国土地上作战。现在政府突然求和,然后接受了苛刻的停战条件;皇帝退位;在几个月之内,德国人发现自己被迫要接受一个迦太基式的和平[2],忍受胜利者强加

---

1 1927年夏,共产主义者在全世界范围内掀起了一场抗议运动,反对两名意大利出生的美籍无政府主义者被判处死刑,这两人被指控在1920年马萨诸塞州的南贝斯特里发生的抢劫案中犯了谋杀罪。这也许是最为轰动的案件,甚至超过了德雷福斯事件(在某种程度上,后者是前者的原型),因为自由主义者和左派人士指控说这是一场诬陷。几十年后,学者们倾向于认为,至少其中的一位"意大利裔牺牲者"是有罪的,但长期以来,自由主义者和左派人士深信他们是歇斯底里的反共运动的牺牲品。——原注
2 "迦太基式的和平"指对战败一方条件苛刻的和约。当代西方人以"迦太基式的和平"来警告缺乏国防武力的可怕后果。

给他们的屈辱。与此同时，一个陌生的新政府，即以社会民主党人为首的共和国取代了皇帝政权，许多地方都发生了革命，包括阿道夫·希特勒自认的家乡慕尼黑。随着士兵返乡，各地一片混乱。

希特勒的痛惜之情（在他后来的自传《我的奋斗》中有记载）在许多人心中引起了共鸣（不只在德国）：一切都付诸东流。充满艰辛和英雄主义的岁月，200万人的死亡，无数人受伤——"一切均已枉然"。就在几年前，一个强大和繁荣的德国支配着欧洲。现在到处是饥饿和内乱，一个大败亏输、群龙无首的民族正在同布尔什维克主义和叛乱做斗争。俄国沙皇退位，为布尔什维克掌权开辟了道路。难道这也是德国的命运吗？列宁对此深信不疑；这是他下大赌注的依据。在慕尼黑、布达佩斯一度出现地方性的共产党政权。甚至希特勒似乎也一度认可了慕尼黑的苏维埃政权。在20世纪20年代，相当多的德国人把票投给了共产党。然而，大部分德国人怀着恐惧的心情关注着他们听到的俄国正在发生的野蛮行径。

希特勒是一个不成器的艺术家，一个性情古怪、与环境格格不入的人。他在战争中参过军。1919年，在动荡不安的慕尼黑，他作为一名很有成效的煽动者而崭露头角，帮助创建了德国民族社会主义工人党。后来，他成为这个党的绝对领导人。他痛斥马克思主义者、政客、现代社会的道德败坏、卖国贼，他尤其痛斥犹太人，把他们当成替罪羊。但在战后的混乱局势中，他的党只是诸多心怀不满、漫无目的地寻找出路的团体之一，直到20年代末，它才名声大噪。邻国意大利已经陷入了一场自称法西斯主义的新运动中。这场运动强调恢复秩序，通过铲除衰弱势力重振民族雄风。人民必须团结在一位强有力的领导人周围；这位领导人应体现民族的意志，采取无情的手段摧毁腐蚀人民的毒药。墨索里尼不像希特勒那么肯定这种毒药就是犹太人：意大利法西斯主义极少表现出反犹倾向。但希特勒可能会赞同这位意大利领袖的看法：在一个国家中，不仅必须清除马克思主义和阶级斗争，还必须清除议会制民主，因为这种堕落的制度使得政府无法果断行动。

贝尼托·墨索里尼是一位有才华的左翼社会党人。1915年，在讨论意大利是否应该参战这个问题上，他持支持立场，与党内大部分人决裂。此后，他为所欲为地进行意识形态方面的尝试。他受到尼采和索雷尔的影响。在战后的动荡岁月中，他因成为法西斯主义运动的领导人而崭露头角。意大利遇到的麻烦与德国相似。虽然名义上是战胜国，但意大利在军事和外交上都遭受了屈辱（意大利人认为这都是在巴黎和会上由盟国一手造成的），而且它还很难调整过来以适应和平时代的经济。议会制民主表现得很糟糕，意大利人的自尊心备受挫折。

希特勒还在推行战争精神，将他的党徒命名为"冲锋队"，将他的党按照军队的形式来组织。这种战争精神在战后得到了意大利超人式的人物邓南遮的附和。邓南遮是诗人和小说家，50多岁时成为战争英雄。意大利法西斯主义的神秘色彩在很大程度上是邓南遮的创造。希特勒的盛大政治仪式从中有所借鉴。邓南遮以退伍士兵首领自居，于1919年进军发生纠纷的城市阜姆。他在夺取这座城市时使用的那些大张旗鼓的炫耀姿态，如建立穿统一制服的私人军队，举行游行和大规模群众集会，领袖站在阳台上向人群发表演说，人群高呼口号做出回应等，不久就被墨索里尼仿效。邓南遮，这位瓦格纳和波德莱尔的崇拜者（在崇拜瓦格纳这一点上，邓南遮与希特勒相似)、19世纪90年代的颓废派小说作家,从一个文学奇才变成了政治活动家和冒险家。恩斯特·诺尔特[1]写道:"在年青一代的意大利人看来,他是集尼采和巴雷斯于一身的人物。"在战争中他是飞行员,在战斗中失去了一只眼睛。他最能体现"列奥那多精神"[2],那是尼采的权力意志、柏格森的生命力的意大利版。邓南遮创造了许多政治口号,其中一个是,意大利是一个无产阶级国家,它应当团结起来向财阀统治的国家发动阶级战争。(这是对马克思思想的一个相当新奇而蛊惑人心的利用!)

  调动人们的意志和热情来解决政治问题,这种方式是法西斯主义的一个独特因素。其来源可以追溯到战前的思潮。墨索里尼和希特勒两人都属于这样一类知识分子,即自学成才,阅读广泛而杂乱,努力探索被希特勒称作他的世界观的那种东西。他们非常肤浅地拾起许多战前的非理性主义思想。法西斯主义没有一套完整的一贯的教义,可他们却认为这是优点;在他们看来,直觉高于理智。战前思潮的影响还突出地体现为,法西斯主义公然偏爱精英领袖或具有超凡魅力的"伟人":元首或领袖。它还从尼采的经典著作中搬来了对社会价值进行彻底革命的概念;法西斯主义者和纳粹分子想摧毁整个民主-自由-多元主义的秩序,并用另一个秩序来取代它。但究竟用什么秩序,还不太清楚。当然这个秩序一定是有机的和整体的。

---

1 恩斯特·诺尔特(Ernst Nolte, 1923—2016),德国历史学家,著有《法西斯主义的三副面孔》等。
2 列奥那多是达·芬奇的名字。列奥那多精神(Leonardist spirit)表示一种旺盛的生命力和创造力。

墨索里尼赞同"统合国家"观念。这种观念在夏尔·莫拉斯的"法兰西行动"中特别突出,对意大利法西斯主义产生了强烈影响。墨索里尼把这种观念与黑格尔的国家观念糅合在一起。(新黑格尔主义哲学家乔万尼·秦梯利是法西斯主义智囊团中的重要人物。)这种国家主义是卢梭和黑格尔的遗产。在法西斯主义思想中,它与尼采和索雷尔的革命能动论结合在一起。这种结合虽不和谐却行之有效。有些左派的无政府主义工团主义者支持墨索里尼,至少最初是这样。法西斯主义者宣称,他们既反对物质至上的资本主义,也反对物质至上的社会主义;他们想利用由国家和领袖所代表的人民集体意志来强制实行劳资合作。

无论是因为法西斯主义的观念、其领导人的超凡魅力人格(墨索里尼最初活力四射),还是因为旧秩序的破产(这种原因最有可能),法西斯主义在战后意大利风行一时。意大利人厌倦了腐败无能的议会体制,他们同样讨厌只产生混乱而从来没有一以贯之纲领的社会主义。列宁式政权未能在意大利发展起来,或许在意大利缺乏可行性,而且不管怎么说,意大利社会主义者向往的是无政府主义(实行地方工人自治)。法西斯主义似乎提供了有活力的领导人,以及一个崭新的开端和一个新的信念。它感化了意大利国王,而教皇本人(庇护十一世)相信墨索里尼是"上帝派来的人"。意大利最杰出的智者本尼狄托·克罗齐也一度因为法西斯主义活力十足和重振民族的精神面貌而赞成它。意大利的著名作家、艺术家、音乐家纷纷颂扬这个新政权。1922年后,才过了几年,几乎所有人都大失所望。墨索里尼想用精力充沛的、英雄式的精英人物来替代"普选的谎言",结果他只是使意大利处于一种腐败的寡头政治之下。不少意大利优秀人才移居国外。有些人，例如大作家伊尼亚齐奥·西洛内[1]，成为共产党员，同法西斯主义暴政做地下斗争。

把意大利塑造成一个"极权主义"社会，这是法西斯主义公开宣布的目标，但实际上基本没有实现。与希特勒相比，墨索里尼只是一位温和的独裁者。他只监禁了很少人，也没怎么杀人。然而，他发明了偏狭的种族或民族共同体的概念，这个概念没有给少数族群或持不同政见的知识分子留下空间，而且主张由该共同体控制出版和教育，以便在每个人身上打上单一文化的印记。他认为，这样一来，意大利就可以克服它的弱点，重振古代的荣耀。

"法西斯主义"这个词用于指希特勒的民族社会主义（关于民族社会主义，下一章将更详尽地探讨），以及两次世界大战之间欧洲和北美的其他各种运动。这些运动包括比利时的雷克斯运动和法国的几个法西斯同盟，其中"火十字"声势最为浩大；1934年2月，法西斯主义者在巴黎发起大游行。奥地利的法西斯主义组织"保安团"早于纳粹党出现，1938年纳粹占领奥地利后将其消灭。在罗马尼亚，"铁卫团"鼓吹恢复古代的风俗，摈弃现代主义，仇视犹太人，认为他们是资本主义和现代主义的象征，它还提出了通过分配土地来帮助农民的激进纲领。在英国，被认为最有才华的年轻工党领袖奥斯瓦尔德·莫斯利试图建立法西斯党。

这些运动都有许多共同的地方，它们证明了一种共性的存在，尽管它们的具体教义不尽相同（这倒无关紧要，因为所有的法西斯主义都表现出教义上的错乱）。法西斯主义是对秩序、权威和整体

---

[1] 伊尼亚齐奥·西洛内（Ignazio Silone, 1900—1978），意大利小说家、政治领袖。

性社会崩溃的反应。它可能是受欢迎的群众运动。因为群众同样能深刻地感受到秩序的消失（他们的感受比上层阶级更深刻）。法西斯主义本是一种情感反应，在无知之人的领导下，它野蛮不羁，无理性，倾向于暴力。但我们不应该忽视的是，它也是对多元主义现代化所造成的心理困境的一种反应。法西斯主义令人困惑和感兴趣的地方是，它的确援引了一整套重要且深刻的思想；大大小小的墨索里尼和希特勒之流对这些思想半通不通，他们只知道些皮毛，而且还有误解，但他们被战前流行的尼采、莫拉斯、索雷尔和勒庞这类人的思想深深打动了。

战后的文学和思想

必须承认，其他国家的主导思潮都对民主大加挞伐。就"法西斯主义"这个富有弹性的术语最宽泛的用法[1]而言，这些思潮都能被称为"法西斯主义"。西班牙哲学家奥尔特加·Y. 加塞特的《大众的反叛》是当时的一本重要小册子。作者发现，现代民主制是对历史悠久的欧洲的一个威胁。在奥斯瓦尔德·斯宾格勒影响深远的著作《西方的没落》中，欧洲的衰败以民主告终，民主是有机文明衰败遗留下来的一片瓦砾。与乔治·索雷尔相似的是，萧伯纳既钦佩列宁又钦佩墨索里尼——任何民主的敌人都是他的朋友。H. G. 威尔斯呼唤一个由管理专家组成的"武士"阶级。美国人沃尔特·李普

---

[1] 近年来，有些研究法西斯主义的学者对于民主、自由主义等术语的用法产生怀疑，因为这类术语可用于指许多不同的事物，"对于严肃的分析目的来说没有价值"。我们可以谅解这种看法，但不必完全附和。——原注

曼[1]在《舆论》(1922)和《虚幻的公众》(1925)等书中提出了同样的看法，这些书拥有大量的读者。D. H. 劳伦斯认为，民主是有悖常情的；任何健全的社会都可以找到它的天然领袖，任他去统治。"凡事最终要有一个真正的首领，每一种有机的事物都必须如此。"劳伦斯从来不认为墨索里尼符合他的恺撒主义标准，但庞德却予以认可。伊夫林·沃[2]赞同墨索里尼，后来又赞同佛朗哥在西班牙的独裁统治。在其他亲法西斯的知识分子当中，著名的先锋派艺术家萨尔瓦多·达利[3]对希特勒产生了好感，后来他成为佛朗哥政权的支持者。以上说的都是20世纪20年代文学和思想界的重要人物。

魏玛时期的德国出现了各种新保守主义流派，他们悲叹"下等人的统治"，这是1927年出版的一本书的名字，作者是带有浪漫主义色彩的反动人物埃德加·荣格[4]（此人后来为希特勒所杀，在反对民主思想方面，希特勒容忍不了任何竞争者）；荣格是路德派教徒，他的思想很接近奥地利天主教思想家奥特马尔·施潘提出的回归中世纪的主张。罗伯特·布拉希拉克和德里尔·德·拉·罗谢尔[5]加入了夏尔·莫拉斯与莫里斯·巴雷斯等老派人物的行列，当时他们还活跃在那些至少算是半法西斯分子的法国知识分子中间。在左翼方面，那些拥护苏联共产主义的人，当然渴望本国出现一个严厉的政体，粉碎资本家，建立社会主义。

---

1 沃尔特·李普曼（Walter Lippmann, 1889—1974），美国新闻评论家。
2 伊夫林·沃（Evelyn Waugh, 1903—1966），英国讽刺小说家。
3 萨尔瓦多·达利（Salvador Dali, 1904—1989），西班牙超现实主义画家。
4 埃德加·荣格（Edgar Jung, 1894—1934），德国纳粹党重要成员。
5 罗伯特·布拉希拉克（Robert Brasillach, 1909—1945），法国作家、报人。德里尔·德·拉·罗谢尔（Drieu de la Rochelle, 1893—1945），法国作家。

不过，总的来说，20世纪20年代是反政治或非政治的。在苏联与偏远的意大利出现的怪事和怪人，还没有那么强大的吸引力，并不能主导西欧知识界主流，同时西欧自己的那些软弱无力的政治家只会招致鄙视；这是斯坦利·鲍德温、卡尔文·柯立芝、爱德华·赫里欧[1]的时代，德国的魏玛共和国正在没完没了地暗中玩弄联合政府的把戏。路德维希·马尔库塞[2]回忆说："我都不记得那些年我是否投过票——当然，更忘记投给谁了。"托马斯·曼的《一个不问政治者的思考》是一个很典型的反应："我讨厌政治和政治信仰，因为它使人无知、教条、固执和丧失人性。"这股政治氛围反映的是，在战争导致幻想破灭之后，人们警觉地怀疑一切高尚的理想。

在另一方面，文学和艺术获得了大丰收。20世纪20年代一部里程碑式的著作是于连·本达[3]的《知识分子的背叛》。这位法国文学批评家和社会评论家指责知识分子背叛了他们捍卫永恒真理的使命。人们应当避免为任何一种政治上的"主义"服务。"迷惘的一代"过于迷惘，以至于或许除了酒色之外，什么都不相信。弗吉尼亚·伍尔芙笔下的达洛维夫人[4]，无法忍受作为一名重要政客的妻子的生活；政界的事情令她厌烦，使她的精神窒息，所以她就通过培养纯粹私人事务的感受力来寻求解脱。

---

[1] 斯坦利·鲍德温（Stanley Baldwin, 1867—1947），英国保守党政治家，1923—1937年三次出任首相。卡尔文·柯立芝（Calvin Coolidge, 1872—1933），美国第30任总统（1923—1929）。爱德华·赫里欧（Édouard Herriot, 1872—1957），法国政治家、文学家，曾出任部长、总理、议长等职务。
[2] 路德维希·马尔库塞（Ludwig Marcuse, 1894—1971），德国哲学家、文学家、戏剧批评家。
[3] 于连·本达（Julien Benda, 1867—1956），法国作家、文学批评家、社会评论家。
[4] 达洛维夫人是伍尔芙同名小说的主人公。

很难想象这一时期的大作家——D. H. 劳伦斯、安德烈·纪德、欧内斯特·海明威、乔伊斯、T. S. 艾略特——会不反对他们生活于其中的文明，虽说在大多数情况下，这种反感在战前就已经存在。他们都是有名的漫游者；美国"侨民"跑到巴黎，加入海明威和格特鲁德·斯泰因[1]的队伍。英国"侨民"劳伦斯痛恨故国，他在不同时期分别寓居新墨西哥、墨西哥和意大利。乔伊斯逃避爱尔兰，先后到过的里雅斯特、苏黎世和巴黎。当然，还有躲避共产主义的俄国难民，躲避法西斯主义的意大利难民以及后来躲避纳粹主义的德国难民。远离故土、身处异乡之时，他们也在想象中远离西方文明，这一点表现在劳伦斯对伊特鲁里亚人和阿兹特克人的崇拜上，表现在庞德引进汉字或他所想象的中国文学上。这种遗世独立的情绪战前那一代人也曾有过，但有一道严格的界限将这场战争与战前那一代人隔离开来。伊夫林·沃认为，这实际上是英国历史上新老两代人之间的第一次重大分化。事实上，他们可以分为三类人：1914年前老一代"成名者"，他们基本上没有亲临战场；上过战场的幸存者；1900—1905年左右出生的人，他们正好没有从军经历。但根据各种流行说法，早在20世纪20年代初，在处世方式和道德规范上，青年大学生与长辈已经迥然不同。卡夫卡的朋友麦克斯·布罗德曾说，"1914年之前和1914年之后截然不同"，他们只是名义上在同一片土地上。

"一个老掉了牙的婊子"——这是庞德对西方文明的裁定。与此同时，通常比较乐观的H. G. 威尔斯（他在战争期间创造了一个

---

[1] 格特鲁德·斯泰因（Gertrude Stein, 1874—1946），美国先锋派作家。

警句"用战争终结战争")认为:"我们所在的文明正在倒塌,而且我想它倒塌的速度非常快。"诸如此类的评论不胜枚举。最经典的论述当数斯宾格勒的《西方的没落》。这位德国中学教师刚好在1914年之前写成这本书,到了战争结束之际,这本书已经有许多译本。与威尔斯那本更受欢迎的重新评价历史的著作《世界史纲》一样,《西方的没落》也是一位有感而发的业余历史学家写成的著作,有意让职业历史学家自惭形秽;它以尼采式的文化悲观主义忧郁基调全面概述了欧洲历史,称得上一部文学经典。它认为欧洲文明在中世纪达到了顶峰,此后就一直在衰落,这种观点后来变得很时髦。在奥尔德斯·赫胥黎[1]的小说《旋律与对位》中,那个以 D. H. 劳伦斯为原型的人物看到了一个退化过程:我们的祖先是巨人,而我们却是小侏儒。有英国"忧郁的教长"之称的威廉·英奇[2],在1920年出版的一本书里称进步观念是"西方150年来的实际信念",并且发现它是一场骗局。比斯宾格勒更伟大的历史学家阿诺德·J. 汤因比,在20世纪20年代就开始了他对社会兴衰进行的气魄宏大的比较历史研究,这部书在1934年出版了前三卷,接下来的三卷,也就是全书的精华,在1939年接近收尾。他因疾病未能参战,但这场战争本身却激励这位才华横溢的牛津研究员从事这项也许是20世纪最令人钦佩的历史综合工作。最后,他认为西方的失败是一种精神上的失败。

---

[1] 奥尔德斯·赫胥黎(Aldous Huxley, 1894—1963),英国小说家、评论家,以反乌托邦小说《美丽新世界》著称。
[2] 威廉·英奇(William Inge, 1860—1954),英国国教圣保罗教堂的教长,经常撰文抨击乐观主义观点。

奥尔特加·Y.加塞特的《大众的反叛》表达了一个相似的主题：欧洲衰败的原因在于缺乏有创造力的领导人。保罗·瓦莱里论欧洲危机的文章（"事实上精神严重受到侵害"）和 T. S. 艾略特的名诗《荒原》表达了相同的观念。那些年间涌现的文学经典大多如此。对于绝对腐败世界的厌恶可见于伊夫林·沃那些妙趣横生、才华横溢的小说，其中第一本有一个意味深长的题目，叫《衰落与瓦解》。这种厌恶情绪也体现在法国小说家弗朗索瓦·莫里亚克[1]所做的微妙的心理探索中。马塞尔·普鲁斯特的小说记述了法国社会的衰颓。20 世纪 20 年代回响着送别欧洲时代的挽歌。

艾略特的《荒原》是 20 世纪 20 年代初的一颗炸弹，出现在所有大学生的书架上；它从法国象征主义者那里借鉴了现代主义风格，它的思想主旨风行一时，它所产生的影响极少有"高雅作品"能够企及。诗歌一开始就引用了佩特罗尼乌斯[2]的话："我们都想死。""四月是最残酷的月份"，因为它不再产生新的生命，欧洲已经失去它的创造力。这位美国出生的哲学博士和昔日的银行职员，利用所有象征主义技巧找到了表现宗教和爱情徒劳无益的意象："这里没有水，只有岩石。"过去滋养文化的能量之泉已经干涸，只剩下恐惧和胆怯。"我给你看一捧尘土中的恐惧。"[3] 这个伟大的传统不是在轰鸣声中，而是在抽泣声中结束的。现在人们认为，艾略特更多是在记述一场严重的个人危机，而不是记载西方的没落，但这

---

[1] 弗朗索瓦·莫里亚克（François Mauriac, 1885—1970），法国小说家、剧作家、诗人。1952 年，获得诺贝尔文学奖。

[2] 佩特罗尼乌斯（Petronius, 27—66），古罗马作家。

[3] 译文见紫芹选编的《T. S. 艾略特诗选》，四川文艺出版社，1988 年版，第 25 页。

两个层面完美地融为一体；读者都愿意接受后一种意义。

不久，艾略特就在17世纪的基督教里找到了逃避现代世界的去处。这种做法当时很流行。在法国，由雅克·马利旦[1]领导的一个重要群体回到中世纪的托马斯主义，而德语世界的卡尔·巴特和卜仁纳[2]的新加尔文主义的名气更大。自由主义的世俗进步信仰垮台，导致这些"新正统派"神学家回到原罪说和世界堕落说。这些被详尽探讨的神学并不符合正统，因为它们通常"去除了《圣经》的神话色彩，或许还要援引荣格学说以及其他现代观念，把基督教解释为存在意义上的真理，即揭示人类状况的真理，而不是字面意义上的正确"。但它们可以消解战前那些基督徒以及自由主义者和社会主义者的浅薄乐观主义，那些人相信这个世界的问题会圆满解决的。基督与其说是一位鼓吹仁义道德的传教士，不如说是一个预言大灾变或"末世论"的预言家，他宣布世界的末日到了，让人们在上帝与世界之间做出选择。导致西方人变得浅陋低微的，是因赞美人性而产生的骄傲这种罪。历史学家赫伯特·巴特菲尔德[3]曾写道："不要相信人性，这一点至关重要，因为这种信念是近年出现的一种异端，非常危险。"

巴特通常被认为是当时最伟大的神学家。他的《〈罗马书〉释义》（1919）标志着他与先前盛行的自由主义和唯心主义的德国神学决裂。先前的神学受到黑格尔思想的影响，认为人类历史的进程在

---

[1] 雅克·马利旦（Jacques Maritain, 1882—1973），法国新托马斯主义哲学家。
[2] 卡尔·巴特（Karl Barth, 1886—1968），瑞士新正统派神学家。卜仁纳（Emil Brunner, 1889—1966），瑞士新正统派神学家。
[3] 赫伯特·巴特菲尔德（Herbert Butterfield, 1900—1979），英国历史学家。

很大程度上是上帝计划的实现。这种自由主义神学认为，上帝的目的已在这个世界实现，它几乎与世俗的进步观念融为一体。巴特断然否定这种看法。没有这样一种将人类与上帝统一起来的综合体；二者几乎是完全疏离的，人类是不完美的，需要上帝的帮助才能得以完善，但只有在《圣经》依稀透露的启示中才能找到上帝。这种新神学（有"危机神学""辩证神学""宣道神学"等各种名称）表面上具有相当反动的特征，即回到了原罪说以及路德宣称的需要救恩挽救的不幸人类说，但实际上这些特征使它显得具有革命性。人们摈弃了一个腐败的世界，而且拒绝接受与那个世界相妥协的、乏味的、制度化的基督教（或它的世俗替代物）。在这里，巴特援引了19世纪丹麦宗教思想家克尔凯郭尔的思想。在复兴克尔凯郭尔思想的过程中，他起到了重要作用。

大致相同的特征可见于马丁·布伯的犹太教神学以及N.别尔嘉耶夫基于俄国东正教发表的观点。别尔嘉耶夫原先是共产党员，在20世纪20年代离开列宁治下的国家来到柏林，后来又去了巴黎。布伯的名作《我与你》于1923年面世。该书区分了人与人之间的关系以及人与物之间的关系，把上帝当作对话中遇到的"永恒的你"。这些见解很令人激动，其中有一些远不如巴特的思想那么正统。巴特的亲密伙伴鲁道夫·布尔特曼[1]通过他的"非神话化"传递了现代主义色彩更浓厚的思想信息。"非神话化"意味着，《圣经》中表现上帝旨意的语言只是一个外壳，它包含着忠实于生活的重要内核。

---

1 鲁道夫·布尔特曼（Rudolf Bultmann, 1884—1976），德国神学家。

对流行文化的强烈反感强化了知识分子的感受：文化已经堕落。随着大众传媒时代的来临，植根于传统的欧洲高雅文化之中、具有良好教养的少数派，越来越游离于大众之外。在20世纪20年代，"人民"更感兴趣的似乎是体育事件、航空、侦探小说、填字游戏、电影明星、麻将、桥牌和米老鼠，而不是严肃的思想或优秀的文学和艺术。高雅与低俗、精英文化与流行文化（美国文学批评家范·威克·布鲁克斯[1]所说的野花稗草）之间的鸿沟变成了大峡谷。普通人成为可悲的笑料，文化民主成为一个奄奄一息的文明最后的荒诞。"女店员心态"和作为"蠢材"（门肯的说法）的凡夫俗子成为人们熟知的讥笑对象。

门肯本人所在的美国是人们最喜欢用的替罪羊，因为它是新型大众媒体最明显的来源，尽管它们在欧洲绝非不受欢迎。一个又一个欧洲批评家将其称为"美国的威胁"（这是当时一本法文书的副标题）。一个没有艺术或文化的国家，一个市侩的家园，顺从守纪的美国文化敌视自由；伯特兰·罗素重复了托克维尔在一个世纪之前的观点："显而易见，在这样一个社会里，自由只能在私下里才存在。"但是，批评美国文明最猛烈的莫过于美国知识分子。欧洲人以从未有过的姿态欢迎美国文学，部分原因在于，像辛克莱·刘易斯这类美国作家激烈地挖苦和讽刺自己的国家。一些反叛文人为1922年召开的"美国文明"研讨会撰稿，猛烈批评美国文明，不久他们纷纷逃到了巴黎。

---

[1] 范·威克·布鲁克斯（Van Wyck Brooks，1886—1963），美国批评家。

20世纪20年代的弗洛伊德

在20世纪20年代,可以感受到1914年之前所形成的强烈颠覆思想的全部威力,那时弗洛伊德已成为众所周知的人物。沃尔特·李普曼在1915年发现了他的重要性。李普曼写道,这位伟大的维也纳心理学家"已经对人类的思想和行为产生了冲击,其后果很少有人敢去预测"。弗洛伊德的维也纳同乡路德维希·维特根斯坦直到1919年才发现弗洛伊德,他惊奇地发现这位心理学家"能说出点道道"。弗洛伊德也加入了20年代的悲观氛围。可能出于年龄和病痛的缘故,他变得更加悲观了。战争使他把攻击性和性一同视为一种基本冲动,使他在探讨生命或爱情驱动力、情欲力量的同时,也探讨死亡的本能。人类天生是攻击性动物,他们会剥削、抢劫,如果没有受到有力约束,他们甚至会折磨和杀戮他人。弗洛伊德在给爱因斯坦的信里说:"在生活经历和历史提供的所有证据面前,谁还敢对此持有异议?"他在20年代的著作,例如《文明及其不满》中,让读者感觉到个体与社会之间的斗争不会有满意的解决办法,而且永远也不会结束。秩序井然的社会要求压抑"本我"的冲动,但这么做一定会使个体受到挫折。"文明的代价是神经官能症。"科学的缓慢进步只是我们还怀有的一线希望;对于宗教这种"集体的神经官能症",他一如既往地鄙视(《一个幻觉的未来》)。但在评论弗洛伊德的一篇文章中,莱因霍尔德·尼布尔[1]将他与巴特主义的悲观论联系起来,因为弗洛伊德认为人类是悲剧式人物,为矛盾

---

[1] 莱因霍尔德·尼布尔(Reinhold Niebuhr, 1892—1971),美国神学家。

所苦恼。当然，不难看到，弗洛伊德破坏了理性思想的界限。他指出，"无意识的险恶丛林"（查德·沃尔什[1]语）是人类行为的真正决定性因素。

随着名气与日俱增，精神分析迅速膨胀为一项大产业，尤其是在美国。尽管弗洛伊德身体状况不佳，尽管他发起的精神分析运动内部继续分裂，但直到他1939年去世，弗洛伊德一直保持着惊人的创造力和巨大的影响力（在他生命的最后一年，纳粹分子把他从维也纳赶到伦敦）。

后来，诗人W. H. 奥登写道："对我们而言，他现在不再是一个人，而是整个舆论氛围。"在理解这个"舆论氛围"时，出现了某种反讽。通常，人们把弗洛伊德与性革命和色情联系起来。但就个人生活而言，他其实一生都恪守道德戒律，就目前所知，他从未有过不忠于他传统型妻子玛莎的行为。他认为，不受任何约束的性自由不会带来幸福。事实上，他反倒认为，让性爱更加开放，会导致性爱贬值，从而减少人类的幸福。（"当性满足的障碍不复存在时，爱情就会变得没有价值，生活就会很空虚。"）当然，20世纪20年代的文学和生活的一个特点是，在性这个问题上很坦率，而且很开放。这让许多人吃惊，觉得这是史无前例的。（有人会问，那些人对18世纪的上层阶级和维多利亚时代的市井风情了解多少？但不管怎么说，1914年之前的那一代人开了风气之先。）虽说弗洛伊德把性冲动和性习惯纳入了研究范围，但他没有鼓励它们摆脱一切道德和社会的限制。

在很多方面，弗洛伊德都表现出保守气质。他深深地怀疑这类

---

[1] 查德·沃尔什（Chad Walsh, 1914—1991），美国神学家。

论断：按照社会主义原则重新改造社会，可以消除个体与社会之间的冲突。共产主义与传统宗教一样，都是一种幻想。精神分析提供的基本真理适用于任何性质的社会。然而，某些离经叛道的心理分析家，例如性情古怪的威廉·赖希[1]，试图将共产主义与精神分析学嫁接。（结果，赖希同时得罪了这两种思想，被两派革出教门。）在许多青年激进分子看来，马克思主义和弗洛伊德主义似乎都是一针见血的怀疑论，正如沃尔特·李普曼所言，它们是"现代腐蚀剂"，能够颠覆传统的价值观。但它们也相互解构。弗洛伊德主义者认为，社会激进主义者受到了神经官能症人格的驱动。马克思主义者宣称，弗洛伊德是资本主义颓废的产物。

20世纪20年代涌现的令人振奋的新文学和艺术在很多地方借重弗洛伊德的思想，但弗洛伊德认为，艺术是一种神经官能症性质的幻想，也是逃避现实的一种幻想，它取代了为适应现实而进行的成熟的心理调整。关于这一点，我们稍后还会论及。在这一时期，总的来说，弗洛伊德俨然成为战后几十年中的一位思想巨擘。20年代的另一位思想巨擘是阿尔伯特·爱因斯坦。现在应当探讨一下20年代初自然科学领域发生的震撼人心的巨大变化。

爱因斯坦和科学革命

这场新科学革命在19世纪末就已经开始，大致与当年文学、心

---

[1] 威廉·赖希（Wilhelm Reich, 1897—1957），奥地利心理分析学家，后移居美国，被视为"性解放"的理论先驱之一。著有《法西斯主义的大众心理》《性革命》等。

理学、社会思想方面的惊人变化同期发生。它之所以没有引起广泛的注意，是因为它晦涩难懂。直到20世纪20年代，物理学家就那些触及科学本质的问题持续展开争论，它才引起大众的注意。接着，它就成为20年代的一个主要的轰动性事件，并使爱因斯坦的名字家喻户晓。

1919年，从5月末到6月，有关爱因斯坦相对论的大标题占据了报纸的头版，挤走了对《凡尔赛和约》的报道。诚然，1912年，就有维也纳的一家报纸捕捉到爱因斯坦在1905年提出的理论，这条报道的标题是《危险时刻：数学科学的一场轰动》。它指的是所谓的狭义相对论，说这个理论或者解决了科学研究所提出的有关时间和空间客观存在的问题，或者将其变得更加神秘。这位才华横溢的德国犹太科学家是众多科学研究者中的翘楚。他们之间的合作反映了国际科学组织的力量日益增强。爱因斯坦得益于许多人的思想和实验（这里只能列出少数人的名字）：奥地利的恩斯特·马赫，荷兰人 H. A. 洛伦兹，德国人海因里希·赫兹，在波兰出生、在巴黎工作的诺贝尔奖获得者玛丽·居里；还有法国数学家、科学哲学家亨利·庞加莱，早在爱因斯坦于1905年发表那篇论文的三年前，他就写过相对性原理的论文。爱因斯坦本人在苏黎世工学院的老师、不幸英年早逝的赫尔曼·闵可夫斯基，处在欧洲青年科学家形成的这股沸腾的新思想的主流。

与爱因斯坦关系最直接的四位伟大前辈是马赫、庞加莱、洛伦兹和普朗克。在1905年发表的一篇论文中，爱因斯坦认为光是粒子（光子）而不是波，他认为这篇论文是他同年发表的三篇论文中最重要的。就是在这篇论文中，他发展了老一辈德国物理学家马克斯·普朗克在1899—1900年提出来的当时还不是很清晰的量子论，使它名声大噪。相应地，普朗克也是相对论早期的热情支持者，尽管最初他没有全部接受爱因斯坦的思想。与相对论相比，量子论在观念上的革命性一点也不逊色。1900年，普朗克就认为："我的发现与牛顿的发现一样伟大。"后人已经同意他的看法。稍后我们再回到普朗克。

按照通常的说法，人们长期接受的那些科学观念获得澄清，始于两位美国人的一个实验。他们在做这个实验时，全然不知自己碰巧步入了物理学新时代。1887年的迈克尔森-莫雷实验，本来是想测量沿地球运动方向的光行时间，并将其与逆向的时间进行比较，以此确定地球的实际速度。这个实验的结果似乎揭示了这样一种神秘现象：以太等物质并不存在，地球和其他星体的运动无须穿过这类物质。迈克尔森-莫雷实验受到了詹姆斯·克拉克·麦克斯韦的启发。这位杰出的苏格兰理论物理学家于1867年提出的电磁学方程组，被认为是现代物理学的重要开端。麦克斯韦向牛顿经典物理学的超距作用提出挑战，并谈到了相对性。但站在麦克斯韦背后的是丹麦人汉斯·约瑟夫·奥斯特，据称，早在19世纪20年代他就为电磁场理论奠定了基础。

事实上，地球周围并不存在气状物质。结果显示，无论在地球运动方向还是在与此垂直的方向上，光速并不改变，这就好比一个人在传送带（如你在机场见到的那种）上行走的速度与一个以同样步伐不在传送带上行走的人的速度一样快。如果"以太"不存在，那么就得对物理学进行各种修正。光和电都被认为与波的行为相似（富科的研究似乎证明，光是一种波而不是粒子）。假如供波传播的媒质不存在，那该怎么办？构成宇宙固定背景的一个实存空间是测量时间和空间必需的标杆。没了它，空间和时间就不再是绝对的事物了，而是依局部的情况而定，在宇宙内不同位置的人可能有不同的时间。在不同的观测者看来，一系列事件发生的顺序可能有所不同，有人看到事件 A 发生在事件 B 之前，有人看到的结果正相反。统一的宇宙时间是不存在的，这就好像说，大学各个教室里的时钟报的是不同时间，但每一座时钟所报的时间，对于那间教室里的人来说，都是正确的；就整个大学而言没有一个正确的时间。更惊人的是，一个人在宇宙中走了很长一段路程，回来之后就会发现，与一直待在家里的朋友相比，他变得年轻了；相对于没有运动的物体，运动物体的时间变慢了。

在 20 世纪 20 年代，时间的这些悖论很能抓住公众的想象力。在爱因斯坦发表的三篇具有划时代意义的论文中，有一篇探讨了这个问题（发表这篇论文时他 26 岁，还没有获得教职；当时他在驻波恩的瑞士专利局工作）。他解释了惯性系的平等性，提出了他的四维时空统一体理论，以取代旧有的绝对的时间和空间观。[1] 但有关爱因斯坦的头条大新闻（《空间弯曲了！》），直到 1919 年 5 月 29 日科学家进行日食观测时才爆出。这些观测是在世界各地有许多公众在场的情况下进行的，观测结果似乎证实了他的广义相对论，提供了比牛顿的神圣的重力理论更好的替代品。以前许多著名物理学家听爱因斯坦说，时间空间的曲线几何比牛顿的理论更能解释重力，

---

[1] 一些忙碌又无知的记者总是催促爱因斯坦简单迅速地总结一下相对论，后来爱因斯坦习惯于说："在我之前，人们都认为，如果把所有东西都从宇宙中拿走，那剩下的就是时间和空间，但我证明，如果把所有东西都拿走了，什么都剩不下。"——原注

他们昂然而去，小声抱怨"一派胡言"。但后来，胡言居然成了事实。

爱因斯坦在他的理论中假设说，重力并非像人们一直信奉的那样是一种神秘的、瞬时的吸引"力"。事实上，相对性排除了这种情况，因为"同时"已经失去意义。在整个宇宙当中没有"同时"，只有许许多多的地方性时间。当然，也没有传送这种"力"所需的类似于以太的媒质。爱因斯坦认为，重力是由类似于电磁波的波构成的，它沿着时空的测地线以光速行进，服从非欧几里得几何学。（纯粹的数学家，如罗巴契夫斯基、黎曼和高斯都已表明，基于不同的假设，根据曲线或双曲线而非直线，可以产生非欧几里得的体系，同样能够自圆其说。对他们而言，这是一场逻辑游戏，结果，它比欧几里得几何学更适合解释普朗克和爱因斯坦的宇宙。）这些重力波受到物质场的影响。爱因斯坦的理论预言，从遥远的星球射向地球的光线经过太阳的引力场就会变弯。1919年5月，一次罕见的日全食碰巧提供了检验这个理论的机会。观测的结论对爱因斯坦有利。其他证据也证明了这一点。

牛顿定律被推翻，或者说至少被修正，这已经够让人吃惊的了，试图从新的角度思考这个世界就更令人难以想象了。"物质宇宙的结构本身"发生了变化。广义相对论一直被称作"人类的思维所创造的最有原创性的观念"。它只是正在发生的深刻科学革命的一部分，这场科学革命向17—19世纪科学家推导出来的长期被肯定的许多定律提出质疑。另一项令人目瞪口呆的对熟悉的科学里程碑的修订涉及原子的内部世界，20年代这门学科有了大发展。这场革命的开端同样可以追溯到世纪之交的那几年，那时整个旧的

"范式"仿佛轰然解体。从哪里开始的呢？1896年，德国科学家威廉·伦琴发现X射线。一个月后，法国物理学家亨利·贝可勒尔偶然发现，铀盐发散出的射线像X射线那样穿透物质。他碰巧发现了所谓的"放射性"，事实上，这个词后来是玛丽·居里创造的。这位波兰移民科学家，与丈夫居里一同在巴黎工作。许多种射线，也就是"波"被发现，正如克拉克·麦克斯韦的电磁学方程组所预言的。英年早逝、才华横溢的德国科学家海因里希·赫兹已于1885年发现了无线电波。1897年，J.J.汤姆森在剑桥大学重复赫兹的一个实验。在设计出阴极电子管（后来演变为电视显像管）之后，他发现了"电子"，即负电的单位。当时，他并没有将它们与原子的辐射等同起来。

几年之后，欧内斯特·卢瑟福证明，带电粒子能够穿透原子。这很令人诧异，因为原子一直被认为是最小的物质单位（这个词在希腊语中的意思就是这样）。与牛顿的粒子相似，原子过去一直被认为是"实心的、致密的、坚硬不可穿透的"。自从约翰·道尔顿在19世纪初重申这些特征以来，它们就构成了化学的坚实基础。化学家的世界就是以这些原子为中心的。它们质量不同，各自代表一种"原素"，并组合在一起形成分子。但现在看来，它们绝不是实心的，而主要是空壳，具有一个核（集中了绝大部分的质量，但体积很小），周围被负电荷包围。恩斯特·马赫甚至开始怀疑它们是否存在——或许它们只是语言制造的幻象。

卢瑟福，这位在新西兰出生、在英国工作的杰出实验物理学家（他最初在曼彻斯特大学，后来去剑桥大学的卡文迪许实验室工作），使用了从放射中获得的"阿尔法粒子"。这些粒子体现了原子的自发衰变现象——这在以前看来是不可能发生的事,就"原子"这个词的词义而言也是矛盾的。一些重元素的某些原子是不稳定的,会逐渐裂变——实际上,用人类的时间来衡量,裂变速度非常慢,却是稳步进行的。构成它们的原子结构的粒子逃逸掉了。越来越明显的是,原子(如果它们存在的话)包含一个体积微小、较重的由质子构成的原子核(后来发现原子核里还有中子),带有负电的电子则维持着原子的平衡。20 世纪 20 年代,它们之间的关系让物理学家困惑不已。牛顿提出的关于运动和重力的定律一直被当作金科玉律,但在原子内部却全然无用,一种新的力学有待建立。原子本来被认为是不能继续划分的,可在它的内部却有一个全新的复杂的力的世界。使原子聚合在一起的力量如此之大,以至于分裂原子就可以释放出闻所未闻的巨大能量。

在 1905 年发表的一篇论文里,爱因斯坦曾经推断出这种力,并提出著名的公式:$E=mc^2$。物质和能量是同一事情的不同方面,物质是高度集中的能量。(为什么这种联系与光速有关呢?)其他人也在进行这方面的工作。历史学家发现,爱因斯坦声称自己第一个发现了这个著名的公式,这是有道理的,尽管对此一直存在争议,而且这个将质量和能量联系起来的公式在发展过程中[1],"好些人都躬与其役"。弗雷德里克·索迪在 1904 年提出的公式与爱因斯坦的几乎相同。1906 年,玛丽·居里的好友保罗·朗之万在不知道爱因斯坦已经计算出这个公式的情况下得到了它。

---

[1] 见 W. L. 法德纳:《爱因斯坦真的发现了 '$E=mc^2$' ?》,载《美国物理杂志》,1988 年第 56 期,第 114—122 页。

1919年，卢瑟福分解了原子。早在1914年，他就在一次通俗讲座中指出，在爱因斯坦之后，我们已经知道原子内部贮存的势能大得令人难以置信，"比重量相同、最有威力的炸药［的能量］大上几百万倍。"科幻小说家H. G. 威尔斯已经预见了它的使用。作为最伟大的实验物理学家之一的卢瑟福的工作也被战争中断，在那期间他主要研究潜艇探测技术。他利用少量的剩余时间一点一滴地去做，最后成功地用阿尔法粒子（即氦核）破坏氮原子，产生氢和氧。但卢瑟福认为，通过"在几个小时或几天之内，而不是在几千或上百万年里，让铀或钍这样的物质释放出能量"（换句话说，就是加快放射速度），来开发这种能源，"目前看来没有希望"。

他在1919年6月写道："要是我能让原子核产生分裂，这比战争的意义要大得多。"但卢瑟福的成就并没有立即产生轰动效应，而是被同时期爱因斯坦的重力观测给掩盖了。13年后，卢瑟福的学生和同事詹姆斯·查德威克发现了中子，它是原子内部的一种粒子，既不带正电荷，也不带负电荷，其存在早就被卢瑟福预言过。这将导致原子能的利用，因为中子——质量与质子相同——能够接近较大的原子的核而不被排斥，因而可以用来使它们分裂。（这些都是20世纪30年代和"二战"期间的事情。）

与此同时，在20世纪20年代，顶尖物理学家就核物理爆发了一场引人注目且非常有名的激烈争论。科学家最初认为，原子的内部是一个微型的太阳系，原子核像太阳一样，周围是做行星式运动的电子。但人们不得不摒弃这种看法，因为它得不到力学定律的支持。（按照力学定律的原理，电子很快就会撞到原子核上。）太阳系的运动规律在原子内部根本不适用。这样一来，长期被奉为金科玉律的牛顿经典力学定律，先是在宏观层面上破产，现在在微观层面上也破产了。真正适用的似乎是马克斯·普朗克在20世纪初发现的量子原则。普朗克在从事热力学研究时发现，物体加热后不连续地以突发的方式散发出能量，这就违背了牛顿的另一条运动定律。热量使电子突然从一个能级跳到另一个。普朗克发现的能量与辐射频率之间的比率常数，在核物理中适用于描述电子的质量、速度和波长之间的关系（有必要认为电子既是波又是粒子）。

从1913年起，爱因斯坦在柏林就与普朗克一起对量子论做出了贡献，但到了20年代，他却反对新的量子力学理论。在一系列的国际会议上，新一代的物理学家和数学家攻击着神圣的关于确定性和决定性的科学原则。爱因斯坦相信宇宙是可以认识的，他无法忍受这类攻击（按照他的名言，上帝会挑战我们，但不会欺骗我们）。令人感慨的是，从某种意义上说，这一代年轻人算是爱因斯坦的晚辈，现在他们却反抗父辈，真有点像弗洛伊德描述的弑父情结。当时，爱因斯坦已年近半百；这一拨后起的科学天才却年轻得让人称奇。当沃纳·海森堡、狄拉克和德布罗意一跃登上舞台的中心时，海森堡23岁，狄拉克23岁，德布罗意年龄与他们相仿。丹麦奇才尼尔斯·玻尔曾在普朗克和卢瑟福门下学习。在大众看来已经算是宇宙的颠覆者的爱因斯坦，现在居然成了保守派！爱因斯坦不肯接受不确定性这种定论，他调动自己出名的想象力进行思想实验，以难倒量子力学。

这是现代物理学英雄辈出的时代，也是极有造就和产生重大修正的时代。物质的极限产生的难以名状的奇特现象引出了大量阐释。电子既有粒子的属性，又有波的属性，看上去这不可能。科学家们谈论"波粒二象性"和"波动力学"。两个电子可以同时处在一个位置上。更令人困惑的是，它们的位置和速度都无从知晓。正如伯特兰·罗素评论的那样，在量子论提出之前，没有人怀疑过，在特定的时刻一个物体总是处于特定位置，按照一定的速度运动。但你确定的粒子的位置越精确，你测定的速度越不准确，反之亦然。事实上，我们知道的不过是某些方程式，对于这些方程式的解释很模糊。它们适用于一定时期内大量电子的统计概率，个别的电子则是无法准确预言的。罗素说，一个混乱的宇宙充斥着不顺从的少数派。例如，量子力学能够计算出固定时间内衰变的放射性物质的比例——比如，在之后的一千年中有10%的放射性物质发生衰变，但下一个阿尔法粒子将在什么时间离开，以及它究竟是哪一个阿尔法粒子，却无法预测。

与相对性的悖论相似的是，这并非只是一个研究中的弊端，可以在未来克服；它是事物本质所设定的一个绝对限制。一个理由是，我们达到了观测的极限，因为必须使用粒子（伽马射线，所有射线中最短的）观测其他粒子，这样一来，我们就干扰了它们。科学家无法超然于他们的观察对象之外，他们本人就是观测的一部分。那些可怜的人文学者或社会科学家对此很感兴趣，或许他们为此感到鼓舞，但对整个科学传统而言，它却是一个警告；科学达到了它无法逾越的边界，它必须放弃寻找确定性。

德布罗意和薛定谔想象出一个充斥着奇怪的波动的室（chamber）——是什么东西的波呢？概率的，这是一个让人困惑不解的答案。有人认为，想象一个可以与人类日常经验相比较的物理模型，是错误之举；这个世界最好被视为一套数学公式。如果我们让自己不受这类日常经验的偏见的限制，我们就可以想象出各种东西——第五维或第十二个维度。

但把世界数学化很有风险，这不仅让绝大多数不懂数学的人无从理解，而且把世界神秘化了，在某种意义上毁坏了现代科学的前提本身。另外，我们的思想局限可能也被带入我们的数学之中。数学自身的地位曾经遭到怀疑，在数学领域也发生过那种先前的确定性被摧毁的事情。从1900年的希尔伯特到1931年的哥德尔，数学哲学走过的道路类似于物理学从普朗克和爱因斯坦到玻尔和海森堡这条线路，即对于客观性和一致性的怀疑日益增加。数学像语言一样（也许数学就是语言的一个分支），好像不是对自然的反映，而是一种人为的发明。它的内容与其说与物质性的自然有关，不如说与人类的精神有关。

连爱因斯坦都感到惊异的矩阵代数被引入物理学，以对付假想的"概率波"。1927年，在比利时召开的索尔维物理学大会上，这场战役打响了。爱因斯坦在会上反对"不确定性"，玻尔和海森堡与他针锋相对。躬逢盛会的大部分顶尖科学家站在了爱因斯坦的对立面。我们必须承认人类认识的局限、亚原子层面上物质行为的完全不同的性质，以及我们无法获得任何理论上的概率之外的结论（只能归纳出统计上的规律，而不能预测特定事件）。对于这种困境的概念化呈现出好几种形式。也许正如尼尔斯·玻尔推断的那样，这个世界本身就是模糊的、互补的、矛盾的，每个事物也都有它的对立面。或者也许外在世界是澄澈明晰的，问题出在我们人类的思维上，我们由于某种内在局限而未能弄清楚这个世界。似乎不是自然就是人类的思维存在缺陷，要么就是它们之间的配合出了问题。

这个矛盾没有答案，或者至少是凭"常识"无法理解的。

当然，正如爱因斯坦在相对性问题上给人们的启示，常识只不过是先前接受的训练在我们的大脑中层层累积下的成见而已；经过一段时间之后，新科学就会同旧科学一样为人们所熟悉。但它似乎高深得多，不容易掌握，更缺少人情味。人们长期以来所熟悉的世界图景已全然不适用，这使人们产生了一种困惑和失望的感觉。几年前，一位20世纪思想综述的编者发现："19世纪的世界图景在今天几乎已经荡然无存。"1930年，爱因斯坦访问加利福尼亚，他在那里与查理·卓别林和厄普顿·辛克莱一起用餐（这位大科学家的政治兴趣时断时续，而且相当简单）。他参观了威尔逊山天文台，这里有世界上最大的望远镜。1929年，埃德温·哈勃在此发现其他星系都离我们远去，而且距离越远，速度越快。爱因斯坦的相对性曾预言一个动态的宇宙，就像它预言核能一样（还有激光，依据的是爱因斯坦认为光是粒子、"光子"这种看法）。现在，这些理论都已经被证实。比利时教士勒梅特神父提出，宇宙在几百亿年前的大爆炸中形成之际，只不过是一个原始的蛋状物，极为稠密和炎热，体积不超过棒球。爆炸是仍在进行——无限期地进行下去，还是直到最终重新收缩为蛋状物为止？（今天我们得知，宇宙在最初形成之际，其大小只相当于一个原子，虽说它在一百亿亿分之一秒中就长到了葡萄柚大小。）

这些奇怪的宇宙爆炸越发让人们感觉到，宇宙之怪诞神秘超出了最荒诞的科幻小说。科学不再是稳固的保障，"最后的确定性"一去不复返。在好几代人看来，科学对一般人而言很像科学家看待他们自身：揭开神秘的面纱，在这神秘面纱的背后，无知和迷信一直阻止事情露出简单和清晰的真相。20世纪初著名物理学家C. T. R. 威尔逊相信，科学定律甚至可以让酒吧侍女听得明白，因为说到底它只是常识而已。现在，事物所有牢固的真实性，连同它们的空间和时间媒介，消失得一干二净。按照伯特兰·罗素的说法，事物已经变成用来描述发生了什么的公式，但它原本并非如此。1925年，著名哲学家阿尔弗雷德·诺思·怀特海在《科学与现代世界》一书中指出：

> 从18世纪开始，人们暗暗相信，荒谬最终总是会被清除的。今天我们又走了思想的另一个极端。老天知道，今天看起来是荒谬的东西没准儿明天被证明是真理。

科学依然是一种令人兴奋的精神探险，实际上它变得比以前更令人兴奋，但它已不再与神秘主义者和诗人直接对立。现在，科学家自身就很愿意谈论"神秘的宇宙"，而且寻求宗教的帮助。德国物理学家冯·魏茨泽克研究印度宗教以便获得科学上的感悟。沃尔夫冈·泡利和卡尔·荣格试图合作研究诡异心理学。沃尔夫冈·泡利提出的著名的"不相容原理"，事实上与神秘学宣称的法术同样让人不可思议。泡利认识到，科学诞生于开普勒时代的神秘主义；现在它似乎在向神秘主义回归。一位研究巫术的历史学家［查尔斯·霍伊特（Charles Hoyt）］暗示说，当代物理学与他研究的对象未尝没有关系！艺术、宗教和科学之间严格的界限倾向于消失。

在战后不容异说的政治意识形态氛围中，科学也被政治化。

1933年，爱因斯坦在希特勒执掌德国政权之际，宣布放弃德国公民身份，最终定居美国。纳粹宣布爱因斯坦是堕落的犹太布尔什维克，不接受他的科学理论。更糟糕的是，一些很有声望的德国科学家，包括诺贝尔奖得主约翰内斯·斯塔克，也接受了民族社会主义的观点，即科学从属于民族主义。斯大林时代的苏联也不承认这些"资产阶级现代主义"理论。苏联的共产主义者认为，马克思主义科学有别于资产阶级科学。许多年间，招摇撞骗的生物学家李森科，代表拉马克主义遗传学对俄国科学家进行了恐怖统治。

20世纪20年代文学中的观念

战后时期的文学和艺术，虽然受到绝望情绪的感染，但呈现出了罕见的辉煌气象，因为它们标志着整个现代主义运动风格的成熟。20世纪20年代，萌发于战前时期的文学革命突然在公众面前降临。在战后的英语世界里，乔伊斯、庞德、艾略特、劳伦斯和弗吉尼亚·伍尔芙大放异彩，虽说他们的写作生涯在战前就已经开始。他们一般是在19世纪80年代初前后出生的。D. H. 劳伦斯第一本重要小说《儿子与情人》在1913年完成，他在战争期间写了《虹》和《恋爱中的女人》。乔伊斯蓄势待发，准备推出《尤利西斯》，这部小说将像爱因斯坦的相对论那样震惊世界；战争期间，他在苏黎世动笔，1920年在巴黎完稿。

在其他地方，战前孕育的花蕾此时也突然盛开绽放。法国的保罗·瓦莱里和马塞尔·普鲁斯特就是例子。普鲁斯特的长篇巨著《追忆逝水年华》，1913—1927年问世，虽然他于1922年51岁时就去世了。德国文豪托马斯·曼的声誉在20世纪20年代达到顶峰，法国人安德烈·纪德和爱尔兰诗人W. B. 叶芝也是如此。布拉格的弗兰茨·卡夫卡也注定要加入这个不朽的现代主义文学家行列，他的名字直到20世纪20年代末才广为人知，而那时，他已经患肺结核去世好几年了（劳伦斯在40多岁时也得了这种病）。

此外，与毕加索、康定斯基、克利和斯特拉文斯基等名字联系在一起的新的美术和音乐，战前就已经出现，但它得到主要认可还是在战火平息之际。建筑方面的情况大致也是如此。1914年之前，立体派以及其他先锋派实验画家创作的作品，除少数例外，大都被视为某些社会弃儿的怪诞之作，让人费解。战后的形势越来越有利于新奇之物被接受。1919年，巴黎的一群作家和艺术家打出了"达达主义"的旗号（这个词没有任何实际意义），开创了一个新纪元；达达主义诞生于苏黎世的一家咖啡馆，那里距离乔伊斯和列宁住过的地方很近。达达主义者举办公共集会，用后未来主义风格的海报做宣传，许多人在集会上做出了荒谬、无意义的发言。查拉[1]，这位达达主义创始人之一，把报纸上某一篇文章上的字剪下来，放在一个袋子里晃上一晃，再从袋子里把它们一个接一个地取出来，连缀成诗。

这种野蛮的虚无主义精神盛行一时；达达主义促进了比较有建设性的美学理论的出现，特别是超现实主义。达达派故意搅乱各种意义的想法（从兰波那里借鉴的），以及他们激烈的政治抗议，在

---

[1] 查拉（Tristan Tzara, 1896—1963），罗马尼亚诗人，后来主要生活在法国，被公认为达达运动的创始人。

某种程度上体现在超现实主义者身上（超现实主义者与左翼政治运动眉来眼去）。[1] 超现实主义借鉴了弗洛伊德和荣格的思想：在睡梦中以及半清醒状态下，或者在毒品的作用下，大脑思维摆脱了理性的严密控制，能够产生新鲜的、真正的象征，"心理自动机制"暂时中止了大脑的思考，放任词语不断涌现，产生了诗歌。超现实主义可被视为战前出现的象征主义的继续，这种象征主义带有弗洛伊德主义（和马克思主义）的色彩。它是文学和绘画的一种模式，在这方面，它很像德国的包豪斯。[2] 包豪斯先在魏玛后来在德绍安家落户，它把艺术和建筑联系起来，创造了一种新的现代美学。

实际上，弗洛伊德对文学的影响无处不在。文学中有大量的弗洛伊德主义主题——俄狄浦斯情结、畸恋、无意识的动机。例如，美国大戏剧家尤金·奥尼尔的作品就充斥着这类主题。有人说，弗洛伊德用本我和自我分别代表古典作品中命运和自由意志这两股力量，让个体与宇宙对立，从而为悲剧的再生提供了可能。通常说某某人如何依赖弗洛伊德的思想，但结果发现，那是人家的独立发现。劳伦斯的伟大恋母情结小说《儿子与情人》，说的是一个青年人如何拼命挣脱他对母亲的暗恋，这种暗恋不许他与其他女人发生关系。

---

1 1924年，安德烈·布勒东创立了超现实主义。1927年，他加入共产党，但当党的路线开始反对超现实主义而支持"社会主义现实主义"时，他与共产党决裂。1938年，布勒东与流亡在外的列夫·托洛茨基合作发表宣言，反对党对艺术的控制。但路易·阿拉贡在1932年脱离超现实主义，成为一名共产主义斗士。——原注

2 1919年3月，德国著名建筑大师格罗皮乌斯在德国魏玛创办"国立建筑工艺学校"，后被称为"公立包豪斯学校"，1925年，该校迁往德绍。"包豪斯"是德语Bauhaus的音译，由德语HauSbau（房屋建筑）一词倒置而成。以包豪斯为基地，20世纪20年代形成了现代建筑中的一个重要派别——现代主义建筑，主张适应现代大工业生产和生活需要，以讲求建筑功能、技术和经济效益为特征的学派。"包豪斯"一词又指这个学派。

这个矿工的儿子27岁开始写这部小说时还没读过弗洛伊德；后来，他倒是读了而且发现弗洛伊德有许多令人钦佩之处，但他批评了弗洛伊德的科学实证主义。几年前，马塞尔·普鲁斯特就已经动笔写那部卷帙浩繁的、自传性质的长篇小说，这部小说注定要成为20世纪的另一部经典；他对"逝水年华的追忆"是依据他对童年记忆的追寻。他想以文学对话的形式，把过去支离破碎的生活整合为一体。小说充满了性主题。不过，普鲁斯特当时也不知道弗洛伊德。

卡夫卡直接受到弗洛伊德的影响，虽说他可能更多地受到尼采和陀思妥耶夫斯基的影响（他们也影响了弗洛伊德）。托马斯·曼说过，要不是弗洛伊德，他就不可能写出《威尼斯之死》。但美国作家舍伍德·安德森惊奇地发现，自己从未听说过弗洛伊德，居然也被算作弗洛伊德主义者。弗洛伊德和荣格对詹姆斯·乔伊斯产生了一些影响——他把女儿送到荣格那里治疗，但对于《尤利西斯》和《芬尼根守灵夜》的创作至少同样重要的思想来源还有很多，从但丁和维柯到瓦格纳和易卜生，不一而足。（在心理学领域，莫顿·普林斯[1]，这位探索多重人格的美国人对乔伊斯和荣格都有影响。）时代、舆论风气的作用，要比弗洛伊德的作用大得多；他只不过是主要标志而已。一系列模模糊糊地带有弗洛伊德色彩的倾向，包括主体性、消除性禁忌以及多元主义社会中的自我问题，是整个现代社会所特有的。

弗洛伊德之前的同事、后来在心理分析领域的对手卡尔·荣格也开始名声远扬。20世纪20年代的文学作品大量采用神话，这主

---

[1] 莫顿·普林斯（Morton Prince，1854—1929），美国心理学家、医师。

要归功于荣格这位战后备受尊重的奇才。T. S. 艾略特在《荒原》中采用了弗雷泽《金枝》里的神话，乔伊斯用神话充实了他的小说。艾略特认为神话是对抗嘈杂混乱的现代生活的武器，"是控制、整理、塑造，以及赋予徒劳无益且混乱无序的现代历史宏大画面以意义的一种方式"。20年代的经典作品，像美国侨民F. 司各特·菲茨杰拉德的《了不起的盖茨比》，其经久魅力在于它们的神话色彩；在某种程度上，那位私酒贩子（盖茨比）和他的女友代表了所有男男女女的困境。神话体现了人类社会中一再重复的主题，即诗意地（以隐喻的方式）表达出荣格所说的"原型"。叶芝曾提出这样一个问题：

> 艺术怎样才能战胜人类心灵的缓慢衰竭，即我们所说的世界的进步，再一次拨动人类的心弦，而又无须像旧时那样成为宗教的外衣？

神话提供了答案。詹姆斯·奥尔尼[1]在一本研究叶芝和荣格的著作中（《根茎与花朵》），列举了这两位巨擘思想上惊人的相似之处：他们以不同的方式工作，彼此也不太熟悉，却用了不同的语言来探讨同样的事情。

乔伊斯主要用的是神话。一个人在1904年6月某一天中的生活，成为人类境况的寓言，或者说是对西方文明史的总结；利奥波德·布卢姆（小说主人公）是现代的尤利西斯。尽管他是一个栖

---

[1] 詹姆斯·奥尔尼（James Olney），美国路易斯安那州立大学英语系教授。

栩如生的、被安放在都柏林的个体人物，周围是当地的景象、声响和事件，但他也代表了每一个人。这种神话属性体现在，作者把布卢姆一天中的所有经历与荷马史诗中尤利西斯的冒险历程对应起来（乔伊斯并没有在各章的标题中列举出这些经历，读者得自己去辨认，他故弄玄虚的伎俩在《尤利西斯》中还算是牛刀小试，在《芬尼根守灵夜》中达到了登峰造极的境地）。人生的所有事项，即生、死、吃、喝、婚姻都浓缩在一天当中，这就是人类的生活。这一点也明显表现在别的地方。作者明确提到了再生。莫莉责怪利奥波德用了她拼不出来的大字眼；主要例子是"灵魂转生"（"碰上了里面有着胶皮管的什么玩意儿那个词"[1]），所以布卢姆既是尤利西斯，也是以利亚[2]，也是流浪的犹太人，正如书中一段所写的，他也是

> 水手辛伯达、裁缝廷伯达、狱卒金伯达、捕鲸者珲伯达、制钉工人宁伯达、失败者芬伯达、掏船肚水者宾伯达、桶匠频伯达、邮寄者明伯达、欢呼者欣伯达、素食主义者丁伯达、畏惧者温伯达、赛马赌徒凌伯达、水手兴伯达。[3]

莫莉是一个原型式的妇人、大地母亲或女神，即便不是生命力本身（就像许多人认为的那样）。后来，乔伊斯在《芬尼根守灵夜》中用梦呓般的语言搜索历史事件来解说原罪、家庭和社会冲突、公共领域和私人领域的二元性，以及生命永无休止的重复。它的主题

---

1 译文见《尤利西斯》，萧乾、文洁若译，译林出版社，1994年版，第1163页。
2 以利亚（Elijah），《圣经》中的人物。
3 译文见《尤利西斯》，萧乾、文洁若译，译林出版社，1994年版，第1116页。

是荣格式的,即个体的无意识包含了人类的全部经验;一个爱尔兰酒吧老板的一夜睡梦能够重复历史上的一切。

爱因斯坦对艺术的影响同样无所不至,尽管很难准确描述。人们普遍同意奥尔特加·Y.加塞特的观点,认为相对论是"当今时代所提供的最重要的思想事实",但对于相对论的意义却缺少共识。"它只是一个比较次要的伟大思想",这是老托马斯·哈代《饮酒歌》每一节的结语。这首诗悲叹,人类从哥白尼开始,经过达尔文,直到爱因斯坦,经历了一次又一次灰心丧气:

现在爱因斯坦来了,提出某种观念。
这里许多人,
对此还不太明白。
它认为,时间、空间和运动都不存在,
既没有早也没有晚,
既没有方也没有直,
有的只是弧形海面。

一切都陷入混乱之中,这种印象可能是抑郁的原因。我们"为逝去的时代而哭泣",奥登写道,"在'因为'变成'仿佛'之前,或毋庸置疑的肯定变成偶然之前……"但在20世纪20年代的反传统信仰的氛围中,人们通常发现,科学同其他事物一样都是滑稽可笑的东西,可以与默片滑稽警察形象、乔伊斯的散文以及股票市场相提并论,这种想法着实令人兴奋。D. H. 劳伦斯思忖:"我喜欢相对性和量子理论,因为我不懂,它们使我感觉到仿佛空间已经移动……仿佛原子是一味冲动的东西,总是改变它的主意。"在一本试图解释爱因斯坦思想的通俗读物(《相对论ABC》)中,伯特兰·罗素赞同说,单个电子的不确定性赋予宇宙一种令人愉快的无政府主义特征。

一切老规矩都被废除,艺术向永无休止的实验敞开了大门。早在1909年,《未来主义宣言》就欢呼:"时间和空间在昨天已经死去!"立体主义和其他抽象的或表现主义艺术在某些方面受到相对论的影响。[1]1929年,建筑师埃里克·门德尔松造了一座爱因斯坦塔。全新的音乐体系,像勋伯格的十二音技法和序列主义,源于如下想法:规则是人为的,不是固定不变的永恒真理,人们可以制定新的规则。这种新规则让作曲家无比兴奋,但让一般听众颇感困惑。有一首打油诗《名门斯坦家族》对这个时代进行了一番调侃:

有Gert,有Ep,还出了Ein。
Gert的散文是废话,
Ep的雕塑是垃圾,
还有,没人能懂Ein。[2]

普通人以这种方式写下了他们对20世纪20年代思想和措辞的

---

[1] 最近出版的一部专著发现,在1907年,立体主义者还没听说过爱因斯坦,但他们知道亨利·庞加莱,1902年庞加莱论述过相对性观念;很需要这种阐述艺术和科学观念之间联系的著作。见琳达·达尔林普尔·亨德森:《现代艺术中的第四维和非欧几何学》(1983)。——原注

[2] 格特鲁德·斯泰因这位旅居巴黎的美国人写过有名的实验性散文。雅各布·爱泼斯坦(Jacob Epstein)在美国出生,但主要在英国工作,他是最早的有争议的现代主义雕塑家之一;他曾给爱因斯坦雕刻过塑像。——原注

古怪路数的有趣怀疑。

巴黎的一家杂志将乔伊斯和爱因斯坦联系在一起。这本名为《转变》的杂志是乔伊斯的崇拜者20世纪20年代在巴黎创刊的，它宣布自己的目标是"根据四维宇宙观念进行泛符号的、泛语言的综合"。经常有人将这两个人放在一起进行比较；著名的乔伊斯研究学者休·肯纳[1]大声疾呼："我们都知道，要是没有乔伊斯，简直无法想象文学该是什么样子；想一想物理学没有爱因斯坦该会怎样！"乔伊斯对核物理几乎一无所知（虽说《芬尼根守灵夜》涉及一点点几何知识），正如爱因斯坦对文学几乎一无所知，弗洛伊德和爱因斯坦也不大了解彼此的工作。[2]但他们的做法似乎很相似。乔伊斯重新塑造了语言，正如爱因斯坦重新塑造了宇宙的结构，弗洛伊德重新绘制了心理构图。后来一位物理学家从《芬尼根守灵夜》里选择了一个词，为一种微粒子命名，它就是"夸克"。

文学复兴时代的人物

乔伊斯的伟大小说《尤利西斯》的重要程度超过了20世纪20年代的其他所有文学事件。它在争议声中诞生；《尤利西斯》部分章节最早在20年代发表在美国先锋派杂志《小评论》上，这本刊物在英国遭到查禁，法官宣布它既让人不知所云又不道德（尽管很难说这两条理由成立）。1922年版的《尤利西斯》是另一家不知名

---

[1] 休·肯纳（Hugh Kenner，1923—2003），美国文学评论家。
[2] 弗洛伊德在1927年的一封信中写道："我和爱因斯坦聊了两个小时。他很愉快，很自信，和蔼可亲。他对心理学的了解同我对物理学的了解一样多，所以我们谈得很好。"——原注

的美国公司，即西尔维亚·比奇经营的莎士比亚公司在巴黎出版的，这个版本马上成为那些急于罗致藏品的收藏家搜寻的目标。1922—1923年，除了少数印本之外，大部分被没收。直到1934年，这本不同凡响的小说才找到出版社。当时，兰登书屋在获得了一项对淫秽文学的特殊解禁之后，买下了它在美国的销售权。《尤利西斯》占据了有史以来最伟大的小说这一独特地位，同时又是一本地下文学，它的晦涩难懂反倒更能激起人们的兴趣。

乔伊斯试图展现布卢姆夫妇那些隐秘、凌乱的念头，还有都柏林的酒吧游子们的言谈，这中间确实赫然出现了一些通常不能付梓寓目的文字。但这部现代尤利西斯的故事书绝不是淫书（虽然萧伯纳声称，它只能证明，现在都柏林人的心地之肮脏不逊于他少年时代）。书中某些文字，堪称英语文学最为精彩的散文，而且它预示了《芬尼根守灵夜》中将出现的那种哲学深度。它反映了这个曾经想进医学院但最终因为没有钱而未能如愿的爱尔兰人（指乔伊斯）阅读之广博和见解之精深（要是他能进医学院，没准儿会超过弗洛伊德）。《尤利西斯》使用的各种现代主义技巧中，有一个受到了瓦格纳的影响，即在不断重复主题的过程中，在"打结"的过程中，将情节分散开来叙述，而不是按照过去的那种沉闷乏味的方式平铺直叙。《尤利西斯》造成的一个后果是，它使先前所有的小说都显得过时，使先前所有的写作都显得平淡无奇。尽管它时常引人愤恨（典型的判断有"病态和令人作呕"，"有史以来最恶心的一本书"），但眼光独到之士马上认识到它的价值，认为它是"这个时代迄今最重要的表达"（T. S. 艾略特语），或者用美国批评家埃德蒙·威尔逊的话说，"一部天才之作，令其他作品黯然失色"。

完成《尤利西斯》之后，1922—1939年，乔伊斯在后半生全力写他那部在语言上更有探索性的小说，也就是后来出版的《芬尼根守灵夜》。正如人们最初知道的那样，这部"进展缓慢的著作"（它的部分章节断断续续地在《转折》上发表），引起了一小群乔伊斯爱好者的强烈兴趣，却令其他大多数人困惑不已，这种情况持续了好长一段时间。下一章我们再对它进行详尽探讨。

在20世纪20年代的英美世界，与《尤利西斯》同病相怜的是D. H. 劳伦斯的《查泰莱夫人的情人》。这本书也四处遭禁。与乔伊斯相比，劳伦斯更像是"爱情的祭司"。与弗洛伊德相似，他认可性的力量，而不是赞美它的荣光。劳伦斯说过："我总是费力去做同一件事情，就是使性关系获得合法地位，并且得到珍视，而不是让人感到羞耻。"他曾宣告："我的信条是，血肉比理智更为明智。"（这与时代的精神非常一致。）

对劳伦斯来说，回归健康的性生活本身并不重要。不过，他认为，懂得爱情的人懂得怎样去生活。对他来说，性是创造力的关键；它不仅是一切能量的根源，而且是美、宗教以及一切有生命力的精妙事物的源泉。劳伦斯痛斥毫无生气的唯理智论以及现代欧洲胆怯的资产阶级的墨守成规，他深切地感受到，需要某种更真诚、更真实的东西。这种新原始主义思想使他的思想回到伊特鲁里亚人、印第安人或地中海地区的农民那里。在20世纪20年代，劳伦斯有许多信徒（例如，青年W. H. 奥登及其友人）。奥尔德斯·赫胥黎才华横溢和见解深刻的思想小说（《滑稽的环舞》《败叶》《旋律的配合》，1923—1928），探索了一切旧有的价值观念和角色模式的失败，在这些小说中，唯一能给人带来希望的是以他的朋友D. H. 劳伦斯为原型的一位艺术家。(劳伦斯也从事绘画,他的一些诗歌也非同一般。)或许,回归健康的性本能,使人能够找到走出沙漠之路。

劳伦斯的诚恳和"投入",以及他身上的巨大创造活力,使他成为那个时代的一位重要先知。劳伦斯能够深入人的内在心灵,探索其非理性的纷乱症结,在这方面,他与乔伊斯一样,虽然使用的方式不同。劳伦斯的小说能够马上让我们与其中的人物认同,并同他们一起与他们的生活和问题做斗争。这种对内心活动的探索是新小说的特征。弗吉尼亚·伍尔芙写过一篇有名的文章,指责老派小说家(如阿诺德·本涅特)只会描写人的外在生活;她想从内心世界来考察人物,观察他们每时每刻的心理变化。就这一点而言,她毫不含糊地占据了20世纪20年代文坛的中心位置。意大利戏剧大师皮兰德娄揭示了世间人事中幻想与现实的交织让人困惑难解——客体与主体不可分辨,正像新物理学中的情况一样。伍尔芙饶有趣味的小说总是悬在梦幻世界和现实世界之间,引人入胜。

在所有讽刺现代文明浅薄的物质主义和享乐主义价值观的小说中,赫胥黎的《美丽新世界》(1932)的读者可能最多。它是反乌托邦小说的范例,在这类小说中,想象中的未来社会不再是人们梦寐以求的理想社会,而是力图摆脱的一场恐怖。20世纪30年代移居加利福尼亚的赫胥黎,在隐居、神秘主义,甚至迷幻剂中找到了慰藉。有一些思想精致复杂的欧洲人,感觉自己置身于一种垂死的文化中,他们常常徒劳地寻找思想上的安身立命之所。赫胥黎就是其中一员,他细致入微地探索价值观念,敏锐地感受到当时的思想氛围。20世纪40年代,这类人物将一窝蜂地拥向苏联共产主义的怀抱。在荒原中寻找绿洲的一个类似例子是托马斯·曼的名作《魔山》

（1924）。小说中的人物体现了现代人的精神世界，其中一位是科学的理性主义者，一位是陀思妥耶夫斯基式的非理性主义者，还有一位是异教的酒色之徒，还有其他人等。这部寓言式的小说背景设在瑞士的一家肺结核疗养院，小说显示了死亡的迹象；到最后，小说的主人公汉斯·卡斯特洛普差一点死在暴风雪中，但他凭借坚强的意志唤醒了自己，重新振作起来，显然这是存在主义的预兆。

詹姆斯·乔伊斯的兄弟斯坦尼斯劳斯评论说："在当今世界，严肃的文学取代了宗教。人们不再听礼拜日的布道，而是转向文学，以便找到对他们的情感和理智问题有教益的理解。"维也纳作家罗伯特·穆齐尔（著有《没有个性的人》），最初想成为一名工程师，后来写了一篇论恩斯特·马赫的博士论文，然后在著名哲学家阿列修斯·迈农手下任职。但穆齐尔开始感觉到，只有通过创造性的写作，通过写"小说"，他才能把握全部现代体验，通过理解它而改变它。大约与此同时，英国的 D. H. 劳伦斯和法国的马塞尔·普鲁斯特产生了同样的看法：正如劳伦斯所说，小说是"生活的一本欢快的书"，它能处理人类的全部问题，而不是零星的问题，它能具体而非抽象地解决这些问题。普鲁斯特曾将自己比作乔治·艾略特《米德尔马契》中的卡索邦，此人寻求"所有神话的答案"。伟大的现代主义小说家都是像弗洛伊德那样的心理学家（他们都对性感兴趣，只是程度不同），不过他们的方法是文学的而不是科学的。他们感兴趣的是一个问题丛生的社会中的人类特性。

卡夫卡在 1924 年死于肺结核，时年 40 岁，这位布拉格作家身后留下了《城堡》和《审判》的未完成稿，它们是现代社会的出色寓言，在他死后几年出版。20 世纪 30 年代，这两本书拥有众多的读者。那时，它们描述的"噩梦世界"已经变成更生动的现实。20年代，时代氛围可能还没有最深刻的悲剧意味，这个垂死的文化还有落日余晖的魅力，人们的交谈才智迭现，人们的思想丰富多彩，还有绝好的书可读。在这10年当中，出现了乔伊斯、劳伦斯、普鲁斯特、赫胥黎、托马斯·曼以及其他一批针砭病态文明的出色评论家，识文断字的人还有什么理由不高兴呢？有如此之多的杰出人士前来送葬，也算是一种补偿了。叶芝写道："虽然大雅之声一去不返，但目前的一切着实让人高兴。"叶芝、普鲁斯特和赫胥黎所属的有教养的上层阶级依然存在，虽然它已经有点走下坡路。如果说这10年不是1914年前的"美好时期"，它也不是纳粹主义、经济萧条和战争的时代。这些事物出现在三四十年代。

第 8 章

从经济萧条到 20 世纪 30 年代的战争

马克思的学说反映了我们时代的一切。

——让-保罗·萨特

德国的民族社会主义

20 世纪 30 年代伊始就出现了不祥之兆，从 1929 年 10 月美国股票市场大崩盘开始，经济萧条波及整个资本主义世界。到了 1931 年，也就是历史学家阿诺德·汤因比所说的"恐怖之年"，失业率攀升，银行倒闭，政府垮台，这些都是这个混乱阶段的标志。在英国，工党政府下台。在苏联，斯大林强化了共产党的统治，同时开始实行第一个五年计划。这个有计划的经济发展方案，其目的是改变苏联的落后面貌，因此当时西方有些人将苏联看作希望的灯塔。阿道夫·希特勒的民族社会主义党逐渐羽翼丰满之时，德国正在议会危机中挣扎；希特勒在 1933 年开始掌权，与此同时，法西斯主义似乎也在法国抬头，法国共产党的势力也大大增强。从西班牙到奥地利，民主制度崩溃的声音不绝于耳；1933 年，由于严重的银行危机，美国甚至决定授予新当选的富兰克林·罗斯福总统以前所未有的处理紧急事件的权力。

由于民主政府似乎无助于解决经济困难，20世纪30年代的知识分子经常感到自己被夹在德国纳粹主义和俄国社会主义这两种相互冲突的意识形态中间。舆论氛围发生突变，从20年代的唯美主义转变为政治行动主义和社会现实主义。青年奥登告诫其他作家："别再那么一本正经了，不要像石头那样无动于衷。马上开始去生活。"（20年代，洛根·皮尔索尔-史密斯[1]宣告说："他们说生活是重要的，但我更愿意看书。"）走出象牙塔，加入抗议的游行队伍或纠察队——乔治·奥威尔回忆说，乍一看，这种新氛围更像童子军营地而不是诗人角[2]。这是从政治理想主义到悲观失望、从走出象牙塔到退守象牙塔这一循环过程中的又一次重复。这个循环过程可以追溯到从1848年到1914年以及1914年之后的时期。20年代，于连·本达因建议"知识阶层"超脱政治之外而暴得大名，到了1937年，他又成了共产主义者的同路人，后来他要求判右翼知识分子死刑。

20世纪30年代，欧洲相当多的自由思想者选择了共产主义，但也有些人选择了法西斯主义。乔治·利希泰姆[3]指出："说纳粹运动只代表暴民，这种说法是神话。它是征服了大学之后才征服整个社会的。"虽然这个判断可能有些偏激，但有大量证据支持它。一项研究发现，汉堡大学64%的教员加入了纳粹党。有像爱因斯坦

---

[1] 洛根·皮尔索尔-史密斯（Logan Pearsall-Smith, 1865—1946），英国散文作家。
[2] 诗人角，位于伦敦威斯敏斯特，有许多文学大师的纪念碑和纪念文物。
[3] 乔治·利希泰姆（George Lichtheim, 1912—1973），德裔美国历史学家。

这样拒绝留在希特勒德国的人士，也有像斯塔克[1]那样加入纳粹党的人士；以托马斯·曼和斯蒂芬·茨威格为首的人文主义者一般要表现得好一些，但也有很多像埃米尔·诺尔德[2]这样的艺术家加入了纳粹党，或者像大哲学家马丁·海德格尔那样，至少曾向纳粹示好。一些可敬的知识分子在拥护纳粹时的矛盾情绪所产生的反响，直到1988年还听得见。有人发现，首屈一指的文学理论家保罗·德曼"二战"期间在法国写过亲纳粹的社论。哲学家马克斯·舍勒和可能是当时世界上最伟大作曲家的理查·施特劳斯，是那些亲纳粹或者至少不反对纳粹的顶尖德国文化领袖的示例。有"魏玛时期最受尊敬的政治学家"之称的卡尔·施米特[3]是希特勒早期的坚定支持者。维也纳犹太作家卡尔·克劳斯（庸俗沉闷生活的讽刺者和鞭笞者）的崇拜者们不得不解释他为何对纳粹分子保持沉默。爱因斯坦的老合作者马克斯·普朗克也保持沉默，尽管后来他对此后悔不迭，而且他的儿子成为反抗希特勒的烈士。1933—1934年是纳粹政府的蜜月期，在此期间，几乎所有德国人都站在了他们一边。那种汹涌澎湃的团结浪潮，让人想起了1914年。大学、教会、知识分子都加入了为希特勒喝彩的群众队伍中。

稍后我们再进一步考察德国的情况。有一位法国作家，显然由于彻底厌恶人类而走向了法西斯主义，他就是路易-费迪南·塞利纳[4]。他在1932年发表的长篇小说《茫茫黑夜漫游》曾轰动一时。这

---

[1] 斯塔克（Johannes Stark，1874—1957），德国物理学家，1919年获得诺贝尔物理学奖。
[2] 埃米尔·诺尔德（Emil Nolde，1867—1956），德国表现派画家。
[3] 卡尔·施米特（Carl Schmitt，1888—1985），德国政治学家。
[4] 路易-费迪南·塞利纳（Louis-Ferdinand Céline，1894—1961），法国作家。

位医生长夜旅程的终点是反犹主义、纳粹主义以及"二战"期间与德国占领军的合作。还有其他法国知识分子成了法西斯分子。罗伯特·布拉希拉克和德里尔·德·拉·罗谢尔[1]追随"一战"后法西斯主义主要先驱夏尔·莫拉斯的"法兰西行动",以及小说家兼政客莫里斯·巴雷斯。巴雷斯是1890—1920年法国文坛的重要作家之一。正如我们所知,莫拉斯和巴雷斯对意大利的法西斯主义有很大影响,而意大利的法西斯主义正是德国民族社会主义的意识形态近亲。

纳粹思想的内容是什么?它们对于纳粹在德国获胜发挥了多大的促进作用? 20世纪20年代,希特勒领导的那个由心怀不满的巴伐利亚人组成的小团体试图将组织扩展到全国范围,但没有获得太大的成功。到了1928年,他们在全国范围内获得的选票还不足3%。早在几年前,希特勒就已经确立了他的信条,而且从未偏离;极端固执是他的主要特征,这可能是优点,也可能是弱点。他断定,必须全部摧毁自由民主制度,取而代之的是一个思想统一和服从领袖的制度——"一个民族、一个国家、一个领袖";这个过程要求无情地铲除所有不协调和导致软弱的因素,例如现代思想和艺术,以及知识分子、犹太人和其他尚未同化的少数民族。(纳粹将像对待犹太人那样残忍地驱逐吉卜赛人,他们还要杀害精神病人,强制混血儿绝育。)为了达到这个目的,希特勒要领导的不是一个普通的政党,而是某种类似于军事组织的教会。他在战争期间发现,这样的组织非常可取。"我们的目的不是造就一大批政客,而是造就一大群信奉新哲学的士兵。"希特勒相信,生活的法则就是权力斗争:

---

[1] 两人均因与纳粹合作受到审判,前者被判处死刑,后者自杀。

"大自然……把主人的权利赋予他最喜爱的孩子,那些最有勇气、最勤奋的孩子……人类是在永恒的斗争中成长起来的,只有在永恒的和平中才会灭亡。"阿道夫在1924年出版的《我的奋斗》中如是说。

早期追随希特勒的纳粹骨干力量,凡是没有在党内血腥的权力斗争中被希特勒干掉的都跻身于纳粹统治阶层。许多研究强调他们原来的边缘地位,"他们模糊不清的个人和社会地位"(约翰·哈格)。他们被称为"异己的知识分子";"武装的知识分子"(康拉德·海登);"逃学者"(托马斯·曼)。让·巴什勒[1]指出:"所有[纳粹]领导人,无一例外,都经历过实现人生志向的重大挫折":希特勒最初想成为建筑师和艺术家,没有成功。这就定了调子。彼得·默克尔[2]发现,在最好斗的纳粹积极分子的经历中,有一个突出的因素,即"童年贫困以及在城市里往上爬的愿望受挫"。在希特勒出席的德国工人党的首次会议上,与会的45人中,有一名医生、两名工程师、一名化学家、一名药剂师和一名法官,还有作家、画家、学生、商人和工匠,社会各色人物应有尽有,将他们聚到一起的主要是他们对(简单)思想的兴趣。在纳粹党成立之初,那些冒牌知识分子中有一位诗人兼民俗学研究者、一位业余经济学家和一位异教的创始人。要不是他们在战后的非常时期发现了希特勒的领导才干,也许他们同其他许许多多的怪人、与社会格格不入的人以及冒牌的哲学家一样,几乎不会给后人留下什么记忆。

---

1 让·巴什勒(Jean Baechler,生于1937年),法国历史学家、巴黎大学(索邦)历史社会学教授。
2 彼得·默克尔(Peter Merkl),美国加州大学政治学教授。

因为在正常时期,希特勒不可能通过沉闷的常规渠道开始他的政治生涯,但在战后的德国,旧有秩序已经瓦解,所有人都在摸索新的秩序。这种局面使希特勒得以浑水摸鱼。纲领确定之后,希特勒在设计表达方式上显示出惊人的技巧。他的公开演说才能既得益于美国的广告业,也得益于大歌剧。不过,直到纳粹党开始走上坡路并因此能得到富人的捐赠,才举办了第一次纽伦堡纳粹党徒大聚会。纽伦堡大聚会以精心设计的宏大场面闻名。此前在1926年魏玛的一次聚会上,希特勒扎着皮带,身穿雨衣和军靴,像墨索里尼那样向穿着制服的党徒们行礼致意,大多数观众认为这种场面索然无味。直到大萧条让摇摇欲坠的魏玛共和国垮台,希特勒的运气才有转变。

他执着地固守一个纲领毫不动摇,这无疑使他显得坚强有力。伊恩·克肖[1]在研究这位元首的书中评论道:"希特勒以准救世主的姿态固守一念,不容异己之见,这赋予他一股顽强的意志力。他一出场就气势逼人。"这也使他成为一个成功的大众演说家。这使他集中精力玩弄争权夺利的伎俩,无须考虑目标。它的代价是僵化刻板和产生一套极其简单化的思想。希特勒宣称他从古斯塔夫·勒庞那里学到,总体上看,影响人民大众的是情感而不是理智,不断重复的口号可以潜入群众的意识。不过,如果把他看作犬儒主义者,那就错了;希特勒成功的关键在于他实际上相信自己的口号。他的真诚态度是显而易见的,并促使他奋斗多年投身于纳粹事业。

种族主义意识形态支配着纳粹的宣传。纳粹分子痛斥资本主

---

[1] 伊恩·克肖(Ian Kershaw, 1943—)英国历史学家、谢菲尔德大学教授。

义[1]、共产主义和所谓的导致德国战败的卖国贼，继续削弱国家力量的和平主义者和自由主义者，破坏道德价值观的知识分子，文学和艺术（甚至科学）中堕落的现代主义风格，以及各种国际主义。将所有这些孱弱和分裂现象集于一身的是公认的恶棍，即犹太人。这种纯属杜撰出来的人物身上有银行家、社会主义者、报纸出版者、百货商店店主、艺术家、作家、犹太复国主义者的特征。

反犹主义在东欧比在德国盛行。德国犹太人数量很少，他们似乎已被德国文化同化。其他德国人要求民族团结，但不诉诸种族主义。20世纪20年代，包括奥斯瓦尔德·斯宾格勒和默埃勒·凡·邓·布鲁克[2]在内的一群新保守主义者曾写道，德国需要意志的力量、民族的复兴和能够体现人民意志的领导人。在他们看来，如果德国要从战败的废墟中爬起来并恢复它在太阳底下的地位，那就应当铲除所有导致虚弱的力量，例如，民主（与"普鲁士作风"格格不入）、自由主义和阶级冲突。默埃勒和斯宾格勒甚至被贴上"保守的革命者"的标签，因为他们利用革命的手段来达到民族主义目的。希特勒本可以借鉴20年代这些作家的思想，但他们不是种族主义者，他们看不起希特勒这种蛊惑人心的政客。掌权之后，希特勒像迫害其他人那样无情地迫害这群人。

年轻时代在维也纳贫病交困的希特勒，很可能对当时正涌入维也纳的波兰犹太人十分厌恶；更重要的是，他受到奥地利民粹主义

---

[1] 有些马克思主义者试图把纳粹分子说成是资本家，但这种解释匪夷所思。纳粹意识形态的特征是，他们对待银行家和金融家几乎持有疯狂的敌视态度。它首先探讨的问题就是如何消灭"资本主义"。——原注

[2] 默埃勒·凡·邓·布鲁克（Moeller van den Bruck, 1876—1925），文化史学家。

者格奥尔格·冯·舍纳勒尔[1]反犹思想的影响以及任职时间很短的维也纳市长、反犹主义者卡尔·卢埃格尔的影响。青年希特勒的偶像舍纳勒尔，是一位工业巨头的儿子，后来反叛他的父亲，攻击资本主义，变成了农民阶级的激进代言人。虽然美国的民粹主义中也不乏不满犹太人金融家的声音，安东尼·特罗洛普的小说《我们现在的生活方式》也把一个英国犹太人描绘成资本主义腐朽的象征，[2]但舍纳勒尔往他酿造的意识形态饮料中添加了更多这方面的内容。

他在罗特希尔德家族这样的"国际犹太银行家"身上，看到了"吸血鬼正在敲打窗户狭小的德国农民宅门"。卢埃格尔也猛烈抨击"金融集团"和垄断。左派的这种反犹主义将犹太人与富有的银行家和投机活动操纵者联系在一起（看看来自东欧的犹太移民的极端贫困状态，就会觉得这种说法真是莫名其妙）。在同时期的法国（1898），与德雷福斯事件相伴生的爱德华·德律蒙[3]的反犹主义也持有同样看法。但卢埃格尔只是以1881年美国通过的排华法案作为样板，建议限制波兰的移民。（他所在的基督教社会党在某些方面受到了教皇利奥十三世1891年颁发的著名通谕《新事物》的影响。）

说来也奇怪，希特勒所接受的系统的种族主义学说来自一个法国人和一个英国人。我们在前面提到过戈宾诺论述种族不平等的伪科学观点（见第3章）。休斯敦·斯图尔特·张伯伦在他的《十九

1　格奥尔格·冯·舍纳勒尔（Georg von Schoenerer, 1841—1921），奥地利反犹主义政治家。
2　亨利·达维戈德史密斯在1964年（《今日历史》，4月号）撰文写道："50年前，作为一股政治力量，反犹主义在英国得到了体面人的支持和可敬的人们的同情。"——原注
3　爱德华·德律蒙（Édouard Drumont, 1844—1917），法国报人、反犹主义领袖。
4　《新事物》通谕提出反对经济自由主义，要求政府对经济实施干预，以保证工人的基本权益，包括健康的工作条件和合理的工资。该通谕被视为天主教社会理论正式问世的一个标志。

世纪的基础》(1901)一书中又进一步发展了这些观点,这本书相应地又启发了纳粹意识形态专家阿尔弗雷德·罗森贝格[1]的《20世纪的神话》。张伯伦绝不是一个沉闷的人,而是英国费边社那一代精神朝圣者。他移居拜罗伊特,娶了瓦格纳的女儿;他是德皇威廉二世的朋友,在他晚年,遇到同样一心崇拜瓦格纳的希特勒。这个古怪的思想谱系在所谓的种族特性中找到了世界历史的答案,它将以纯种北欧日耳曼人为代表的"雅利安人"视为独具创造性的种族。英国人塞西尔·罗得斯也发表了"北欧日耳曼人"及其优越地位的言论,而以他的名字命名的奖学金是为英联邦国家和美国的大学生设立的,直到现在每年都在颁发,在美国,它被视为一项很高的荣誉。这项奖学金设立的目的在于将"北欧日耳曼种族"紧密联系起来。著名的美国政治学家约翰·W.伯吉斯[2]也是北欧日耳曼人种族优秀论的信奉者之一。

如果说这是希特勒世界观的来源,可能言过其实。不过,罗森贝格虽然不是非常有影响的纳粹分子,但普遍认为他是第三帝国的准官方哲学家。罗森贝格的《20世纪的神话》将犹太人等同于唯理智论,将犹太人与国际主义联系起来——这两种堕落倾向与一个有教养的民族的健康本能是对立的。基督教已经被犹太人和地中海沿岸的高加索人腐蚀,但罗森贝格认为,一种健康的"雅利安基督教"依然存在,应当加以提倡。一种雅利安人的基督教教会确实在希特勒德国出现了。这的确是一个神话。但在那个时代,把一切都说成

---

1 阿尔弗雷德·罗森贝格(Alfred Rosenberg, 1893—1946),德国纳粹意识形态专家,被纽伦堡法庭判处死刑。
2 约翰·W.伯吉斯(John W. Burgess, 1844—1931),美国哥伦比亚大学政治学教授。

神话难道不是思想时髦吗？

纳粹大肆宣传说，德国农民身上充满了北欧日耳曼人的种种美德，他们没有受到现代性的腐蚀——希特勒的农业专家瓦尔特·达雷特别鼓吹这种说法。不过，纳粹党创始人中没有一个人种过地；在社会各阶层当中，纳粹党对农民的诉求是最少的。当然，希特勒的脑海里充满了农村朴实与都市腐败这类对立的原始意象。他的传记作者约阿希姆·费斯特[1]历数了希特勒的种种"恐惧"：大城市和（美国）科技，无限制的工业化、商业公司以及"乱糟糟的都市娱乐文化"。

这些观念在保守主义思想中很常见。[2]另一方面，希特勒和墨索里尼摆出一副富有现代速度感的形象，骑摩托车，走下飞机；希特勒还想设计一座新的柏林城，一座拥有1 000万人口（按照当时的标准，这是一个超级大都市）的世界之都。或许，他最有建设性的行为是兴建了一个超级公路系统和为大众生产汽车（大众牌汽车）。这些都是受到固定意象与刻板成见而非理性逻辑推动的思维影响而产生的悖论和矛盾。

纳粹政府没有前后一致的经济纲领；号称代表某种非马克思主义的德国社会主义思想的希特勒，清洗了建党之初的重要人物施特拉赛尔兄弟，因为他们推行社会主义过于卖力。希特勒应对经济萧条的计划很像当时罗斯福总统制订的计划——外汇管理、公共工程、

---

1 约阿希姆·费斯特（Joachim Fest，1926—2006），德国历史学家。
2 犹太复国主义哲学家马丁·布伯谈论起因血缘关系而结成的同志式群体、大众灵魂和扎根土地的农业社会，他的谈论方式很像希特勒或 D. H. 劳伦斯。如果说血缘、土地和大众被认为是法西斯观念，那么根据其主要神学家的看法而建立的新犹太国一定也是法西斯主义的。——原注

为农产品提供价格支持、号召自我牺牲。这场经济萧条似乎以同样的方式自然而然地发展下去，无论是在什么样的政府的管理下——英国的保守主义、美国的新政、法国议会的无政府状态，以及意大利和德国的专制主义。这些政府采取了大同小异、卓有成效的措施。

共产主义在西方知识分子中的流行

就像我们曾指出的那样，对于寻求光明事业的知识分子来说，纳粹的魅力很有限，但也有一些例外。其中的原因有：纳粹主义轻视知识分子（据称，戈培尔说过，"我一听到'文化'这个词，就想掏枪"），纳粹主义尤其看不上现代艺术和文学；它的种族观念已经过时，主要表现为强烈的反犹主义；最主要的是，1936年之后，希特勒的外交政策大弹侵略调子，气势汹汹地提出领土要求，发出战争威胁。纳粹分子大肆焚书，烧掉了卡夫卡的手稿和克里姆特[1]的绘画，在查禁现代艺术和文学的同时，还查禁现代物理学。这一切实在令文化人无法忍受。

苏联的路线方针当然是谴责艺术中的大部分现代主义的。（奇怪的是，法西斯主义者和共产主义者对现代艺术的拒斥恰好基于两个完全相反的理由，一个说它是共产主义性质的，另一个说它是资本主义性质的。）这一立场可以追溯到1932年左右，当时苏联社会生活的各个方面都经历了斯大林的社会主义改造，作家和艺术家要接受苏联共产党对他们创作的主导；他们被当作阶级斗争的战士，必

---

[1] 克里姆特（Gustav Klimt, 1862—1918），奥地利画家，追求高度装饰性的效果。

须按照要求创作作品，这些作品都要服务于文化宣传。直到那时，尽管许多艺术家与知识分子（如拉赫玛尼诺夫、斯特拉文斯基、别尔嘉耶夫）已经移居巴黎和其他西方城市，有的已经病死或自杀身亡（例如大诗人马雅可夫斯基），但苏联的文学和艺术依然保持着相当高的声誉。

但艺术受到政治主导，拒斥艺术现代主义（称其为"形式主义"）以及将"社会主义现实主义"视作艺术的唯一创作原则，这就意味着这个充满经济发展潜力的国度在审美领域处于落后状态，而且很快就失去了对外部世界的吸引力。斯大林唯一能接受的文学和艺术是赞美苏联的政治宣传，与此同时，抽象艺术、卡夫卡、乔伊斯、超现实主义、建筑方面的任何创新、世纪之交以来涌现的所有令人兴奋的东西统统被排斥。除了少数例外，留在苏联的伟大艺术家大都命运多舛，例如，诗人欧西普·曼德尔斯塔姆[1]因为写了一首反对斯大林的诗（未发表）而遭厄运，或者就像鲍里斯·帕斯捷尔纳克[2]那样保持沉默。但当时在世的一位最伟大的作家马克西姆·高尔基，曾在20世纪30年代热情地支持苏维埃政权。无声电影领域的天才人物谢尔盖·爱森斯坦在很多年里为苏联文化增添了光彩，直到他死为止。大作曲家谢尔盖·普罗科菲耶夫[3]和德米特里·肖斯塔科维奇则竭力避免与当时的政权公开决裂。

西方艺术家和知识分子努力使自己相信，一个新的时代正在这

---

1 欧西普·曼德尔斯塔姆（Osip Mandelstam, 1891—1938），1934年和1937年两度被捕，死于劳改营。
2 鲍里斯·帕斯捷尔纳克（Boris Pasternak, 1890—1960），主要作品有《日瓦戈医生》。
3 谢尔盖·普罗科菲耶夫（Sergei Prokofieff, 1891—1953），苏联作曲家，1934年结束流亡归国。

个陌生的、剧烈动荡的东方国家中诞生,虽然这个诞生过程并不温文尔雅。20世纪30年代初,共产主义的神秘氛围在灾难重重的西方世界散布开来。毕加索说过,他走向共产主义就像走向一泓清泉。成群结队地涌向"镰刀和锤子"的作家和艺术家对于苏联的现实生活可以说是一无所知。英国诗人斯蒂芬·斯彭德有一次在家中对一些青年大学生共产党员说:"我从未见过有谁在了解苏联宣传的那些内容之外,还会试图去学习更多关于苏联社会的知识。"德高望重的费边社会主义学者韦布夫妇一直是政治民主和个人自由的代表;1932年,他们访问苏联后写了一本书,盛赞苏联共产主义是一种"新文明"。它是20世纪30年代西方出版的第一部此类作品,而且很可能是许多同情苏联的著作中最有影响的一部。后来有人宣称,韦布夫妇只在苏联停留了三周,他们使用的材料都是苏联政府提供的,而且他们还允许斯大林手下的官员审阅和修改手稿。韦布夫妇的《苏维埃文明》尤其赞美苏联人"放弃了刺激谋利的手段,消除失业,为社会消费实行计划生产",还赞成"消灭地主和资本家"。斯大林的农业集体化运动促使农民加入集体农庄,苏联农业的产量在随后好多年中大幅下降。韦布夫妇访问时农业集体化运动正在进行。但韦布夫妇宣称,苏联制度比西方制度更民主。还有人称赞它开辟了一个"公民自由的新时代"(路易·费舍[1]语),是一种"新的民主制"。

坎特伯雷的"红色教长"休利特·约翰逊[2]写的《地球上的苏

---

1 路易·费舍(Louis Fisher, 1913—2001),美国著名记者、美国社会主义劳工党领导人。
2 休利特·约翰逊(Hewlett Johnson, 1874—1966)多次访问苏联,认为苏联实现了基督教的教义。

维埃六世》对苏联没有一点批评，这部著作极为流行，印了许多版。萧伯纳访问了苏联，对斯大林大加赞美。急于在苏联革命中找到希望的人们事实上放弃了批评的理智，到后来这就像1914年人们蜂拥参战那样让人难以置信。著名的作家、艺术家和思想家，要么成为党员，要么成为党的同路人，有名望的人士差不多都加入了这个行列。像诗人W. H. 奥登和C. 戴·刘易斯[1]，法国的路易·阿拉贡这样的前超现实主义者，重要的小说家约翰·多斯·帕索斯、安德烈·马尔罗、亨利·巴比塞（此人借机写了一本过分吹捧斯大林的传记）和伊尼亚齐奥·西洛内，还有德国戏剧家贝托尔特·布莱希特——这些人只是冰山一角。(到了20世纪30年代末，上述泰斗人物大都放弃了共产主义，但其他人从未放弃。)

甚至有人发现弗吉尼亚·伍尔芙也为共产党的新闻机构《每日工人报》写稿。苏联高级领导人卡尔·拉狄克（不久就在1937—1938年的苏联肃反运动中去世）吹嘘说："在资产阶级英国的心脏和资产阶级子弟接受最后教养的牛津大学，我们看到了这样一群人，他们认为，只有和无产阶级在一起才能获得救赎。"其中名气较大的是后来因间谍案而家喻户晓的剑桥学生小组，其成员包括盖伊·伯吉斯、吉姆·菲尔比和安东尼·布伦特等[2]。1932—1934年，几乎所有思想活跃的大学生都是共产主义的同情者，其中一些人加入了共产党。几乎可以说，在大学里，整整一代求知探索的年轻人都有过接近共产主义的经历，要么是在20年代，要么是在被经济萧条困扰

1　C. 戴·刘易斯（C. Day Lewis, 1904—1972），英国学者、诗人，曾加入共产党。
2　盖伊·伯吉斯、吉姆·菲尔比和安东尼·布伦特等5人，"二战"期间曾为苏联收集情报，从20世纪50年代起被陆续揭发。

的30年代，在30年代的情况更多一些。

剑桥大学的一位马克思主义经济学教授莫里斯·多布[1]，向那些羡慕苏联的学生证明"有计划的"苏联经济制度的优越性。（学生们之所以选多布的课，一方面也是因为以阿尔弗雷德·马歇尔为代表的主流经济学已经高度数学化，非专业人士很难继续深入研究。）著名生物学家霍尔丹[2]是一名身份公开的共产党员。在法国，玛丽·居里的好友、诺贝尔物理学奖获得者皮埃尔·朗之万是法国著名的同情苏联的人士。居里夫人的女婿弗雷德里克·约里奥-居里加入了共产党。这些科学家相信，在苏联，科学摆脱了资本主义的束缚，比在别的地方发展得更好。

在美国，有过同样经历的纳撒尼尔·韦尔[3]宣称："在人民阵线时期和战时同盟时期，也就是1935—1939年和1941—1945年，许多支持新政的人视共产党员为英雄人物，是由具有献身精神的坚定社会革命者组成的精英群体的成员。"他说，他认识一位政府高级官员，"一位接近白宫的人士"，他向其申请加入共产党，但得到的答复是他不够格。吉姆·菲尔比说，他认为自己被选中是一种莫大的荣誉。杰出的英国历史学家休·特里弗-罗珀在他的著作《菲尔比案件》（1968）中说："当时我从未想过因为菲尔比过去的共产党经历而指责他。"

伯特兰·罗素虽然是一名社会主义者，但从1920年出版《布

---

1 莫里斯·多布（Maurice H. Dobb, 1900—1976），自1924年至去世，一直在剑桥任教。
2 霍尔丹（John Burdon Sanderson Haldane, 1892—1964），英国生物学家、群体遗传学创始人。
3 纳撒尼尔·韦尔（Nathaniel Weyl, 1910—2005），美国学者，著有《红星照耀古巴》（1961）等。

尔什维克主义的实践与理论》开始,就一直批评莫斯科。30年代初,他的立场发生了动摇。当时,他期望而且总体上欢迎他视之为即将到来的共产主义的胜利(见《教育与社会秩序》,1932年,第145—146页)。约翰·斯特雷奇[1]出身于正统的英国世袭贵族家庭,他在那本风行一时的书《即将到来的权力斗争》(1932)中预言了这场胜利。这本书预言,资本主义国家为了争夺持续下降的利润而展开战争(美国同英国开战,与此同时,共产主义将在德国获胜)。希特勒好勇斗狠的反布尔什维克主义控制了德国,而民主制度衰弱无力、犹豫不决,这种情况让人产生了一种末世感:共产主义和法西斯主义两种仅存且极度对立的活跃信仰之间必然要决一死战;人们必须在这场最后的斗争中选择自己的立场:

> 我心平气和地歌唱,
> 在云彩的上方,光环的外侧……
> 将来这类东西没有一样能活下来;
> 无辜的翅膀马上被击落,
> 隐秘的星辰在血色的黎明中消逝,
> 那里,两个世界正在搏斗。
>
> ——C.戴·刘易斯

西方知识分子如此向往苏联共产主义,可能出于好几种原因。当然,经济原因是最主要的。20世纪30年代,就在民主政体几乎

---

[1] 约翰·斯特雷奇(John Strachey, 1901—1963),英国社会主义者、政治家。

毫无希望地对抗经济萧条的同时，苏联的经济充满生机与活力，继续向前发展，至少宣传部门向外国同情者们展现了这样的图景。[1] 1929年苏联开始第一个伟大的五年计划，目的是实现工业化。"苏联没有失业现象！"也许会有人把这句话解释为苏联实行的是所谓"经济奴隶制"，但在30年代欧洲普遍失业的灰暗氛围中，苏联的工业化建设道路看起来是可取的。苏联的友人们在书中宣称，苏联正在为工人创造天堂式的社会。

其次，共产党人还得益于20世纪30年代的厌战情绪。列宁是1914年极少数反对战争的人之一，十月革命之后，布尔什维克马上使当时的苏维埃政权退出战争并且号召和平；他们公布了秘密条约，谴责整个欧洲的国家制度。列宁对战争做出了马克思主义解释，认为战争是由资本帝国主义引起的。而且社会主义者宣称，彻底消灭资本主义制度之后即可实现普遍和平。后来在30年代，有些人认为，只有苏联一直在反对希特勒试图控制欧洲大陆的欲望。

在1936—1939年的西班牙内战中，斯大林向反法西斯一方提供了一些援助，而民主国家没有这样做。在1938年希特勒提出吞并捷克斯洛伐克的过程中，民主国家带头对希特勒采取"绥靖政策"，却把苏联排除在《慕尼黑协定》之外，据说是想利用德国来对付布尔什维克主义。这种说法可能将事情简单化了，但也不无道理。因为意大利和德国的共产党人确实英勇地与法西斯主义战斗。毕竟共产党人常常被希特勒和墨索里尼痛斥为"危险分子"。如同安德

---

[1] 韦布夫妇转向苏联在很大程度上是因为他们对费边社的解决办法感到失望。韦布夫妇反思道："我们误以为我们知道如何防止失业。但实际上，我们并不知道。"约翰·梅纳德·凯恩斯直到1936年出版《就业、利息和货币通论》才给出答案。——原注

烈·纪德那样，一些人热爱苏联是因为苏联在与纳粹为敌。

1934年之后，苏联共产党路线发生了改变，提出了"人民阵线"策略，共产党人变得更容易接近。在此之前，苏联共产党人一直斥责社会党人是"社会法西斯主义者"或"工人阶级的叛徒"，拒绝同他们合作。在苏俄，布尔什维克查禁并逮捕前孟什维克社会民主党人。20世纪20年代，在老的社会党人与新的共产党人之间，发生了一些激烈的论战；后者从第二国际分离出来，创建了第三国际，接受莫斯科的领导。希特勒在德国得势后，共产党人认识到自己犯了严重的错误，就是没有建立一个反法西斯战线（他们严重低估了纳粹主义）。后来，他们根据莫斯科的指令，试图联合其他左翼团体，形成统一战线。他们在行动中并非总是协调一致，而且彼此之间还存在一些不信任，但人民阵线一度很得人心；1936—1937年，以社会党知识分子、饶勒斯的学生莱昂·布鲁姆为首的一个人民阵线政府甚至领导了整个法国。

西方知识分子倾向共产主义，归根结底缘于一个事实，即他们正在寻找一种信仰。爱德华·厄普沃德[1]写道："我对共产主义表示好感主要是因为对欧洲政治制度的绝望，而不是对政治和经济形势的认识。"阿瑟·凯斯特勒在脱离共产党后成为"那个失败的神灵"最有力的分析家之一。他评论道："摆脱悲剧困境，遁入一个不给踌躇和怀疑留有一点余地的信念体系，这使人获得思想的舒畅和解脱。""共产党最能吸引人的地方在于它要求奉献与牺牲，"路易·麦

---

[1] 爱德华·厄普沃德（Edward Upward, 1903—2009），英国小说家，曾加入共产党。

克尼斯[1]回忆说,"你必须抑制自我。"那些信奉共产主义的人出于信念意志不肯相信一切不利于苏联的话。(这是资本主义恶魔在作祟,目的是扰乱人们的信念。)"我敢断言,此事虚妄。"[2]事实上,苏联共产党是不会犯错误的。打开天国大门的钥匙从马克思传到列宁,再传到斯大林手里,由共产党组织负责转交,由经典的马克思列宁主义著作来证实。在拥护共产主义的重要西方人物中,布莱希特也许走得最远,主张为了推进美好的事业不惜成为"让革命在自己身上书写命令的白纸"。

凯斯特勒描述过他本人在党内的那段经历。尽管他觉得那段经历很痛苦,但他不想把这段经历从个人历史中抹掉。(见《蓝天锋镝》和《无形书写》。[3])在他的伟大小说《正午的黑暗》中,这位作家(当过记者,很像欧内斯特·海明威)描述了个人理想幻灭的历程。

一些艺术家出于创作的考虑,以为共产主义理念能激发他们的创造性,结果往往发现,实际并不如人意。绝大多数人即便不是利己主义者,在本质上也是个人主义者,因此很难做出组织上要求的牺牲。

欧洲知识分子远离共产主义

一些曾经的共产主义者写了大量文字,讲述他们加入和退出苏联共产党的经历。这段经历通常让他们彻底脱离了马克思主义,虽

---

1 路易·麦克尼斯(Louis MacNeice, 1907—1963),英国诗人、剧作家。
2 "我敢断言,此事虚妄。"出自古代基督教作家德尔图良(约160—220)的著作。
3 《蓝天锋镝》(*Arrow in the Blue*)和《无形书写》(*The Invisible Writing*)是凯斯特勒自传的前两卷。

说他们可能振振有词地宣称斯大林歪曲了马克思主义。他们或许都会推崇列夫·托洛茨基。托洛茨基在革命期间是列宁的主要助手，也是一位才智惊人的理论家。托洛茨基指责斯大林犯了官僚化和个人崇拜的错误，背叛了革命，但托洛茨基本人的观点似乎没有明显不同。一些学者认为他接受了列宁主义先锋政党的学说，而他本人也与内战期间的一些负面政策有关。

英国工党左翼理论家哈罗德·拉斯基是前同路人的典型。他最终起来反对党的道德信条。乔治·奥威尔在西班牙开始对欧洲共产主义灰心和绝望。1936年，他和其他许多左翼人士一道奔赴西班牙，捍卫西班牙共和国政府，反击"法西斯主义"叛乱分子（墨索里尼和希特勒支持的右翼分子）。这位未来创作《1984》和《动物庄园》的作者，看到属于一个社会主义小政党的朋友被逮捕和杀害，还遭到谎言的污蔑，但这一切并不是法西斯分子干的，而是共和国政府所为。从西班牙回来撰写他的经历时，奥威尔发现，左派分子几乎无人愿意接受他的控诉，他的《向加泰罗尼亚致敬》费了一些周折才出版（1937—1938）。作为一名民主社会主义者，作家奥威尔现在坚信，苏联已经远离真正的社会主义。在1939年之前的那些知识分子看来，这是异端思想。1939年8月14日，400名著名美国作家发表了一篇宣言，否认苏联与"集权主义"有共同之处。

苏联革命的氛围很难消失，它已经深深地浸入一些人的意识中。据说，在意大利农民的茅舍中，斯大林的画像与耶稣的画像并排挂在一起。少数人从未放弃共产主义信仰。有这样一个例子：西尔维亚·汤森·沃纳，这位相当有名的二流英国小说作家成了一名狂热的共产主义者，她排斥斯蒂芬·斯彭德，因为他的思想还不够正统。她信仰的共产主义似乎与她的艺术没有关系。她的小说描写的是琐碎的个人生活，与马克思主义理论风马牛不相及。人们相信，她本来也不想研究马克思主义理论，但她的后半生却在捍卫斯大林主义，一直到20世纪70年代。她坚守信仰或许是出于简单的惯性，即她很难找到一种新的思想框架、塑造一种新的自我并找到新的同伴。

20世纪五六十年代，许多家庭都受到了另一种后辈反叛父辈的创伤。忠诚于共产党的父母对孩子大声喊叫："法西斯！麦卡锡分子！"而孩子们无法理解这种忠诚。这种惨痛的悲剧出现在许多自传、小说和戏剧中（例如阿诺德·韦斯克的戏剧三部曲，1958—1960年[1]）。英国出版家维克多·格兰兹[2]也曾因为自己对斯大林崇拜幻想的破灭而一度崩溃。

但这10年并不完全属于"左倾"。伊夫林·沃有些道理地抱怨说，奥登、斯彭德和他们的朋友"结成一伙，霸占了这10年"，这给人留下一种印象，好像每个人都变得极左。沃本人是一位皈依天主教的重要小说家；同C. S. 刘易斯[3]相像，他在精神上又回到了"纯粹的基督教"，认为基督教比法西斯主义这些暴发户的信条深刻得多。后者被奥威尔称作"又臭又猥琐的道统"。T. S. 艾略特20世纪30年代的作品也不像从前那么激烈地反抗传统；这位《荒原》的作者宣布自己归信英国天主教，信奉古典主义，成为保皇派（在这里

---

1 阿诺德·韦斯克（Arnold Wesker, 1932—2016），英国剧作家。文中提到的三部曲是《大麦鸡汤》《根》和《我说耶路撒冷》。

2 维克多·格兰兹（Victor Gollancz, 1893—1967），英国著名出版商。

3 C. S. 刘易斯（Clive Staples Lewis, 1898—1963），英国学者、小说家，著有《爱情的寓言：中世纪传统研究》等。

夏尔·莫拉斯的影响的确不小）。艾略特编了名为《标准》的杂志，纠集人马来捍卫传统的价值观。他既反对法西斯主义，也反对共产主义，认为二者是旁门左道，除非基督教文化未能坚持它的核心思想，否则它们绝不能得逞。他晚期的诗歌陷入了沉思冥想，很有宗教味道。法国有许多右翼知识分子的刊物；乔治·伯纳诺和伊曼纽尔·穆尼埃[1]是高度介入、不太正统的例子，但在某些方面，他们是非常反动的思想领袖。与雅克·马利旦的新托马斯主义有关的基督教复兴运动方兴未艾，正像卡尔·巴特和鲁道夫·布尔特曼倡导的新清教神学在德国的情况那样；莱因霍尔德·尼布尔和保罗·蒂利希[2]把基督教复兴运动带到了美国。这股思想潮流时常与极左派的末世论观点混在一起。

W. H. 奥登也许是那一代中最伟大的诗人。他在学生时代就积极推动左翼运动。戴·刘易斯称赞他说："威斯坦，孤独的飞行者、飞行员，我勇敢的小伙子！"到了20世纪30年代末，他却成了基督徒。还有一些前共产党员选择了一种民主色彩比较浓厚的社会主义，或者说是一种比较精深的、非斯大林主义的马克思主义。后者主要的思想来源是法兰克福社会研究所，马克斯·霍克海默、赫伯特·马尔库塞和西奥多·阿多诺都是这个研究所的成员。30年代初，他们被希特勒赶出德国，最终在纽约落户。他们属于当时德国学者、科学家、哲学家、建筑家和作家的文化大移民队伍。这场文化大移民改变了美国的思想生活，使之更接近欧洲的主旋律。这种"批判

---

[1] 乔治·伯纳诺（Georges Bernanos，1888—1948），法国小说家、政论作家。伊曼纽尔·穆尼埃（Emmanuel Mounier，1905—1950），法国作家、新闻记者。
[2] 保罗·蒂利希（Paul Tillich，1886—1965），德国神学家、哲学家。

的"马克思主义在"二战"之后影响最大；事实上，在思想史上的一次同样奇特的转折中，晚年的马尔库塞成为60年代青年运动的偶像。

在两次世界大战之间，法兰克福学派研究鲜为人知的马克思早期著作，拒斥斯大林主义，认为它简单化地歪曲了马克思，他们还尝试将弗洛伊德主义、存在主义或现象学与马克思主义嫁接。在魏玛共和国时期，德国还活跃着其他非共产党领导的左翼团体，当然，它们全部被纳粹消灭，这不仅是因为纳粹无暇区分这些马克思主义的细微差别，更是因为这些团体中往往有很多犹太人（法兰克福学派就属于这种情况）。

与莫斯科全部由中央政府规划的集中统治做法相比，各式各样比较温和的社会主义思想在20世纪30年代获得了有力支持。大萧条令资本主义名声扫地。"以使用为目的而不是以牟利为目的的有计划生产"优于无序和贪婪的资本主义；一切思想健全，也就是思想"左倾"的知识分子在原则上接受这种看法，虽说他们不一定接受俄国的实践。不仅马克思主义者持有这种看法，而且许多反共人士，例如阿尔伯特·爱因斯坦（见他的《为什么选择社会主义？》）和伯特兰·罗素这两位思想的游侠都持有这种看法。罗素敌视苏联共产主义，完全因为他认为苏联缺乏民主和思想自由，但他没有将这归因于社会主义本身，而主要归咎于个别马克思主义者的教条主义。他认为"土地和资本的私有制"是站不住脚的，不仅从社会公正的角度来看是如此，而且，"对于社会所需的产品，它是一种很不经济的生产方式"，从这个角度而言，它也是站不住脚的。可以比较一下萧伯纳就这个主题所做的许多演讲。整个西方社会主义传统植根于费边主义而不是马克思主义,它认为社会主义理所当然地更有效率。唯一令人担心的是,这种效率的获得是否以丧失太多自由为代价。

如果说"社会主义"这个词已经沾上太多的污点,那么"集体主义"能够有效地取而代之。保罗·艾迪生[1]指出:"知识分子极为成功地将集体主义确立为一切有思考能力的人公认的智慧。""集体主义"意味着"社会保险"、"福利国家"势力强大的工会、加强对"大企业"的控制和高税收;或许,某些国有化形式也可以划入此列。但由政府采取行动以对付经济萧条的主要理由,越来越多地由才华横溢的剑桥经济学家约翰·梅纳德·凯恩斯提出来。凯恩斯以前属于布卢姆斯伯里圈子[2],他的一些大学生朋友是共产党员,但他本人不喜欢马克思主义经济学,他认为,马克思主义经济学连同它的近亲,即李嘉图的古典经济学,都已过时。20世纪20年代,凯恩斯就曾向传统的公共财政方法提出挑战;30年代,他把自己的观点整理成一般理论的形式,于1936年发表。

凯恩斯认为,与现行经济学理论相反,在自由经济中,不存在自动走向平衡和实现全员就业的趋势(萨伊定律);相反,很可能出现停滞和人力资源过剩现象。其中的主要原因是,社会的全部储蓄不一定投资在资本设备上。本应该为保证储蓄投资提供机制的利率(储蓄增加,利率就下降),很可能不会有效地发挥作用,因为

---

[1] 保罗·艾迪生(Paul Addison),爱丁堡大学历史学教授。
[2] 布卢姆斯伯里圈子(Bloomsburyite),指1907—1930年经常在位于伦敦布卢姆斯伯里区的克莱夫·贝尔和瓦尼萨夫妇家里和瓦尼萨姊妹(妹妹出嫁后名为弗吉尼亚·伍尔芙)家里聚会的一些作家、哲学家和艺术家。

流动偏好（以货币或者某种易于转变为货币的形式保存资金的想法）使储户可以接受他们的货币所获得的比较低的回报率。凯恩斯强调了成熟资本主义经济制度中过度储蓄和过低投资的倾向。其结果可能是经济停滞。

不要指望经济能够进行自我调节，就像老派经济理论家相信的那样；它需要政府干预的刺激。以前，政府采取的应对经济萧条的对策是削减开支和平衡预算，当时认为，经济萧条是经济形势围绕一个平衡点出现的暂时性波动，在20世纪30年代经济萧条的最初阶段，政府就采取这样的政策，但并未产生效果（有时，竟带来了政治灾难）。凯恩斯和其他人，特别是一个瑞典学派所倡导的新经济学，却提倡不平衡预算，主张政府将财政重点投入到经济流动中，以打破僵局。（凯恩斯从未打算把预算赤字制度化。暂时出现的赤字可以在经济回升时期得以弥补。）倍数效应保证这种开支对于私人部门的刺激要比所提供的数额多上许多倍。

政府也可以采取别的办法来调控经济，例如操纵利率、提高和降低税收——总体上，根据特定时间内经济的需要，利用大量财政资源发挥调节作用。整个方案赋予公共部门一种新的和更加积极的角色，尽管这个术语无论怎么用，都不是"社会主义性质的"，因为私有制和市场经济并未受到触动，虽然赤字财政和社会福利措施可能使它们受到高税收的控制。

凯恩斯主义的观点逐渐流行起来，随着老派经济学理论溃不成军，它很快就成为一种新的正统经济学理论。这场经济萧条的持续不断动摇了新古典主义的法规。英国主流经济学家A. C. 庇古最初反对凯恩斯的观点，1937年，他在《社会主义与资本主义》一书中在一定程度上承认自己错了。坚持纯粹自由市场理论的一些大牌经济学家开始默默无闻。路德维希·冯·米塞斯的一个学生曾回忆说，20世纪40年代，这位曾经试图证明社会主义行不通的著名奥地利经济学家在大学里找不到教职，竟然沦落到在纽约市的一家商业学校做兼职教师。[1]芝加哥大学和其他大学，也拒绝了米塞斯的学生和奥地利同胞弗雷德里克·冯·哈耶克，而此人后来获得1974年的诺贝尔奖。

彻头彻尾的自由企业资本主义制度被贬低为人类社会的黑暗时代，卡尔·马克思的前辈和导师亚当·斯密成为愚蠢的代名词。哈耶克在《通往奴役之路》中大胆地提出自己的看法：福利国家和凯恩斯主义经济学与彻底的国有化一样，将被证明是一场灾难。但是，几乎没有人听他的。大部分人认为，凯恩斯主义、美国的新政、瑞典的"中间道路"，或者再加上法国的"人民阵线"等，提供了不同于苏联共产主义的另一种充满希望的民主道路，它们是应付这场严重经济困难的一种手段，虽然必须承认，在1939年以前它们的效果并不显著。

大萧条产生的众多经济思想，包含着从最大胆的业余的经济观念到极其精细的专业分析。其中约瑟夫·熊彼特[2]的著作值得一提。熊彼特在奥地利政府中当过部长，后来移居美国，执教哈佛大学。他将经济学放在一个比较广阔的背景下研究，而不是在狭窄的经济背景下研究（这正是大多数专业经济学分析的一个严重缺陷）。熊

---

[1] 理查德·科尔努埃尔：《论看不见的手的新作》，载《泰晤士报文学副刊》(*Times Literary Supplement*)，1991年4月5日。——原注
[2] 约瑟夫·熊彼特（Joseph Schumpeter, 1883—1950），奥地利裔美国经济学家。

彼特也许同情奥地利反社会主义的经济学家哈耶克和米塞斯,但他相信未来属于社会主义。尽管熊彼特赞赏作为财富生产机制的资本主义,但他认为资本主义注定消亡。他的理由与其说是经济学的,不如说是社会学的。19世纪资本家的企业精神慢慢消失;缺乏个性的官僚成为经理人,而资本家的后代则成了知识分子。熊彼特还认为,家庭这个刺激积累财富欲望的重大因素也在衰弱。不会再有布登勃洛克家族了![1]在成功地创造出财富的同时,资本主义本身也在削弱节俭和家庭等价值观。这是马克思"资本主义自我毁灭"说的翻版,但它的弦外之音大不相同,它更多地带有斯宾格勒而不是黑格尔的色彩,主要是悲观的而不是乐观的。在这方面,也许它比马克思主义者更能适应时代的氛围。[2]

有充分的数字证据表明,投奔左翼的主要是知识分子。除了"左派读书会"[3]兴起以及其他大规模的政治信仰转变的现象外,还有一个明显的证据是,1930年,英国共产党仅有1 376名党员,到1939年则超过1.5万名。而大部分人都在剑桥大学读过书!诚然,欧洲大陆的情况大不相同;法国共产党办的《人道报》成为发行量最大的日报。但无论在什么地方,大多数人都是在日益流行的电影所提供的逃避现实的精神食粮中找到了更多慰藉,以摆脱经济萧条带来的痛苦。30年代是流行文化大行其道的时期,20年代初露端倪

---

[1] 德国作家托马斯·曼的小说《布登勃洛克一家》描写了大商人布登勃洛克家族的兴衰。
[2] 比较一下詹姆斯·伯纳姆《管理革命》(1940)中的观点:"资本主义"注定要完蛋,但取而代之的不是"社会主义",而是管理精英的统治,无论在苏联还是在西方,这个新阶级开始崛起掌权。其他研究斯大林主义经济的学者注意到,事实上,它是社会主义、资本主义和封建主义的奇特组合。——原注
[3] 左派读书会(Left Book Club)是1936年由出版商格兰兹、"红色律师"克里普斯和作家约翰·斯特雷奇共同发起建立的左翼图书发行组织,一度风靡英国。

的广播和电影在 30 年代比较全面地发展起来，甚至电视也是在这一时期出现的。当时，知道嘉宝和玛琳·黛德丽的人可能比知道斯大林和希特勒的人还要多。

这两位统治者都认识到这种新媒体的宣传价值：莱妮·里芬施塔尔[1]颂扬民族社会主义获胜的影片《意志的胜利》，很可能是有史以来最有吸引力的宣传电影。虽然有一些好莱坞影星为了赶时髦，变得"左倾"起来，但大众娱乐文化在气质上仍然敌视政治意识形态。获得惊人成功的英国演员诺埃尔·科沃德[2]，或许就是一个较好的例子。事实上，科沃德很像查理·卓别林，几乎打破了流行文化与精英文化之间的藩篱。但与卓别林不同，这位出身寒微，集演员、剧作家、作曲家于一身的人物，对共产党并无好感。他写道："我希望知识分子们，也就是那些头脑聪明的家伙都到苏联去。"可以想见，他创作的英国历史喜剧《骑兵队》(1931)是以"20 世纪蓝调"为结尾的：

> 在这个奇怪的幻想，
> 喧嚣和混乱中，
> 人们似乎迷失了道路。
> 朝什么目标努力呢？
> 爱情或活着是为了什么呢？

---

[1] 莱妮·里芬施塔尔（Leni Riefenstahl, 1902—2003），德国纳粹时期电影导演。
[2] 诺埃尔·科沃德（Noël Coward, 1899—1973），英国剧作家、演员。

哲学革命

维也纳出生的路德维希·维特根斯坦本是一名航空工程师。他在第一次世界大战前受到伯特兰·罗素的影响成了哲学家。1922年，他出版了《逻辑哲学论》（这是英译本的名字），与《尤利西斯》和《荒原》大致同时出版。它与后两本书一起成了现代主义宣言，成为让人顶礼膜拜的著作，与那两部昭示战后思想和道德危机的文学杰作一样，既深奥晦涩又引人入胜。《逻辑哲学论》也是一部文学杰作；见解犀利，篇幅紧凑，充满智慧，两万字的内容一下午就可以读完，但足以让人困惑好几年。这本书源于他在剑桥大学与罗素和G. E. 穆尔[1]的尖锐辩论。1914年，他离群索居，在挪威的一个小屋里写作这本书。在"一战"中，他带着它上了战场（在战争中，他在奥匈帝国军队中作为士兵英勇作战）。因此，《逻辑哲学论》具有人们能想到的最传奇的经历；古怪、热情的维特根斯坦具有一切天才哲学家可能有的超凡魅力。结果，这是他生前出版的唯一作品，虽然30年代他著述颇丰，但那些著作在他于1951年死后才出版。这本书的结论是，哲学解决不了生活的重要问题，维特根斯坦遵守这个结论，20年代放弃了哲学。他解构了自己的学科："我们最好对不可说的东西保持沉默。"也许，一丝淡淡的安慰是，他相信对一个问题进行完整的解释可以解决它。"这样一来，问题就不会继续存在，这本身就是答案。生活问题的答案就在于这个问题的消失。"

---

[1] G. E. 穆尔（George Edward Moore，1873—1958），英国哲学家。

1926—1928年,维特根斯坦与所谓的维也纳学派[1]多次会谈。这个学派发表宣言,宣布发起一场哲学革命,称新哲学为逻辑实证主义。他们读到《逻辑哲学论》时,很钦佩维特根斯坦,但与他交谈却发现,其实他的思想与他们并没有那么接近。他甚至不想谈逻辑,那可是他早年在英国极喜欢的东西;他谈文学和宗教,但对于像鲁道夫·卡尔纳普和莫里兹·石里克这些满脑子都是科学的哲学家来说,这两个学科是很讨厌的。不过,在50年代以前,维特根斯坦通常被当作逻辑实证主义者。正如人们认为的那样,他似乎在说,与语言相对应的、外在的事物状态是存在的。在这一阶段,维特根斯坦似乎接受了罗素的"逻辑原子主义",根据"逻辑原子主义",世界是由独立的、具体的事实或事物状态构成的,一些基本陈述能够与它们相一致。而且他赞同这种说法:"哲学的任务不是建立一套命题,而是澄清其他命题。"

与维也纳学派其他成员一样,维特根斯坦认为,哲学不应建立理论或体系,更不应该借此来探求真理;严格来说,它的目的是逻辑方面的,是为了澄清人们在试图思考之际陷入的思想混乱。这是"反对语言蛊惑我们理智的斗争"。哲学无法找到对自身的认识,形而上的真理不存在;寻找知识(真实命题)是科学的职责。"哲学描述不了现实,而且它既不能证实,也不能驳斥科学研究。""哲学问题之所以提出来,完全是因为对语言的误解。""在哲学著作中发现的大部分命题和问题不是伪命题或伪问题,就是无意义的命题或问

---

[1] 维也纳学派是以维也纳大学科学哲学教授石里克(M. Schlick)为中心形成的一个学术圈子,其成员有汉恩(H. Hahn)、赖特梅斯特(K. Reidermeister)、弗朗克(Ph. Frank)、纽拉特(O. Neurath)和卡尔纳普(R. Carnap)等。

题。"因此,哲学具有两种功能:一方面证明先前被当作哲学思考的大部分内容是无意义的(它们都是通过文字游戏来回答无法回答的问题);另一方面通过澄清和说明自然科学和人文科学的术语,在方法论上帮助自然科学和人文科学。

逻辑实证主义由一群哲学家和数学家发起。大约自1920年以来他们活跃在维也纳大学,到了30年代,由于纳粹主义肆虐和战争爆发,他们四散而去。有些人去了英国和美国,在那里产生了很大的影响,同时与当地传统融合在一起,这些传统(英国经验主义、美国实用主义)在精神上与他们很接近。他们受到"一战"前恩斯特·马赫的"经验批判主义"的某些影响,也受到世纪之交语言学关注语言的形式结构的影响。(象征主义诗人马拉美决心"把首创精神让给词语",强调这一点就是承认语言的优先地位,认为它不是思想的工具而是思想的创造者,是一个自律的领域,不同于自己临时和偶然遇到的"现实"。)对于卡尔纳普和他的朋友们来说,当务之急是设计一种新的语言或改良旧的语言,使它与经验科学所揭示的可观测现象的领域相一致(后期的维特根斯坦并不这样看)。语言本身往往是不值得信赖的指南;它们是出于某些目的而不是为了理性的思考而被创造出来的,它们有掩饰和歪曲的功用。或许,一种使用数学符号的语言是实现科学目的所必需的。

正如我们从爱因斯坦那里所知道的一样,新兴的科学革命尖锐地提出了一个问题:像"原子""电子""力""物质"这类词语是怎样与现实世界联系起来的?显而易见,它们与现实世界不是一回事儿。它们也不是对现实世界的直接仿制。我们将感觉材料转换成语言所使用的词语属于另一套法则,这套法则试图与现实世界保持一致，但有时却未能成功，甚至还成为一个障碍。"原子不是事物，电子不再是经典物理学意义上的事物……当我们到达原子层面时，空间和时间当中的客观世界就不存在了，用于理论分析的数学符号仅仅指涉可能性，而不指涉事实。"（海森堡语）坚实的、精确的、"真实的"物理世界似乎化解为"我们的想象的影子而已"（玛拉·贝勒[1]语）。"坦诚地意识到自然科学研究的是一个影子的世界"，亚瑟·爱丁顿[2]在他那本拥有广大读者的《物理宇宙的本质》中称，这是最有意义的现代"进步"。

"一战"爆发之前，青年维特根斯坦在剑桥大学就与罗素在一起，试图以逻辑的形式表现数学原理。罗素在1905年发表的论文《论指称》，就是他早年潜心从事的让语言更精确、更合乎逻辑的工作的一部分。与维也纳逻辑学家戈特利布·弗雷格相似（弗雷格也对维也纳学派产生过影响），罗素力求使代数建立在稳固的逻辑学基础上，在这个过程中，罗素试图证明，恒等式、集合因素（元）以及集合等这些纯粹的逻辑学观念，足以建立自然数的基数。他设计的"类型理论"就是为了克服在达到这个目的的过程中所遇到的障碍，即那个有名的悖论，"一切不包含自身的集合所组成的集合"。

所以说，罗素、马赫、弗雷格、科学、逻辑学、语言学，所有这些都围着哲学革命打转。在20世纪30年代中期，英国逻辑实证主义者A.J.艾耶尔引人深思地提出这一点。这场革命与30年代"左

---

[1] 玛拉·贝勒（Mara Beller, 1945—2004），希伯来大学科学史教授。
[2] 亚瑟·爱丁顿（Arthur Eddington, 1882—1944），英国天体物理学家。

倾"的氛围有某种联系。维也纳学派似乎有些偏左，它的一位成员奥托·纽拉特曾经参加1919年在慕尼黑建立的很快就夭折的革命政权。艾耶尔说："菲利普·汤因比差一点就说服了我加入共产党。"逻辑实证主义是一种反抗传统的学说；艾耶尔不无得意地回忆说："老头子们都被气坏了。"我们只需看一看他起草的那部宣言《语言、真理和逻辑》（1935）就可以感受到这种氛围："哲学家的那些传统争论，大部分是没有结果的，也没有必要。"传统哲学关注的许多问题——有关上帝、自由、精神、生活的目的与道德的问题——都是荒谬的。即使讨论这些问题的目的不光是制造术语混乱，这些问题也纯粹是哲学家的情感投射，对于这些"情感"陈述，没有什么好争论的。只要一个问题无法被归结为经验的、可检验的陈述，就不要理会它，就只当一阵风吹过。

有人曾评论说，那些已经习惯于听别人说自己不对的神学家，在听到别人说自己根本没说出什么东西时，他们真的哑口无言了。应用到道德上，逻辑实证主义极具颠覆性。价值陈述无法在经验上证实，因此它们变成纯粹是偏好的表达。"我认为通奸不对"与"我不爱吃菠菜"或"我不喜欢现代艺术"，属于同一种陈述。逻辑思考无法为行为提供支持；我们必须到别处寻找价值观。我们可以在宗教或社会功用中找到。但把道德口味公然与其他个人情趣等量齐观，有鼓励放荡行为之嫌。因为这样一来，我选择应该如何行动就像选择领带一样——都是个人情趣问题。（布鲁姆斯伯里圈子发现，G. E. 穆尔在剑桥大学宣讲的理论也能够提供类似的理由，从而支持人们摆脱传统道德的束缚。）

这场哲学革命可以这样来描述：哲学不再"追求智慧"或寻

求绝对的价值，相反，它只是科学的逻辑或被用来澄清科学方法和概念。这门追求彻底明晰的新哲学，多多少少反映了在一切思想领域开始占主导地位的职业精神。"文人"、业余人士，或者在成为现代职业化知识分子之前栖身于大学的那些人，他们的思想大胆活跃、无所顾忌，但经常不够严密细致。新的专业人士想变得"讲究科学"，想精明干练，想做技术水准高的工作。知识必须精确。逻辑实证主义者提出了证实原则（真实的陈述必须得到感性经验的证实），并且将证实原则与对语言的细致考察结合在一起。有些人可能抗议说，这样一来哲学就放弃了它的主要功能，从而使迫切需要它提供价值观的现代人变得高傲自大和枯燥无味。对于这些人，新派哲学家尖刻地回答说："对不住，这不是我们的事儿。你要是真的需要帮助，去问诗人或神学家好了。我们是科学家。"

专业哲学的敏锐的分析方法最终赶上了逻辑实证主义的步伐。有人问："实证原则怎样才能得到证明呢？"维特根斯坦本人转向更具怀疑倾向的立场。1929年，他重返哲学，继续进行哲学研究。1932年，他说："过去我一直认为语言和现实之间有直接联系。我现在不这么看了。"我们怎样才能认识事物呢？我们无法不受语言的羁绊，我们是语言的囚徒。除了用语言之外，我们还能用什么来探讨语言与世界的关系？我们怎样才能描述图画与世界之间的关系？类似于海森堡干扰原则的东西似乎在此为知识设置了限制：它的结构和规则构成了一个自足系统，这个系统在很大程度上决定了我们看待这个世界的方式。词语的意义与其说源于它们与外部世界的物体对应一致，不如说来源于它们在语言系统中的使用方式。"只有在一个由语言和非语言行动构成的系统的语境中，名称才能发挥它应有的作用。"

维特根斯坦的这些见解以及其他一些见解，主要是在1953年之后对哲学产生了重大影响。那一年，他的遗作《哲学研究》出版。这本书包括了他晚期的核心思想。所以，虽然他在30年代就已经提出这些思想，但它们基本上算是后来的思想史的一部分。《哲学研究》取材于他在1933—1935年的口述——显然这是维特根斯坦创造力最旺盛的时期，当时他才四十五六岁。他已不再保持沉默；有人说他没有发表什么值得关注的东西，那是因为他不能创作出系统的东西。他去世后面世的大量著作都是以笔记、评论、谈话、讲义或打字本的形式出版的。这符合他的禀性，也与他引导的新方向的特征一致。他已不再去设计一种新的、完全符合逻辑的语言。没有任何一种语言能够摆脱其他语言所具有的相同局限。所以，我们必须设法应付纠缠不清的语言。哲学家能够帮助我们厘清，但这只是在个别情况下。

英国文学批评中也出现了严格和专业性的分析精神。在20世纪30年代的牛津，F. R. 利维斯[1]事实上是不善交际的维特根斯坦的朋友；他编了一本名为《细绎》(Scrutiny)的刊物，正如刊名所示，他鼓励对诗歌逐字逐句地进行细致的考察，以反驳在维多利亚时代被当作文学批评的那种相当随意的"闲聊"。必须建立和捍卫明确的文学标准。细绎派批评家自认为手持锐利的批评分析刀片，切开情感杂质构成的巨大外壳，以深入探究真正具有文学价值的坚实内核。与分析哲学家一样，他们被指责枯燥琐碎。但他们在考察艺术

1　F. R. 利维斯（Frank Raymond Leavis, 1895—1978），英国文学评论家。

作品的过程中，引入了某种令人振奋的、类似于科学专业知识的东西。至少在利维斯看来，这项任务本身不是目的，而是马修·阿诺德式的、发现"伟大传统"中的真正杰作的计划的一部分。（他喜欢 D. H. 劳伦斯，不喜欢詹姆斯·乔伊斯。）

科学获得极大尊重。各个领域不断发生进步，虽然有时是很不吉祥的进步。1931 年，英国的查德威克发现了中子，此后，欧洲大陆的物理学家奥托·哈恩、莉泽·迈特纳、列奥·齐拉特[1]在发展可控制的铀裂变方面处于领先地位，铀裂变是产生原子能的根源。1934 年，匈牙利人齐拉特申请了一项有关链式核反应的专利。就在同一年，费米用中子轰击铀原子，使铀原子产生裂变。费米，这位"意大利的探索者"，后来到了美国，加入了爱因斯坦和齐拉特的行列。在他的指导下，美国在芝加哥大学橄榄球场的地下建立了第一座原子反应堆。奥地利人迈特纳是另一位先驱，她与爱因斯坦的老朋友哈恩以及她的外甥奥托·弗里希，在 1938—1939 年完善了费米的实验。她也是为了躲避纳粹的反犹运动而来到美国定居。"二战"期间，居里夫人的女婿弗雷德里克·约里奥-居里在防止德国人造出原子弹方面出了力，并在这个过程中成了一名立场坚定的共产党员。这就是极权主义时代科学和政治变幻无常的情况。

在职业学术人当中，实证主义心理学往往比弗洛伊德的心理分析更有影响。美国行为主义心理学家 F. B. 沃森的主要论著于 1913

---

[1] 奥托·哈恩（Otto Hahn, 1879—1968），德国科学家，以研究元素同位素和放射化学著称。莉泽·迈特纳（Lise Meitner, 1878—1968），犹太血统的奥地利和瑞典物理学家、放射化学家。列奥·齐拉特（Leo Szilard, 1898—1964），匈牙利裔美国物理学家，敦促美国发展原子弹的倡议者之一。

年问世，他与俄国的巴甫洛夫一道，避免分析内在的心理状态，认为它不适合精确的治疗；他们坚持对外在行为的可计量观察，他们往往更喜欢用老鼠而不是人作为研究对象。基调比较教条的行为主义往往认为，人的本性是由它的环境机械决定的，生命由一系列条件反射组成，精神本身并不存在，大脑组织中只存在一种电子反应图形。这种18世纪唯物主义的传统在下一代人中被B. F. 斯金纳继承。这里体现的是与逻辑实证主义者所体现的相同的"形而上学"恐怖。

"科学人文主义"这个术语被朱利安·赫胥黎[1]大力宣扬，表达了一种通过科学取得进步的信念，它有强烈地敌视传统宗教的弦外之音。另一位赫胥黎，也就是奥尔德斯·赫胥黎，在20世纪30年代最流行的一本书《美丽新世界》（1932）中讽刺了科学文明，到1970年为止，这本书的销售量将近300万册。在《美丽新世界》中，在"福元"632年（相当于公元2532年），丧失了人性的人类经过调教都用同样的方式进行思考，事实上，他们是用同样的基因制造出来的（在这方面，赫胥黎确有先见之明）；通过让他们享受"感官影片"[2]和自由开放的性生活，他们得以保持谦卑恭顺。

在科学家与艺术家之间，就科技究竟是解放者还是奴役者这个问题展开的争论就这样一直进行下去。但随着哲学让位，严肃的人们转向具有想象力的作家，希望在他们那里找到价值和拯救的信息。

---

[1] 朱利安·赫胥黎（Julian Huxley, 1887—1975），英国生物学家、作家；其祖父是生物学家托马斯·亨利·赫胥黎。
[2] "感官影片"（feelies）：《美丽新世界》中让观众摸得到、看得见、闻得到、听得见的作品。

"左倾"年代的文学

20世纪30年代,创造性作家醉心于社会问题,给后世留下了一些出色的文学遗产,虽然它们现在已经过时,但依然是一座座里程碑,值得历史学家们深思。有些作品,单就长度而言,就令人望而生畏。法国社会小说家于勒·罗曼创作的卷帙浩繁的社会现实主义小说《善意的人们》长达一万页,篇幅超过普鲁斯特的《追忆逝水年华》,虽说质量可能稍稍逊色。它志在描绘社会世界的宏大画卷,并与巴尔扎克的《人间喜剧》相媲美。书中描写了政客、资本家、实业家以及怀抱济世安邦之志的知识分子。英国人罗伯特·布赖福特和美国人厄普顿·辛克莱[1]写出了类似的全景式社会史。令人印象更深刻的是,约翰·多斯·帕索斯[2]创作了美国三部曲,将社会现实主义与某些象征主义以及超现实主义技巧熔为一炉。约翰·斯坦贝克的《愤怒的葡萄》,是描写美国西部贫苦农民生活的感人长篇小说,在30年代轰动一时。还有许多这样的例子。

批评家抱怨说,这些社会现实主义作家不大了解真正的资本家和政客,他们对工人的生活所知更少,但他们却塑造了这类人物,这都是他们摘取的刻板形象。社会现实主义很可能毫无现实依据。它也会成为枯燥无味的说教,带有闹剧特征。不过,罗曼的这部长

---

[1] 罗伯特·布赖福特(Robert Briffault, 1876—1948),英国作家、医生、社会人类学家,著有《母亲们》《欧罗巴》等。厄普顿·辛克莱(Upton Sinclair, 1878—1968),美国作家,著有《屠场》等。

[2] 约翰·多斯·帕索斯(John Dos Passos, 1896—1970),美国作家,在30年代创作的三部曲是《北纬四十二度》《一九一九年》和《赚大钱》。最著名的作品是《三个士兵》(1920)。

篇大作是对20世纪30年代作家追求道德严肃性的礼赞，是对他们让生活重返艺术和理智领域这种愿望的礼赞。在英国30年代"社会现实主义"的那些奇怪现象中，有一种试验性的"民意调查"诗歌，它起源于那些在超现实主义与社会主义之间摇摆不定的作者。全国各地数以千计的人都要在他们的文学报告中讲同一件事，即国王乔治六世加冕，然后根据这些报告创造出一首综合了各种典型特征的诗歌。可以想见，这种诗歌自然不会给人留下深刻的印象。

1914—1918年的世界大战继续激发出许多小说、戏剧以及回忆录。在回忆前线生活的作品中，罗伯特·格雷夫斯的《向一切告别》和埃德蒙·布兰登的《列兵》尤为典型。罗曼的史诗小说中有整整一卷写凡尔登战役。海明威的《永别了武器》使卡波雷托战役被人铭记。或许，最有名的要数德国作家埃里希·马利亚·雷马克那部令人心酸的小说《西线无战事》（这本书在希特勒上台之前出版，与海明威的小说一样，被拍成一部令人印象深刻的影片）。英国保险代理人R. C. 谢里夫的戏剧《旅途的终结》（1929）以战壕为背景，在国际上轰动一时。这类作品主要在20年代末30年代初面世。它们与30年代开始高涨的反战态度同时出现，而且伴随着"左倾"激进潮流，起到了推波助澜的作用。通常，它们强调战争的恐怖和无意义，或者至少从中可以感受到30年代的氛围。海明威小说的标题对此做出了总结：永别了战争。在英国，青年人立誓不再为国王或国家而战。

20世纪30年代后期，欧内斯特·海明威和安德烈·马尔罗两人都创作了以西班牙内战为题材的激动人心的小说；后来成为苏联共产主义死敌的马尔罗，当时为西班牙共和国军队提供了一批战斗机。这位法国大作家想成为一名实干家；他强烈主张文学和生活的统一，最重要的是落实在军事或革命行动中。这种不断的追求使他关注中国革命和西班牙内战；他先是信仰共产主义，后来放弃，最后是为一位"二战"英雄（戴高乐）效力。

既痛恨战争又痛恨纳粹，这两种相互矛盾的情感之间的激烈冲突，是20世纪30年代最后两三年的标志。反战小说、戏剧、集会、小册子产生的强烈的和平主义，或许也促使了第二次世界大战的降临。这种氛围使希特勒相信民主国家绝对不想打仗。这一代人的悲剧性讽刺在于，他们不得不回过身去参加他们深恶痛绝的战争，去消灭第一次世界大战人类残酷行径的产物：法西斯主义和纳粹主义。

20世纪30年代更伟大的文学作品是20年代遗留下来的。弗兰茨·卡夫卡于1924年去世，但他的未竟之作《城堡》和《审判》这两部小说，直到1930年被翻译成多种语言之后，才引起大多数欧洲人的注意。在他去世之前，已经有少数人承认卡夫卡是现代文学大师，但在他的故乡布拉格之外，人们只知道他的那部著名小说《变形记》，这部小说讲的是一个政府职员变成甲壳虫的故事。卡夫卡本人就是小职员，这位犹太商人的儿子活着就是为了写作，他试图在两个世界之间生活，他所承受的压力可能是他英年早逝的原因。他的后两部伟大小说是有关矛盾重重和压力不断的人类状况的寓言。人类的这种状况最适合与萨特式存在主义联系起来（这两部小说以超然的、客观精确的笔法描绘了一个弗洛伊德式的梦幻世界）。在30年代，它们似乎以怪异的手法记录了集权主义暴政之下的"噩梦世界"和战争的阴影。

1933年，纳粹分子焚烧了卡夫卡的书，盖世太保销毁了他的许多手稿。一些苏联共产党人认定他就是他们所谴责的"形式主义"的象征,他们称形式主义是"资产阶级腐朽堕落"的表现。如果"资产阶级价值观"这个被严重滥用的词是指卡夫卡的父亲的那种经商致富的世界观,或者说是以自由和创造性为代价、一切以经济效益为中心的社会的机械理性,只要想一想卡夫卡是如何全盘拒绝这种价值观的,就会发现对他的指责并不恰当。

瓦尔特·本雅明[1]在他20世纪30年代的论著中宣布:"卡夫卡的世界……与他所在的时代非常匹配,这个时代正准备大规模地让这个星球上的居民滚蛋。"在乱象丛生的30年代,在许多人看来,卡夫卡捕捉到了一个由经济萧条、纳粹主义以及"二战"凶兆所构成的"噩梦世界"的特征;也许,他们在他晦涩的寓言中看出了这种氛围。本雅明不可能知道在希特勒的大屠杀、无数的战役以及1940—1945年的空袭中,地球上究竟死了多少人。卡夫卡的作品似乎揭示了促成这些惨剧发生的奇特逻辑,他的一个短篇小说,也就是《在流放地》,讲的是囚犯遭受施虐狂虐待的故事,但这些虐待行为并非来自个人。(卡夫卡的三个姐妹就死在希特勒的杀人工厂。)

卡夫卡的小说几乎都有一种梦幻性质。他笔下的人物言谈举止非常古怪,与人们在睡梦中稀奇古怪、伪理性的行事方式如出一辙。弗吉尼亚·伍尔芙的小说通常介于梦幻世界和现实世界之间,引人入胜,发人深省。我们可以解释说,退缩到梦中是逃避无

---

[1] 瓦尔特·本雅明(Walter Benjamin, 1892—1940),德国文学评论家,1940年在逃亡途中自杀。

法忍受的现实，或者从积极的方面说，是在寻找另一个世界。乔伊斯《尤利西斯》的续篇《芬尼根守灵夜》完成于1939年，也就是"二战"爆发的那一年。不久，他就过早地去世了。这部小说讲的是一个梦的故事；它企图记录梦的语言，这也是人类的梦想（用乔伊斯的话说，"the untireties of livesliving being the one substance of a streamsbecoming"）。这一企图或许是有史以来最大胆的文学实验，大部分读者刚一打开它，就说看不懂。对于这部充满神话色彩的杰作的翻译和接受，仍在进行中（由它产生了一个庞大的文学部门）。

《芬尼根守灵夜》是《尤利西斯》的继续；它做出了同样巨大的努力，在一部文学作品中整个将复杂的传统和社会统一起来，显示出作者惊人的知识面。或许，它首要的主题就是白日世界与梦中世界的对立，这一对立也代表了理想与现实、生活与艺术、此岸和彼岸、资产阶级和知识分子、现实原则和快乐原则之间的二元性（也是精神与肉体、东方和西方、阴和阳以及乔达诺·布鲁诺的二元论）。"有两个转向标志，西边和东边，正确的一方和错误的一方，昏睡和清醒，如此等等。"就文字（书中涉及多种语言）运用的精彩绝伦而言，乔伊斯的这部杰作举世无双，与爱因斯坦物理学恰成双峰对峙。它的含义不太为世人所理解。艺术或许能够昂首鹤立、高于生活，但必须为此付出晦涩难解的代价。这位出身寒微的都柏林人旨在理解每一个人[1]（《尤利西斯》和《芬尼根守灵夜》既赞美文化精英，也赞美流行文化），但他本人注定要成为一个新的最具排

---

[1] 在《芬尼根守灵夜》中，昏睡的主人公通常为人所熟知的名字是HCE，代表Here Comes Everybody。——原注

他性的精英群体的集中代表，因为只有这些人能够理解他。

"二战"刚开始，乔伊斯就去世了；弗洛伊德、威廉·巴特勒·叶芝和弗吉尼亚·伍尔芙等其他才华横溢的著名代表也是如此，他们的去世标志着这一代的结束。劳伦斯、普鲁斯特和卡夫卡早就去世了，他们都英年早逝，但他们的作品占据了舞台的中心位置。托马斯·曼和阿尔伯特·爱因斯坦于1955年去世，但他们天才焕发的高峰时期已经过去。伯特兰·罗素差不多活到100岁，他最享有盛名的时期是在1945年之后。而他的门生，比他更年轻、更出色的路德维希·维特根斯坦则于1951年辞世。马尔罗也在战后的政界发挥了非凡的作用。他们基本上属于两次世界大战时期。这段时期被认为是失落的时期，人们缅怀1914年之前的美好时代，但回过头去看，这段时期却是现代艺术、文学、科学和哲学的黄金时代。

萨特与存在主义

一部名叫《恶心》的小说，注定被认为是20世纪30年代最重要的小说。1938年，这部小说刚出版时，在法国之外极少有人注意到它。作者让-保罗·萨特是一位年轻的公立中学教师。此人原是一名"师范生"（在法国青年人中选拔精英中的精英的"著名学府"高等师范学院的学生），在战争期间以及战后初期声名鹊起，成为一代知识分子公认的领袖；博闻多识是他有资格荣膺这一角色的一个因素，他集哲学家、心理学家、戏剧家、政治行动者以及小说家等身份于一身。在存在主义的旗帜下，他率领的巴黎思想流派在战后的10年中风靡一时，因此我们把它放在下一章探讨。但是，深刻影响萨特的那一派哲学属于两次世界大战之间。他深深地受惠于德国哲学家埃德蒙·胡塞尔和马丁·海德格尔，他的戏剧和小说生动地表现了他们的思想，在1943年出版的哲学著作《存在与虚无》中，他还对他们的思想做出了自己的阐释。

海德格尔的《存在与时间》(1927)，在德国是一部具有开创性且相当有影响的著作。[1] 1901年，海德格尔师从"现象学"鼻祖胡塞尔（"现象学"一词来自黑格尔）。胡塞尔这位德国犹太哲学家大约与弗洛伊德在同一时期出生于摩拉维亚，他也对内在的自我感兴趣，尽管他的探索形式不同于弗洛伊德。他力图通过"腾空"所有内容来科学地研究纯粹的意识，这就好像把所有商品从货架上取下来，以显示货架的形状。这些原初的意识状态使我们想起康德的知性范畴，只不过胡塞尔是在更深的层次上进行探讨。（像其他观念一样，我们的逻辑也是心智的发明；在逻辑的背后又是什么呢？）实践证明，这种探究很难进行下去，很可能无法实现；"意识无法置身于意识之外"，这种见解类似于维特根斯坦的发现，即我们用来探讨语言的元语言是不存在的。

海德格尔给胡塞尔严谨的科学主义增加了道德含义。在意识的内部潜藏着现代欧洲人已经接触不到的那种存在。这位德国哲学家一直没有发表他曾许诺发表的《存在与时间》的第二卷（有人可能说，他被存在给缠住了）。他最初是拥护希特勒的，在纳粹当权时代他保持沉默，这是他对自己立场的折中。与维特根斯坦相像的是，

---

[1] 汉斯-格奥尔格·伽达默尔的《哲学解释学》（英译本，1976年，第133—139页）有一段很显眼的论述，证明《存在与时间》对在战后废墟中寻求新答案的德国青年产生的影响。——原注

他在1976年去世时，留下了大量著述，因而被公认为20世纪最伟大的哲学家之一。[1]胡塞尔、海德格尔和萨特有许多不同之处；事实上，他们彼此反对，但他们有同样深切的渴求，渴望了解隐藏在一切观念和思想背后的那个基于意识的奇妙世界。先于所有客体而存在的纯粹受体是什么东西？

意识必须有客体，意识是呼应客体或"意指"客体的存在形式。按照萨特令人心动的解说，现象学变得极度悲观，虽然它带有一丝孤注一掷的希望。萨特对海德格尔的自我概念进行了激进的改造，取消了它的任何本质或先验性；意识是一种虚无，一种"存在的空洞"，"吹向客体的一阵大风"，它是完全不同于客观世界中万物的一种存在。它完全是自由和没有根基的。它需要客体，而且必须将他人客体化。存在主义或现象学的心理学将成为一门引人入胜的学科；海德格尔本人以及路德维希·宾斯万格和卡尔·雅斯贝斯已经为它开辟了道路。萨特的超强想象力将使它生动地体现在小说和戏剧中。他有一种将文学和哲学熔于一炉的罕见能力，这种能力多少得益于他的导师阿兰[2]，在这方面超过他的恐怕只有他崇拜的偶像陀思妥耶夫斯基。

《恶心》中那位胡塞尔意义上的主人公罗昆丁，除了活在世上外，毫无身外之物；他没有工作，没家；他失去了女友，也没有别的朋友；他唯一的任务就是完成他的历史学博士论文，但又因历史无聊和虚假而弃之不顾。他只剩下纯粹的意识，赤裸裸的人性。

---

[1] 其他哲学流派并不这么看，A. J. 艾耶尔的《20世纪哲学史》用寥寥几行文字就把海德格尔打发掉了。——原注
[2] 阿兰（Alain, 1868—1951），法国哲学家，其著作影响几代人。

在这种纯粹的意识下——不再受其他的人或事羁绊——罗昆丁第一次感到恶心（看到自己在镜子中的脸、肉体和他的"真实性"），第一次有了一种精神分裂的感受，感觉到他外在的自我是一个了无生气的东西。罗昆丁是我们时代地地道道的形而上学英雄，因为在这个时代我们经常陷入孤独、精神迷茫、丧失自我等困境。

最后，罗昆丁对于存在的荒谬、自我游移不定的焦虑心情有所缓解。他认识到，正是因为缺乏固定的结构，他的意识才是无限自由的。它可以选择自己喜欢的任何东西，塑造自身的存在。自我不存在，但意识能够创造出一个自我。

萨特和其他法国人都卷入了这场即将爆发的大战中，这场大战迫使他充当新的角色，使他成为民族英雄和轰动一时的文学人物，令人惊羡不已。他要继续进行一种让人称奇的写作和生活工程——写自己的生活，以写作为生，将通常无法兼容的艺术世界和生活世界融为一体，现代人极少能做到这一点。1940年之后，他写出了主要作品，他的名声也越来越大，而正是在1940年，希特勒的坦克群在法国长驱直入，开始了欧洲历史上恐怖与英雄主义交织的5年。

所谓的"存在主义"，是一种相当宽泛的说法（存在主义有多种；它是一种"常在的哲学"，与其说它的特征是一种学说，不如说是一种态度），它的一个重要思想来源是19世纪中叶的丹麦作家克尔凯郭尔。克尔凯郭尔在20世纪被发现（他的作品直到1938年才被翻译成英文，虽然早在20世纪初他在德国就已经为人所知），他对卡夫卡等人产生了影响：贯穿卡夫卡大部分著作的一种不可名状的、泛化的恐惧感正是克尔凯郭尔所说的"恐惧"（Angst）。F.海涅曼在1951年评论说："克尔凯郭尔的复兴是我们时代最奇异的现象之一。"克尔凯郭尔死于1855年，时年42岁，当时他穷困潦倒、默默无闻。他有强烈的个人主义倾向，要求全然委身，他痛恨大众和机构，痛恨以虚假的外在之物取代内在的体验，这些让人想到尼采的许多思想，但与尼采不同的是，这位丹麦路德派教徒的精神之旅是宗教性的。克尔凯郭尔宣布："存在先于本质。"这一点他与马克思相似，马克思认为，我们必须从具体的人类开始，而不是从黑格尔的理念开始；二人都反对黑格尔。克尔凯郭尔留给存在主义的是他对灵魂从焦虑、畏惧到信仰"飞跃"这段旅程的生动阐述；个体通过追求一种无法理解却可遇见的超验存在，选择和获得生存。

这种绝望的信仰，"极端的绝望"，正是日后处于黑暗岁月中的欧洲所需要的。

第 9 章

第二次世界大战及其后果

> 我们有很多理由相信,欧洲人已经从他们栖居了三百余年的现代历史的土壤之上起身整理行囊,准备前往新的历史阶段和生活方式了。
>
> ——奥尔特加·加塞特

> 人类存亡的关键时刻已然逼近。
>
> ——罗曼诺·瓜尔迪尼

反复的震荡

路德维希·马尔库塞在回忆录中写道:"历史学家应当仔细比较一下 1914 年 8 月 1 日和 1939 年 9 月 1 日的景象。这两场战争开始时的情况并不一样。"一个主要差异在于,与第一次世界大战不同,第二次世界大战之初没有那种欢呼雀跃的兴奋场面,没有颂扬战争的诗篇。在过去 20 年里,绝大部分知识分子以及几乎其他所有人都在谴责战争,誓不再战。为了对抗可怕的威胁,欧洲民主国家的人们迫不得已参战。他们多少有些沮丧忧郁，而没有那么奋发激昂、跃跃欲试。（德国也是这种情况。）虽说与德国皇帝威廉二世相比，希特勒的邪恶更为明显，其侵略行径也更为昭彰，但在1939年，公众舆论远不及1914年那样完全一致。T. S. 艾略特思忖道："1914年，我们没有料到战争会爆发，战争到来时，我们也没有感到困惑。这一次，我们已经有一段时间预料到战争会爆发，但当战争真的来了，我们反而感到困惑。这很奇怪。"

产生困惑的部分原因是，满脑子和平主义思想的公众关注着其他问题，面对纳粹的威吓，他们不愿意断然采取行动。在1936年发表的文章中（《哪条路通向和平》），伯特兰·罗素以惯有的明确态度对待这个问题，但或许也是以惯有的偏执断言：宁可向希特勒投降，也不要同他开战。后来，连他自己也不可能恪守这种断言。大部分知识分子欢迎同德国妥协的《慕尼黑协定》，并为此感到如释重负（西蒙娜·韦伊声称："百分之百正确！"）。但当希特勒得寸进尺、显露出控制欧洲大陆的意向时，气氛就发生了剧变。在出卖了捷克斯洛伐克之后，政客们的态度突然转变，决定为无法防御的波兰而战。人们在很大程度上低估了德国的威胁：希特勒是纸老虎，稀奇古怪的民族社会主义（纳粹）政权很快就会垮台，也许无须战争就能做到。1939年8月，纳粹与苏联签订的条约迫使各国共产党表示反对对德作战。在法国，他们甚至要组织罢工，反对军工生产。

一些事后诸葛亮认为，从一开始就应当抵制希特勒的要求。当时未能做到这一点，在某种程度上是由于"一战"后的和平协议让人们良心不安。在两次世界大战之间的岁月里，历史学家们就"一战"的起因、根源以及战争责任展开了大规模的争论。这场争论虽然经常语义混乱，但涉及了大量相关的档案文献。结果，"修正派"基本获胜。他们反对仅由德国一方承担战争责任。俄国和法国同样难辞其咎；或许应当责怪的是"制度"，无论是经济的、政治的还是有关人的制度。大部分英国公众认为，如果希特勒要求归还莱茵地区和萨尔区的全部主权，甚至要求合并奥地利和捷克斯洛伐克边境地区的德意志人，这些要求未必不正当。英国首相张伯伦在1939年3月宣称，"不管我们怎样强烈反对他们采取的方法"，德国直到那时获得的权益应当得到捍卫，"无论是基于种族的亲缘关系，还是基于长期受到抵制的正当要求"。后来被斥为懦夫的"绥靖"首相，事实上与公共舆论的步调相当一致。

除了在令人触目惊心的破坏方面，这场战争几乎在各个方面都迥异于上一次世界大战。法国人同上一次一样，等待着打一场防御战，结果眼睁睁地看着德国机械化师团发动闪电战，冲破他们的防线，疾速从侧翼包抄他们。希特勒的临时盟友斯大林吞并波罗的海三国，攻打芬兰，与德国人再一次瓜分了波兰这个不幸的国家。与此同时，德国军团在六周内打垮了法国和低地国家。

在让-保罗·萨特的自传体小说《心灵之死》（系列小说《自由之路》之三）中，主人公大无畏地同德国人战斗，直到死亡；而在现实生活中，萨特是在他的上级军官都投降后束手就擒的。因此，小说就以虚构来弥补现实生活的失败。在一片消沉的法国沦陷期间，萨特的实际经历实在太典型了。他恢宏夸张的存在主义伦理会说，德国的占领使法国人民面对严峻的抉择：要么合作，要么抵抗。许多勇敢的人转入地下，为盟军做情报工作，尽管商业（还有娱乐）居然像平常一样大行其道，令人咂舌称奇。在战争的最后几个月，有人发现，萨特的女友西蒙娜·德·波伏娃居然在滑雪度假，这有点儿让人吃惊。另一位存在主义者阿尔伯特·加缪，主编抵抗运动的机关报《战斗》。他一度加入了共产党。

在战争期间，共产党人为反纳粹事业忠诚地工作，因而赢得了极高的声誉。在法国抵抗运动中，有两个完全不同的群体表现突出：基督徒和共产党人。他们都有坚定的信仰，可以适应危险的地下工作的需要。这两个团体都产生了加缪和萨特所推崇的英雄人物。1945年之后，共产党（在法国和意大利）和基督教民主党或基督教社会党（在法国是人民共和运动）从战争中崛起，成为主要的政治团体。在战败的德国和意大利，以前几乎无法存身的基督教政党主宰了战后政治。在德国只有极少数人敢和希特勒作对，其中主要是政治立场坚定的基督徒，比如朋霍费尔牧师[1]。

与第一次世界大战中的宣传相比，第二次世界大战中的宣传软弱无力。"民主"的周围又有了新的光环；自由社会的种种美德可能华而不实，但与希特勒的暴政相比，它们看起来还算是好的。加缪宣告："集权主义自称要去治疗的任何一种邪恶，都比不上集权主义本身那么坏。"朱利安·赫胥黎于1941年宣布："民主在胜利前进。"美国副总统亨利·A.华莱士称颂它是"普通人的世纪"〔与卡尔·弗里德里希[2]《普通人的新信仰》（1942）相呼应〕，作曲家阿

---

[1] 朋霍费尔牧师（Dietrich Bonhoeffer，1906—1945），反纳粹的教会组织"忏悔的教会"的主要成员之一，1945年被纳粹处以绞刑。遗著有《狱中书简》等。

[2] 卡尔·弗里德里希（Carl Joachim Friedrich，1901—1984），德裔美国政治学者、哈佛大学教授。

伦·科普兰[1]谱写了一曲"普通人颂"（不管这个人是谁）。马克思主义文学批评家伯纳德·史密斯编了一本文集，名字就是《民主的精神》（1941），但这些作品主要是鼓吹美国精神。

纳粹政权罪大恶极、令人发指，以致英美两国几乎没有人反战，虽然"按照良心行事的反对者"要比 1914—1918 年多得多。不过，针对德国和日本的一些城市进行的近似恐怖主义的空袭（就在 1945 年 8 月对日本使用原子弹以前），招致了一些抗议。罗伯特·洛威尔[2]（后来可能是美国最伟大的诗人），1943 年 8 月给罗斯福总统写信说，由于轰炸以及盟军向德国政府提出"无条件投降"政策，他拒绝应征入伍。事实证明，罗斯福总统对此并不同情，诗人在狱中度过了好几个月并非不愉快的时光。

这种姿态极为少见。以前固守和平主义立场的左派人士，现已全心全意地改变立场，站在苏联一边，向法西斯主义全面开战。有人说过，当激进分子转变成爱国者，他那种好勇斗狠的劲头谁也比不了，当时的情况就是如此。立场强硬的共产党人与同路人之间的关系一度受到《苏德互不侵犯条约》的阻碍，1941 年 6 月之后，这种关系急剧改善。左翼-自由主义各个派别能够再一次在人民阵线中统一起来抗击希特勒主义。虽然保守派对与苏联人结盟心怀疑虑，但人们几乎看不出除此以外还有什么办法能够动员全部力量将战争进行到底。人们的分歧往往集中在"无条件投降"的政策上，因为这项政策能够彻底摧毁德国的力量，从而为苏联留下它注定要去填

---

1 阿伦·科普兰（Aaron Copland, 1900—1990），美国作曲家、指挥家、现代音乐的倡导者。
2 罗伯特·洛威尔（Robert Lowell, 1917—1977），美国诗人。

充的真空。盟国政府内部的苏联同情者想方设法阻挠双方妥协达成和平。[1] 与反希特勒势力（尤其是德国军队内部的反希特勒势力）合作是否能避免或缩短战争，甚至1938年《慕尼黑协定》签字之时英法两国是否错失良机，这一问题成为战后争论的一大焦点。

后来，有人提出纳粹对犹太人进行大屠杀的问题，以此对盟军的政策大加责难——他们能否有更大的作为来终止这场屠杀？不过，在战争期间，这个问题几乎没人提起。最初，人们不大相信这类恐怖故事，部分原因在于，"一战"期间流传的种种残暴故事常常被证明是有意编造用作宣传的。（在两次世界大战之间，参加"一战"的英国公务员承认他们撒了谎。）一个明显的事实是，在1942年夏季之前，盟国中几乎没有人相信大规模地灭绝犹太人的故事，甚至盟国的犹太人领袖也不相信。到了1944年，这方面的证据蜂拥而至，公众才意识到这是真的。盟国领导人避免对此大做文章，认为它对战事有些不利。直到战争行将结束之际，奥斯威辛、马伊达内克、特雷布林卡等死亡营的恶名才昭彰于世。那些要求德意志民族必须为这个最严重的历史罪行承担责任的人不得不面对这一事实：非德意志人长期拒绝相信这些故事。

在战争结束之际，驻德美军接到命令：不许同德国人交谈，不许对他们表示善意；艾森豪威尔将军说过，德国人都是野兽。20世纪最伟大的作曲家之一安东·韦伯恩[2]出门买酒时被杀死。最近，一位美国历史学家宣称，成千上万名德国战俘因遭受残酷对待和忽视

---

[1] 著名苏联间谍、英国高级情报官员吉姆·菲尔比，在战争期间帮助苏联阻碍盟军同德国的反纳粹团体产生联系，以防止盟军对德国有所妥协。——原注
[2] 安东·韦伯恩（Anton Webern, 1883—1945），奥地利作曲家。

而死亡。但是,虐待德国人的情况并没有持续太长时间。加缪说:"报复是令人不快的。"他还认为,纳粹主义的污点可能所有的欧洲国家都有。针对"合作者"(即维希分子)的报复行动却出人意料地温和(维希分子是贝当元帅傀儡政权的支持者,在1944年前,他们秉承希特勒的意旨,统治法国部分地区)。据估计,大约有1.2万人被处死,10万人被捕。

在英国,这个身陷重围的民族同仇敌忾的心理在整个战争期间增强了民族凝聚力。在1940—1941年的空袭中,伦敦出现的休戚与共的情感营造了一种氛围:人们普遍期待着一个经济平等的新时代。战时经济的成功管理鼓励了一种乐观主义,人们觉得有可能把这种国家权力用于和平目的。正如一位当事人后来回忆所说的:"空气中弥漫着渴望和活力,人们都相信,变化是可欲的,而且事实上也是可求的。""凝结的习俗"已被打破,重新开始的机会出现了。30年代那段依靠救济活命的悲惨日子不应卷土重来。贝弗里奇是英国著名的战时报告《自由社会的充分就业》的作者。过去,他一直认为,计划经济牺牲了个人自由,付出的代价似乎过高。他没有和他的朋友韦布夫妇一同去访问斯大林时代的苏联。但在战争期间,正如他的传记作者约瑟·哈里斯记载的那样,贝弗里奇"开始相信,某种形式的计划不再只是一种选择,而是绝对必要的"。他在书中阐明了凯恩斯主义的方案:政府通过明智的财政管理来指导经济,实现充分就业,同时借此机会扩大社会福利事业。

爱德华·赫尔顿[1]的《新时代》(1943)一书反映了一位保守派如

---

[1] 爱德华·赫尔顿(Edward Hulton, 1906—1988),英国报业大王。

何转变立场。他赞助了大众性的进步周刊《图画邮报》。这种兴高采烈的情绪不久就被战后的现实情况打破，但它导致了工党在1945年大选中出人意外地获胜，使领导英国在战争中获胜的丘吉尔政府下台。

鼓吹"计划化"（以及欧盟）的法国先知让·莫内相信，"同样的合作，以及对物质和人力资源的同样调动"，能够启动法国停滞的经济，把它推向现代化。"要么现代化，要么垮台"，这是莫内的口号。显然，战败和军事占领所带来的震动使法国产生了某种革命，其标志是新的观念和新的领导人。这场战争扫除了旧有的政党，使从前的政敌团结起来，并且产生了一种新的法国观，即"一个在发展、活力和实力方面能够同邻国竞争的新法兰西"（罗伯特·帕克斯顿语）。

在德国人看来，战败、屈辱、大部分城市在空袭中变为废墟，灾难是如此深重，只有完全重新开始才行得通。那些经历恐怖而幸存下来的人经常证实，在失去一切物质财产的震惊之余，在经历危险和恐惧的时候，他们感到一种莫名的兴奋。它带给人们的感受，有些类似于萨特笔下人类被剥夺了一切、只剩下赤裸裸人性（人类的基本意识）时的感受。由于身处险境，生命反倒被赋予了更多的价值；简单的东西变得宝贵起来。卡尔·雅斯贝斯所说的"临界处境"让人们接触到人类基本的价值观，发挥了净化作用，它可以治疗浅薄和自满。萨特领会了这种精神。他说："我们从未像［在俘房营］受奴役时那样感到那么自由。"

战争刺激了科技进步，这种进步在将来可能（或不可能）被证明是有用的。通常认为，这是欧洲人的头脑与美国人的科技富有成效地紧密配合的结果。在美国工作的欧洲科学家帮助美国研制原子弹，1945年7月16日首次进行了成功试验，不久原子弹就被投向了日本。据说，电子计算机之父是德国人约翰·冯·诺伊曼，但艾伦·图灵却让数字计算机在英国的布莱奇利公园[1]发挥了作用，战争期间，数以千计的人在那里破解、截获了德国人的无线电电报。计算机在美国得到了进一步发展，政府出于军事目的为它提供了支持。

战争一开始，英国人就孤注一掷，奋力研制出一套有效的"雷达"系统，提供德国空袭警报，从而挽救了国家；雷达发展的最终产物是晶体管革命，它又导致了集成电路革命。这场战争极大地推动了20世纪最重要的医学进步：青霉素的发现。（澳大利亚人弗洛里和逃离纳粹德国的犹太难民恩斯特·钱恩，战前就在牛津大学研究青霉素。由于缺乏资助，研究一度被搁置，直到战争期间美国政府介入，研究才得以继续进行。）在战时需要的刺激下，取得重大技术进步的另一个领域是飞机设计。A. P. 斯派泽教授写道："'二战'期间，美国在以下领域，如电子学、通信、计算机技术、飞机制造、卫星技术、原子能……已经打好领先的基础。"法国将在战时废墟的基础上修建世界上最优良的铁路系统。

盟国在军事和情报行动的高科技"奇才斗法"[2]中取得了决定性胜利。德国在研制原子弹方面落后英美团队好几年，在一定程度上，这归因于后者在情报领域取得的惊人胜利。英国人在战争中最成功的一项成就是破解了德国的密码，从而控制了潜伏在英国的德国特

---

1 布莱奇利公园位于伦敦西北80公里。"二战"期间，英国破译德国军事密码的机构就设在这里。
2 丘吉尔把争夺电子技术优势的竞赛称为"奇才斗法"（wizard war）。

工人员。沃纳·海森堡可能暗中破坏了德国的原子弹研究。巴黎的弗雷德里克·约里奥-居里确实暗中向英国传递重要信息。这位法国科学家是研究"重水"的一位先驱，他协助盟军从德国人那里获得重水。重水里含有稀有的氢的同位素，原子弹成功爆炸需要它。后来，在情报网的帮助下，英国人击沉了一船至关重要的重水，这是延缓德国原子弹研制步伐的关键之举。他们还制订了计划，让杰出的原子物理学家尼尔斯·玻尔逃离丹麦。

我们不可能在很短的篇幅内全面评判这段历史的全貌，我们只能提到少数主题。这场战争是一场震撼世界的大变乱（它比1914—1918年的那场战争更有"世界大战"的意味），它是善与恶的奇特混合——令人难以置信的杀戮和蹂躏，滔天大罪，人口迁移引起的动荡。但是，战争的需要和战争的破坏也刺激了非凡的创造性。战争破坏了好的东西，也破坏了坏的东西，包括城市贫民窟和过时的看法。

战后景象

战争结束之际，欧洲大陆呈现出一片荒凉的景象，令人触目惊心。事实上，温斯顿·丘吉尔所说的"一个愤怒和发抖的世界"整个呈现出这幅景象。法国存在主义者加布里埃尔·马塞尔[1]写道："1946年，当我走过维也纳市中心的废墟时，或者近些日子走过卡

---

1 加布里埃尔·马塞尔（Gabriel Marcel, 1889—1973），法国剧作家、哲学家, 1942年创用"存在主义"一词。

昂、卢汶或维尔茨堡时，我感受到的不仅仅是肉体上的恐怖和焦虑。"德国的主要城市都已是一片瓦砾，被毁掉的比例从60%到95%（柏林）不等。苏联的广大地区被彻底摧毁。波兰首都华沙几乎不复存在。按比例来计算，南斯拉夫的伤亡甚至比德国和苏联还要严重。这些物质上的毁坏又是道德沦丧的外在表现，这种道德沦丧体现在希特勒灭绝犹太人的行为上。

马塞尔继续指出，在许多人看来，其必然结果是否定欧洲的传统（《智慧的衰落》，1954）。1946年出版的许多书与马塞尔的概括是吻合的：老H. G. 威尔斯写了《智穷才尽》，马克斯·韦伯的兄弟阿尔弗雷德·韦伯写了《告别欧洲历史》。《欧洲时代的消失》是一部著名的历史著作（作者是埃里克·费希尔），从标题就可以明显看出现代的状况：权力已经转移到美国人、苏联人，或许还有中国人那里，他们正在瓜分世界。阿诺德·J. 汤因比的《历史研究》论文明衰落和解体的沉痛部分（4—6卷）在1939年就已经面世，这是他在20世纪20年代开始的一次探索的产物；它们正好触动了1945年之后的思想情绪。汤因比最后判定，物质主义毒害所造成的精神衰颓是罪魁祸首："我们被内在的虚假东西出卖了。"不过，还有一线希望，因为人类的事务并非完全听天由命。

苏联和美国士兵占领了一个破碎、疲惫的欧洲。在一些欧洲人看来，他们都是外来的野蛮人。大部分西欧人马上把美国人当成盟友，来对付苏联势力的威胁，许多人乐意与新世界的民主国握手言欢。少数欧洲文化的承受者认为，苏联和美国本质上是一样的，正如海德格尔所说，"同样令人生厌的科技狂热，同样不受限制的普通人的组织"（《形而上学导论》，1959，英译本），这种现象依然存在。这种态度不同于处于少数派的共产党人，尤其是法国和意大利共产党人的态度，在冷战中，他们站在了苏联人那一边。由于两个战胜国因瓜分战利品而发生了争执，冷战很快爆发。

有一些人期望结束战争、清除德国制度中的纳粹主义（象征性地体现为1946年纽伦堡审判），认为建立联合国会带来光明的前途。对他们而言，1945年之后的那几年是令人失望的。苏联由信心十足和毫不妥协的斯大林领导（他坚信资本主义已经走向穷途末路），西方盟国唯美国马首是瞻。苏联和西方盟国之间的争执很可能导致一场新的战争，即永远循环过程中的另一场战争，正像法国作家雷蒙·阿隆[1]一本书的标题所示：陷入"连锁反应的战争"。到了1954年，比"二战"末期毁灭日本广岛和长崎的原子弹更有破坏力的核武器已经研制出来，它们足以让人类在似乎无法避免的下一次战争中毁掉大半个世界。

存在主义

在法国以及在整个西方世界（据说，在访问美国的法国文学界人物中，阿尔伯特·加缪最受欢迎），存在主义为战后初期提供了最让人心动和最为知名的哲学或意识形态。

直到1940年，萨特还是一位纯粹的知识分子，一心想着写作，这是唯一可能逃离虚假存在的陷阱的途径。但是，"战争教导我，一个人必须介入现实和明确立场"。1940年6月之后，萨特当

---

[1] 雷蒙·阿隆（Raymond Aron, 1905—1983），法国哲学家、社会学家。

了将近一年的战俘。在战俘营中，他感受到了与各色人等休戚与共的感情。他为战俘营的人们写了一部戏剧，这是一个反抗压迫的寓言。在设法获释之后，他以编辑和作家的身份在地下抵抗运动中发挥了一些作用。1943年，德国人允许他的剧本《苍蝇》(*The Flies*)在巴黎上演，尽管这部剧反抗暴君（及其教唆者）的思想主题非常明显。在这个经过他改造的埃斯库罗斯的古希腊悲剧中，俄瑞斯忒斯和伊莱克特拉姐弟俩杀死母亲为父报仇，追逐姐弟的复仇三女神（Furies）变成了与作品同名的苍蝇（flies）；不管你相信与否，同她们的主神宙斯一样，她们也成为无害的东西。

1943年，萨特出版了他的哲学论著《存在与虚无》。1944年，巴黎解放，他最有名的戏剧《禁闭》首次上演。他在一夜之间成为令人瞩目的民族英雄和思想英雄。萨特的法国同胞、出生在阿尔及尔的小说家和散文家加缪，在1945年之后与他一同领导"第二代迷惘的一代"。时髦的存在主义伦理规范从蒙马特尔区的咖啡馆四下传播开来，把幻灭绝望的悲观情绪与一点点孤注一掷的希望恰到好处地融合在一起。加缪这位英俊的前运动健将在"二战"期间也迅速成名。他不仅是小说家和散文家，还是一位口若悬河的演说家和行动分子。据称，他的崛起"在法国文学史上是独一无二的"。

萨特出身于地地道道的资产阶级家庭（萨特是由当教授的外祖父养大的）。与此不同，加缪出身于工人阶级。他一岁时，父亲死于马恩河战役，他在阿尔及尔由不识字的西班牙母亲拉扯大，他们的生活一直很拮据；他与萨特一样，都是自幼丧父。1932—1936年，他在阿尔及尔大学学习哲学。他的第一部小说《局外人》（1942）的主人公与萨特笔下的罗昆丁异常相像，两位主人公都与客观的生存环境格格不入。1943年，加缪出版了可以与《存在与虚无》相媲美的《西西弗的神话》，表达了尼采式的存在主义观点：尽管存在是荒谬的，但我们必须奋斗。这本书不如《存在与虚无》有分量。加缪缺少萨特那种理论才华，但在很多方面，他显示了更迷人的思想个性。他44岁获得诺贝尔文学奖，1960年因车祸去世，年仅47岁。他在四五十年代写的小说《鼠疫》和《堕落》，与萨特一连串才华横溢的剧作交相辉映。最后，主要在共产党的问题上，他与萨特发生争执。但要知道，加缪曾加入法国共产党。

我们在前面指出，存在主义植根于哲学家胡塞尔和海德格尔以及克尔凯郭尔和尼采的思想中。在"二战"中的一次学术历险事件中，胡塞尔的手稿被从纳粹魔掌中抢救出来并被带到了比利时，现在依然安放在那里。海德格尔不仅活着，而且名气也在提高，虽然像维特根斯坦一样，他的绝大部分著作在他死后才出版。他们不仅是萨特和加缪的思想先驱，而且也是萨特和加缪的同事莫里斯·梅洛-庞蒂的思想先驱。梅洛-庞蒂与萨特和加缪共同编辑过《现代》月刊。德国哲学家卡尔·雅斯贝斯被纳粹免去教职，险些被关入集中营。战后他在瑞士定居。与爱因斯坦一样，他也拒绝返回祖国。他是一位多产和受欢迎的作者。他早年学医，曾转向心理学，后来又转向哲学；在尼采和马克斯·韦伯的影响下，他的思想道路与胡塞尔、弗洛伊德和荣格的思想道路产生了交叉。他早期的一部著作（1913）开了现象学精神病学的先河。第一次世界大战之后，雅斯贝斯在海德堡大学当哲学教授，但遭到了比较传统的哲学家的敌视，直到1932年他的《哲学》使他成为令人振奋的存在主义哲学倡导者。（与几乎所有被贴上"存在主义"标签的人一样，雅斯贝斯最后否认自己是存在主义者。）他最有名的著作《现时代的人》（1931）被翻译成16种文字，拥有好几百万读者——它是20世纪30年代的一本开创性著作，足以同《美丽新世界》和《恶心》相提并论。在人类的个性可能遭到毁灭的时代，它呼唤着不可或缺的自我的复苏。

就本性而言，人是独特的东西，是一种具体的特殊存在，不能像理解其他事物那样，把他理解为某个阶级或集团的成员。确实如此，人是血肉之躯，所以他们也是客观的存在，受客观存在的规律和决定论的支配；此外，社会总是在试图把他们变成模式化的客体。我自己的过去，只要我把它看成是已经消亡的东西，就是这种存在。但人类的意识，因为它每时每刻都存在于我们的脑海中，是一种完全不同的存在。在萨特的术语（源于黑格尔）中，"自为"就是人类的意识，而"自在"是客观的存在。"自为"实际上根本不是存在，只是一种可接受性，一种"存在的空洞"———一种否定性，但有能力对客体做出反应。其他形式的存在主义不是设想出一个上帝，就是设想出某种形而上的存在（海德格尔和雅斯贝斯），但萨特的存在主义却大胆坚持无神论。上帝不可能存在，因为意识不能普遍化，不存在一个普遍的"自为"，只有海德格尔所谓的"此在"的个别片段。正如金斯利·艾米斯[1]所说："孤立无助和自我构成的人类精神［是］上帝不存在的最终证据。"

在他的主要著作中，尤其在他早期的成名作中，萨特似乎否认人与他人能够形成良好的关系。人类的处境无法忍受，因为我们想

---

1 金斯利·艾米斯（Kingsley Amis，1922—1995），英国小说家、诗人、评论家，属于"愤怒的青年"文学集团。参见下一章。

有以必然性为基础的客观存在，然而我们注定是另一种存在，既没有客观性也没有必要性的存在。当我们在其他人眼里成形的时候，他们把我们变成了客体，这既是对人的贬低，也不够真实；他们只能这样做，正如我们也是这样对待他们的，因为人们的意识只能对客体做出反应。人们既需要又憎恨这种客体化；它赋予了他们在社会中的角色，但这是以丧失内在的完整为代价的。总而言之，我们注定要去协调极不相同又无法协调的存在方式。"人是一种无用的激情"，"一种他所不是和不是他的存在"。

"他人即地狱"，正像萨特在他最有名的剧本《禁闭》中所说的那样。最糟糕的是，我们离开这个地狱就无法活下去。在这部引人入胜的心理-哲理剧的末尾，那三个互相折磨的人有机会离开他们无奈共处的房间，但他们谁也没有离开。萨特尤为擅长描述爱情挫折，这是恋人们彼此折磨的一种"镜子游戏"，他们试图避免客体化和捕捉对方的"自为"，但这个任务不可能完成。然而，他本人不断玩下去的正是这种游戏。

萨特与共产主义

萨特、加缪和梅洛-庞蒂在战后的10年间继续领导知识界。他们的喉舌《现代》成为世界上最主要的严肃杂志。这个杂志的名字萨特取自查理·卓别林的电影《摩登时代》。这份杂志既登载他们之间的争执，也登载他们之间的共识。苏联共产主义和美国领导的敌对势力之间的激烈冲突使人们对新的矛盾感到沮丧，同时也感到无限兴奋。马歇尔计划、北大西洋公约组织、苏联加紧对东欧的控制、南斯拉夫与苏联的冲突、封锁柏林、中国共产党政权的建立以及朝鲜战争,所有这些"冷战"事件都迫使人们选择站在哪一方。对于许多欧洲知识分子而言,这种选择很痛苦。他们的本能是反美的,一直持有亲苏立场,但有关苏联的种种夸张传闻越来越多,这使他们的内心无法安宁。像有关德国对犹太人大屠杀的描述一样,这类说法最初没有人相信,但证据越来越多,势不可当。

萨特与马克思主义和共产主义多次较量,这使他的立场反复不定。加缪曾加入共产党,但后来退党。马尔罗也有同样的经历。对斯大林的揭露令他十分震惊,他质问道:"你是怎样对待我们的理想的?"许多人已经注意到存在主义伦理的变色龙性质,它只要求人们在根据各自的情况做出选择时保持绝对的真诚。(对于那些向他讨教的人,萨特倾向于回答:"自己来做决定,只是要确保自己完全是真诚的,不要依赖他人制定的规则。")在政治上,结果可能是一种准保守主义,敌视一切意识形态,即乔治·奥威尔所说的那些"又臭又猥琐的道统",它在两次世界大战之间毒害过人们。

在战后的一段时期,萨特也有同样的感受。他对马克思主义从未表现出太大的兴趣,在1945—1947年的著述中,他认为"斯大林式共产主义的政策与文学行业的诚实活动格格不入",他与一个反斯大林主义的"社会主义和自由"团体建立联系。他还建立了一个短命的革命民主联盟,成员中有一些前托洛茨基分子。他还支持异端的南斯拉夫共产党人与斯大林争论。他遭到了共产党人的谴责。他很受欢迎的剧作《脏手》(他后来不想再版)似乎对那些完全顺从党的命令的人的糟糕信仰进行了谴责。

他的朋友和存在主义同道阿尔伯特·加缪,像英国的乔治·奥威尔那样，执着地相信苏联共产主义已经偏离了方向，应该将真正的社会主义从中挽救出来。1946—1950年，民主国家联合起来反对苏联，产生了马歇尔计划和北约联盟。在那几年，萨特本人大体上与加缪持相近的立场。与此同时，共产党在战时抵抗运动中的英雄表现赢得了赞誉。萨特接触过进行地下活动的共产党人，懂得应该尊重他们。他的本意与其说是反对共产主义，不如说是想解救它。他认为，一种机械的唯物主义实际上毁掉了革命的可能性，因为它忽视了最重要的方面，即人的主观方面。机器人不会造反，造反的决心产生于意识。

这时，人们对另一个马克思的发现[1]强化了这条思想路线——持批判立场的学者们认为，克里姆林宫滥用了马克思的权威。萨特本人表现得则比苏联领导者更像共产党员，比国王更像保王派！他提供时新的哲学和心理学，主动帮助他们摆脱困境，当然这并没有讨得克里姆林宫的欢心。这个"波希米亚人"及其悲观的主观主义，以及他与海德格尔的关系，给他们留下了一种更邪恶的印象。后来向萨特道歉的法国共产党知识分子当时称他为法西斯分子，但萨特受年轻的法国知识分子的欢迎，这一点很难打消。

1951—1955年，萨特大幅度摆向共产主义。他访问了苏联和中国。他指责美国人在朝鲜战场进行生物战。他还在1953年接受了心理分析，并写出了回忆童年时代的自传，即那本有趣的《词语》，这是躺在长椅上的对话。(这本书的写作始于1953—1954年，随后被放在一边，到后来才完成，1963年出版。)1956年，他再次与共

---

[1] 指当时人们对马克思《1844年经济学哲学手稿》的研究。

产党决裂，但在60年代再次与它接近——他与这位"替代性的父亲"有一种爱恨交织的关系。而加缪与萨特背道而驰，前者依然坚持存在主义的人格主义。一种基督教的罪恶感出现在《堕落》（1956）中，正如邪恶问题萦绕着《鼠疫》一样。这两部小说的主人公尽最大努力减缓痛苦，同时他们知道，同痛苦本身一样，这类努力是没有意义和荒诞的。"既要提防虚无主义，又要提防乌托邦主义"，这是加缪的研究著作《反叛者》的主要思想，崇拜抽象物就属于这种危险。加缪认为，革命者落得的结果是，他们带来的暴政比他们反叛的那些暴虐行为还要糟糕。正如叶芝所言，乞丐们改变了位置，但笞刑依旧存在。

《现代》刊载了一篇声讨《反叛者》的评论，标志着萨特与加缪开始分裂。加缪欣赏的低调的精神独立者不同于萨特开始情有独钟的激烈的政治革命家。真正无产阶级出身的加缪指责萨特及其朋友是安乐椅上的革命者，这话很有道理。不久，他与萨特就针对阿尔及利亚战争以及共产主义的看法发生了激烈的争吵。

雷蒙·阿隆告诫萨特，他不可能既是马克思的继承人，又是克尔凯郭尔的继承人。但萨特自认为能够做到。从克里姆林宫的官僚那里挽救出来的所谓"新的"马克思，在萨特的手里变得与存在主义者相像。人类通过他们的自由选择来创造历史，他们的主体性与一种僵化的社会秩序相互作用，而僵化的社会秩序是人类在过去与吝啬的自然进行斗争的产物。在选择反叛的过程中，他们克服了异化，形成了人际交往的真正纽带。

萨特渐渐相信，这种存在主义化的马克思主义是现代个体不可或缺的根本性哲学："我们的思想，不管它们是什么，只有在这片沃土上才能成长。"这一断言让许多人摸不着头脑。到了 1951 年，萨特已经明显转向正统的共产主义学说，虽然他从未加入共产党。他一直在说，不应该批评共产党，即使它犯了错误。他还说，苏联是一个自由社会，甚至说（如果我们这样来理解他的剧作《魔鬼与上帝》），残忍的暴君也有其必要性。1954 年（这是在斯大林死后，但在赫鲁晓夫 1956 年谴责他之前），萨特访问苏联，被奉为上宾，由于伏特加喝得太多，回来后进了医院。梅洛-庞蒂指责他奉行"极端的布尔什维克主义"，违背了存在主义的自由信念。

1956 年，当苏联干预匈牙利革命的时候，萨特对此进行了谴责。法国共产党为苏联的辩护令萨特与无数知识分子和党员深恶痛绝。他的反应是，动手写社会理论巨著《辩证理性批判》。该书第 1 卷于 1960 年出版，第 2 卷未曾问世，但部分章节在萨特死后付梓，有一部分在他生前以《斯大林的幽灵》为题独立成书出版。他想借助新发现的马克思著作，将马克思从克里姆林宫里解救出来。他想创造一种符合真实的人类状况而不是从抽象的概念出发的历史理论。最后，萨特不再认为自己是马克思主义者。他表示，马克思的思想在马克思本人所在的时代完全正确，但不适用于他所在的时代。不过，《辩证理性批判》在 60 年代左翼革命思想复兴的过程中起了一些作用，有关这场复兴的情况，下一章将要论及。

就在他的朋友雷蒙·阿隆论述"社会主义神话的终结"之际，萨特成了新一波激进主义浪潮的主要预言家之一。他最伟大的剧作之一《阿尔托纳的隐藏者》于 1960 年上演，其中包含了他极其有趣的深层心理研究的因素，但一般认为，该剧是对当时阿尔及利亚动乱中使用酷刑传言的评论。愤怒的法裔阿尔及利亚人往萨特的住所投掷炸弹，数以千计的退伍老兵在巴黎街头游行，高呼"杀死萨特！"——他已成为一个公共人物和一种政治象征。

共产主义浪潮在西欧的退却

"二战"期间，在遭受战争蹂躏的欧洲大陆的许多地方，共产主义表现得相当出色，红军是抵抗希特勒德国的主力，共产党人在组织反法西斯的抵抗运动中发挥了领导作用。在法国是这样，在南斯拉夫也是如此，铁托领导的游击队被证明是最有能力反抗德国人的战士，而且能够克服这个多民族国家内部不团结的问题。在法国，杰出的科学家弗雷德里克·约里奥-居里改变原来的信仰，开始信奉共产主义，他是著名人物、镭的发现者居里夫人的女婿，他的妻子也是大物理学家。约里奥-居里夫妇留在法国，同德国人玩了一场危险的游戏，德国人希望从他们那里获得帮助来制造原子弹。约里奥-居里很谨慎地避免为他们提供帮助，同时把消息透露给盟军。到了1943年，他已经确信共产党人是抵抗运动最优秀的领导者，其他很多人也持有这种看法。他完全信赖斯大林领导的苏联。约里奥-居里暗示，如果发生反苏战争，他不会为法国而战。他狂热的亲苏立场促使他访问苏联，接受斯大林奖金，出席战后由苏联举办的世界和平大会。当时，苏联人在力图延缓西方军备步伐的同时，自己也在研制原子弹。

没有证据表明约里奥-居里帮助苏联造核武器，无论是1949年裂变的原子弹，还是几年之后威力更大的聚变氢弹。但是，他以前在放射线研究所的同事、忠诚的共产党人布鲁诺·篷泰科尔沃提供了帮助。法国陷落后，篷泰科尔沃去了美国。1943年，这位意大利科学家带着他的原子武器专长来到加拿大,在那里,他与另一位共产党人、剑桥大学出身的艾伦·纳恩·梅一同工作,从事重水研究。后来,篷泰科尔沃去了英国,在哈维尔基地从事原子弹研究工作,1951年他叛逃至苏联,向苏联的氢弹研制计划提供了宝贵的帮助。

苏联以惊人的速度研制出原子弹,部分得益于忠实的欧洲和美国共产党人提供的大量信息。纳恩·梅和欧洲科学家德国人克劳斯·富克斯先后承认,他们向苏联透露过核机密。两人都曾大量接触曼哈顿计划,"二战"中的第一枚原子弹就是根据这个计划制成的。1951年5月,两位英国高级情报官员逃往苏联,一场最有轰动效应的苏联间谍案曝光了。这件事的经过可以追溯到20世纪30年代的剑桥大学,最后还牵扯了其他很多人,包括著名的艺术史家安东尼·布伦特,此人是女王艺术收藏品的保管人。盖伊·伯吉斯、唐纳德·麦克莱恩、吉姆·菲尔比以及布伦特,在英国外交和情报部门占据要津,至少在1951年之前,他们向莫斯科提供了大量有价值的情报。那一代人转向马克思主义以及间或充当苏联间谍的故事,开启了一类著名的文学作品(现在依然流行)。在这类作品中,丽贝卡·韦斯特的《叛国的意义》(*The Meaning of Treason*)很突出。(她在书中还写了在战争中投向德国的英国人。)[1]

在冷战氛围下,对间谍案的震惊反应经常走向极端。一场围剿"疑似间谍"的政治迫害把每个自由主义者都当成了潜在的叛徒。"麦卡锡主义"(这个词源于那位尤其多疑、偏执的美国参议员的名

---

[1] 按照她的思路,逊位国王爱德华八世也属于这类,因为他的亲纳粹倾向是众所周知的;有一种传说,说安东尼·布伦特抓住了王室的把柄,他知道证明爱德华八世彻底叛国的纳粹文件。——原注

字）促使萨特和其他人对抗反共阵营。美国共产党员埃塞尔·罗森堡和朱利叶斯·罗森堡夫妇卷入了向苏联提供原子弹秘密的案件，1951年，他们被送上电椅，处以死刑；就在这一年，有共产党之嫌的阿尔杰·希斯被指控做伪证，经过一场轰动一时的审判后被判入狱。希斯是美国国务院高官，在雅尔塔会议上曾是罗斯福总统的顾问。希斯一案成了一种德雷福斯案件或萨科-万泽蒂案件，它将左派动员起来，在激烈的意识形态对抗中去反击右派。

在欧洲，与此相对应的是巴黎的克拉甫琴柯事件。维克多·克拉甫琴柯是苏联叛逃者，他写了一本书，标题是《我选择了自由》。法国共产党的一个刊物说他一派胡言。克拉甫琴柯控告对方诽谤。这件事让法国共产党的声誉大大受损。正如历史学家欧文·沃尔所指出的，"克拉甫琴柯事件使法国共产党陷入孤立"。法国共产党领导人莫里斯·多列士说，如果法国与苏联发生战争，法国人民会欢迎红军，将他们视为解放者。法国共产党的律师在克拉甫琴柯案件中宣告："谁反对苏联谁就是反对法国。"1948年之后，法国共产党被西方世界孤立，因为它反对马歇尔计划、反对北约同盟、反对南斯拉夫反抗克里姆林宫的控制、反对保卫西柏林以及其他被斯大林政权斥责为"资本主义的帝国主义"的一切行为，但在大多数法国人看来，这些行动是必要反应。

尽管遭到孤立，法国共产党依然有一个由狂热的忠实追随者组成的坚强核心。1951年，他们在全国立法会议选举中赢得21%的选票——事实上，它的得票数比其他政党都多，其他选票分散在社会党、两派戴高乐主义者、基督教人民共和运动以及其他杂七杂八的小党中间（有人曾说，"所有政党中最大的那一个"是由不投票的人组成的）。战争结束之际，法国共产党获得28%的选票；得票数在持续下降。总的来说，法国共产党留住了旧有的忠实追随者，这些人在20世纪30年代以及"二战"期间聚集在党的周围，但法国共产党未能招募到新的追随者。它的成员都很忠诚，在他们看来，党永远不会犯错误。或许，最极端的狂热者就是那个名字叫雅内特·维美徐的女人。这既是他们的长处，也是他们的弱点：他们独立于其他所有政治家，他们是孤立但目空一切的少数派。真正打败他们的是主流社会的不断胜利。

历史，他们指望着能够证明自己正确的历史，没有站在他们那一边。1956年，苏联领导人开始反思过往政策。尼基塔·赫鲁晓夫那份所谓"秘密报告"从根本上冲击了世界共产主义。就在同一年，即1956年，苏联出兵匈牙利，迫使萨特和法国共产党的大部分知识分子与莫斯科决裂。后斯大林时代的苏联领导人开始艰难地摆脱困境：如何"清除斯大林个人崇拜的恶劣影响"，同时又不"破坏马列主义理论的基础"，因为马列主义理论是整个苏联政权合法化的依据（引自苏共中央委员会发给苏联一家主要历史期刊的命令）。

欧洲关于意识形态争论的终结

20世纪50年代，加缪宣告了"意识形态的终结"。以逻辑来替代现实，致使人们借着各种"主义"的名义互相敌对。在50年代几乎主宰英国文坛的乔治·奥威尔，表达了对意识形态的同样恐惧。他退回到具体的个人体验。他说，在现实生活中，你不能随便杀死或折磨一个人，但意识形态却能把整个阶级或种族当作抽象之物来判决。波兰裔英国历史学家 L. B. 纳米尔[1]写道,在体验过那些"意识形态严重对立的结果"之后,成熟的政治社会学会了如何在完全没有它们的情况下依旧运行。

退回个体主义和具体的现实,可以说是世界大势所迫。J. M. 科恩在《这个时代的诗歌》(1959)一书的结语部分指出,"现实的事态已经使任何关于公共事务的评论都显得苍白无力",从而迫使诗人只能表达纯粹的个人意见。"大难临头,他只是希望能够挽救出哪怕是瞬间的爱情、洞察的一瞥、一个清晰的真理观念。这些东西一旦保存下来,就不可能被毁掉了。"有人可能回应说,死亡的威胁不是什么新事物,人的生命每时每刻都可能遭遇不测:先民们曾经在饥饿、疾病以及其他苦难的威胁下生活,比较而言,现代欧洲人几乎免除了这些威胁。就人类生活的总体而言,现代世界人口的数量和寿命远远超过了先前任何一个时代,即便经历一场热核战争也会如此。不过,几百年的进步成果很可能在瞬间就被全部毁掉,一场事故就可以造成这种结果,这种事故已经威胁我们 10 年了。在这 10 年中,洲际核导弹也研制出来了,同时冷战开始肆虐,有时会变成热战,例如,在朝鲜(1950—1953)、阿尔及利亚或印度支那。最可怕的核对抗离我们的时代并不遥远,就在 1962 年。

20 世纪 50 年代末,哲学家斯图尔特·汉普希尔[2]写道:"英国政治带着倦态暂时平静下来,过去的许多争论在很大程度上不复存在。就这种意义而言,两大政党都是保守派,它们都被日常的权宜

---

1 L. B. 纳米尔(Lewis Bernstein Namier, 1888—1960),著有《1848 年:知识分子的革命》等。
2 斯图尔特·汉普希尔(Stuart Hampshire, 1914—2004),英国哲学家,著有《斯宾诺莎》《正义即冲突》。

之计缠住了。"工党在1945年的大选中获胜,许多社会主义的理想主义投入其中。1951年,在一片幻想破灭的氛围中,工党政府下台,工党的胜利宣告结束。保守党卷土重来,从1951年到1964年执政。他们接受了福利国家、凯恩斯主义经济学和管制经济;有人会借用一个老套的比喻说,保守党偷了工党的外衣。工党发生严重分裂,分为左右两派,但比较温和的集团占了上风。在50年代末60年代初担任工党领袖的休·盖茨凯尔要求放弃社会主义纲领,他赞成一个更加灵活的纲领。有人造了一个词"巴茨凯尔主义"(Butskellism),把信奉自由主义观念的保守党人R. A. 巴特勒与盖茨凯尔联系在一起。两党实际上没有太大分歧;"共识"成为流行字眼。一种成功的经济模式,即自由企业与政府指导的结合,对于两大政党中的大多数人来说几乎是一样的。工党理论家W. 亚瑟·刘易斯选择了一种更有活力的企业资本主义。在德国,社会民主党——其前身是马克思主义政党的原型——已不再是社会主义政党!

在这种共识的背后,在不要使船晃动得太厉害的愿望背后是经济复苏的事实。到了1948年,由于美国的援助以及急于医治战争创伤的那一代人的工作伦理(在德国尤为突出),复兴已经开始。到了1963年,雷蒙·阿隆可以写道:"1945年,西欧还是一片废墟;今天,它是世界上最繁荣的地区之一。"这的确是一个经济奇迹。许多人目睹了1945年德国废墟景象后说,重建德国得花上1 000年。这个药方,不管它是什么药方,似乎有神奇般的疗效。西欧的领导人相信市场,听取了自由企业经济学家的意见。这些经济学家包括雅克·吕夫、威廉·勒普克、路易吉·伊诺第、莱昂内尔·罗宾斯和弗雷德里克·冯·哈耶克等。（1947年，这类人在瑞士的朝圣山会面，密谋如何使资本主义卷土重来。[1]）但它被称为"社会市场"，政府在指导经济方面发挥的作用是很重要的——这种体制有别于社会保险和福利措施，后者现在已经大大地扩展，保护工人免受竞争制度造成的最坏打击。法文是 dirigisme，即统制经济，它本质上是自由企业制度，但人们可以控制它驶向正确的方向。或许，它之所以发挥作用，是因为欧洲需要重建，美国人有资本，人们想工作。

希望的象征来自欧洲经济一体化观念。1957年签订的《罗马条约》，其目标是建立共同市场，废除关税以及清除联邦德国、法国、意大利和其他三个低地国家（比利时、荷兰、卢森堡）之间的其他贸易障碍。《罗马条约》是以法德煤钢共同体为核心发展起来的，而法德煤钢共同体植根于德国和法国工业家在莱茵兰地区长期合作的传统，在这一地区，经济现实超越了政治界限。像让·莫内这类人物很有眼光，他认为，在现代，国家主权已经过时而且已成为经济进步的障碍。旧有的建立一个欧罗巴合众国的观念重新兴起。

然而，欧洲经济共同体最初获得成功，主要归因于欧洲新的均势而非理想主义。建立欧共体是让联邦德国恢复经济元气而又不许它完全独立的一种办法。第二次世界大战和冷战将德国一分为二，与其说是有意为之，不如说是出于偶然。清除了纳粹主义的联邦德国成为西方盟国中颇受重视的成员，虽然它还未完全获得信任。德

---

[1] 这次会议由哈耶克发起，与会者36人，均为欧洲和美国的自由主义学者。会上建立朝圣山学社。会议通过的声明表示，这个组织只是推动研究而不做宣传。

国需要法国，法国也需要德国。出于抵制苏联威胁、经济需要和势力均衡的共同考虑，往日的敌人（在1963年正式）握手言欢。一个分裂的德国不再像以前那样代表着威胁。就联邦德国而言，它盼望最终能将民主德国从苏联的控制之下解救出来。

在摆脱制造大灾难的独裁者的过程中，出现了回归民主制的总体趋向，但这与其说是出于人们的热情，不如说是由于人们的冷漠。1952年，罗素评论道："很难否认，民主制激发的热情，已经不同于它在卢梭那里以及它在法国大革命时期激起的热情。"人们新近在赞美民主制时，给它披上了温和适中和普通端庄的外衣，抗拒曾经危害世界的那种过度狂热的理想主义。民主的理念经历了同左右两派激进观念的冲突，最后被塑造成一种很克制的理念。它强调，任何一种政治制度都不可避免地有不完满的地方。它承认民主制的缺陷。民主不再被视为一种"意识形态"，而是意识形态的反面。克里斯托弗·马丁在一篇题为《政治冷漠颂》(1960)的文章中写道："根本不可能有什么民主的意识形态。"到了60年代，缺少改革活动会让年轻人感到厌恶，但在50年代的人看来，这是一种积极的美德；事实证明，世界的拯救者变成了世界的毁灭者。E. M. 福斯特[1]在一篇很有名的文章(1951)中这样提议，向民主欢呼两声，无须三声。[2] 这是一个弯曲的世界，绝不可能把它完全直过来；麻烦一直都有，无穷无尽。

---

[1] E. M. 福斯特（Edward Morgan Forster, 1879—1970），英国小说家，著有《霍华德庄园》《印度之旅》等。
[2] 福斯特在《向民主欢呼两声》一文中解释："向民主欢呼两声，一是因为它允许多样性，二是因为它允许批评。"

保守主义的种种倾向

迈克尔·奥克肖特的保守主义理论在战后的英国享有盛名。他认为,"政治理性主义"是一种错觉。汉娜·阿伦特[1]认为:"在人类事务领域中,凡是自称拥有绝对真理的主张,都冲击了所有政治和所有政府的根本。"这似乎又回到了埃德蒙·伯克。C. S. 刘易斯说,他之所以成为一名民主主义者,是因为他相信原罪:人类"过于邪恶,因而不能赋予他们多于最低限度的统治他人的权力"。阿尔弗雷德·韦伯进一步认为,反抗大众统治的最好武器是"自由和民主"——他将多元民主视为阻止以极权主义方式实行"人民"统治的武器。对于权力的这种不信任态度,可见于这几十年中最有名的一本政治论著,即伯特兰·德·茹弗内尔[2]的《权力论》。该书作者发现,政治演变中最重要的不在于政府形式,无论是贵族制还是民主制政府形式(不管怎么说,二者在很大程度上是一回事),而在于强制机器,即权力的稳步发展,无论是谁操纵这台机器。伯特兰·罗素在对同一主题的研究中认为,权力是一个独立的可变因素,而不仅仅是经济的一种功能。J. B. 普里斯特利[3](《文雅的无政府主义者》,1955)描述了当时的一种担心,"在反对权力的同时个性消失了",自由消失了,年轻的一代"将严密控制视为理所当然"。通常,与这种有些沮丧的担心相伴的是对民主的低调认同,正如温斯

---

[1] 汉娜·阿伦特(Hannah Arendt, 1906—1975),德国出生的美国政治学家和哲学家,以其关于犹太事务的批判性著作以及对极权主义的研究而闻名,最主要的作品是《极权主义的起源》。

[2] 伯特兰·德·茹弗内尔(Bertrand de Jouvenel, 1903—1987),法国经济学家,涉猎甚广。

[3] J. B. 普里斯特利(John Boynton Priestley, 1894—1984),英国小说家、剧作家、散文家。

顿·丘吉尔所说:"如果不算其他没有尝试过的政体,民主是尝试过的最坏的政府形式。"

权力研究确实是战后政治和社会思想界很感兴趣的话题,这是在希特勒和斯大林之后相当正常的结果。雷蒙·阿隆写道:"我们已经强烈地认识到,在所有社会中,权力是主要现象。"除了茹弗内尔的精彩论著之外,在诸多"权力精英"的研究中,值得一提的是深受马克斯·韦伯影响的海德堡大学社会学家A.吕斯托的论著。政治学家总是强调,多元主义是"多头"权力秩序中精英之间的竞争。在历史学家中,路易·纳米尔和他的门生集中关注实际权力的定位。韦伯本人现在像马克思一样成为众人研究的对象。现代社会的官僚组织是异化的根源,它在社会主义和资本主义制度中都存在——这种观点与反叛马克思主义意识形态的氛围是合拍的。

这种对权力的关注也影响到小说创作。"没有什么东西比权力更有腐蚀力了",这是埃维·康普顿-伯内特[1]精心创作的小说的基本主题。她的小说在20世纪50年代拥有广大的读者。她的作品很像与萨特进行友好辩论的对手弗朗索瓦·莫里亚克的小说,通常以家族为背景。(虐待儿童、乱伦、家庭暴力很难说是晚近时期的发现。)威廉·戈尔丁的小说《蝇王》于1954年出版。20世纪50年代,它很可能是英国声望最高的严肃小说。这部小说对一群身处"自然状态"、与世隔绝的孩子进行了霍布斯式研究,展现了原始状态下赤裸裸的强权状况。(与之相似的一部瑞典小说,即斯蒂格·达格曼的《死亡岛》,写于1946年。)不过,50年代最轰动的小说是乔

---

[1] 埃维·康普顿-伯内特(Ivy Compton-Burnett, 1884—1969),英国女作家。

治·奥威尔的《1984》。该书于1948年出版，不久这位魅力四射的作者就英年早逝了。作为一本"反乌托邦"小说，该书没有把按照科学方法组建的未来社会描写成天堂，而是写成了地狱，这部小说可与赫胥黎的《美丽新世界》[1]以及尤金·扎米亚京的《我们》相提并论，后者是在十月革命后不久的苏联写的。

小说的矛头显然指向了苏联（还可以参见奥威尔辛辣的讽刺之作《动物庄园》），但也有希特勒政权的影子，还有作者本人作为一名官员在"二战"中的经历以及冷战的影子。三大帝国瓜分了整个世界，显然它们的治国方式是一样的；它们之间进行着无休止的战争，或者说伪装成战争状态。（或许，英国已经不幸地沦落为美国这个超级大国的附庸。）一小撮统治精英受到疯狂规训，盲目服从老大哥，只要上方有命令，随时准备说"2+2=5"，他们使大多数人陷入贫困和受压迫的状态。这是暗指斯大林主义国家，但那些让《1984》成为西方经久不衰的畅销书的读者却明确承认，书中也有西方社会的许多特征。《1984》中充斥着这种悲观看法，即这个世界不可避免地走向中央集权制和个体失去自由，这种悲观的看法不仅在自由主义者中盛行，也在保守主义者中盛行。在奥威尔描写的国度，权力在很大程度上是统治精英控制语言的一种功能；统治集团发明了一套"新说法"，让人们相信，奴役即自由，战争即和平，无知即力量。奥威尔说，这种欺骗比较容易生效，因为有太多的知识分子"崇拜权力和残忍的成功"。他永远也忘不了他们是如何屈从斯大林

---

[1] 1952年，赫胥黎更新了这部经典，写了《重访美丽新世界》，他发现先前的预测完全准确。——原注

主义，甚至屈从于法西斯主义的。

　　奥威尔本人，像其他许多人一样，带着一种怀旧的情绪回顾一去不复返的农业社会。他叹息道，要是他早出生几百年，他本可以成为一名快乐的牧师。同他所钦佩的 D. H. 劳伦斯（两人的命运也很相似，都因肺结核而英年早逝）一样，他也不喜欢整个现代工业社会。但是，他毫不怀疑自己的那种希望是徒劳的；"无论我们喜欢与否，中央集权和计划体制是大势所趋"。这种不再抱有幻想的现实主义态度是 20 世纪 50 年代保守主义思想的标志，一种引人注目且通常很著名的保守主义。它有深厚的文化底蕴，也很深刻。它嘲弄的是现代自由主义者的傲慢，嘲笑他们天真地相信进步。R. G. 科林伍德质问，难道过去 60 代思想家都在浪费时间，而我们最正确，这可能吗？60 代思想家为解决人类所经历的战争、不公正和非人道行为的困境及悲剧徒劳地献计献策，而这一切现在都可以解决，这样认为合理吗？事实上，我们不如祖先有智慧。现代"社会科学"天真地相信科学技术可解决人类社会的问题，这种"社会科学"远不如莎士比亚、蒙田、伏尔泰或柯勒律治对人类更有价值。

　　奥威尔在《李尔王、托尔斯泰和傻瓜》一文中评论道："总的来说，生活就是受苦，只有少不更事和头脑愚蠢的人才不这么以为。"年轻人立即责骂这种悲观看法。他们指责它是反对进步的一种反动密谋，但保守主义者认为它是智慧，并坚信天真的理想主义者最终给人类造成的损害远远大于谨慎的社会向善论者。想一下子找到永久的和平，结果撞上了全面战争。以恐怖的方式寻求乌托邦，只能以恐怖和一个可怕的乌托邦作为结局。

　　20 世纪 50 年代，政府问题困扰着法国。令人奇怪的是，它居然在经济方面表现得非常出色，或许这是对政治无为的赞美。战后成立的法兰西第四共和国只得到少数人的认可，它遭到抵抗运动中的英雄夏尔·德·戴高乐将军的抵制。随着不稳定的联合政府上台和下台，政府也一再更迭。它缺乏坚决果断的决策能力，在印度支那以及后来在阿尔及利亚的殖民战争也深深地困扰着它。1951—1962年，法国人的政治兴趣之低令人难以置信。1958年5月，在阿尔及利亚发生一次军事叛乱之后，第四共和国垮台，议会请戴高乐将军主持过渡政府并制定一部新宪法。

新制定的第五共和国宪法带有戴高乐的思想痕迹，他被广大法国民众（不包括萨特）奉为民族英雄。新宪法赋予总统一个更加有力的角色，并且试图削弱议会的权力。绝大多数法国人赞成这部新宪法，戴高乐成为第五共和国的首位总统。1965年，他在全民选举中再次当选，这次选举，选民的投票率达到史上最高的85%。戴高乐主义者称这是民主制的优越形式。它既允许强有力和负责的政府的存在，同时避免了政党制度的软弱和腐败。他的政敌则指责说，戴高乐将军很想清除所有的政党，他喜欢用公民投票的形式搞恺撒主义。但戴高乐绝不是法西斯主义者，他是真正的伟人，得到了一些重要知识分子的支持。这些知识分子离开那位失败的上帝后，正在寻找一种新的理想主义。在他们当中，最有分量的当属安德烈·马尔罗。在法国在世的小说家中，他可能是最杰出的。他当上了戴高乐的文化部部长。

戴高乐主义的神秘氛围包含着一种对现代化、强大、团结的新法兰西的憧憬：重新恢复它作为欧洲文明中心及其象征的历史地位。这种憧憬包括对整个欧洲文明传统的强烈感情，以及对从英吉利海峡到乌拉尔山整个欧洲一体化的强烈感情。不过，这个统一的欧洲是由各个主权国家构成的，而不是一个单一的超级大国。法国当仁不让地要做这个欧洲的领头雁，它应当领导和帮助整个世界。戴高乐最大的政治成就是，使法兰西帝国非殖民化以及与德国重归于好。他本人就是一个文化修养很高、很有尊严的人，对法国文化情有独钟，也博闻多识。他并没有彻底消除法国恶名远扬的政治分裂痼疾，他曾说，治理一个有350种奶酪的国家可不是一件容易的事情。在他当政期间，法国的经济和社会结构经历了快速转变，考虑到戴高乐将军对先贤文化的怀恋，这可能有些反讽意味。

因此，戴高乐主义不大可能是一种新的意识形态。戴高乐提供了一套建立在灵活和务实基础上的政策，他也怀有那个时代温文尔雅的幻灭感。他最后叹息道："我就像海明威《老人与海》中的那位老人，只带了一副骨架回来。"他一直坚持到1970年。那时，一股新的精神迫使他离任。这股新的精神体现在愤怒和造反的大学生身上。在某种意义上，他们也是在反叛"意识形态"，但他们拒绝50年代保守主义的那种清静无为。

战后时期的一些思想潮流

20世纪50年代那种大彻大悟、个人主义和不问政治的氛围，突出地表现在当时的思想和文学中。萨特的那种行动主义和激进的存在主义并非典型。其他盛行的所谓存在主义哲学往往是内省、耽于冥想和政治上幻灭的。克尔凯郭尔复兴的势头没有减退，又出现了某种尼采的复兴。人们将这位伟大的德国哲学家从纳粹的盗用中解救出来，就像对待马克思那样，人们借助新发现的材料对他做出了新的阐释。埃德蒙·胡塞尔身后留下了大量手稿。他的最后一部重要著作《欧洲科学危机和先验现象学》清楚地表明，他不赞成海德格尔，也不赞成存在主义者的非理性主义。现象学必须是"一门严密的哲学科学"，即便不同于实证主义科学。但思想的范畴最终被证明是没有系统的，无法还原为任何井然的秩序。它们数量众多，意义模糊。

就广义而言，马丁·海德格尔的探索具有宗教的性质，虽然它没有涉及一个人格化的上帝。1946年，萨特认为（《存在主义是一种人道主义吗？》），海德格尔的探索与自己的探索一样，都是无神论和人道主义性质的。但事实上，这两位思想家差别极大，从一套共同的理念出发而分道扬镳（两种不同的存在方式，但都关注人类主体性、绝望或焦虑的危机，以及本真的和非本真的存在）。海德格尔对存在的尊崇带有宗教的光晕，他所谓的存在不是一个人格化的上帝，而是某种超验事物，它是所有意义的根源。欧洲人斩断了与它的联系，而我们必须将这种联系恢复。萨特没有看到这种超验的存在，他只看到了个体的人类意识发明出来并以它们为行动指南的诸种观念。两个人的文学风格和生活方式也有很大不同。海德格尔倡导的是清静无为、保守、敌视现代科技、好古、逃到大森林里倾听天籁——这使他最终成为环保主义者"绿党"崇拜的对象。

为了寻找失去的存在，我们就不得不重新思考我们使用的词语和范畴，回到语言（"存在的家园"）与存在密切接触的古代。由于尼采对他的深刻影响，海德格尔回到了前苏格拉底哲学家，回到了理智主义使词语失去了它们最初的魅力之前。艺术，尤其是诗歌，是恢复与自然接触的手段。作为文学作品的著名阐释者，海德格尔提供了一种令人振奋的美学，这种美学不仅认为艺术是对世界的模仿，还认为艺术生发出深刻的意义是对"存在"的部分揭示。海德格尔"倾听存在的音乐"与东方神秘主义有契合之处。（有一位重要的自然科学家魏茨泽克[1]，他发现这种思想很有价值，即科学应当是倾听而不是利用。现象学精神病治疗方法不同于弗洛伊德之处在于，它只要求倾听精神病人讲述他们的问题并理解那些问题，而不是将某种预先构想的理论框架强加给他们。）"人是存在的守护者。"海德格尔的词汇里充满了培育、守护、呵护、倾听等隐喻，他总是在寻找隐藏在现象世界内部的超验神秘。所有哲学都是一种思乡病，说这句话的人试图回到他在巴登小镇上的少年时代。他是乡村小镇而非通都大邑里的哲学家。

维特根斯坦晚期的思想，直到《哲学研究》在1953年出版后才广为人知，这是他去世后不久的事情。他晚期的思想带有深刻的怀疑态度，没有想方设法将语言（还有数学、逻辑，或者任何一种表现形式）与外在世界联系起来。"去理解世界，这种想法是过了时的傻话。"我们都是语言的囚徒，我们所能知道的只是语言。（再发明一种语言也没有用，我们依然是它的囚徒。哲学家应当接受语言的现实。）事实上，这种语言是各类习语以及各种层次的习语的混合，如果我们想清楚地思考问题，就必须清理它。不过，这样做是有用的。我们能够（用他的话说）玩前后一致的语言游戏，从而

---

[1] 魏茨泽克（Carl von Weizsaecker, 1912—2007），德国物理学家，海森堡的学生。

避免混乱和与这种混乱相伴生的有缺陷的交流（以及有缺陷的人际关系）。我们能够考察困扰人们的问题，无论是大问题还是小问题，并且证明它们几乎总是依靠语言使用的前后不一致。在后期的维特根斯坦看来，清理这些词语混乱的价值，与其说是自然科学的价值，不如说是人类的、心理的价值。

维特根斯坦说，我们的言语中包含"庞杂多样"的语言重叠现象，它们是一个更大的语言框架的组成部分，这个语言框架就像由紧紧缠绕在一起的纤维物质构成的一条绳子。混乱是由从一种范畴跳到另一种范畴的"范畴错误"造成的——就好像打桥牌的人大喊"我要王车易位"而不是率先出牌，或者喊"将军"而不是叫"加倍"。在维特根斯坦看来，我们直接思考所遇到的问题与下面的情况有些相像：每个人都认为存在一个正在进行的大的游戏，这个游戏自有一套规则，但事实上，人类交往的世界由许多较小的游戏组成，每一种游戏都有不同于其他游戏的规则；人们不停地随意从一张桌子移到另一张桌子。维特根斯坦坚持认为，当我们在艰难地清理这种混乱局面时，通常会发现困难不见了。大多数争论其实都是不值得争论的事情，一旦对术语进行了界定，这些争论也就毫无意义了。研究者通过人们争论的某些典型的热门问题（例如"堕胎算是谋杀吗？""资本主义是否不公正？"）就可看出了。

维特根斯坦原来是一位宗教情绪很深的思想家，他同海德格尔一样，关注事实世界、表象世界之外的意义领域。"世界的意义一定存在于世界之外。"世界是一个事实的集合，这些事实本身无所谓善恶，只不过是事实而已；"在这个世界上，每件事情就是它表现出来的样子。"（W. H. 奥登在一首优美的诗中说：时间什么都不会说，我也这样告诉你。)维特根斯坦多次说过，令人称奇的不是事物在世界上存在的方式，而是作为整体的世界的存在。这种情况的意义一定存在于世界之外。如果它处在世界内部，它一定是偶然事实的那个集合的另一部分。他认为，不证自明的是，"如果具有价值的价值的确存在，那么它一定处在事情发生的整个领域之外，这就是事实"。

就他与宗教的关系而言，维特根斯坦与存在主义者没有太大区别，但通常认为，存在主义者在这方面正好与他背道而驰。他们之间的相似体现在维特根斯坦就一个古老的神学论争发表的议论：上帝究竟是受制于一种预先存在的理性，还是他随心所欲地创造了那种理性呢？——上帝必然向善，还是善是上帝臆想出来的？维特根斯坦认为，后一种立场更为深刻。从中世纪的角度来看，他站在奥卡姆的唯意志论那一边，而不是阿奎那的理性主义那一边。存在主义者萨特也认为，任意和不受限制的意志是价值观的源泉，在他那里，这种意志是人的意志而不是上帝的意志。这一立场挽救了上帝或人类的全知全能特征，其代价是产生了明显令人尴尬的暗示：如果上帝（或人类）做出选择，宣布酷刑、谋杀或不忠行为是善，那么它们就是善的吗？在这方面，维特根斯坦和萨特都处在尼采的阴影下，后者一针见血地指出，世界是无理性的，世界本身没有意义或解释，只是相互竞争的能量之间的盲目斗争。

维特根斯坦留给职业化学院派哲学的遗产是"日常语言"学派。由于它只关注细枝末节，因而经常成为批评的靶子。伯特兰·罗素也不再同情老门生了，他大声叫喊说，这种哲学思考只关心"蠢人说蠢话的不同方式"。虽然共同话语通常是混乱不清的，但它提出了有关存在的重大问题。而且，我们的思考绝不可能深入下去，除非我们一开始就澄清每一个个体的命题。"没有任何教条和任何普遍的方法，也没有任何终极性主张"，这种态度就把牛津学派与战后的时代精神紧紧地拴在一起。它谦逊（或许是伪谦逊）的外表体现在 J. L. 奥斯汀[1]对自己的研究工作，即"讨论做一部分哲学的一种可能方式"的描述中。"做哲学"这种时髦说法的言外之意是，自己的目标很有限——不可能发现或揭示真理。它还暗含了对待学术活动的一种轻快的职业精神。在这方面，分析哲学家与存在主义者有时会有很大的分歧。20 世纪 50 年代，这两派人马在国际会议上由于缺乏理解而产生过有名的对抗。但是，分析哲学和现象学哲学实际上有许多相近之处。

二者探索的都是独特和具体的人的意义。战后的小说基本上也是如此。《芬尼根守灵夜》在某种程度上让 20 世纪 50 年代的作家感到震惊（谁还能超过它？），他们往往避免运用宏大的象征画面，而是精心描绘平实的生活。文学背离了社会现实主义，但往往也排斥"现代主义"实验。50 年代的一部研究英国小说的著作，其标题就是"对实验的反动"（作者是鲁宾·拉比诺维奇）。艾丽丝·默多克[2]所说的"短小、文字清晰、独立成篇"的小说得了宠，它们与"庞杂、无条理、准文献式的"小说形成对照。一个著名的法国文学流派自称"就事论事"：一门心思地全面探讨对象本身，就事论事，不再将其看作什么东西的象征，也不再认为它是任何合乎逻辑

---

1 J. L. 奥斯汀（John Langshaw Austin, 1911—1960），英国日常语言哲学代表人物，讲演集《如何以言行事》影响甚大。
2 艾丽丝·默多克（Iris Murdoch, 1919—1999），英国学者、小说家。

的方案的组成部分。《太凯尔》(Tel Quel)这本重要的法国文学杂志的名字就是"如此""如是"的意思。"反对阐释",反深度成了口号。阿兰·罗伯-格里耶[1]和纳塔莉·萨罗特[2]等人创作的法国新小说在方法上实际是高度反传统的,但他们的目标是打破传统小说对秩序的幻想,这种秩序是上帝式的全知全能的叙事者强加的,他们想让文学贴近人的实际体验(或幻想)零散的、多层面的性质。

像格雷厄姆·格林、安格斯·威尔逊、伊夫林·沃和弗朗索瓦·莫里亚克等备受推崇的小说家,都带着一种忧郁的眼光看待人性,这种做法来自传统的基督教,老一辈诗人T. S. 艾略特也是如此。他在现代主义名篇《荒原》中的精彩刻画,已让位于《四个四重奏》中的基督教谦卑思想。晚期的奥登也有同样的经历,这位在晚期描写日常生活和普通事物的大诗人,回过头来审查青年时代满怀革命理想时写的诗篇。他写道,在希特勒和斯大林"强迫我思考上帝"之后,"狂热的克尔凯郭尔、威廉斯和刘易斯引导我回到信仰"。他在这里指的是,才华横溢的批评家C. S. 刘易斯及其门徒在牛津大学主张回归"纯粹基督教"。

约翰·韦恩[3]在评论20世纪50年代的英国诗歌(见1959年研讨会的《宣言》)时,解释说:"一种刻意地、有意识地、有限地、谨慎地描写体验的诗歌,今天不可避免地出现了,这些体验都是经过仔细挑选和合理探索的。"瑞士戏剧家弗里德里希·迪伦马特[4]被

---

1 阿兰·罗伯-格里耶(Alain Robbe-Grillet, 1922—2008),法国"新小说"作家。
2 纳塔莉·萨罗特(Nathalie Sarraute, 1900—1999),出生于俄国的法国女作家。
3 约翰·韦恩(John Wain, 1925—1994),英国学者、小说家、剧作家。
4 弗里德里希·迪伦马特(Friedrich Düerrenmatt, 1921—1990),瑞士作家,著有剧作《贵妇还乡》等。

一些人视为那一代人中最伟大的德语剧作家。他的作品散发出路德主义新正统运动的强烈宗教气息。乔伊斯的朋友塞缪尔·贝克特，这位移居巴黎的爱尔兰人写了《等待戈多》。50年代初的这部剧作可以说是那个10年中的戏剧事件，它的风格可以被准确地描述为"极为独特、绝望，但又莫名其妙地令人振奋"。通常，它与所谓的荒诞派戏剧相提并论。罗马尼亚裔剧作家尤金·尤奈斯库和萨特的朋友让·热内都是荒诞派成员。他们的剧作出色地描述了人类在一个丧失人性的社会中孤独无依的主题，以启示录的方式暗示了世界末日、存在的荒诞、在某种内在力量中发现意义的孤注一掷的希望。等待戈多，就是等待末日，或者说是等待上帝。

事实上，由于令人生畏的毁灭性核弹头可被装载到可以迅速击中几千千米之外目标的导弹上面，人类的末日被认为几年后就要来临。内维尔·舒特[1]描写核战争的书《在海滩上》、奥威尔的《1984》以及戈尔丁的《蝇王》，在20世纪50年代最受读者欢迎。学生们请教授给他们上"最后一课"：在最后的大爆炸之前，你想说些什么？在50年代政治上无所作为的背后当然不是骄傲自满，正好相反，人们非常吃惊地意识到，人类处境如此之糟，幻想通过某种政治灵丹妙药就能把它治好，简直可笑。一位年轻的法国人在《教会刊物》杂志上就"世纪病"主题发表评论时这样说："未来为我们准备的都是核灾难以及其他大灾大难，每每想到这里，我们的心头就被一股深深的忧伤笼罩。"

回归平凡的存在状态和回归宗教，菲利普·拉金[2]的一首诗体现

---

1 内维尔·舒特（Nevil Shute, 1899—1960），英国出生的澳大利亚作家。
2 菲利普·拉金（Philip Larkin, 1922—1985），英国诗人，著有诗集《降灵节婚礼》等。

了这个主题，这首诗在读者中激起了不同寻常的反应。这位英国诗人是 50 年代的主要代言人。《上教堂》这首诗写的是一位经历了世事沧桑而心灰意冷的现代人，偶然瞥见芸芸众生去教堂的奇特景象：或许这里有什么东西被我们忽视了。

"怀疑走了之后，还剩些什么呢？"或许是旧有的信念："它永远也不会过时。"这种观点在 20 世纪 50 年代很常见。它是精疲力竭的现代知识分子的观点，他们看穿了一切，认清了一切，从这个无比复杂的词语迷宫中抽开身，立足于普通人的领域。在美国，大致相当于拉金的人是霍华德·内梅罗夫[1]，他很钦佩这位英国诗人。

实际上，知识的范围已经失去控制。由于阅读内容受到严密监控，老百姓处于无知状态，奥威尔在《1984》中生发的这种想象与现实情况不可思议地产生了矛盾。教育大爆炸发生了。以英国为例，从东英格兰和肯特郡到兰开斯特和约克郡，新建了七所综合性大学；还创办了一些工科大学，苏格兰地区也兴建了一些大学。到了 1970 年，英国有 45 万名大学生。类似的高等教育大发展的局面出现在所有的西方国家。在法国，1940—1970 年，大学生从 8 万增加到 60 万。1968 年革命就是从巴黎郊区新建的一所大学开始的，它是原来的巴黎大学的一个分部。

这种教育扩张的一个重要结果是，各门知识逐渐处于教授的支配下。他们人数众多，控制了出版物，还创立了专业性协会和学术性刊物，建立了以圈内人的专长标准为基础的专业晋级竞争体制。

---

[1] 霍华德·内梅罗夫（Howard Nemerov, 1920—1991），美国诗人，被选为美国国会图书馆 1988—1990 年桂冠诗人。

这一程序在战后开始出现，而且一往无前地发展下去，就连从事创作的作家现在也愿意跻身大学教员的行列，而不是泡在"波希米亚区"或"格拉布街"。有人起来抗议这种职业化，尤其是人文学科的职业化，但抗议徒劳无益。英国小说家金斯利·艾米斯在《幸运的吉姆》(1954)中讽刺了目光狭窄的大学学人，发人深省，但这种势头不可抵挡。

欧洲知识界的小圈子至少扩大了10倍。从未出现过这么多书籍、杂志、电影和观念。1970年前后，有人统计，自1945年以来出版的图书超过了此前图书出版的总和。至少在思想上，世界是在爆炸声中而非抽泣声中结束的。它正在扩张，而不是匮乏待毙，因为民主和科学技术不断取得进步。过去那场可怕的战争极大地推动了二者的发展。事实上，如此众多的书籍、"运动"和潮流问世，以至于对某一时期进行概括总结成了一件危险的事情。清澈见底、可辨水流的江河越来越像由无数片水域混成一片的大海。

第 10 章

反叛与反动：1968—1980

欧洲的新左派与激进的 20 世纪 60 年代

虽然探察思想潮流殊为不易，但 20 世纪 60 年代出现的激进行动主义转向却让人一目了然。这场激进运动在大规模的学生骚乱和造反运动中达到高潮，所向披靡，犹如共产主义在 30 年代的气势。唐纳德·戴维[1]在 50 年代的一首诗《回想 30 年代》中指出，几年前的情景如今想起来仍"恍如隔世"。1954 年，约翰·韦恩发出疑问："我们认为 30 年代的人很傻，60 年代的人会不会也认为我们很傻？"他应当能猜到，答案是肯定的。

当然，产生这种变化的部分根源在于，新一代急于表现得与前人不同，他们急于发表自己的主张，反抗父辈。这种代际效应（因现代通信的步伐而加快了速度；现在，两代人的间隔不过数年），是战后成长起来的那些人的反应，他们对那场战争中的英雄和恶棍一无所知；对他们而言，斯大林和希特勒就像伯里克利与恺撒一样，

---

1 唐纳德·戴维（Donald Davie, 1922—1995），英国诗人、文学评论家。

都是远古人物。甚至在50年代，这种苗头就已经在英国"愤怒的青年"中出现。"愤怒的青年"这一称呼来自约翰·奥斯本[1]1956年创作的意义诡谲的剧作《愤怒的回顾》[2]。50年代后期掀起了一场讨论，主要争论文学是否应该更加"介入"和关心社会。那些愤怒的年轻人因何愤怒还没完全弄清楚，它更像是一代新人在寻找自我的过程中顺理成章地出现的反抗心理。青少年中间出现了"没有来由的反叛者"。几乎没有哪一位作家胆敢替社会现实主义说话，因为社会现实主义让人想起了30年代那些枯燥无味的宣传小册子。但一位名叫艾伦·西利托[3]的小说家（他的《星期六晚上和星期天早上》被拍成了一部很有名的电影），还是想方设法令人信服地表现了无产阶级的真实世界，不带有任何幻想。

与即将出现的局面相比，这一切还算是温和的。老左派的没落是行动主义复兴的重要刺激因素之一，它给不太守规矩的新生代左派人士留下了空间。到1965年，自从30年代以来一直由苏联人主宰的马克思主义性质的共产主义运动出现问题。50年代，人们一度以为未来属于马克思和列宁。中国走向共产党人执政的道路；刚独立的亚非国家在追求西方式"发展"的捷径时，主要青睐的是苏联模式而非西方模式。尽管西方列强的殖民帝国在60年代土崩瓦解，但在刚刚获得解放的那些民族眼里，它们毕竟与令人深恶痛绝的殖

---

1 约翰·奥斯本（John Osborne，1929—1994），英国演员、剧作家。
2 "愤怒的青年"是当时人们称呼一场新兴文学运动的名称。最先表现出"愤怒"与不满的是约翰·韦恩的小说《每况愈下》(1954)和金斯利·艾米斯的小说《幸运的吉姆》(1954)。1956年，约翰·奥斯本的剧本《愤怒的回顾》上演。因剧中主角对社会做了全面抨击，这个剧本成为这个运动的代表作。
3 艾伦·西利托（Alan Sillitoe，1928—2010），英国小说家、剧作家，属于"愤怒的青年"一派。

民主义有关联。

反抗欧洲"帝国主义"的英雄人物,像印度支那的胡志明、古巴的菲德尔·卡斯特罗,也许还有加纳的恩克鲁玛或阿尔及利亚的本·贝拉,突然闯入年轻人的头脑中。虽然南斯拉夫的铁托试图组织第三股"不结盟"力量,独立于美苏两大集团之外,但许多"第三世界"国家愿意听从苏联的建议,似乎就要进入苏联的势力范围,虽然它们还不是狂热的马克思主义者。卡斯特罗宣布自己信仰马克思主义,胡志明早就是马克思主义者。卡斯特罗的意识形态导师切·格瓦拉,这位新左派的英雄人物正出没于南美洲的乡村,寻找一切可以发动的革命力量。

但是,世界共产主义运动很快出现了分歧。内部分裂早在1948年就开始了。富有战斗精神和一度忠实于斯大林主义的南斯拉夫共产党,在执政后与斯大林发生争执。接下来,是新中国与斯大林的继任者赫鲁晓夫之间出现道路分歧。每当共产党人掌握一个重要国家的政权后,他们都想宣布独立并且探寻自己的发展道路,但克里姆林宫的领导人总以为其他所有国家的共产党都应当听命于莫斯科,这通常意味着为苏联的利益服务。共产主义与资本主义一样,都有其内部矛盾。1956年,苏联出兵布达佩斯,莫斯科的声誉因此受到打击。

世界共产主义声誉的跌落以及接下来的内部分裂,为左派更加自由地发展开辟了道路。随着斯大林的逝世以及随后共产主义者出现内部分歧,老一代追随者陷入了绝望或孤立。但是,新左派效法的新模式出现了。正如我们已经指出的那样,有些新模式来自往日坚如磐石的革命阵营的分裂势力。像南斯拉夫的铁托一样,中国领导人与克里姆林宫产生道路分歧之后，创造出一种中国化的马克思主义哲学，在某些方面，它比克里姆林宫的模式更加新颖。与此同时，欧洲也出现对马克思的重新阐释；在这方面，法兰克福学派的"批判理论家"，包括意大利的安东尼奥·葛兰西和萨特都做出了贡献。铁托的一些意识形态顾问也出了力；贝尔格莱德的《实践》杂志几乎成了新马克思主义者的"圣经"。

事实上，新左派的思想来源很多，不一而足。1973年，一份颇感困惑的苏联出版物，试图找出所有诱使西方青年偏离正确信仰的"修正主义者"，它点了舍勒、胡塞尔、乌纳穆诺[1]、海德格尔、雅斯贝斯、加缪、加罗迪、阿多诺、霍克海默、马尔库塞、弗洛姆的名字（引人注意的是，没有提到萨特）。其中，有些人是存在主义者，有些人是法兰克福学派成员；埃里希·弗洛姆是一位离经叛道的弗洛伊德主义者，而加罗迪则脱离法国共产党寻求"天主教和共产主义之间的对话"（这一目标受到著名的教皇约翰二十三世的鼓励，在意大利也很受欢迎）。深受葛兰西影响的意大利共产党在1956年后脱离了莫斯科的领导，成为思想非常开放的一个组织。

所以，欧洲新左派形成革命的信条有着多得近乎奢侈的新思想可以利用。在很多方面，他们比老左派的思维活跃得多。（在后斯大林时期，莫斯科方面无意和西方民主国家产生太多争端。赫鲁晓夫与艾森豪威尔和戴高乐总统也能够友好会谈。在1962年与美国对抗的古巴导弹危机中，赫鲁晓夫也避免进行军事对抗，令卡斯特罗很

---

[1] 乌纳穆诺（Miguel de Unamuno, 1864—1936），西班牙存在主义哲学家。

失望。)[1]事实上,学生激进分子经常蔑视所有的意识形态"定位"。他们极其存在主义化,更倾向于行动而非言论。他们可能自称"境遇主义者"。在他们那里,无政府主义的黑旗要比红旗更醒目。实际上,许多学生激进分子根本不了解任何严肃的社会思想。编纂这一时期学生革命资料的编者评论道,这场运动的思想根源更多来自"马里内蒂、达达、超现实主义、阿尔托和马克斯兄弟[2],而不是列宁或毛泽东"。说到马克思,他们知道的很可能是格劳乔·马克斯。他们最深切的情感是对理性化、官僚化社会的厌恶(这个社会正是他们接受训练准备进入的),以及对冒险的热切渴望(这是1914年的影子,只不过这次针对的是内部"制度"而非国外的敌人)。

战后初期的那一代人过于注重物质价值,令他们的儿女极端反感。联邦德国人,包括来自民主德国的难民,在1945年之后重建了这块破碎的土地,取得了举世瞩目的成功。到了1970年,联邦德国已经成为欧洲最富裕的国家。可能正是在联邦德国产生了第一批最激进的学生反叛分子,这一事实也是对重建者"工作伦理"的独特效力的一份颂扬。和大多数情况一样,反叛的青年人出身于中产阶级上层,他们的父母通常是专业人员。批评者认为,他们都被惯坏了;要是在从前,他们肯定是在田间或工厂里干活,而不是像现在这样上大学。数量已经降低了教育的质量,金斯利·艾米斯声称:"越多越糟。"新学生往往去学社会学,导致这个领域的毕业生过剩。

---

1 如果爆发一场核战争,双方各自死亡两亿人的话,美国剩不下多少人,而中国却剩下很多人,这让赫鲁晓夫很担忧。他没有提到苏联怎样挺过核战争。苏联撤走对中国核武器项目的援助是导致中苏分裂的一个重要因素。——原注
2 马克斯兄弟(Marx brothers)是美国好莱坞喜剧演员三兄弟,他们分别是格劳乔、奇科和哈珀。

大学规模过大、发展速度过快，使得校园过于拥挤；学生们抱怨说，他们就像在教育工厂中加工制造的产品，用萨特的话说，被打上了序号。

尽管人们已经指出20世纪60年代青年大学生内心忧伤的社会和心理原因，但毫无疑问，使他们传达出这种不满的是各种观念；虽然他们倾向于回避沉重的理论，但观念起了极端重要的作用。在1968年5月巴黎学生革命的顶峰，上万名学生挤在剧院里听萨特演讲。像弗朗兹·法农[1]的《全世界受苦的人》（此书由萨特作序）这样的书售出100万册，雷吉斯·德布雷[2]讲述格瓦拉革命冒险经历的书也卖了这么多。《毛主席语录》，也就是"小红书"，是每个大学生口袋里必备的。许多大学生知道赫伯特·马尔库塞的《单向度的人》以及他的其他著作。马尔库塞这位老牌法兰克福学派社会理论家，在移居加利福尼亚、接触到那里浓烈的造反氛围后成为激进的煽动家。这场学生运动是国际性的；它从加州一直扩散到联邦德国，出现在英国、意大利、法国、荷兰，甚至是东欧的大学里。法农是西印度群岛的一名医生，后来移居北非。贯穿这场国际性学生运动的是一套观念或思想态度，喷气式飞机时代的航空事业加速了它们的传播。

这些态度超越了正式的学说。它们大部分来自一种青年文化，这种青年文化与一种新音乐和一种新的行为自由相关，后者在某种程度上可归因于审查制度的放松，至少在英语世界是这样。在文化

---

[1] 弗朗兹·法农（Frantz Fanon, 1925—1961），阿尔及利亚思想家，著有《黑皮肤，白面具》和《全世界受苦的人》，成为受压迫的非白人的代言人。

[2] 雷吉斯·德布雷（Régis Debray，生于1940年），法国记者，是格瓦拉的战友。

史上为人津津乐道的一个标志性事件是，1960年，英国法庭在听取一批著名作家和批评家的证词之后，判决《查泰莱夫人的情人》并非猥亵之作。这个裁决为一大批汹涌而至的"黄色文学"打开了闸门。（其中一些只是维多利亚时代讲述男主人和女仆之间的故事，此前却不能合法地重印出版。[1]）法国类似的标志性事件是，出版商波韦尔由于印刷萨德侯爵的作品而获罪的判决被推翻。萨德侯爵已经成为存在主义左派的英雄。即便情况并非像菲利普·拉金（带着讽刺的口吻）所写的那样：

> 性交始于1963年，
> 在查泰莱解禁和披头士
> 首张密纹唱片面世之间。

但许多青年人认为是这样的。所谓的性革命与摇滚乐的诞生同期发生。学生们喊出了大量口号，其中一个是："我们什么也不怕，我们有避孕药。"不过，他们不得不与艾滋病邂逅。

新左派的观念与欧洲的一种新马克思主义相关。经过修正和存在主义化的马克思（恐怕马克思本人也认不出自己现在的这副形象），很少谈经济贫困，更多地谈"异化"问题，即个体在一个虚伪社会中的异化。实际上，新马克思主义者往往承认一个显见的事实，即"资本主义"在物质方面太成功了。它已经收买工人，给他

---

[1] 1857年通过的《淫秽出版物法案》是对人所共见的桃色文学问题的反应。沃尔特·E.霍顿评论说："维多利亚时代的人之所以谈性色变，主要原因在于这一醒目的事实……即淫乱行为不仅大量存在，而且有上升的势头。"——原注

们送去了汽车和电视机，工人们显然甘愿受诱惑，但他们付出了丧失人类价值的代价。赫伯特·马尔库塞指责资本主义生产的东西不是太少而是太多，从而腐蚀了工人阶级。（可怜的资本家总是处在必须认输的境地。）富裕而非贫困成了批评的靶子，一位时髦的美国经济学家痛斥"丰裕社会"。[1] 官僚制度、技术社会、消费主义都成为猛烈抨击的对象。真正的"资本主义矛盾"是文化上的。理论家们指出，它在物质上取得的成功打破了社会纪律，导致个体意识极度膨胀，但与此同时，它又用集体顺从观念和官僚化管理来约束人们。通常，"自由主义者"的立场是，既要求个体享有更多的文化自由，又要求政府进行更多的经济调节，这是一个典型的矛盾。

欧洲的新马克思主义者对苏联马克思主义和苏联社会几乎都持有批评态度，二者是相关联的。前者认为苏联推行的马列主义对马克思和列宁的理解有偏差。他们认为苏联的情形实际上是一种非辩证的马克思主义的结果，它错误地将思想和文化当作经济状况的机械后果。乔治·卢卡奇宣称："［那种人］把意识形态看成……经济进程的机械、被动的产物，根本没有理解它们的本质和发展，坚持的不是马克思而是对马克思主义的漫画化。"卢卡奇，这位匈牙利文学批评家和哲学家，像他的朋友贝托尔特·布莱希特一样，长期忠诚于共产主义事业并试图挽救其命运。1956年之后，他最终抛弃了莫斯科。

由于大量利用现代心理学或现象学，西方批判马克思主义经常是主观主义的，有时几乎是非理性的。法兰克福学派的理论家往往

---

[1] 这里指美国经济学家加尔布雷思的著作《丰裕社会》。

认为，"工具理性"、生产和科技腐蚀了现代生活的各个方面，导致了官僚主义和幻想破灭（这里有马克斯·韦伯的影响）。法兰克福学派的一些著作攻击"科学"，将"科学"说成是资产阶级文化的产物。卢卡奇提出了意识的"物化"，据称，这是资本主义的一种产物，源于韦伯所说的"合理化"的泛滥。在一篇很有名的文章中，瓦尔特·本雅明对艺术品的批量生产表现出恐惧，正如阿多诺强烈反对爵士乐和马尔库塞鄙视"单向度的"流行文化一样——这些思想家的文化精英主义使克里姆林宫给他们贴上了"资产阶级颓废派"的标签。不过，痛斥摇滚乐、长头发、毒品和性自由的莫斯科，与20世纪60年代的青年大学生在很大程度上是格格不入的。

有人强调马克思思想中民主的一面，因为马克思很少赞同革命密谋。葛兰西宣布说，工人阶级在进行政治革命之前，必须先征服文化领域。卢卡奇表示赞同："政治只是手段，文化才是目的。"在1968年"布拉格之春"，斯洛伐克共产党人亚历山大·杜布切克断言："社会主义不可能仅靠少数人来引进和维护。"这种异端思想立即招致莫斯科的武装干涉，但反映了1945年以来共产主义东欧国家中一种新型人道马克思主义的影响。"带有人性面孔的社会主义"接受了捷克人卡雷尔·科西克[1]于1963年出版的《具体的辩证法》的影响。其他东欧哲学家，如波兰人科拉科夫斯基和沙夫等，也都为马克思的人道化做出了贡献。从苏联卫星国的角度看，认为人类创造自身历史又不太教条的马克思会支持如下观念：没有哪一种社会主义制度能够适合所有民族，每个国家必须发展自己的模式，发

---

[1] 卡雷尔·科西克（Karel Kosík，1926—2003），捷克学者。

展自己的社会主义意识形态和文学。这些东欧马克思主义者大胆地把马克思主义人道主义思想当作武器，以反抗强加给他们的苏联模式。他们认为，一种开放、进步的马克思主义比一种教条的马克思主义更忠实于马克思的本意。这种逻辑不大可能在莫斯科赢得信徒。

萨特在《辩证理性批判》中解释了"实践惰性"（practico-inert）领域，即最初产生于人类需求的一整套物化、异化的机制，是如何变得僵化起来，以及作为"加工过的东西"，它又是如何挫伤这些需求并逃避了人类的控制的。汤因比曾认为，"对转瞬即逝的过去大加推崇"是创造性丧失的一个原因，而丧失创造性是社会没落的标志。其他社会学家说过"社会停滞"。但萨特更响亮地表述了这些陈词滥调。"序列性"是他的另一个术语，用来表示机械和人为的人类联系方式，即把人们偶然地组合起来，就像等公共汽车时排队一样。

序列性和实践惰性始于物质匮乏，为生存而进行的斗争是滋养它们的土壤。它们盛行于整个人类历史，它们使实践受挫，实践是个体与群体之间真正的、创造性的相互作用。"混合的群体"，这种克服个体与社会之间矛盾的有机的、自发的共同体，特别容易出现在历次革命中。尽管萨特后来断定"我不明白如何解决制度化的结构所产生的问题"，但有些事情大多数人已经知道。年轻人急于接受以下主张：尽管当前的制度几乎吞没了所有人，但革命可能来自完全处在这个制度之外的人，例如，学生和殖民地世界的游击队。

革命学生发动校园起义，从不知所措的院长们手里夺取大学的大楼。他们希望由此引发全社会的反叛。他们认为，作为一种制度，学校与社会是完全联系在一起的。在他们看来，全盘否定、彻底拒绝现存社会是实现激烈社会变革的关键，然后，所有人就可以过上幸福的生活，以某种方式获得性和审美方面的满足。必须扫除一切"权威机构"，应该让自我激励的个体自由地去寻找自我实现。这个充满幻想、乌托邦和否定的大杂烩，几乎包含了过去200年里每一种激进思想的回声——不仅有马克思、尼采和弗洛伊德，还有早期的社会主义者、无政府主义者、托洛茨基主义者、存在主义者的思想。它在1967年和1968年的校园造反行动中实现了一次辉煌的爆发，在1968年巴黎之春中达到高潮。当时，人们一度以为学生真的会推翻既定秩序。

在英国，"体制外政治"可以追溯到1959—1961年核裁军委员会组织的抗议活动，其目标是让英国销毁核武器，在冷战中宣告中立。最初，在80多岁的哲学家伯特兰·罗素的启发下，核裁军委员会组织了大规模集会，集会最开始是非暴力的，但从1960年开始，他们使用了挑衅性策略：堵塞入口、占领大楼。罗素夫妇被捕。罗素可以称得上是最不遗余力地引进挑衅性"非暴力反抗"的人。"非暴力反抗"在20世纪60年代成为革命学生的惯用手段。圣雄甘地用过这些方法，他是从列夫·托尔斯泰那里学来的，而托尔斯泰又是从亨利·大卫·梭罗[1]等人那里发现这一思想的，如此等等，还可以往前追溯（罗素本人提到早期的基督徒）。

由于不满工党的谨小慎微和实用主义，《新左派评论》开始寻找通向社会主义的新道路。20世纪60年代末，因为对1964年和

---

1 亨利·大卫·梭罗（Henry David Thoreau, 1817—1862），美国诗人、随笔作家和实用主义哲学家。以实践超验主义原则和鼓吹公民自由著称。

第10章 反叛与反动：1968—1980　　457

1966年当选的工党政府失望，出现了更猛烈的抗议；1967年3月，激进的学生在伦敦政治经济学院"静坐抗议"。工党中激进的一派说，"新政治"是一种"对抗"和"直接行动"的政治。剑桥大学的一帮学生打断了一位大臣的讲话，在那个讲究英式礼仪的地方，这可是闻所未闻的事情。当时，首相威尔逊（在美国的压力下）支持越南战争，成为抗议的焦点。正如我们所知，萨特先前攻击过法国当局试图镇压阿尔及利亚民族主义反抗运动。戴高乐总统结束了这场殖民战争。1962年，法国允许阿尔及利亚独立。此后，萨特将注意力转向越南。尽管他几乎无法因这场战争而指责戴高乐，但他把怒火转到了美国人身上，他请求苏联轰炸他们，再次指控他们的战争罪行，并与罗素一道试图谋划对美国战争罪行的审判。与此同时，在德国，老牌存在主义者卡尔·雅斯贝斯写了一篇长文，激烈抨击联邦德国，指控它正在策划新的战争并将再次走向纳粹独裁统治（《联邦德国冲向何方？》，1965）。与他一道批评德国资产阶级价值观的是杰出小说家君特·格拉斯[1]。

左派在欧洲的没落

由于矛盾重重和纷争不已，学生起义迅速崩溃。它的目标模糊、分散且带有乌托邦性质。其基本矛盾在于，一方面主张民主（"争取民主社会的学生"是美国主要的激进行动主义团体，"权力归人

---

[1] 君特·格拉斯（Günter Grass, 1927—2015），德国小说家、诗人、剧作家，诺贝尔文学奖获得者，有"时代的良知"之称，他的著名小说有《铁皮鼓》《猫与鼠》《狗年月》。

民"是主要口号），另一方面又声称少数边缘群体可以通过革命改变整个制度。这在逻辑上必然会导致苏联那样的精英政权，而那种政权是新左派十分憎恶的，他们考虑的是一个权力下放的彻底自由的社会。有人可能要发出疑问，如果现存社会真的像他们说的那么腐败，那么一个比较健全的社会又怎能从中自发地诞生呢？只有发生奇迹才能闯过这一关。

指责资本主义过于富裕的新马克思主义者，主动脱离了迷恋物质主义的工人阶级。迈克尔·哈林顿是一位很走红的美国新马克思主义者，有人在评论他的著作时指出："他在谴责绝大多数工人阶级持有的价值观，他说他们受到了这些价值观的愚弄。"这就回到了奥威尔的观点：社会主义一直是中产阶级知识分子的信条。巴黎的学生和工人未能展开良好的合作也就不足为奇了。一些工人更同情受学生攻击的警察，这就是劳动人民与被宠坏了的资产阶级子弟对立的案例。

就某些方面而言，这场学生造反运动极其愚蠢，有点像百无聊赖的大学生习惯于在春季玩的恶作剧。美国学生掀翻了汽车，突袭女生宿舍，夺取女式短裤作为战利品。事实上，长期以来欧洲大学一直有"学生骚乱"传统。大部分法国人对学生的暴力和越轨行为惊恐万分，在造反运动中一度想与学生联合的工联主义者实际上来自另一个完全不同的世界。毫无疑问，萨特所说的"混合群体"在革命狂欢的时刻实现了，但人不能总是生活在革命中，现实世界依然摆在那里。玩够了、闹够了之后，学生们要么离开学校，要么返校上课，他们留下的结果是教育做出了一些改革，但没有完全否定社会。

这场流产的反叛带来了种种后果，其中包括有人起来反对与这场反叛相关的存在主义化的马克思主义。在《我们知识分子的不幸》（1976）中，库尔特·宗泰默[1]指责德国左翼知识分子怂恿青少年盲目参与暴力活动。于尔根·哈贝马斯的答复是，学生运动从专业人员手里夺下了民主和文化，这永远是一件好事。但事实上，那些持久的后果并不显著。1968年的大部分"先知"迅速从舞台中心退出。萨特、加罗迪和阿尔都塞就辩证法的意义展开的争论在巴黎依然有广大听众，但在别的地方却不是这样。

萨特把余生大部分心血都花在大部头的古斯塔夫·福楼拜的心理传记上。福楼拜实际上就是萨特，异化的资产阶级作家；乔伊斯的德达鲁斯和申姆[2]。最后，他对政治形势彻底悲观失望，他宣布，"没有一个政党能提供希望"（《境况种种》第10卷，1977）。他依然在宣扬一种模糊不清的"自由论的社会主义"，他宣称在已被"序列化"的无产阶级身上找不到任何革命的潜力。

萨特出来替联邦德国的所谓巴德尔-迈因霍夫恐怖团伙[3]辩护。在1968年后的一段时期，一些青年激进分子转向恐怖主义活动，与20世纪末无政府主义者的恐怖主义活动相像（新近的例子是拉丁美洲的城市游击队）。资产阶级子弟采取爆炸、暗杀和绑架等行为，这在意大利和德国尤为突出，恐怖主义也在爱尔兰革命军中复发。

1　库尔特·宗泰默（Kurt Sontheimer, 1928—2005），德国政治学者。
2　德达鲁斯（Dedalus）和申姆（Shem），分别是乔伊斯的作品《青年艺术家的画像》和《芬尼根守灵夜》中的人物。
3　巴德尔-迈因霍夫恐怖团伙（Baader-Meinhof gang），是联邦德国左翼恐怖组织红色军团的俗称，以早期的两位首领的名字命名。该恐怖组织成立于1968年，在70代末制造了几起重大劫机案件。

乌尔里克·迈因霍夫是一位神学家的女儿，她的前夫是一位办黄色杂志的和平主义者。1975年，联邦德国政府对她和其他三人组成的四人帮进行会审，轰动了全世界。1978年，意大利红色旅[1]绑架并杀害了一位前政府总理。这类极端主义必然进一步损害新左派的名誉，到了70年代末，欧洲新左派运动消退。它的极度愤怒表达了它在思想上的破产。

与此同时，另一种反应是，阿尔都塞领导了一个新的欧洲马克思主义转向，反对存在主义化和心理学化的欧洲马克思主义学派的感伤的"人道主义"，提倡回归客观主义和科学。在20世纪70年代初的一段时期，他是红极一时的文化英雄。他力图振兴法国共产党，同时又有足够敏锐的思想吸引知识分子。阿尔都塞绝不是意大利共产党人那种"欧洲共产主义者"，后者希望使共产主义回归民主。1968年，"布拉格之春"试图使社会主义政权人道化（它与"巴黎之春"同时出现，富有讽刺意味）。阿尔都塞试图维护法国共产党与莫斯科的联系。阿尔都塞大刀阔斧地准备创建一种新的正统观念，但教条性质毫不逊色，他想使理论家（他本人）成为中兴的共产党的主要人物。（因为这一点，其他的欧洲马克思主义者攻击他是资产阶级唯心主义异端。）阿尔都塞将欧洲的马克思主义与时新的结构主义风尚嫁接。最终证明，这不是他力所能及的；他杀了妻子，发了疯。

欧洲的马克思主义论争主要由大学里的哲学家发起，论争越来

---

[1] 红色旅（Red Brigades），意大利极左派的秘密恐怖组织，自称其宗旨是破坏意大利国家，为"革命无产阶级"运动创造条件，1978年，绑架并杀害了前总理莫罗。

越晦涩，除了少数专家之外，没有人知道他们在说什么。英国马克思主义学者戴维·麦克莱伦抱怨阿尔都塞的书难懂（"《阅读资本论》的大部分内容简直不知所云"）。这些西方的哲学家将马克思主义变成了一门深奥难解的科学，距离普通人或早期马克思主义者已经十分遥远，早期马克思主义者的简单信仰现在被轻蔑地称为"庸俗的"。职业知识分子追逐新奇与马克思主义本应面对的现实世界在此发生了冲突。这些知识分子本人经常对自己无助于现实政治表示绝望。

弗洛伊德的热潮也开始退却。弗氏家族继续分裂。在伦敦，"二战"期间以及"二战"刚刚结束之际，安娜·弗洛伊德正与梅拉妮·克莱因[1]及其门生进行一场可怕但很隐蔽的战争，她带着嫉妒心理守护父亲的遗产，以防有人进行在她看来属于颠覆性的修正。克莱因在正宗弗洛伊德学术圈子里受过训练：她认为弗洛伊德的真正精神是革新精神；他本人不会故步自封，而是希望后来人可以完善他的思想。而安娜则认为，跳出严格的弗洛伊德主义信条的藩篱便是异端。这场争论很像正统马克思主义和修正主义之间的争执，而且同样激烈。要是这两个女人掌了权，她们可能会彼此迫害，同斯大林和托洛茨基之间的斗争一样激烈。问题集中在婴儿期最初阶段自我的形成，弗洛伊德在谈"自恋"形象时曾触及这一主题，但现在它被深化了。安娜和梅拉妮都是儿童心理学专家。后者通过观察儿童玩玩具，发明了一种描述儿童隐秘焦虑和恐惧症的方法。克莱

---

[1] 梅拉妮·克莱因（Melanie Klein, 1882—1960），出生于维也纳，曾与老派弗洛伊德主义者山多尔·费伦齐在布达佩斯一起从事心理分析，后来与卡尔·亚伯拉罕一起在柏林从事心理分析。1926 年，定居英国，成为英国心理分析协会中执牛耳之人。——原注

因与苏格兰心理学家 W. R. D. 费尔贝恩共同提出"客体相关"理论，推测婴幼儿如何区分自己和外部世界、她的自我形象的形成、对母亲的怒气以及对自己的过分依恋。这真是一段很吸引人的材料；弗洛伊德的继承人为了显然微不足道的分歧而大动干戈（不管怎么说，这些分歧都是无法证明的），她们的满腔怒火是当年弗洛伊德学派内部紧张关系的继续。

最后，弗洛伊德主义理论和后弗洛伊德主义理论融汇在一场更大的思想混合过程中。20世纪60年代法国最显著的弗洛伊德主义复兴，将弗洛伊德主义与结构语言学综合起来。由于马克思和弗洛伊德的幽灵与结构主义产生了意义重大的互动，我们下面就来介绍结构主义这一思想时尚。

结构主义

作为法国的一种思想时尚，结构主义往往被看作存在主义的后继者。在20世纪50年代后期，人类学家克劳德·列维-施特劳斯就以结构主义的名义明确向萨特提出挑战。就基本特性而言，结构主义有意让自己的角色与存在主义截然对立，它冷静，超然，客观，非人格化。它并不认为人类从不确定的主体性中创造出世界的意义，正相反，种种数学化的结构创造了人性。

结构主义源于语言学。几乎从一开始就有索绪尔的功劳。瑞士人费迪南·索绪尔生于1857年，与弗洛伊德和胡塞尔是一代人。他曾在莱比锡大学学习，尼采比他早几年在这里学过哲学。后来，索绪尔去巴黎和日内瓦教书，直到1913年逝世为止。索绪尔用语言学，即对语言形式结构的分析取代了语文学，也就是对语言的历史研究。根据他生前讲稿整理出版的《普通语言学教程》(1915)把语言当作一个符号系统，认为符号是任意规定的，即词语与所指对象没有必然的联系。意义是在符号系统中，而不是在主体的思想中，它处于能指（词语）而非所指中。这个符号系统（语言）是一个结构，对于各个组成部分，需要根据特定的系统从总体上理解。我们回想一下，维特根斯坦和逻辑实证主义持有类似观点。但语言学这门科学在很大程度上局限于专家的小圈子里，直到列维-施特劳斯把结构主义方法用在人类学领域（神话、亲属关系）。它很快就成为文学批评的一个工具，后来又被马克思主义者、弗洛伊德主义者、社会学家和历史学家采纳，作为看待事物的一种方式，几乎无处不用。它超越了专门化的学科范围，成为一股统一的力量，能够产生一种普遍的思想影响力。

结构主义是一种理性主义。仅凭积攒经验证据，无法发现隐蔽的和谐或模式，必须通过抽象的思想建构。一个简单的类比就是报纸：结构主义者感兴趣的是报纸的"版面设计"，它在很大程度上决定了内容。结构主义者发现，版面设计就像句子一样，按照一定的语法规则安排，而内容则没那么有趣。对于他书中涉及的数以百计的北美神话，列维-施特劳斯有意装出不感兴趣的样子。他对这些神话进行分类，列出表格，根据这些神话的构成成分，发现它们逻辑上的联系。

才华横溢的列维-施特劳斯出生于法国的一个犹太人家庭。他促成结构主义在思想地图上占据一席之地，其功劳超过了其他任何人。

他从语言学家罗曼·雅各布森[1]那里借鉴了结构主义这种观念——雅各布森从莫斯科移居布拉格，最后移居美国，一路传播苏联"形式主义"的精彩见解。列维-施特劳斯认为，在原始民族的亲属关系系统和神话背后存在潜在的秩序。他那令人眼花缭乱的证明过程后来遭到攻击，说他遗漏了某些材料，也许每一种宏大的社会理论都要遭受这类攻击。有人认为，与其说他是一名科学家，不如说他是一名超现实主义诗人。当然，他文笔非常优美，与维特根斯坦一样，他力求让他的专著像乐谱一样。他的朋友和启发者雅各布森也是现代主义文学圈子里的人物，曾与诗人马雅可夫斯基以及1917年前的其他俄国先锋派人物往来甚密。正是这种美学成分在结构主义最走红的五六十年代，赋予它以魅力，影响了小说和电影。它自诩达到了科学的精密，却遭受质疑。列维-施特劳斯显然带有这种倾向，他对这些原始民族所处的"冷清"世界情有独钟，这些原始民族生活在停滞不前的状态下，而不是过着一种西方式的迅速变化的生活，他的这种倾向是对欧洲进步和科技的一种批评。

更年轻的美国学者诺姆·乔姆斯基也受到雅各布森的影响。1957年，他出版了《句法结构》，引起了不小的轰动。乔姆斯基发现，在句子表层形式之下存在一种深层结构。这种结构可以通过数学符号表达，是人类固有的能力，它能理解基本的语法规则并把这些规则转换成语言本身。结构主义是一种语言学上的康德主义，是对语言理性的批判，但结构主义者取消了主体。决定语言、推而广之决定一切文化的结构，是利用个体的决定因素，正如黑格尔"理

---

[1] 罗曼·雅各布森（Roman Jakobson, 1896—1982），俄裔美国语言学家，苏联"形式主义"语言学派的代表人物之一。

性的狡诈"所做的那样。黑格尔的能动者是世界精神，在整个人类历史过程中，它都发挥作用。结构主义的能动者是事物隐蔽的和谐状态，它产生语言、文化模式、意识形态和机构。

这种反人本主义的立场是结构主义最惊人的那部分内容。人性被取消了；现在人们已经看穿，它是一种发明。历史是一个没有主体的过程，它的种种形态是由一种"隐蔽的机制"强加给人们的，就像语言迫使我们以某种方式思考一样。在文学批评领域，结构主义宣布，研究作品不必涉及作者，作者在将词语连缀成文的过程中起了什么作用并不重要。从历史的角度研究文学的方法，包括研究社会背景和文化语境，让位于某种形式分析。结构主义史学家反对"历史主义"，倾向于一种新的研究范式，即把过去当作社会进程而不是各种事件的延续来研究。他们与其他结构主义者一道，试图"从历史中解脱"。首屈一指的结构主义批评家罗兰·巴特宣称，人类文化就是一种"永不停息的重复"。

与结构语言学密切相关的是更有雄心壮志的符号学方案。符号学，或者说广义上的记号科学，不仅研究字词，还研究手势、图片、服装等一切承载意义的东西。符号学打算对所有文化现象的规则和指意过程进行编码。索绪尔给"符号学"下的定义是："研究在社会生活中至关重要的符号的一门科学……它让我们知道符号的构成，以及制约符号的规则。"语言学只是这种广义研究的一部分。这门新的符号学科学可以追溯到约翰·洛克，尤其可以追溯到19世纪末美国逻辑学家查尔斯·皮尔斯[1]。它有高贵的哲学血统，而且与符号逻

---

1 皮尔斯用的术语是 semeiotics，现在通用的是 semiotics。——原注

辑学交叉。但几乎所有人都可以用它来证明，例如，莎士比亚和连环漫画用的是同样的交流模式。意大利符号学权威人物翁贝托·埃科[1]，在一篇语义学论文中，就是以达·芬奇的作品、《芬尼根守灵夜》、菲利克斯猫[2]、曼德拉克魔法师[3]为例证。在总是追求新方法的文学研究者中，它很快就成为一种时尚。

与法国杂志《经济与社会史年鉴》（后来更名为《年鉴：经济、社会、文明》）有联系的一群威望很高的学者，捧红了一种新的结构社会史。年鉴派历史学家最初由吕西安·费弗尔和马克·布洛克领导，后者是"二战"中的英雄和烈士。他们看不起叙事史、政治史、"事件"史，更喜欢分析特定时间和地点的社会结构（他们对中世纪和现代初期的地中海世界情有独钟），从而拦腰斩断了传统的国家界限以及约定俗成的时代单位，例如"文艺复兴"。他们一边大量使用经过电脑处理的统计数据，一边利用地方档案中的新材料。他们寻找一种"整体历史"，也就是描述社会生活场景的完整画面，以便超越所谓只讲"精英"的那些老式史论。这种社会史通常与左翼政治气息相通，E. 勒华·拉杜里[4]等许多重要的法国社会史家最初都是法共成员，但它比较专业化的研究成果与正统的马克思主义相距甚远。南斯拉夫的马克思主义者就结构主义史学展开了一场有趣的争论。结构主义的马克思主义与人道主义的马克思主义发生了冲突。路易·阿尔都塞认为，说人类创造了自身的历史，这是历史学

---

1 翁贝托·埃科（Umberto Eco, 1932—2016），意大利学者、小说家，著有《傅科摆》等。
2 菲利克斯猫（Felix the Cat），是1928年纽约电视第一频道创造的一个电视形象，后来长盛不衰。
3 曼德拉克魔法师（Mandrake the Magician），是1924年创造出来的漫画人物，10年后才出现在报纸上。
4 E. 勒华·拉杜里（Emmanuel LeRoy Ladurie，生于1929年），法国历史学家，著有《蒙塔尤》等。

家制造的神话，是"资产阶级"的一种偏见。人类是受基本不变的语言和行为规律操纵的傀儡。

如果有人想发表政治见解，他可以这样说，权威结构依赖于话语，为统治阶级的利益效力，一旦这种隐蔽的无意识权力逻辑被揭示出来，暴露于光天化日之下，权威结构就可能被推翻。结构马克思主义者发现历史自有其决定因素，它不是有意识的个体创造出来的。不过，无意识的决定因素，主要是心理的或语言的因素，而不是经济的因素。作为支配方式，文化因素似乎比社会经济因素更重要。法兰克福学派的结构化马克思主义者是于尔根·哈贝马斯。他以马克思忽视的心理维度为起点，强调语言在支配方式中的作用，也就是哈贝马斯所说的与"工具理性"对立的"功能主义理性"，最终，也就是1983年，他写出了厚厚的两大本《交往行动理论》。

米歇尔·福柯是一位更有争议性的人物，他从六七十年代起就声名远扬或臭名昭著，直到1984年死于艾滋病。福柯在知识考古学和文化变迁结构方面的论著有一个特征，那就是思想前后矛盾和立场不断转移（直到最后他还在自嘲），但它们还有一个特征：他对历史的精彩理论阐释显然是以精湛研究为基础的。福柯不是那种专事清谈的半吊子，而是享有盛誉的巴黎大学教授。他的许多引人入胜的归纳，最后证明很不准确，[1]但这并没有妨碍它们引起人们的诸

---

[1] 福柯早期著作、也许是最有名的著作《理性时代的疯癫史》（1961）的基本观点是，18世纪以前，疯癫并不存在，人们从18世纪才开始界定疯癫；还有，当时疯人遭监禁是因为，这是工业社会的需求，工业社会把它当作一种理性化的工作规训形式。但罗伊·波特在《英国疯癫史》（伦敦，1987）中发现，在19世纪之前，几乎不存在监禁现象，而且这也不是国家行为；监禁与工业化也没有任何联系。此外，精神病观念早在精神病治疗职业出现之前就已经存在。——原注

多关切，因为它们焕发出才智的光彩。福柯提出一种观点认为，社会变迁包含语言和知识基本结构——也就是知识型——的整体突变；用另一位结构主义科学史家托马斯·S.库恩[1]（《科学革命的结构》）的话说，是一种"范式转换"。

与其他结构马克思主义者相似，福柯提供了一种认识论的决定论而非经济的决定论。他对资本主义或"资产阶级文明"巨变的观点更像是韦伯而不是马克思的看法。合理性、规训、效率等原则已经取代社会给犯罪、疯癫、疾病、文盲分类的方式以及处理这些问题的方式。除了工厂，监狱、精神病院、诊所和学校等，也出于工作和生产目的而严格控制大众。福柯认为，这一切在一个大的过程中彼此关联，这个过程的共同标准是一套新的语言和意义体系。

这听起来着实令人振奋，但无法归结为任何一种简单的体系。阿兰·谢里丹在1980年出版的研究福柯的专著中指出："福柯没有体系。一个人可能（依然？）是一位马克思主义者或弗洛伊德主义者，但不可能是一个福柯主义者。""理智的颠覆"是另一部研究这位法国理论家的专著的副标题。到最后，福柯把所有的理论推定都归结为语言游戏。在此，他触及了下一章将要探讨的解构主义。在最有思想锋芒的地方，结构主义往往莫名地滑向了解构主义。它原本设定，写作、历史、社会是有明确意义的，尽管同样的方法通常发现不同的意义，或者说没有发现意义：它必须被"解码"（这是一个风靡一时的词）。结构主义的结局是，它怀疑任何单一意义的存在。

---

[1] 托马斯·S.库恩（Thomas Samuel Kuhn，1922—1996），美国科学史学家。

列维-施特劳斯曾经提出，结构主义是对历史相对论的答复，它是一门"常在的科学"，一种新的肯定性原则，它也是把人文研究的各个独立组成部分联系在一起的统一视角，适用于文学、社会学、历史、流行文化和艺术。(《艺术的隐蔽秩序》是一个醒目的结构主义标题。)尽管无可否认，它们的起源神秘莫测，这些神秘的机制，这些印在人的思想中、显现在一切人类文化中的深层结构，构成了一个基本现实。但显而易见，像此前许多其他社会科学家一样（像他们中的第一人，"观念学家"德斯蒂·德特拉西），结构主义者在寻找铭刻在事物本质中的这种逻辑时，发现的是非理性而不是理性。"解构主义"的开端源于结构主义的一个论断，即个体的有理智的自我并不重要，他们由词语决定，是"被语言占据"的。

像所有气魄宏大的结构主义理论家一样，福柯的作品很难懂。多少让人感到费解是成为宏大理论的必要条件。法国高级知识文化中似乎有一条不成文的规定，即越是晦涩难懂，就越有声望。要想让人望而生畏，写作者就必须像有人描述的朱利亚·克里斯蒂娃那样，"故意玩些让人看不懂的花活儿"。这方面主要的例子是雅克·拉康。在高级思想时尚世界里，这位信奉弗洛伊德的法国结构主义者恍若神仙中人，备受顶礼膜拜。有人说，拉康是"跨越结构语言学领域的弗洛伊德，笔下流溢出一些自马拉美以来最令人头疼的法文"。拉康的著名演讲极力推崇弗洛伊德的理论：无意识——这个凶暴无礼、荒唐透顶以及淫秽不堪的领域——必须放开。有人说："拉康不是在讲学，而是在制造共鸣。"他故意冒天下之大不韪，"他讲话时嗓音颤抖，时有切分，或声如雷鸣，中间夹杂叹息和停顿",一副模仿无意识的样子。

从业之初,拉康是法国有名的弗洛伊德复兴运动的主要人物。其实,弗洛伊德主义在法国原本就不像在欧洲其他地方那样流行(尽管弗洛伊德本人的圈子中有一个著名人物,就是玛丽·波拿巴公主)。可以想见,正统的精神分析家把他当成异端而逐出。事实上,拉康所利用的思想来源极其广泛,令人称奇。他受到索绪尔、雅各布森、列维-施特劳斯的影响,还受到维特根斯坦的影响(没有什么元语言,我们无法认识语言,只好听任它存在)。拉康有一种非凡的能力,把这些现代视角串在一起。他渴望进行包罗万象的综合,在这方面,他可以与乔伊斯或汤因比相提并论,只不过他是在理论层面进行综合。他把结构语言学与心理分析紧密结合起来,将无意识、俄狄浦斯情结和儿童进入公共话语的"象征秩序"联系起来。

拉康还吸收了弗雷格、康托尔、布尔、罗素等符号逻辑学家的思想,在他复杂的思想中出现了无穷大和空集等观念,还有经过法国哲学家科耶夫和伊波利特[1]复兴与重新阐释的黑格尔。拉康似乎想综合20世纪五六十年代所发生的一切,要是有人能够理解他。但拉康说了,任何人想做到这一点,至少要用10年时间。"我没有学说,我有风格。"或许他晦涩的用语和故作神秘,作为无意识的语言表现出来,只是一种大张旗鼓的炫耀。作秀达到登峰造极地步的一个人,真的是深刻的思想家吗?他在1968年学生运动中的作用是,利用高级理论为胡闹滋事、搞恶作剧的学生辩护,与他并行不悖的是疯狂

---

[1] 伊波利特(Jean Hyppolite, 1907—1968),法国黑格尔主义哲学家。

搞笑版的马克思主义，这种天启疯狂后来演绎成由"巨蟒小组"[1]演出的电视剧。

所有的结构主义者都表现出浓厚的异化感。列维-施特劳斯曾以它为依据推崇原始民族，认为它优于现代文明。罗兰·巴特（《神话学》，1957）称自己是"神话学家"，也就是破解神话的职业人，他与世界的关系是一种讽刺关系。理解就是看穿。结构主义与弗洛伊德主义一道去颠覆显在的意义。在走向自己显见的反面（解构主义）的过程中，结构主义大部分内容被保留下来，尤其是这种颠覆约定俗成的真理和明显现实的强烈愿望。

女性主义革命

在爱德华七世时的英国，在妇女制造的强烈不安气氛中，"女性主义"是一个常见术语，一些男士也昏头昏脑地加入了这场运动，而许多不理解的女士则反对这场运动；躬逢其役的妇女其主要目标是要求法律上的平等，尤其是投票权，她们大多出身上层阶级，使用的是令核裁军运动相形见绌的"非暴力不服从"方法。这些目标现在已经实现（至少在英国是这样；在法国，妇女在"二战"后获得选举权），人们普遍认为这一问题已经得到解决。

妇女问题最能显示20世纪50年代和60年代之间的时代差距。妇女问题在50年代几乎不存在。著名英国人类学家 E. E. 伊文思-

---

[1] 巨蟒小组（Monty Python），20世纪60年代后期形成的英国六人喜剧演员组合，经常拍摄电视剧。

普里查德在1955年的一次演讲中说："强劲的女性主义和反女性主义时代已经一去不返。""当然这些都是……'不复存在和一去不返的问题'。"这些问题已被潘克赫斯特母女[1]和弗吉尼亚·伍尔芙那一代人解决。20世纪前10年初露头角的"新女性"，在20年代安顿下来，现已成为常住居民。1956年，英国一家社会学杂志上有一则有关妇女教育书籍的广告，其中提到"她们在最近几十年获得解放"。普里查德对未来的预言大错特错。但战后那10年的典型现象是，女人幸福地嫁给一个理想的男人，在温馨的家庭中生儿育女。这着实让后来的女性主义者懊恼不已。50年代，杰弗里·戈罗尔在调查英国女性杂志时发现，人们编织了一个"令人难以置信的贞洁"谎言，女性杂志从未开诚布公地探讨性问题以及后来出现的"如何变得更性感"的问题。性革命刚刚开始。思想激烈的"妇女解放论者"向父权制压迫发起猛烈攻击的时代还要等几年才能到来。

让-保罗·萨特的亲密伴侣西蒙娜·德·波伏娃写过一本书，通常被人们颂赞为未来的先声；但当时，也就是1948年，她否认自己是"女性主义者"。《第二性》是一部出色的存在主义著作，它研究妇女的生命意义以及女性看待事物的方式，例如，女孩看待未来的方式与男孩不同，而且她们的选择受到限制。波伏娃在晚年积极参加争取妇女权利的活动。萨特并不支持女性平等；存在主义的观点通常类似于D. H. 劳伦斯的观点，喜欢把两性截然对立，认为

---

1 潘克赫斯特母女（Emmeline Pankhurst, 1858—1928；Dame Christabel Harriette, 1880—1958）：前者是富有战斗精神的英国女权运动者，去世时终于使英国妇女获得完全平等的选举权。其女也成为女权运动的领袖，主张用激烈的手段争取英格兰妇女的参政权。

妇女体现了一套完全不同的生活原则——她们或许比男性优秀，但就目前的情况而言，这一原则与男性所在的权力和政治王国彻底无缘。

男性知识分子自有其"单独存在的领域"概念。文学的、象征主义的、信奉尼采的先锋派一般认为，女性是非理性动物，热衷性爱和温柔妩媚，她们"很自然"，与文明的矫饰正好相反；她们不善于思考。早期的现代主义者（阿波利奈尔和未来主义者是例证）都是反女性主义者，如果"反女性主义"意味着他们认为女性自有其单独存在的领域的话。例如，马里内蒂（《婚姻和家庭》，收入《未来主义民主》，1919）赞成，如果生活不和睦就可以离婚，但像劳伦斯一样，他认为两性应当分开接受教育，而且他还哀叹战争期间妇女参加工作所产生的后果。

实际上，女性主义者很难得到激进传统主流的支持。苏联革命是一个男性俱乐部（罕见的女性布尔什维克，如亚历山德拉·柯伦泰[1]，感觉很不自在，而且她被撤到了边缘位置）。阶级放在第一位，正像社会民主党人向提出妇女问题的那些人解释的那样；妇女应当站在丈夫身后，团结起来思考其他问题。克拉拉·蔡特金和罗莎·卢森堡等著名的女性社会民主党人总体上接受了这种逻辑，尽管也有紧张和"矛盾"。事实证明，苏俄也还不是女性的天堂，除了用于装点门面之外，女性依旧被排除在最高权力堡垒之外，而且她们还得一边到工厂做工，一边操持家务。

---

[1] 亚历山德拉·柯伦泰（Aleksandre Kollontay, 1872—1952），俄国女革命家、激进的女性主义者、苏联外交家。

尼采因为某些明显嫌忌女人的言论而恶名远扬，弗洛伊德也是如此，后者的看法极大地冒犯了女性主义者。尽管在弗洛伊德最亲近的朋友和门生中，女性相当多（包括他自己的女儿安娜，还有玛丽·波拿巴公主、卡伦·霍尼、梅拉妮·克莱因、海伦妮·多伊奇、卢·安德烈亚斯·萨洛米），但经典弗洛伊德主义者注意到，女性没有俄狄浦斯情结（他们认为，女孩对母亲的类似嫉妒没有那么强烈），他们在此找到了解释所谓的妇女创造力比较弱的原因。在嫉妒男性阳物的同时，她学会了自视低男人一等。弗洛伊德本人的生活反映出他信奉妇女的传统角色：待在家里做贤妻良母。诚然，随着时代的变化，到了1932年，他的看法有些改变。不过，大部分女性主义者还是把他放在大男子主义者的阵营里，至少最初是这样的。引人注目的是，梅拉妮·克莱因对弗洛伊德的思想进行了修正。她认为，母亲在儿童情感发展的过程中所起的作用更大。

20世纪70年代，一些激进的女性主义者强烈反对60年代反叛者常有的那种男性的傲慢自大。菲德尔·卡斯特罗很不明白，如果妇女也参与政治，那么谁去做饭和洗衣服。在对待妇女的态度上，新左派激进分子往往有"大男子主义做派"，令女性主义者感到不快。萨特本人，尤其在他早期的著作中，表现出强烈的嫌忌女性的立场。一些女性主义者相信，性革命反而造成了一种使女性成为剥削对象的氛围。不管怎么说，1968年后涌现出一波激进的女性主义浪潮，其标志是格洛丽亚·斯泰纳姆、舒拉密斯·费尔斯通和杰曼·格里尔[1]等女权运动倡导者思想激烈（虽然有些天真）的著作。这场运动在英国和美国比在法国更强劲。

就其比较简单的形式而言，这种革命性的信念与马克思主义基本思想相似，即妇女取代了工人，成为社会的弃儿，在先前的整个历史上，她们备受压迫，现在她们终于挺身而起，要求获得自由。敌对的压迫者是"父权制"而不是"统治阶级"。有趣的是，这场革命同无产阶级一样遇到了相同的分裂困境：它究竟是一场剧烈地改变先前社会的彻底革命，还是出现在旧社会内部、同时保留它的进步特征的一种渐进式和平革命？比较激进的女性主义者认为，先前的一切社会形式以及一切认识和话语模式都是暴虐的。女性进入这种父权制环境，必然受到它的腐蚀；与资产阶级化相类似的是人类化。妇女革命必须创造出一种完全不同的文化。必须改变语言本身。必须建立各种适合女性的制度，以取代现存的制度——自由大学、出版商和期刊——因为所有旧制度都受到了父权制的玷污。这种玷污使古希腊以来的一切西方思想都名声扫地；一切都得重新开始！"女性主义对于逻辑史的解读"[2]发现，男性的渊源已经让思维过程本身声誉扫地。拉康认为，不光具体的词语，语言结构本身就是男性气十足的。"阳物是第一个能指。"

在日益增多的女性学者当中，那些笔下同情过去著名女性的

---

[1] 格洛丽亚·斯泰纳姆（Gloria Steinem，生于1934年），美国作家、女性主义者，创办著名的女性杂志《女士》，著有小说《在路上：我生活的故事》。舒拉密斯·费尔斯通（Shulamith Firestone，1945—2012），美国女性主义理论家，著有《性的辩证法》（The Dialectic of Sex）。杰曼·格里尔（Germaine Greer，生于1939年），澳大利亚作家、女性主义者，以著有《被阉割的女性》（The Female Eunuch）而闻名。

[2] 安德烈娅·奈（Andrea Nye）：《权力的语言：女性主义对于逻辑史的解读》（Words of Power: A Feminist Reading of the History of Logic，1990）。

人，或者挖掘被忽视的杰出女性的人，或者发现了大部分女性对于"单独存在的领域"（将权力和政治让给男人）很满意的人，都要遭受指责，理由是她们宽恕父权制统治。她们是"性别合作论者"。因此，激进分子轻视先前的女英豪，她们在读弗吉尼亚·伍尔芙时，发现她不是同党。仔细考察其作品就可以发现，她缺乏信仰，过于喜欢写男性的事情，也过于喜欢为男性写作，对于文学这类事情的兴趣过于浓厚。（她的《夜与昼》实际上取笑了那些一本正经、主张妇女参政的女性。）

与此同时，这些革命者也面临一个历史主义困境。如果妇女革命不是出自旧有的社会，那它来自何处？父权制一定有些优点，因为它的环境孕育和滋养了女性主义。如果说这份遗产完全是父权制性质的，那么它怎么可能产生女性主义呢？为什么女性主义的果实经过很多世纪才最终成熟呢？温和的女性主义者只要求允许妇女更多地参与当前的社会事务，重新阐释和更正旧有的思想，而不是谴责和放弃它们。她们并没有要求女性专政，而是要求平等分权、两性共治。事实证明，这些问题容易引起分歧；在国际性会议上，女性主义领袖就像过去的社会主义者那样进行激烈争吵。1982年的那次大会证明是一场灾难。

组织起来的妇女取得的最大成就是，以前在很大程度上排斥女性的职业现在向妇女开放。虽然这种情况还很不平衡，而且妇女还在抱怨不平等，但很多方面确实出现了惊人的进步。到1990年为止，在西欧非军事部门的从业人员中，妇女占了40%；在英国和葡萄牙，1/3的医生是妇女；在丹麦议会中，女性议员占31%；虽然在科技和工程领域，妇女的构成比例似乎依然滞后。这是声势浩大的家庭革命的一部分。婚姻不再像从前那么普遍，离婚现象更是屡见不鲜，单亲家庭迅速增多。1990年，非婚生婴儿几乎达到出生婴儿的25%，而1960年，这个比例是5%。历史学家兼人口学家彼得·拉斯莱特评论说："在这些方面，我们不再像之前社会中的那些人那样生活了。"这是近年历史发展中的一个重要因素；正如这类大事件通常发生的原因那样，它的原因显示出思想与科技、思想史与社会史的密切交叉。

在很多方面，妇女运动的一些观念，甚至它的活动都不是全新的。某些不切实际的女性主义者认为整件事情始于1968年（其中一位女性主义者说，这一年是新时代的第一年）。这种看法与事实明显相反，因为过去就存在很多次重大的女性主义浪潮：从古希腊的希腊化时代开始，中间经过文艺复兴、启蒙运动以及爱德华七世时争取选举权的运动。有人提出一种模式：历史上每一次女性主义反叛之后，父权制都要卷土重来。如此循环不已。布里吉德·布罗菲[1]带着冷嘲热讽的语气指出："妇女已经获得社会解放，与工人阶级的情况相似，她们每次获得社会解放，都会把以前的情况忘得一干二净。"（文化健忘症的一个类似例子是，美国每一代人都要重新发现美国印第安人。）最近的这次反叛运动实际上利用了过去许多女性的著作，她们当中有18世纪的玛丽·沃斯通克拉夫特，哈丽雅特·马蒂诺、乔治·桑、哈丽雅特·泰勒、约瑟芬·巴特勒等19世纪的著名妇女人士，以及弗吉尼亚·伍尔芙等20世纪的著名女性。

---

[1] 布里吉德·布罗菲（Brigid Antonia Brophy，1929—1995），英国女作家。

（人们重新发现了15世纪比萨的克里斯蒂娜[1]，从中感受到一种生气。她使用了在格里尔和费尔斯通的著作中可以见到的支持女性解放的大部分论点。）

20世纪70年代女性主义形成澎湃激荡的大潮，这一点现在没有人怀疑。它的冲击力在很大程度上归因于女性进入大学，而当时大学已经成为思想活动的主要中心，至少是形形色色出版物的主要中心。从某种角度来看，女性主义可以说是喜新厌旧、竞争激烈的人文学者世界中又一标新立异的举动，它为重新阐释几乎所有的事物提供了可能。从女性的视角看待事物，就是要向既定的判断和经典作品提出挑战。埃弗利娜·叙勒罗[2]宣称："这个题目引起了非同凡响的思想旨趣。你感觉好像是发现了一个国家的方方面面，与通常的表述不同。"法国大革命一直被没完没了地梳理和重新阐释，但迄今为止，几乎还没有人将其看作男性统治的胜利；人们没有记住雅各宾派是如何迫使妇女默默地待在一边以及如何处决《女权宣言》的作者的。

从女性角度看，几乎每一次重大的历史事件，或者每一个文学人物，或者每一场文学运动，都是不同的。新社会史家主张"从底层看历史"的方法产生了新的意味，这是他们中的大多数人始料未及的。"妇女研究"很快成为最大的学术产业，每写一本书都要附上相应的大量参考书目。大批著作还在源源不断地涌现，每一位作者都不得不对过去的每一个事件从女性的视角进行重述。当然，每

---

[1] 比萨的克里斯蒂娜（Christine of Pisa, 1365—1430），著有《女儿国宝鉴》。
[2] 埃弗利娜·叙勒罗（Évelyne Sullerot, 1924—2017），法国女性主义社会学家。

一代人都能为这种重复找到某种借口。

第二代女性主义批评家兼学者，遵循学术界喜新厌旧的规律，不得不表现得与上一代有所不同，而且每隔几年就会有新生代出现。这就导致了女性主义批评的风格发生细微变化。证明著名人物实际是女性主义者，比揭露他们邪恶的父权制思想更为新潮。老姐妹们过于天真，竟然以为莎士比亚和康拉德都是歧视女性的大男子主义者；她们本应当看到，这些大作家实际上使女性变得更加尊贵，或者说至少给她们提供了"获取权力"的机会，从"男性所有制"下解脱出来。这完全在于你怎么解读文本，正如大家学到的那样，文本没有确定意义。过去，弗洛伊德曾被当作极端的性别歧视者，现在却让许多女性主义者感兴趣；事实上，凯特·福特在评论1990年出版的几部有关这个论题的著作时宣布："女性主义和精神分析之间'修好'是现代思想的重大冒险之一。"（这种知识界的"企业合并"与金融界一样常见；这就好像两位理论竞争者发现，他们毕竟有许多共同之处，而且通过共享市场，他们会获利颇丰。）

在这方面，女性主义与下一章讨论的学术专门化交织在一起。这里有一个问题，即争夺大学职位和争取晋升的压力产生了一种微妙心理，割裂了学术界女性主义者与普通大众之间的联系。这也使得她们彼此之间争论不休。经由拉康、福柯、德里达以及其他备受青睐的理论家，如克里斯蒂娜和巴赫金等人，学界造就出种种神秘化的高深理论。它们侵入激进的女性主义事业，经常产生有害的后果。女性主义的奠基人之一杰曼·格里尔，1986年抱怨说（TLS[1]，

---

[1] TLS 是 *Times Literary Supplement*（《泰晤士报文学副刊》）的缩写。

1986年6月3—9日），学术界的女性主义文学批评家每隔一个月就要改变一次她们的术语行话："不管是谁，只要落在后面，使用过时的'概念'，或者更糟糕的是，根本不用术语，那么就变得没有资格说自己是在严肃思考。""掌握行话变得比理解文本更重要。"

这类狂热的闭门造车、标新立异的行为，是学术竞争和过度专业化的产物，在20世纪80年代数量大增，多得惊人。女性主义已被吸收成为学术游戏的一部分。女性主义者喜欢解构，因为解构使她们能够揭示所探讨的作品中暗含的父权制结构：父权制结构不仅存在于作品的遣词设喻中，还存在于它的句子结构当中。最直言不讳的女性主义者中有文学理论家，她们写的东西在学术圈子之外几乎没人能看懂——而且（研究者们抱怨说）她们拒绝与任何人交谈、探讨，除了极少数使用同类诡秘行话的人之外。让人吃惊的是，她们居然相信自己在努力争取大学终身教职的同时也在领导一场大革命。

我们同样可以看到，女性学者陷入常见的、永无休止的专业化研究的细节当中不能自拔。她最开始的目标可能是再造女性的精神世界，到了后来却穷余生之力在编辑克里斯蒂娜·罗塞蒂[1]的诗集（或许，她一旦舒舒服服地坐稳了终身教职的位子，就失去了最初的热情）。[2]这意味着要向前追溯一些年，这倒不是否认第一批女性主义学术的生机和活力。它好像是发现了一片新土地似的。但一开始很难发

---

[1] 克里斯蒂娜·罗塞蒂（Christina Rossetti, 1830—1894），英国最重要的女诗人之一。
[2] 霍华德·尼梅罗夫（Howard Nemerov, 1920—1991）有一首诗，题目是《正教授》，描写了人文学者是如何变成名利之徒的：最初肯定是对文学有些喜好，/使他开始了这种常见的登攀。/最后他达到这种辉煌没有？/毕竟他已跻身自己的师长之间。——原注

第10章 反叛与反动：1968—1980

现特定的女性主义理论的存在,与此同时,女性内部也四分五裂,有实用主义者和乌托邦主义者之分,有改革者和革命者之分。有些女性要求更多地参与现存社会,而有些女性则认为这种要求是卖身投靠。

事实证明,女性主义者领袖拿不准自己的立场。格里尔本人最后被许多追随者撇在了后边,那些人对她一再改变立场深感失望,例如,她鼓吹性解放之后又转而强调贞洁。在一些人看来,对于大部分看不懂克里斯蒂娃高深著作、不得不在这个世界讨生活的妇女来说,争取性解放与其说是进步,不如说是倒退。她们有可能为了就业市场上的竞争权利而失去婚姻所带来的相对保障,同时要么牺牲为人之母的身份,要么承担单亲家长的艰难角色。1971年,朱丽叶·米切尔[1](在《妇女的地位》中)担心"新一轮全民的性解放和婚姻关系的松弛,在大多数情况下,无论在经济上还是情感上,只会让妇女失去保障"。在1982年出版的一本书中,女性主义先锋贝蒂·弗里丹[2]呼吁两性之间休战讲和。

像其他在最初期望值很高的革命一样,女性主义不可避免地经历了某种幻灭。许多证据表明,"解放"并没有给大部分妇女带来幸福,相反,带来了焦虑和不确定。20世纪90年代,女性主义著作依然在抱怨没有太大的变化,妇女依旧不幸福。间或有人指出,男人也是如此。

具有讽刺意味的是,20世纪80年代政界出现的重要女性人物并

---

[1] 朱丽叶·米切尔（Juliet Mitchell,生于1940年）,英国女性主义思想家,著有《妇女:最漫长的革命》。

[2] 贝蒂·弗里丹（Betty Friedan, 1921—2006）,美国当代著名的女权运动家、社会改革家,著有《女性的奥秘》。

没有唤起女性主义的热情。保守党首相玛格丽特·撒切尔夫人一连三次当选英国首相，创下了新纪录，但她在女性同胞中没有获得太多的支持。女性主义者一直企盼一个女性"弥赛亚"，将人类从男人恐怖的管制下解救出来，但她们对撒切尔夫人的评价并不高；她们通常是左派人士，人们发现她们主要忠诚于一种（男性发明的）政治意识形态而非纯粹的女性主义——令所有妇女感到振奋的纯粹女性主义。在这里又有了其他价值观和事业的介入，妨碍了女性主义的团结。[1]

有人可能认为，对于大部分女性主义者来说，解放是个人的事情；她们要求个性自由，要求获得名利。与其他妇女团结起来反对整个男性部落，是一种没有太多实质性内容的情感。她们进入了一个充满职业竞争的世界。她们的敌人和对手有些是女人，她们的盟友有些是男人。她们要求的男女平等，仅仅是女性个人不应该因为自己的性别而受到惩罚。

女性主义之类的解放运动都会面临这样一个问题：它不得不同其他许多运动展开竞争。男同性恋挺身要求获得平等对待、受到尊重和不受歧视的权利；历史和文学批评必须重新书写，以记录曾经遭受压制的这部分人。黑人和其他少数族裔也提出了类似的要求。黑人女性主义者感觉自己与白人女性主义者有些格格不入。有人是黑人女同性恋，还有人是白人女同性恋；毫无疑问，黑人女同性恋者与白人男同性恋者中间又有一段距离。一位印度妇女自称"第三

---

[1] 弗洛伊德和心理学可以通过揭示个人所感受的不幸如何造就公开反叛者的角色，来颠覆妇女运动，就像颠覆其他运动一样。例如，斯蒂芬·豪斯：《于贝汀·奥克莱尔：法国的妇女参政论者》（1987）。凯特·米利特的回忆录《精神病院之旅》（*The Loony-Bin Trip*, 1991），揭示了这位最早和最有才气的女性主义学者个人内心深处的躁动。——原注

世界的马克思主义女性主义者",这话听起来令人生畏。但有人可能会问,在现实的政治形势下,她如何解决不同的种族、性别和阶级提出的不同要求。(就伊斯兰教妇女而言,她们中间出现了一股强烈的反女性主义冲动,这体现了她们与中东地区盛行的宗教激进主义运动渊源之深;她们自动将民族和宗教置于性别之上,这一选择要求她们接受残酷的父权制价值观。)

女性主义立场和学术中立性二者可能会产生令人不安的冲撞。把性别忠诚放在批评判断之上,或者不忠于这一事业,承认某位男作家比某位女作家更优秀,这是一种不良信念吗?(认为埃米·洛威尔[1]是比叶芝还优秀的诗人,说弗吉尼亚·伍尔芙是比乔伊斯还要优秀的小说家,这些女性主义观点的例证都令人皱眉头。)有一位女评论者在评论大量的女性主义文学批评时(*TLS*,1988年3月11—17日),指责好几位英国女批评家在做出自己的判断时没有关注集体的事业。碰巧,这些被批评者都是最有名的作者。一位真正具有专业批评水平的女性,很可能是一个具有独立见解的人,她不愿意遵循党派的路线,即便是女性主义的党派路线(是谁设定的路线?)。这样一来,女性主义运动内部不可避免地出现了争吵。

这一切导致许多图书出版、许多争执出现、无数会议召开,喧哗声充斥着当代世界。但当社会分解为构成元素时,知识界和史学界就丧失了统一性,变成一团乱糟糟刺耳的声音,而且总体上变得无法理解。女性主义只是诸多事业和诸多理论策略中的一种。

---

[1] 埃米·洛威尔(Amy Lowell,1874—1925),美国女作家、演说家、意象派诗人。

略论禁令的解除

在《查泰莱夫人的情人》一案结束之后，以道德为理由查禁出版物的现象逐渐消失，虽说还有一些扫尾的小冲突。根据新的《淫秽出版物法案》对劳伦斯著作进行判决的12年后，也就是1972年，C. H. 罗尔夫评论道："赤裸的描写和裸体图片发展之迅速，简直让人难以置信。"它还有一段路要走。到了1980年，所有欧洲国家都废止了对淫秽出版物的起诉。不用说，这个史无前例的过程并非一帆风顺。在多数人赞同不再受压制和虚伪的束缚之时，偶尔还有人大声疾呼。1972年，英国作家和教育家大卫·霍尔布鲁克抗议"威胁我国心理健康的……一场可怕的流行病"。但10年之后，知识分子当中几乎没有人再替文字审查说话。1982年，朱利安·西蒙斯[1]这样估计英国的形势："几乎什么东西都能出版，丝毫没有被起诉的风险，任何东西，只要不是对性行为的逼真模仿，都可以在电影里或舞台上出现。"此后愈演愈烈，赤裸裸表现性行为的影片出现在录像机和电视中。在六七十年代，性用品商店和 X 级影片可能仅限于"反文化"盛行的特殊区域，例如哥本哈根有名的"自由城"。10年之后就不是这个样子了。人们花了好大的力气来协调这个问题。但公众委员会和知识界的会议通常不能在下列问题上达成共识：什么是色情作品？它有害吗？如果有害，是否有能压制它且危害更小的办法？[2]

---

1 朱利安·西蒙斯（Julian Symons，1912—1994），英国作家、评论家，作品甚多，题材广泛。
2 见戈登·霍金斯和富兰克林·齐姆林：《自由社会中的色情文学》，苏珊·古巴尔和琼·霍夫主编：《仅供成人使用：暴力色情的困境》。两书都是1990年出版。——原注

唯一有分量的抗议来自严阵以待的女性主义者。她们相信色情作品贬低了女性人格。吉尔·特威迪[1]评论说："色情作品的整个形式就是一部贬低女性、可悲可叹的长篇叙事。"早先的女性主义者普遍认为，自由性爱和滥交是反女性的。1992年，有一位作家评论说，尽管书商向他展示了一下萨曼·拉什迪的名作《撒旦诗篇》（拉什迪因为此书被伊朗的伊斯兰教徒判处死刑），但他不能买安德烈娅·德沃金[2]和她的团体所抵制的一部小说。[3] 1992年，一位声望很高的英国女性牵头，费了好大力气使议院通过了一部新的减少性放纵的法律。但像德沃金这样的女性主义者，把色情作品对女性的贬低归因于男性的强迫。她们无视这一事实，即一些开放的妇女自愿摆出姿势为《花花公子》（以及无数其他同类杂志）拍照，她们自愿在X级影片中表演。这类市场十分广阔。而且有些女性主义者认真考虑了这场"赤裸裸的"革命，她们认为，妇女应当利用它来达到自己的目的。[4]

事实证明，用禁忌字眼和表现禁忌动作取得震撼效果，是作家，尤其是戏剧家的一大笔资源。20世纪60年代，用石头砸死婴儿、活活烧死士兵的场景以及包括鸡奸在内的大胆无忌的性交场景，活跃了伦敦的戏剧舞台。这还是会让市民恼怒。后来被同性恋人杀死

---

[1] 吉尔·特威迪（Jill Tweedie，1936—1993），英国女作家，著有《吞噬孩子》等。
[2] 安德烈娅·德沃金（Andrea Dworkin，1946—2005），美国激进女性主义者。
[3] 见约翰·萨瑟兰在《泰晤士报文学副刊》上对爱德华·德·格拉齐亚那部讲述美国书刊审查历史的著作的评论，那部著作的标题很古怪：《姑娘们随时随地躺倒宽衣》(1992)。——原注
[4] 见琳达·威廉斯：《彻底赤裸》以及琳内·西格尔和玛丽·麦金托什主编：《被显露的性：性欲和色情文学争论》。两书都是1992年出版。——原注

的乔·奥顿[1]评论道："性是唯一让他们发火的事情。性交动作［在他演出的一出剧中出现］过多，他们就不停地歇斯底里地尖叫。"70年代，身材矮小的西班牙人费尔南多·阿拉瓦尔[2]在巴黎特别走红，他童年时代心理受过内战的创伤；他的主题包括"施虐狂、受虐色情狂、弑母、恋尸狂、性变态和舞台裸体表演"（弗朗西斯·多纳休语）。

但是，震撼效果最后逐渐减退了。到了1969年，自由主义的《纽约时报》评论道："这种毫无道理地追求震撼效果的冲动……注定要在彻底厌倦中走向自身的反面。"20世纪80年代流行的艾滋病也给性革命蒙上了一层阴影，到最后，连《花花公子》杂志也不能无视它的存在。这场现代瘟疫似乎与性放纵有关，因此，"性快乐"变得不那么令人兴高采烈了。[3]英国作家约翰·赖尔写道，这场性革命的真正赢家"是那些病毒和细菌，它们利用了四处泛滥的乱交和异常性行为创造的新载体"。

如果说性解放产生的物质后果非常可怕，那么有人也质疑过它的精神后果。西莉亚·哈登在《性的限度》（1983）中认为，性解放产生的焦虑和内疚比它缓减的要多，这种观点重复了弗洛伊德本人的看法。不过，相反的观点还是存在的；"性补救"说（斯蒂芬·希思的观点）也有忠实的追随者。

---

1 乔·奥顿（Joe Orton，1933—1967），英国小说家、剧作家。
2 费尔南多·阿拉瓦尔（Fernando Arrabal，生于1932年），出生于西班牙的法国荒诞派剧作家、小说家、电影制片人。作品内容多涉及暴力和色情。
3 "这场流行病在美国同性恋中爆发，不是因为他们'犯下了有悖人伦的罪'，而是因为作为一个群体，他们比异性恋者更易于滥交……当一系列条件发生巧合，艾滋病在全国流行，加快了高度致命性的旧病毒的传播，那是一种全新类型的性接触……"米尔科·D.格尔梅克：《艾滋病史》（莫利茨和达芬翻译，1990）第158页、168页。——原注

绿色革命

在 20 世纪末的几十年里,与女性主义一道成为一项主要"事业"、赢得忠实追随者拥护的是环境保护主义。二者的极端表现都带有浓厚的否定论色彩,它们本质上都是对西方文明几乎从开始就坚守的主要价值观的激烈反对。他们认为,一场说不清、道不明的彻底革命或大灾变将要发生。"绿党"的先知可以说是海德格尔,在他看来,连建一座桥都可能干扰了自然的秩序。或者如威廉·布莱克所言:

> 不要杀死飞蛾或蝴蝶,
> 因为最后的审判即将来临。

只要损坏"伟大的存在之链"的一个环节,整个自然界的平衡就会遭到破坏。从神秘东方传来的声音告诫心神不安的西方人,每一个存在粒子都有灵魂。

在欧洲许多地区,绿党分子逐渐发展为反对现行统治集团的重要政治组织,不只是在联邦德国,连苏联也包括在内。在苏联,诸如瓦西里·舒克申[1]这样很走红的电影制片人,表现了对老式乡村社会的怀旧之情。一种典型的田园主义占据了绿党创造的神秘氛围,但其中也有科技和经济等非常实际的东西。环境保护主义的早期阶段主要与反对原子能有关,这是从模糊的道德以及健康和安全立场

---

[1] 瓦西里·舒克申(Vasily Shukshin, 1929—1974),苏联作家、电影导演。

出发的。后来，人们意识到，原子能比燃油和燃煤更可取，燃油和燃煤会向大气中释放过多的二氧化碳，导致全球气候变暖。一开始，批评工业无节制发展的人也认为稀有能源正在被过快使用，而这会危及子孙的利益。后来，这种说法很少听到了，人们听到的更多问题是臭氧耗尽、全球变暖（"温室效应"）、酸雨以及森林的滥砍滥伐。

1986年，基辅附近切尔诺贝利核电站发生了大灾难，把一团团放射性气体输送到全世界，重新唤起人们对核灾难的恐惧。尽管如此，80年代，走红的灾难预言家用其他环境危险替代了核灭绝。君特·格拉斯的小说《母鼠》（1986）就是一个例子。巨大的核爆炸无疑可以将我们毁灭，但如果不是它，那就是臭氧耗尽或酸雨——许多人与这位著名的德国小说家一样，是坚定的悲观论者，他们的这种看法并非空穴来风。随着发展中国家（它们占世界总人口的80%）决心沿着现代化道路前进（尽管经常遇到挫折），有人开始产生疑问，假如每个国家都像现在的少数国家这样消耗能量，以及产生废物和污染物，那么整个世界该怎么生存下去。

环境保护主义是一种很有吸引力的意识形态，因为它将对自然的浪漫主义崇拜与对物质主义和"消费主义"社会的廉价价值观的敌视结合起来，试图将人类从生态灾难中拯救出来。"绿党"的呼吁大受欢迎。1992年，《经济学家》杂志抱怨："环境保护主义者非常有效地绿化了公共舆论，以至于谁质疑追求更环保、更清洁的智慧，谁就成了不知羞耻的反动分子。"这家重要的新闻期刊就提出了这种质疑，其论据有两个：一是现行或拟议的法律要求社会付出惊人的成本，二是回报递减定律也适用于对空气、水和土壤高度清洁的追求。环境保护主义能否成为新的反资本主义力量？资本主义的最终矛盾不是贫困的无产阶级，也不是消费不足，而是污染。资本主义制度在自身超强生产力产生的废气中窒息。

在意识形态上，绿党人士也分裂为现实主义者和纯粹主义者两派。前者愿意在"体制内"逐渐创建更多的保护区和公园来净化空气，后者则全盘反对整个技术-消费主义社会，尽管还不清楚要怎样摧毁这个社会。[1]美国和欧洲的一些精神失落的青年人漫游印度，为的是寻找涅槃境界，虽然印度自己正努力实现现代化。有一类文学也开始盛行，在这类作品中，美国人已经变得朴素自然，或许是发现了他们的美国"土著"身份。这些作品描述了他们在西部乡村的漫游，就像20世纪50年代垮掉的一代中的诗人们所做的那样。不过，与诗人们不同的是，他们通常骑着摩托车，寻找一种热门的东西。

一般来说，不发达国家不太同情环境保护主义者反对经济发展的态度。苏联本身就是一个生态重灾区。贫穷国家试图依靠出口来支付科技现代化的成本。它们大量砍伐森林，严重地冒犯了环境保护主义。由于吸收二氧化碳的森林被砍伐，温室效应加剧了。

各种"反霸权"事业之间的这类矛盾多得不可胜数。现行统治秩序（如果这种东西存在的话，其时髦的说法是"霸权话语"）非常安全，因为众多持不同政见者行进的方向不相同，而且相互之间有

---

[1] 有关两派分裂的例子，见马丁·刘易斯：《绿色幻觉：一个环保主义者对激进环保主义的批判》（1992）。在书中，一位自称神志清醒的环保主义者认为，如果实行极端政策，它们所导致的生态破坏要比其打算预防的更严重。——原注

矛盾。[1]激进的女性主义者痛恨包括左翼男性在内的所有男性，弗洛伊德主义者与马克思主义者互相拆台。环境保护主义者与大力发展经济的倡导者产生了矛盾。反科技论使一位女性主义作家拐弯抹角地认为，妇女一直被"科技压得透不过气来"；在电动洗衣机发明之前的昔日美好时代，她们的境况要好得多。在其他角落，同性恋为争取他们的性解放而斗争；与此同时，信仰其他（种族的和宗教的）信条的人群，也喊出了自己的口号。在堕胎问题上，有人主张堕胎自由，有人认为堕胎是无视生命、丧失人性，两派势如水火。

在国际都市文化的刺耳噪声中，激进的抗议成为无处不在的多元主义的牺牲品。本来有机会成功的一场大运动没有出现，取而代之的是，形形色色的"反霸权话语"彼此抵消。它们都得到了公众的关注，也都有忠实的追随者。但是，它们只是当代世界这个巨大和无形的社会集体的微小组成部分。当代世界过大，也过于分散，无法彻底改变。它唯一成功的共同原则是自由市场。它们都在这个市场里竞争，但谁也无法形成垄断。

---

[1] 保守主义者认为，左派人士主导了话语领域。"在美国各类媒体中大行其道的是同一种政治正统思想"，希尔顿·克雷默断言，"左派自由主义的种族、阶级和性别政治"塑造了这种正统思想。——原注

第 11 章

解构的 20 世纪 80 年代

苏东剧变

20 世纪 80 年代发生了许多令人难忘的变化，首屈一指的是苏联的解体。列宁时代在苏联走向终结；在 20 世纪的大部分时间里，它的存在几乎主宰了欧洲和世界舞台，它产生的吸引力和它所招致的反感，都使其对人们的思想产生了深刻的影响；现在它突然不复存在。苏联经济在 20 世纪 80 年代迅速下滑；那些杰出的苏联问题专家，几乎没人预料到这一点，由此多多少少揭示了历史学家们的技艺是怎样一个状况，而且这很可能也是 90 年代玩世不恭的反理智主义出现的原因之一。

1983 年出版了一本专题论文集，名为《苏联经济：走向 2000 年》。书中有如下预言性判断：2000 年以前，苏联的国民生产总值将以每年 3% 以上的速度持续增长，发生根本性经济改革的可能性微

---

[1] 艾布拉姆·伯格森和赫伯特·S. 莱文编；纽约和伦敦，1983 年版；评论文章见《泰晤士报文学副刊》，1983 年 8 月 5 日。——原注

乎其微。在评论这本书时，苏联问题专家亚历克·诺夫[1]暗示了可能出现制度危机，同时补充说："如果认为苏联面临解体的危险，那就大错特错了。"这是典型的专业判断。1983年9月发表的一篇评论多部苏联经济著作的书评认为，没有理由相信"东欧经济目前的失调状态比西欧经济更深重"。但就在此时，解体过程正在进行。诚然，最终的结局是在1989年和1990年发生的一系列惊人事件中到来的。不过，至少从1976年开始，苏联已经显现出病入膏肓的态势。

雷吉斯·德布雷曾经是卡斯特罗主义者和格瓦拉主义者。他在《反欧洲的帝国》一书中向法国知识分子指出，苏联人已不再是威胁，他们在各个领域（包括文化领域）都已经失去同美国竞争的能力："在最偏僻的西伯利亚农村，居民哼着加利福尼亚的摇滚乐。"但是，苏联长期以来就没有产生有趣的艺术作品。它的文化衰落与经济崩溃毕竟不是一回事，而且几乎没有人预料到它的经济会崩溃。这个事变乃是20世纪许多令人惊奇的事件中的最后一个。（极少有人预见到"一战"爆发、希特勒上台、大萧条、1945年后欧洲的复兴、芯片革命，以及其他许多重大事件。）

1922年，维也纳经济理论家路德维希·冯·米塞斯声称，只有市场才能提供一个合理调配资源的制度。计划经济制度无法确定生产的真实成本。靠行政命令来确定价格只能导致混乱和垮台。"产生生产因素的整个过程的动力是，资本家和企业家通过满足消费者

---

[1] 亚历克·诺夫（Alec Nove，1915—1994），英国格拉斯哥大学经济学教授，著有《可行的社会主义经济学》，鼓吹"市场社会主义"。

的愿望而不断寻求自身利益的最大化。"同样,管理人员的表现和报酬之间产生了致命脱节。米塞斯认为社会主义经济完全行不通。对于这一指责最有力的回应来自波兰出生的芝加哥大学经济学家奥斯卡·兰格[1]。兰格主张将经济规划的权力大大下放,确定了"市场社会主义"的必要性。另一条理论路线则主张,可以用精确的数学方式来模拟市场。

然而,这类主张在苏联从未得到实施。1989—1990年,苏联及整个东欧地区旧秩序的迅速解体,可以用一个简单的事实加以解释,即整个经济制度在惨败之后,必然被另一个取代。一边是建立在中央计划部门指令基础上的制度,另一边是建立在自由谈判和契约基础上的制度;一边是官僚机构进行调配,另一边是市场决定生产和价格。制度转型注定是极端痛苦的,但最好尽快完成。现在,新资本家已经出现在共产主义国家中。

赞扬苏联共产主义制度被颠覆后所产生的后果还为时过早。萨莉·莱尔德在1991年评论道:"在过去的5年中,苏联文学创作经历了复兴,可与1917年革命前后的情况相提并论。"追寻过去占据了大部分内容:很久以前写的但未能出版的著作刊行于世,很有名的地下作者现在能够抛头露面,对长期恐怖的回忆,对过去无数骇人听闻的罪恶的揭露,这一切都与试图弥补半个世纪以来文学隔绝于西方的缺憾交织在一起。这些内容充斥于杂志和图书中。公众早已厌倦了千篇一律的官方宣传,如饥似渴地吸收这些东西。在苏联,

---

[1] 奥斯卡·兰格(Oskar Lange, 1904—1965),波兰裔美国经济学家。他在20世纪30年代提出的"竞争性社会主义",被一些人认为是"市场社会主义"理论的开端。

文学历来占有特别重要的位置；没有哪一个国家像它那样珍视大作家。与此同时，以一种经济制度替代另一种经济制度，不仅有令人极度痛苦的困难，还有如影随形的政治动荡。这一切使情况变得错综复杂。一部很有代表性的俄罗斯文学作品汇编取名为《不协调的声音》，可谓恰如其分，其收录的内容包括：一篇讲述30年代以来革命背后的作品，60年代到70年代一些作家的遗作，阿富汗前线士兵写的一个故事，以及几种不同的意识形态声明。随着苏联解体，若干民族单位诞生，它们急于维护自己独特的文化身份，事情的复杂性因此增加；归纳俄罗斯地区的思想状况的确需要勇气，否则只能说它变化不定。[1]

革命马克思主义在东欧的退潮所产生的激烈震荡，在已经日趋衰弱的西欧共产党中迅速传播开来。意大利共产党一度很成功，它是西欧最有适应能力和受苏联影响最小的共产党，在1976年的选举中实际得票数直线上升，赢得了民众1/3左右的选票。它在1979年开始衰落，而且一再下滑，在1988年的市政选举中，得票率不足22%。1988年之后，党的新领导人阿吉利·奥凯托试图带领意大利共产党走向社会民主主义，加强与欧洲社会党的联系，并且最终放弃了"共产党"的名称[2]——就像它此前放弃"马克思主义"一样。

苏联的问题主要出在它的经济制度上，这种经济制度未能提供它曾许诺的丰富商品。计划经济失败了，这在一定程度上甚至影响到温和的社会党人，世界各地显然都在摆脱社会主义模式。在英国，

---

[1] 维克多·叶罗费耶夫的现代主义性爱小说，译成英文之后标题是《俄罗斯美人》（1992），也是其中的一个表现；另见他的文集《在邪恶问题的迷宫里》（1990）。——原注
[2] 意大利共产党在1991年更名为意大利左翼民主党。

工党政府几乎遭遇到与东欧共产党一样可怕的命运。在冬天一场失控的罢工后，玛格丽特·撒切尔夫人领导的保守党赢得了1979年的大选，揭开了对英国经济的反社会主义改造，旨在恢复自由市场和鼓励竞争的资本主义制度。与此同时，工党一分为二，工会实力下降。这是一场不折不扣的资本主义革命。在蒙受几十年耻辱之后，资本主义突然不再是一个龌龊字眼。

有人曾指出，振兴后的保守党的这位强硬领袖，是唯一名字后带有"主义"字样的英国首相，但撒切尔主义只不过是自由企业资本主义制度的代名词。当工党从三次大选失败的震荡中东山再起时，它在大多数问题上选择了比较温和的立场，试图摆脱它的社会主义政党名声。工党政治活动家玛格丽特·贝克特在1980年属于工党左翼，主张单方面裁军，退出欧共体，扩大公有制范围。到了1990年，她的这些政治立场完全颠倒过来。1990年10月，她说："世界已经在前进，它正处在一个完全不同的地方。"新的计算机、机器人和电子科技已经使生产性质发生了革命。现在大部分工人是白领，而不是蓝领；服务业已经超过制造业；小企业已经复兴。

古典经济学复兴甚至打击了凯恩斯。1991年，新出版了这位伟大的剑桥思想家和实践者的传记，迈克尔·普劳斯[1]在评论时写道："凯恩斯对政治经济学的持久影响受到了某种怀疑。"凯恩斯的基本分析似乎错了。他否定在自由市场条件下经济会自动进行自我调节。他宣称，总需求还不足以保证充分就业和资源的充分利用。只有在工会或垄断组织阻碍价格运动时，他的说法才是对的。几十年

---

[1] 迈克尔·普劳斯（Michael Prowse），美国学者、英国《金融时报》的专栏作家。

后，需要政府干预来防止失衡的要求已经没有什么人质疑，那时，政府干预的辉煌时期已经过去。就像连续服用兴奋剂一样，赤字开支不但最终会失效，反而还会带来通货膨胀，却没有带来更充分的就业——二者不可兼得。（有人一定会指出，凯恩斯从未推荐过长期赤字开支。）诚然，在这一点以及在其他方面，经济学陷入了相当严重的混乱（见下文），但凯恩斯至少不再被当作宏观经济学大师了，而且在总体上，这门学科又回到了古典模式。得到认可的政策是那些尽量减少政府干预、尽量保持规则一致的自由市场政策。

20世纪80年代发生的情况是苏联解体，不仅因为它自身的缺陷，还因为西方经济成功地产生了一个日益丰裕的社会。维尔纳·松巴特早就写过："欧洲所有的社会主义乌托邦都败在烤肉和苹果馅饼上。"现代的"馅饼"是宝马车、录像机、个人电脑和在海滨胜地避暑。虽然这些福利待遇并非人人有份，但它们已经相当普及。80年代中期，西欧的数字显示，大约每四个人拥有一辆汽车，每两个人拥有一台电视机（可能还是彩电）；25%的家庭拥有录像机，10%的人拥有个人电脑，而且这些数字每年都在增长。1 600万英国人到国外度假。那些批评家对于"消费主义"、批量生产的艺术品可能嗤之以鼻，对于乡村独居生活的式微感到痛心。他们大有自动脱离大众的危险，但这些自命不凡的精英人士甚至也不肯实践他们所鼓吹的东西，因为极少有人能离开电视机或文字处理器，与此同时，越来越多的作家和艺术家在大众传媒中找到了有利可图的职业。如果他们是学有所成的时髦大学教授，他们肯定愿意坐飞机去参加配备了视听和同声传译设备的国际会议。

20世纪80年代的年轻人，在为人处世方面，与他们父母那一代人，即60年代的人完全相反。他们不留胡须，思想不激进，一心追求成功。"雅皮士"或玩世不恭者，比城市游击队或"花孩儿"[1]更引人瞩目。1988年，《新政治家》这本在英国办了75年之久的左派知识分子的重要期刊（在国际上享有广泛的领导地位），在订阅用户锐减和（按照某些人的说法）质量明显下降的情况下，停止发行[2]。而且，当时这本杂志还面临身份危机：它前半部分的政治基调与后半部分的文学基调有很大差异。一旦围绕一个社会现实主题结合起来，政治和文化的构成成分就会貌合神离。这个欧洲左派的经典代言者，最开始信奉费边社会主义，30年代逐渐趋向斯大林主义，虽然它的和平主义也促进了对希特勒的"绥靖"。它似乎重复了欧洲政治左派的一切错误和缺陷，以及它们偶然的胜利。《新政治家》分享了工党1945—1951年的胜利，后来因工党内部分裂而蒙受损失。60年代，欧洲新左派多多少少让它恢复了生机；在撒切尔时代，它最终染上顽疾。这本期刊的衰败是时代的一个重要标志。它被一个学究气十足的社会学机构吞并，这件事同样意味深长。

大学与知识的零碎化

正如丹尼尔·贝尔在20世纪70年代所写的那样，大学已经成为"后工业社会"的关键机构。后工业社会的一个所谓特征就是脑力取代体力。"通信革命"，电子媒体、计算机化、集成电路和卫

---

[1] "花孩儿"（flower children）：主张"爱情、和平与美好"的佩花嬉皮士。
[2] 1988年，《新政治家》与《新社会》合并，改名为《新政治家与社会》，1996年恢复《新政治家》的名称。

星、空间技术，这一切都渗透到私人生活（娱乐、消遣活动）以及商业中。其中的关键在于科学，包括纯科学和应用科学。大学成了培养工程师、医生和程序员的场所，使他们能够在高科技公司找到报酬丰厚的工作。或者，他们上大学是想成为这类公司大量需要的律师。即便是人文学科出身，也能在商界谋到一个职位。与过去相比，商界现在更需要文字能力好的人（写备忘录、经费申请书和宣传小册子）。

当今时代，知识分子要么是大学教授，要么是媒体的雇员。以前艺术家咖啡馆里的常客，如今占据着研究席位。我们或许会为此感到遗憾，但知识分子（维多利亚时代的"文人"）的衰落乃是现代生活日益职业化和专业化的一个方面。

大学的扩张当然会把人文学科、社会科学以及自然科学和各个行业包括在内。20世纪60年代爆发了一场极为激烈的有关"两种文化"的论争，在这场论战中，一方是科学家（以小说家C. P. 斯诺[1]为首），他们采取了攻势，暗示说，反社会的诗人和小说家可能太多了。但后者不仅能坚守住自己的阵地，而且文学也迁移到大学里。这种趋势可以追溯到20世纪50年代。在此之前，有影响的作家极少是大学教员，按照现在的标准，他们大都不是专门之才，领跑的是诸如埃德蒙·威尔逊[2]、弗吉尼亚·伍尔芙、马尔科姆·考利[3]、T. S. 艾略特这类批评家。这些人都是大学以外的作家、旧式"文

1　C .P. 斯诺（Charles Percy Snow, 1905—1980），英国小说家和科学家，1959年发表了题为《两种文化》的演讲，引发了争论。

2　埃德蒙·威尔逊（Edmund Wilson, 1895—1972），美国批评家、散文家，被公认为当时批评界的泰斗，主要著作有《阿克塞尔的城堡》《三重思想家》等。

3　马尔科姆·考利（Malcolm Cowley, 1898—1989），美国文学批评家、社会历史学家。

人"。他们所参与的是一种以杂志和图书为主、面向大众的文学文化。这类人现已成为"濒危物种"。

由于高等教育大众化，教学职位成倍增加，资金和晋升的竞争加剧，这必然导致专门化程度激增。胸怀壮志的学者寻找新的研究和写作方式，新的"方法论"。愈演愈烈的极端专门化使他们不了解其他领域，并且脱离广大读者。一位著名的英国学者在1968年悲叹道："当今的文学四分五裂……学术也四分五裂；生活也是如此。"

老资格文学批评家格雷厄姆·霍夫说过，"专门能力"的巨大提高所付出的代价是，牺牲了广度和厚重，"丧失了权威"。20世纪80年代，用晦涩制造出权威，从文学本身转移到批评家之间理论论争的领域。这种转移与下一节探讨的解构有关。卖弄这个领域的所有时髦方法和堆砌所有令人肃然起敬的名字，成为"玩学术游戏"的一种必要条件。约翰·科格雷夫在评论1991年的一期《詹姆斯·乔伊斯季刊》时指出："一套令人生厌的标识词汇已成为近年许多文学批评的用语。"这类深奥难解的阐释流派为数众多。在翻阅长达1 000页的1988年《英文研究年鉴》（此书出版于1991年；同步出版要花费艰巨的劳动）时，吉尔斯·福登评论说："人们看到了各种各样的研究方法……这说明批评的标准四分五裂，各派争执激烈。"

专业期刊发表的大部分文章都想显示文章作者十分了解那些时髦的名字和批评理论。如果学生只对乔伊斯和康拉德这两位作家本身感兴趣，而且很想知道他们对自己的人生有何启发，那么他从这些文章中会毫无所获；它们只是在行业内部有用。1987年，克里斯·鲍尔迪克在一篇题为《内部交流》的文章中写道："各派文学批评家没有共同立场，他们之间的距离越来越远，最后只剩下互不理解的口号，每一派都用令人头晕目眩的行话进行交谈，他人自然被排除在外。"职业文学批评家尚不能互相理解，局外人就更无从理解他们了。

专业期刊和著作发表的大部分长篇大论不难被判定为糟糕的东西。查尔斯·马丁代尔在评论一批研究弥尔顿的著作时，发现这类学术写作"晦涩、空洞，经常杜撰新词"。"那些受过教育并且对弥尔顿感兴趣的普通读者不可能愿意看这类书。想到这一点，就令人感到焦虑。"除了极少数大学本科生外，其他人都会觉得它们无法理解。的确有高质量著作问世，但此类出版物大部分带有欺诈味道。它处心积虑地发明一种新阐释，不是为了别的，只是为了自我推销。总的来说，这种转弯抹角、（让局外人读起来）艰涩费解的专业批评话语产生的后果是，使所要考察的作品显得偏狭和索然无味。他们更多关注的是形式而不是内容。例如，他们强调的不是康拉德的想象力所构想出来的神秘地方和异域人民，而是他的"叙事策略"和"修辞张力"。即使涉及内容，那也是作者的父权制偏见或他的神经官能症症候，而这些隐蔽的东西只有借助高倍的批评透镜才能揭示出来。

老资格文学研究者和编者约翰·格罗斯在一篇题为《封闭作坊里的文人》的评论中抱怨：[1]"你必须接受一种掺杂各式方言的新语言。你必须训练自己从借喻和重新编码、边缘化和困境、快乐和差异（拉康的术语）以及蔑视权威等角度去看待世界，并将它们作为

---

[1] 见约翰·格罗斯：《文人的兴衰》（1991，新版）前言，另见伯纳德·贝尔贡齐：《炸碎英语》（1990）。——原注

一种部分恢复元气的方式……"霸权的、争胜的、对话的等形容词都貌似让人熟悉，但其真正意义很令人困惑。格罗斯总结说："在过去几年聚积而成的那一套理论，总体看来，我认为是一个可怕的赘疣，一场大玩闹，它取代了对文学自身的体验，是一种没有价值的东西。"迈克尔·坦纳也发出了类似的抨击。他在评论一部故作高深的歌剧研究专著时质问："为什么一位很有天分的评论家会写出这样一本佶屈聱牙和毫无用处的书？我发现，最有可能的那个答案很令人沮丧：现在掌握学术体制的人只尊重会说内部行话的人。后者想运用一套晦涩难懂的手法让人困惑不解。这样一来，那些看得懂的人就踌躇满志，不再发出疑问：他们所谈论的伟大作品为什么是伟大的？它们为什么会在人人想去的地方召开的会议上成为无休止讨论的素材？"（*TLS*，1991年11月1日）

早在1929年，马丁·海德格尔就在尖锐批评现代文明的一篇文章中写道："科学领域现在四分五裂。各门学科的研究方式从根本上说是不同的。今天，这个由各门学科构成的大杂烩，只有靠大学和院系的专门性组织来维持，才不至于散架，它只有通过不同分支学科的实际目的才能保留其意义。"在学术专门化的无数单位中，每一个都成为由自己人组成的小型的、高度组织化的世界，其内部成员的知识生活以会议、专业刊物和集体性学术为中心。根据他们所熟知的委员会的各种规律，研究成果发表得越多，将来要做的就越多。在很大程度上，这类群体是各自为政、孤军作战，它们发展了自己的亚文化。老一点的常规组织，如美国历史协会，其成员包括所有职业的历史学家，与日渐专业化的团体相比（如18世纪研究会或美国对外关系史学会），它的重要性正在下降。文学甚至划分得更细，经常围绕某一位作家划分，乔伊斯研究会、约翰逊研究会、萧伯纳研究会或狄更斯研究会。每个单位都形成了一个微观世界，在这个小天地里，可能会提出所有大问题，但他们在讨论这些问题时，基本上无视在房间另一角进行的、或许是相似的争论。事实上，在旁人看来每一个小圈子都很好笑。

文学仅仅是这种遍布传统大学院系的情况的一个极端例子。它们不同程度地患有喜新癖，或许还过度专门化，因过分追求精细而切断了与别人的交流（"自言自语"），为出版而出版，因零散化而分解为大量的亚话语。有关情况下文将进一步探讨。同时，我们应该谈到一个新的重要文学理论流派，即解构主义，因为它不仅使文学批评变得晦涩难懂，而且与它的父辈结构主义一样，它扩散开来，也被应用于其他领域。

解构主义

作为一种主要思想时尚，解构主义在20世纪80年代盛极一时，即便没有取代结构主义，也向结构主义提出了挑战，正如结构主义之于存在主义。解构主义或许与我们先前探讨的政治转向有关，它也是把学术界推向高深莫测之境，并使其与普通人的认知相距甚远的重要原因。解构主义的领军人物是才华横溢的雅克·德里达。他差不多继承了福柯和拉康的巴黎明星知识分子角色。在他的领导下，解构主义者保留甚至强化了结构主义对人的作用，揭露了"在场的形而上学"——后者使我们以为文本背后存在着一个人，即文本的作者。这种貌似不可或缺的作者实际上是不存在的；我们只有文本。

写作时，我们不是在"表达"自身，而是进入了一个由语言模式和非个人的公共话语文化所支配的词语领域。那种认为是"我"在写作、在把"我"的心理状态变成文字的观点，是一种"逻各斯中心主义谬误"。作者的生平活动与他的作品没有任何关系。作者所处时代的社会语境和历史事件似乎也与他的作品毫无瓜葛。

但结构主义曾预设，文本确实有某种意义，必须对这种意义进行解读，不过它可能是由某种逻辑结构决定并处在这种逻辑结构之中。结构主义者看到了一个反映了一切思维固有特征的基本结构，就此而言，他们是新康德主义者（荣格原型论的信徒也是如此）。解构主义认为，文本没有内在意义，因为每个读者对于作品都有不同的理解；文本的意义因时因地而异（在阅读过程中，作者与文本之间的辩证关系使二者生发出更多的意义）。在这些不可胜数的解释当中，哪一个是正确的，这样的问题问了也是白问。我们处在一个爱因斯坦式的宇宙中；我们没有一个最终衡量标准，用维特根斯坦的话说，没有一种能够衡量语言的元语言。不存在一个单一的、高高在上的思想视角，可以把握事物的总体性。

最后，我们只有非理性的语言领域，一种宏大的无秩序状态，我们同尼采和乔伊斯一起置身其中，因生活的丰富多样而感到高兴，根本没有想到它的规划或统一性。解构主义对于文学批评家的吸引力在于，它允许他们对一个文本做几乎任何阐释——越离奇越好，只要有充分细致的技巧和有洞察力的理论意识。正因为这类肆无忌惮的做法，有一群备受推崇的美国学人赢得了"阐释学黑手党"[1]的称号。最受推崇的方法是揭示出被压制的、隐蔽的意义，从作者忽略的地方推导出这些意义，作者的忽略可能是社会或个人禁忌所造成的，拉康说它们是"话语中的漏洞"。亨利·詹姆斯小说《金碗》中的一个人物说过："他说的不如他没说的多。"当然在生活中也存在人们不去谈论的东西，这是相关事实。它有待于解构主义者将其提升为一种批评原则。缺席或延迟同在场一样，在写作中经常遇到。

大部分解构主义批评坚持这样一种观点，即文本除了与自身之外，与其他事物没有任何关系。《包法利夫人》就是福楼拜的一部小说，它与资产阶级或法国社会或浪漫主义没有任何关系。相反，自然和历史都是有待解读的文本，而不是有待理解的客观实体。按照德里达的说法，一切都是文本。

在解构主义之前，文学批评全力关注的是文学创作的技巧，关注的是挂毯花线的纺织方式而不是它们的耀眼景象；从20世纪50年代的"新批评"中就可以看到这种情况，它反映了现代时期的一个基本的总体趋向，它是文化统一体分解的结果。在一种多元主义文化中，人们开始意识到，事情一旦被视为理所当然，它就成了传统。历史学家在很早以前（19世纪末）就发现了这一点。有人说，历史著作讲的都是实事，"完全是过去发生的事情"，在每个人看来都是一样的。早在1914年前，历史学家就认为这种论断很幼稚。只有当大家的体验、传统和价值观基本相同时，这种论断才能成立，就像19世纪英国有文化修养的阶级一样。

---

[1] "阐释学黑手党"，指耶鲁大学教授保罗·德曼、杰弗里·哈特曼、希利斯·米勒和哈罗德·布鲁姆，除米勒外，其他人并不认同这个称号。

历史学家在不同时代和不同地点著书立说，他们认为值得注意的事情各不相同，而且他们感知这些事情的方式也不相同。这是因为他们触及各种由文化决定的因素，他们把这些因素编织到特定的语言当中，编织到他们在书写"过去"时必须使用的选择和评价框架中。举一个极端的例子，与一个欧洲人相比，一个非洲人会怎样写19世纪的历史？在任何情况下数量极多且必须加以选择的事实——什么样的事实？——是所有历史叙事的一小部分，历史叙事包含修辞、阐释、编排、聚焦，为的是让事实变得有意义和为人所理解。另外，这部分内容是"主观性的"或者在某种程度上是非事实的、非科学的——非认知层面的。

文学批评在经典小说中发现了同样的东西。天真的读者以为，小说中的人物是"真实的"，是对生活的模仿；叙事者在表现他们时，就像一位摄影师那样不偏不倚、如实拍摄。这样的读者不知道有叙事策略这回事。事实上，当一个来自不同文化背景的人去读这些小说时，或者说当一位英国读者去读法国或德国小说时，他对不同文化有些陌生，此时，他对特定传统的依赖有多深，也就一目了然。（人类学家告诉我们，甚至在我们看来是直接模拟生活的电影，也会让第一次看到它们的原始民族感到困惑不解；他们可能看不懂电影。）不管怎么说，现代批评家开始自觉地对造就一部小说的所有陈规感兴趣。他们只对这个问题感兴趣：为什么作家以他（她）的这种方式将这一切组合到一起？他们讨论作品的叙事策略（如全知全能的作者、第一人称的叙述者、内心独白）。他们指出，貌似真实的小说人物其实是一种特殊想象力的创造。狄更斯并没有为我们提供对维多利亚人无比精确的描述，而是创造了维多利亚人的自我形象（正像他们有时带着不安的心情所意识到的那样）。这些人物是以叙述者或作者为中介的（作者与叙述者可能有所不同）。作者把自己的情感强行加了进去，或许是以间接的方式（作者创造出一个第一人称叙述者，这个叙述者不完全是作者本人）。此外，这些人物对于不同的读者呈现出不同的意义，读者带着自己的情感去理解人物。小说家本人开始写关于写小说的小说；如果这种游戏玩腻了，那就玩更复杂的：讲述小说家写小说。例如，在安德烈亚·卡诺比奥[1]的《中国花瓶》(1990)中，书中的一个小说家想象一个人（或几个人）的多重身份。

在不断求新的学术竞争游戏中，文学教授发现，由于解构主义取消了固定意义，就出现了一个有机可乘的大缺口。如果一个文本没有内在的、固定的意义，即没有唯一"真正的"《哈姆雷特》或《失乐园》，那么就可以随意进行阐释了。批评家的看法之所以正当合理，唯一的理由是，因为他或她能够利用充分的技巧把自己的看法表达出来。从任何一种现代理论——社会学、政治学、心理学、语言学、哲学——拿来一套概念工具，再运用逻辑论证技巧，将这套概念工具用在某个已经作古、任由摆布的作者身上，很可能会产生一种神秘的话语，也许还被称为"破除神秘"的话语（确定作者想要表达却没有表达出来的意义）。如果做得巧妙，还有些新意，这就意味着在学术生存竞争中取得一点领先优势。人们因此就能不知羞耻地放纵自己的偏见。

这种肆无忌惮的虚无主义如此明显，有时甚至影响到解构者本

---

[1] 安德烈亚·卡诺比奥（Andrea Canobbio），意大利作家。

人。它导致所有意义被颠覆，从而使所有的理性争论被颠覆。正如克里斯托弗·鲍尔迪克指出的那样，"关闭了所有的批评论坛，取消了关于证据、判断或价值的一切共同标准"。解构主义本身也可能被解构，这一点很容易让人看出来；德里达说他的著述是没有意义的。没有哪一位解构主义者敢说自己占据优势，能够写出真理；反过来，解构主义者的论述也可以从其他同样合理的视角加以解构。

在哲学上，德里达和解构主义喜欢证明，每一种思想体系都是基于某种未加检验的前提，而且它所采用的这个前提正是它明确反对的东西。例如，可以证明，马克思就采用了他旨在批驳的全部资产阶级价值观。声称以逻辑论证为依据的东西恰恰是修辞和文风——是对意志的一种非理性确认（很多内容来自尼采）。科学家与艺术家没有什么区别！正如尼采指出的那样，隐喻主要存在于认知当中。任何坚持明晰性和肯定性的思想体系，实质上都是通过纯粹的强制力，即极权主义恐怖的暴力来做到的；唯一货真价实的思考总是矛盾的、模糊的。《芬尼根守灵夜》的文字游戏似乎是解构主义者能够认可的极少数小说之一。各个学科的著作开始冠以"××修辞"的名称。唐纳德·N.麦克洛斯基的《经济学修辞》（1985）是众多修辞丛书中的一本，这套丛书包括会计学修辞和医学修辞，显然还有法律修辞。

这类作品试图证明，即使是最自命不凡的科学实际上也包含许多任意的论断，处于某一特定的语言和文化框架内。科学社会学与科学哲学生发出一套思想，认为科学本身就是一种话语方式，与外在的现实没有太大的关系（例见艾伦·格罗斯《科学的修辞》，1991）。科学判断包含的内容不仅仅是"理性"分析的实验证据；

大量的修辞和非科学话语也掺杂其中。科学根据它所处的文化的不同而不同，欧洲科学传统不应该自以为占据优越地位。例如，欧洲之外还有许多种数学存在，它们使用的是完全不同的语言，但同样成立（见乔治·格韦尔格斯《孔雀的冠羽：数学的非欧洲来源》，1991）。

手法巧妙娴熟的专业人士这样操作显然欢天喜地，这印证了恩斯特·容格[1]的说法：这是一种用理智来毁灭理智的快乐。弗洛伊德的信徒和克莱因的信徒无疑会发现其中有一种潜在的施虐狂。

这时出现一种倾向，即对于那些未能掌握拉康、巴赫金、克里斯蒂娃、德里达等人思想的傻瓜不屑一顾。普通读者遭到轻蔑。大学教授不是为普通公众写作；事实上，他们写东西只是给彼此看的。出书就是为了在通往终身学术职位的道路上闯过一道难关。这种书要由其他教授根据书中表现出来的专业技能来判断，所谓的专业技能就是以令人信服的方式驾驭所有重要理论的能力。这场竞争游戏日益且不可避免地导致了新的更复杂的理论，让昨日的英雄成为过气人物，允许新的候选人展示最新颖的、能说明他水平的思想武器。结果便是，产生了许多术语满篇、像煞有介事的文字垃圾。但通常来讲，它做得比较巧妙，在模棱两可的边界线上游刃有余。这可苦了国家基金会的那些可怜的评委；一般来说，将骗子和天才区分开来是很难的。无论分辨出骗子还是识别出天才，除了对那些精通这种学术游戏的人来说，对其他人来说都是很难做到的。顺便说一句，这种晦涩难解的话语与后现代主义自称消除了高雅文化和低俗文化

---

[1] 恩斯特·容格（Ernst Jünger, 1895—1998），德国小说家。

之间鸿沟的说法发生了矛盾。其实，这个差距不但没缩小，反倒扩大了。例如，论述莎士比亚的权威性著作不再能被大多数人理解了。

一般来说，这类著作总是尽力表现得睥睨一切，惊世骇俗；毁坏男性声誉的女性主义者不是唯一要取得对手性命的那种人。不管是谁，都可以成为猎取的对象；约翰·济慈成了一个伦敦东区的混混。年青一代的学人试图批判莎士比亚，以前只有萧伯纳敢这么干。反对偶像崇拜的主张与蒙昧主义的乌云混为一团，少数标新立异的见解成了放之四海而皆准的诀窍。表现方式是极端理性主义的分析程序，通常鄙视整部作品的想象力和情感效果等事物，认为它们是头脑简单的东西。人们所做的是，指出逻辑上的前后不一致，揭示隐藏的意义。把一套复杂的代码破译出来，这种感觉多么令人兴奋。据这一派人说，没有哪一位作家所说即所想；令人感兴趣的是他隐藏的东西。

解构主义潜藏的政治倾向总体上是"左倾"的，这是人文主义知识分子的自然趋向——在一定程度上是马克思时代的遗留物。权威总是应该遭受攻击的。而且，解构主义者总是想比旧式激进分子的简单做法来得更精巧一些。尽管如此，他们仍旧能够颠覆传统的真理。他们可能不想过于激进，因为他们薪水很高，而且有经费资助——当然，在他们看来，他们的薪水和资助还不够，而且有降低的倾向。在英国，正像在大多数国家那样，怨声不断的学人和怒发冲冠的政客展开相当激烈的斗争。矛盾的焦点是，应当给艺术和人文学科多大程度的公共支持。撒切尔夫人是杂货商的女儿，绝不是贵族式左派教授的朋友。牛津大学拒绝授予她荣誉学位！有人发现，比利时理论家保罗·德·曼在年轻时写过亲纳粹的文章。这可是一

第11章 解构的20世纪80年代

桩大丑闻,这位世界级的解构主义者受欢迎的程度多少有些下降。假如他当年写的是亲斯大林主义的文章,很少有人会在意。

20世纪80年代,"新右派"或"重新界定的保守主义"是一股相当强大的势力。[1]像英国的罗杰·斯克鲁顿和法国的安德烈·德·伯努瓦[2]这样杰出的知识分子唤醒了传统的左派,但几乎无法改变他们的观点。一篇评论《新右派启蒙:左派心头的幽灵》(亚瑟·塞尔登编)的文章说:"由于1968年的校园暴力给新左派带来了狭隘偏执的名声,美国最引人注目的青年知识分子都站到政界右派那一边去了。"到了80年代中期,英国的情况差不多也是如此。80年代末以来,随着撒切尔主义吸引力有些消退,大部分知识分子似乎反对撒切尔、反对里根,他们急于把自己定位在左派阵营,但无法确定准确的地点(见约翰·邓恩对罗杰·斯克鲁顿相当偏激的看法,*TLS*,1986年4月4日)。

1989年2月,《纽约时报》报道说,达特默斯大学一群激烈的学生扰乱了课堂,掀起了抗议,但这一次角色发生了转变:这群右翼学生反对自由派教授,而这些自由派教授在60年代很可能发起抗议、扰乱课堂,现在他们却是现存体制的代表。这伙新右派主要信奉新自由主义,赞美自由市场战胜经济奴役,赞成对国有大型和低效的经济部门进行私有化。在性解放、女性主义、取消书刊审查制度、毒品合法化等当代核心社会问题上,保守主义者的看法发生了

---

1 见查尔斯·科维尔:《对保守主义的重新界定》;安德烈·伯努瓦:《右派的现实》(巴黎,1979);戴维·赫费勒:《注意右派:里根时代的保守知识分子》(1991)。——原注
2 罗杰·斯克鲁顿(Roger Scruton,1944—2020),英国新保守主义或"新右派"哲学家。安德烈·德·伯努瓦(André de Benoist),当代的法国学者。

分裂。他们一方面痛恨国家控制和绝对的道德准则，另一方面本能地反抗文化现代化的有害后果，二者发生了冲突。经常有人指出这个悖论现象：在现时代，自由主义者在经济上赞成中央集权论，在道德问题上赞成个人主义，而保守派正好相反，也就是每一方都自相矛盾。

在《谁之正义？谁之合理性》（1988）一书中，阿拉斯代尔·麦金太尔认为，不存在普遍生效的道德原则，道德原则必须放在特定的文化传统中。这种观点与保守主义相吻合，在某些方面让人想起了启蒙运动时期大卫·休谟的激进怀疑主义：如果理性无力告诉我们如何行动，我们就必须回到传统和习俗。不相信人类理性所做的容易出错的脆弱设计，正是埃德蒙·伯克经典保守主义的基础。在这里，实际上并非那么新鲜的"后现代主义"似乎与保守主义有相近之处。当然，虽然批评理论破坏了来自"传统"或"霸权"文化的真理假说，但它也同样颠覆了所有的"反霸权"话语；"反霸权"话语得到赞同，只是因为它们更有趣。

尽管解构主义的确好像走到了穷途末路，它的虚无主义是"一切过去之后"的产物（"一切过去之后"是一部关于现代知识文化的著作的名字），但就主要性质而言，它绝非新鲜事物。怀疑主义毕竟像塞克斯都·恩披里柯[1]那么古老；它在启蒙运动时期得以复兴，此后经常可以见到它。优秀的传记作者和历史学家总是要更正一些神话和对他们研究对象的误解；20 世纪 20 年代的所谓"驳斥"

---

[1] 塞克斯都·恩披里柯（Sextus Empiricus），古希腊哲学家、历史学家，活动于 3 世纪初，领导过怀疑论派。

现在成了"解构",成了表示反传统或进行批评分析的最新词汇。有人强调,我们对一个时期或一个人的认识在很大程度上来自某种文学创作,这种说法也是一种老生常谈。(历史学家习惯于说米什莱发明了文艺复兴[1],文学研究者习惯于说狄更斯发明了维多利亚时代。)一套新词汇取代了差不多表示同样意义的旧词汇。

后现代主义

与解构主义关系密切的"后现代主义",是20世纪80年代的时髦词汇。它的确切含义很难确定(因此这个词本身就是后现代的)。思想的零碎化也体现在这样一种趋势中,即对于不同的学科,后现代主义有着不同的意义。它们都想使用这个术语,把它当作一种急需的整合原则;需要有一种后现代主义经济学和社会学,以及后现代主义建筑和诗歌,甚至后现代主义科学和技术。每个人都用它表示统一的丧失和综合的缺乏;它意味着彼此不可通约的多重话语,以及不同的"语言游戏"和生活世界。

作为结构主义和解构主义的继承人,后现代主义者大谈消灭个体或消除个体中心,偏爱话语领域,提倡一种反人本主义。建筑学后现代主义的一个显著特征是风格折中,也就是"蓄意的混乱":你可以随意运用过去的风格,任意进行组合。事实证明,这尤其具有争议性。反对"体系",信奉真理的相对性,而且总体上信奉

---

[1] 法国历史学家米什莱在1855年发表的《法兰西史》中最早用"文艺复兴"表示15、16世纪欧洲文化艺术的变革。

断裂、零散化、非理性、易变性（真理时刻在变化，它也因人而异，因阶层而异），这些都是后现代性质的。每个人都同意，后现代主义在某种意义上拒绝、否定或超越了"现代主义"。但现代主义是什么或曾经是什么，对此几乎根本不能达成共识。经济学家保罗·温特认为，现代主义指的是新古典主义经济学，它本质上是一成不变的、维多利亚时代旧有的正统论。[1] 如此说来，凯恩斯究竟是后现代主义者，还是后现代主义反对的现代主义者？现代主义艺术当然指的是20世纪前期的艺术革命者：立体派、表现主义者、未来主义者；这些概念之间的联系太紧密了，不可能一笔抹杀。但这些美学上的革命者，除了它们都属于实验主义，而且反对旧有形式之外，并无相同之处。

后现代主义往往强调并反对对它们进行综合、整合的企图。但反科学、非理性主义、主观主义的特征在早期现代主义者那里很突出，当然，他们彼此并不完全相似。在这方面，现代主义者似乎与后现代主义者相似（例如，后现代主义者经常崇拜并引用尼采和乔伊斯的作品）。实际上，这两件事往往被混为一谈，越发加剧了混乱。因为如果有人想把现代主义等同于经常与"现代化"联系在一起的主流社会（"现代化"这个词经常被历史学家和社会学使用），在某种意义上，现代主义者就已经是后现代主义者了。一位很有名望的社会理论家写了一本论"现代性的后果"的书，[2] 这本书描述的似乎是后现代性。

---

1 见 I. 阿马里格里奥的《作为一种后现代话语的经济学》，评论见沃伦·塞缪尔斯主编的《作为话语的经济学》（1990）。——原注
2 指英国社会学家吉登斯的著作《现代性的后果》。

其他的所谓后现代特征还包括反精英主义，这表现在，声称流行文化与传统文化同样优秀，但这种说法并没有得到一贯的坚持。古典的现代主义者，例如第一批象征主义者，被公认为是憎恶大众文化的；他们中的大部分人是这样的，但很难说未来主义者和乔伊斯也是这样。老资格的马克思主义者弗雷德里克·詹姆逊认为，后现代主义很像"资本主义"，后者也是十分宽泛的术语。（见他的《后现代主义——晚期资本主义的文化逻辑》。他无法确定是加盟后现代主义，还是做它的对立面。）克里斯托弗·诺里斯[1]也在后现代主义中看到了令人担忧的情况：老式马克思主义政治信仰的消失（《后现代主义出了什么问题？》，1991）。但一些神学家则认为，马克思主义者（还有其他人，包括教皇保罗二世）属于后现代（D. R. 格里芬等编：《后现代神学种种》，1989）。

叶芝曾写道："在我们之后是野蛮的神祇。"充满反叛精神的伟大现代主义者都依附于欧洲文化的伟大传统，即"文明的意识"：一套可供引用的文字、典故、参考书、回忆。这些往前可以追溯到古希腊罗马时代，通过中世纪和现代历史早期阶段的大作家传承而发扬光大。这些伟大的作家始于荷马，中经但丁，直到塞万提斯和莎士比亚；现代主义者并不想失去这一整套高贵的表达方式。20世纪20年代，知识分子凝神思索西方传统破灭时，带着一种忧虑，有时还带着极度悲观的情调，但他们还想谈论它，仿佛他们依然有可能逆野蛮主义潮流而上似的，或者，即使失败了，他们还要召集文明的少数人，在一个小小的但非常重要的角落里，捍卫那面大旗。

---

[1] 克里斯托弗·诺里斯（Christopher Norris，生于1947年），英国文论家。

它至少还能引起轰动，令人震惊。例如，英奇教长[1]曾写道（借用了巴雷斯的一个术语）：

> 工业革命产生了一种全新的野蛮主义，全无过去的根基……一代人正成长起来，他们并非没有受过教育，但他们所处的教育制度，在其历史发展过程中，与欧洲文化几乎没有任何联系。不教古典作品，不教《圣经》，教历史也不考虑任何后果。更严重的是，没有社会传统。现代城里人是无根基的。

论述大学的著作，如亚伯拉罕·弗莱克斯纳[2]的著作，此时面世。它们哀叹一个伟大的人文传统竟然沦落为职业教育主义。一大批欧洲知识界名流越过大洋，把他们的恐惧对象说成是"美国主义"（Americanism）。与此同时，整个文学课程宣扬这样一种思想：虽然遗产可能有问题，但它依然能够启发杰作，即便是相当怪诞的杰作——从托马斯·曼、乔伊斯、普鲁斯特、沃尔夫、卡夫卡到马尔罗的杰作。

后现代主义者对这个传统表示绝望。他们完全接受或装作接受了约翰·埃尔索姆[3]所描绘的状况，在这种状况下，"西方不存在神圣不可冒犯的艺术、文化或社会标准，它们经常遭到攻击，而且随时存在取代它们的标准"（《爱欲剧场》）。有人可能继续崇拜西方文学的伟大传统，而且自认为是其中一员，与此同时，正如理查

---

[1] 威廉·英奇，见第 7 章。
[2] 亚伯拉罕·弗莱克斯纳（Abraham Flexner，1866—1959），美国教育家。
[3] 约翰·埃尔索姆（John Elsom，生于 1934 年），英国作家、戏剧家。

德·罗蒂[1]所写的那样,"把一切为它提供逻辑之外的合法性依据的企图都视为浪费时间"。知识只有在它自身的群体和传统中才是有效的,不存在一个普遍的理性主义基础。甚至连科学也不得不接受这一观点,当然社会科学也得接受。

欧洲现在是世界的组成部分,受到来自亚洲和非洲各种风气的影响。各种文明相遇、交汇,在大城市的熔炉中融合为一种新的文化,或者在一个"多元主义社会"中保留了多重文化特征,用乔伊斯的话说,变成了"欧亚化的阿非美国佬"(Europasianized Afferyank)。即便在西方国家内部,还是只有单一传统吗?体现时代变化的一个症候就是,1988年,斯坦福大学经过一番激烈的争论后,决定将西方文明这门课程改成包括黑人、拉丁美洲、亚洲内容在内的一种世界文明概述。(1990年,在英国,历史学家们就一份新的全国历史课程标准的内容进行了类似的论争。)尽管有些人指责这是向混乱和政治压力投降,另外有些人则认为,除此之外别无选择。著名欧洲思想史家格特鲁德·希梅尔法布[2]教授表示反对。她说,即使我们不是以欧洲文明为主,我们也应当以"思想和言论的精华"为主。但是,由谁来决定哪些东西是精华?又根据什么标准呢?在马修·阿诺德所处的时代和环境中,人们还有获得共识的希望,但在20世纪末的加利福尼亚呢?历史学家们已经认识到,所谓的"历史的里程碑"只是特定共同体内能言善辩之士所青睐的景象。如果大部分人不再从属于欧洲文化共同体,我们很难证明研究它的

---

[1] 理查德·罗蒂(Richard Rorty,1931—2007),美国哲学家。
[2] 格特鲁德·希梅尔法布(Gertrude Himmelfarb,1922—2019),美国历史学家。

必要性。

毕竟，科学技术正在用一种无处不在的流行文化将全世界紧密地结合在一起。追溯到20世纪20年代，"现代主义者"温德姆·刘易斯[1]说起过"宇宙人"，这种人没有国籍，是按照同样的模式造就的。刘易斯以那个时代典型的风格把这种人与对"美国化"的恐惧联系在一起。长期以来，人们一直担心机器和大众文化会使欧洲人失去文明。在20世纪70年代的法国，最流行的严肃读物之一是《美国的挑战》。作者是让-雅克·塞尔旺-施雷贝尔[2]。现在看来，这本书相当不合情理。美国人既没有发明现代科技，也没有发明现代民主，只不过碰巧它们在美国出现得稍微早一些而已。电视和电影、全球卫星通信、喷气式飞机旅行以及其他现代奇迹，是将全世界在文化和商业上紧密结合在一起的"无所不在的"力量。在波士顿或慕尼黑，和在印度或马里一样容易看到禅宗信徒和非洲艺术爱好者。这还不算摇滚乐和体育运动、牛仔裤和迷你裙等随处可见的流行文化。看到地方文化灭绝而毫无特色的国际风格受宠，例如，看到东京从一个日本城市变成对纽约这种异国情调的模仿，可能让人感到郁闷。但思想的融合让人想到以前历史上发生的一些事情，亚历山大时期和后来罗马帝国时期发生的事情，也许一种新的文明会从这个巨大的融合过程中浮现，就像西欧从古代世界的暮色中出现一样。

不管怎么说，把伽利略以来在现代世界中孕育、在19世纪成年的东西说成是后现代的，的确有些奇怪。然而，对激光和巨型电视

---

1 温德姆·刘易斯（Wyndham Lewis，1882—1957），英国旋涡画派创始人、作家。
2 让-雅克·塞尔旺-施雷贝尔（Jean-Jacques Servan-Schreiber，1924—2006），法国政治活动家、新闻工作者。

时代表示欢迎,这种立场肯定背离了那些现代主义知识分子的态度,因为后者对整个西方科学事业的进展痛心疾首。同它的近亲解构主义一样,后现代主义似乎不断地颠覆自身,随时走向自己的反面和销声匿迹。女性主义是后现代的吗?现在有了后女性主义的女性主义者,要求回归"家庭价值观"。性自由是不是后现代的?不过,艾滋病好像是后现代疾病。环境保护主义是不是后现代的?"公开性"和"改革"[1]是不是?它们的驳斥者是不是?

或许,后现代主义的出现是这个文明不可避免的命运。这个文明目睹了许多曾经强劲有力的思想体系和价值观念遭受灭顶之灾。时尚和科学的无情推进吞没了过去的人类创造。从前的时尚被遗忘或者被扔进了垃圾堆。浪漫主义(就其纯粹状态而言)被认为不再可行,但逻辑实证主义也受到同样的对待。在欧洲一度高涨过法西斯主义和共产主义(它们彼此却是对立的),它们在欧洲民众中的热潮也最终退去。弗洛伊德主义逐渐烟消云散;萨特的存在主义曾经备受珍视,但现在已不再被认为有很多内在的旨趣。20世纪60年代在很大程度上已被遗忘,既被知识分子遗忘,也被政客遗忘。新的时尚已经兴起,但哪一种时尚有机会持续超过一个季节?科学本身在不断变化。缺少一个最终标准,一个高高在上的权威仲裁人,"正如这种情况是伦理学和美学的特征一样,这也成为数学和科学的一个特征"(汉娜·皮特金:《维特根斯坦与正义》)。这样一来,什么都没有留下,只留下这样一种想法:人类喜欢思考,而且很可能一直在编织思想的网络,而这些网络注定要被下一阵大风给吹走。

---

[1] "公开性"和"改革"是苏联戈尔巴乔夫提出的口号。

我们能做的只是高兴地玩这场游戏，而且不要太当真。

保罗·瓦莱里在1919年论"欧洲思想的危机"时预言，欧洲文化最终的结果是"一种无限丰富的虚无"，知识不断扩散，到了不再出现独到形式的地步；"一种完全失序的状态"。有教养的头脑里包含一团杂乱无章、互不相关的观念。后现代主义似乎实现了他的预言。在1987年出版的《文化的形态》一书中，托马斯·麦克法兰预见到，各种文化形态崩溃，分裂成许多互不相关的团块。这很像这个时代的一个主要病症：分离性的阿尔茨海默病。

某些学术团块

因知识的零碎化而出现的各个专门知识领域，在行政上隶属于传统院系，例如，文学系、哲学系、历史系、心理学系、社会学系和物理学系。事实证明，这些旧有的单位有惊人的稳定性。许多人努力去建立新单位，或者将旧单位合并在某种"跨学科"的研究中，有时这些努力莫名其妙。有时，职业组织或多或少成功地跨越了学科边界，它们通常以一个有限的题材为基础：对18世纪的研究将历史工作者、文学研究者、音乐理论家、艺术史家以及其他对启蒙运动感兴趣的人聚在一起。然而，经常出现失败；科学与文学合作失败的原因在于，双方都认为，对方对自己所在学科的无知是无法克服的。数学家通常鄙视数学哲学家对他们学科的见解；总的来说，向所有经验科学提供帮助的分析哲学不太成功。极端专业化和小集团内部的词汇阻碍了交流——通常是同一院系内部不同学派之间的交流，这种情况尤其发生在文学系，但在各系之间更为严重。

毋庸赘言，当代的知识产出数量巨大，人们甚至无法做出明快的概述。在人类历史上，首次出现了不可能全面掌握知识的情况，这本身就是一个重要的历史事实。（正如奥尔特加·Y. 加塞特所言，我们不知道自己身边发生了什么事情，而这种情况正发生在我们身上。）圣杯[1]或亚特兰蒂斯[2]根本就不存在，甚至比梦幻还虚无缥缈。戴维·诺尔斯[3]所谓的"在自然层面对宇宙的唯一理由充分和明白易懂的解释，以及对人及其力量的一种分析……[虽然]对所有人都适用，而且在其自身领域内部是决定性的"，却一直遭受怀疑主义的攻击，甚至在诺尔斯所论述的中世纪也是如此。不过，正如他补充的那样，这种怀疑主义"从来没有取得全面胜利，而且最终未被接受"。欧洲思想固守它引人注目的一种信仰：经过启蒙的心智能够获得最终的认识。尽管有黑格尔和达尔文的存在，维多利亚时期的伟人们依然相信知识的统一性和个体在总体上掌握知识总和的能力。[4]直到20世纪20年代末，比阿特丽斯·韦布在日记中记载，她对于绝对真理并不存在这种思想表示震惊。今天，它已被接受，不再让我们感到震惊。如果说集大成之思想人物已不复存在，那么我们就走到了个体性的尽头，"人的解体"就发生了。未来肯定属于

---

1 圣杯（Holy Grail），亚瑟王传奇中的骑士们寻找的圣物。在20世纪的文学作品中，圣杯仍然是被描写得很多的一个主题。

2 亚特兰蒂斯（Atlantis），传说中的岛屿，据说位于大西洋直布罗陀海峡以西，后沉没于海洋。

3 戴维·诺尔斯（David Knowles, 1896—1974），20世纪英国天主教历史学家、中世纪修道院史专家。

4 关于一位19世纪学者对这种理想感受的一个注解，参见约翰·斯帕罗的《马克·帕蒂森与大学理念》(1967)。在最后一部未竟之作《布法与白居榭》这部小说中，福楼拜写了两位退休职员力求总结所有人类知识。他们重新出现在萨特的《恶心》中，"颇具讽刺意味"。——原注

"人工智能",它是我们这个时代的一项主要研究成果:人类正在被电脑取代。

1914年,伯特兰·罗素在《我们对外部世界的认识》中写道,过去的许多综合正在崩溃,"使我们这个时代成为一个困惑探索的时代,正是在同一地方,我们的祖先曾经在'绝对确定'的明澈日光下恬然漫步"。但随后,他又对这种情况表示欢迎,认为这是哲学走向精确的进步而不是停留在"未经证实的宏大概括"。旧有的概括曾经满足大量的公众;新的精确性,更精确、更复杂,不是他们能理解的。职业哲学日益脱离公众,沉浸在一种专门化的亚文化当中,受到刺激,试图创新,变得机巧起来,或许发明一个新论题。在20世纪六七十年代,在雨后春笋般兴起的大学中,哲学增生出各种组合形式。例如,出现了现象学社会学家(许茨、伽达默尔,也许萨特的《辩证理性批判》也算得上),语言学心理分析学家。以语言学为基础的结构主义,作为一种重要的新趋向而崛起。1975年出版的一部哲学评论[1]认定了这种多元化的情况——从禅宗信徒到逻辑实证主义者,从革命行动主义者到严谨的分析家——从而否定了把哲学说成是一门统一学科的判断。

通常,哲学家们一心去钻哲学细枝末节问题的牛角尖,他们剖析的问题只是无数种可能性中的一种,这类问题的产生是出于职业上的某种偶然。有时,其中一个问题得到广泛关注,但随着争论进行不下去,它也逐渐销声匿迹;它已经被看透,用维特根斯坦的话

---

[1] 查尔斯·J. 邦当和S. 杰克·奥德尔主编:《密涅瓦的猫头鹰:哲学家论哲学》(1975)。

说，苍蝇从瓶子里给放了出来[1]。约翰·罗尔斯的《正义论》(1971)中就有这种昙花一现的观点。这本书认为，如果（获得公共物品的）不平等造成的额外特权有助于弱势群体，他会赞同这种不平等的正义。这个主题与当时正在发生的社会变化有关。但10年后，几乎没有人再对它感兴趣；罗尔斯遭到驳斥；在大量的专著和文章争相讨论这个问题之后，至少他已经被人说腻了。其他观点取代了它，而且注定会这么发展下去。学术分析的惊人效率吞没了类似的每一个不解之谜，把它咀嚼成碎片，再吐出来，然后随时准备对付其他佳肴。对于这一切，一般读者，或者说职业哲学家小圈子外的几乎每一个人，都不太了解，这反倒是他们的福气。

学生造反的一个原因是，他们对于一个四分五裂而且似乎与现实生活脱节的知识世界困惑不解。社会理论本身及其学术风格，都体现出这种脱节。有人在评论安东尼·吉登斯和乔纳森·特纳主编的《今日社会理论》(1986)时说："将这么多完全不同的方案齐举并列放在一个题目之下，在启发引导那些不熟悉这些社会理论的读者时，很可能让他们困惑茫然。"该书涉及的范围甚广，从"坚定不移的行为主义"到法兰克福学派的批判理论、塔尔科特·帕森斯[2]及其后继者所信奉的韦伯主义思想，再到各种数学模式以及结构主义。面对这样一些"从根本上不同的社会理论，读者马上会感到不知所措，无法做出合理的选择"。或许是出于绝望，这本文集收入

---

[1] 维特根斯坦曾经表示，自己的哲学是"给捕蝇瓶里的苍蝇指出一条出路"。
[2] 塔尔科特·帕森斯（Talcott Parsons, 1902—1979），美国学者、社会学家。他提出的社会行动学说对现代社会学产生了重大影响。

了低调的、相对注重经验的内容，例如，拉尔夫·米利班德[1]的朴素的马克思主义以及伊曼纽尔·沃勒斯坦[2]的"世界体系"。似乎只有这些还能与现实世界有些联系。

约翰·格雷在"哲学动态"栏目评论政治哲学近况时（TLS，1992年7月3日），论及"一种老式传统的奇怪死亡"（当然，从现代学术文化角度看来这并不奇怪），在这个过程中，政治哲学与经济理论和历史相交叉，正如亚当·斯密和约翰·斯图尔特·穆勒的思想相交叉一样；政治哲学逐渐受到"一个高高在上、与其他学科相隔绝的学派的支配"，这个学派也是远离现实生活的。经济学理论差不多也面临同样的状况。经济学当然处于混乱状态之中，正如一本书的标题表明的那样（彼得·贾尔斯、盖伊·劳思主编：《陷入混乱的经济学》，1984）。一些心怀不满的经济学家认为，"不尊重事实"是主要问题：未能看到现实世界如何不同于被主导经济理论高度理论化的世界。脱离现实世界以及其他研究领域，这种孤立的感觉明显体现在以下两本书中：威廉·N. 帕克主编的《经济学史与现代经济学家》（1986）以及安米亚·达斯古普塔的《经济理论的各个时期》（1985）。

由于受到了后现代主义、解构主义"时代精神"的深刻影响，《作为话语的经济学》（沃伦·塞缪尔斯主编，1990）等著作试图剥掉这门学科身上的"科学"伪装。它是"意识形态"，它是"修辞性"的，它把自己打扮成科学，只是为了往自己脸上贴金。那种宣称有一门可以脱离具体环境的自主的经济科学的说法只是幻想；采

---

[1] 拉尔夫·米利班德（Ralph Miliband, 1924—1994），英国马克思主义学者。
[2] 伊曼纽尔·沃勒斯坦（Immanuel Wallerstein, 1930—2019），美国社会学家，著有《现代世界体系》。

纳这种说法，要么是为了自我推销，要么是为了减轻对社会的责任（"作为一种减轻焦虑的机制而发挥作用"）。这部由经济学界的一些初生牛犊完成的专题论文集，显然把目标对准了老派教授，有他们自私的打算。书中重印了伟大的数学边际主义者瓦尔拉斯[1]的一些东西，为的是证明，这些老教授认为经济学是同力学一样的科学是多么令人匪夷所思。按照他们的分析，像保罗·萨缪尔森[2]的《经济学》那样广受欢迎的教科书原来也是在玩弄大量的修辞把戏。当然，这些"解构主义"经济学家意识到，他们对于公认传统的猛烈抨击也会招致同样颠覆性的批评。它完全是一场游戏；谁的拆解工作做得好，谁就得分。

经济学证明了这一主题：专门知识掌握得越多，其范围和应用性就越小，这着实令人吃惊。令人耳晕目眩的高超理论技巧引出的结论离现实世界越来越远，或者根本无法推导出任何结论：这是不确定的领域。政治家要求的是明确的解决办法，对他们来说，专家简直毫无价值。早在1977年，就有人引用一位老牌经济学家的话说，"我们这一行已经破产了"。不足为奇的是，虽然许多职业经济学家不以为然，但情况正如一位作者（弗兰克·哈恩）抱怨的那样："业余经济学家……还有非经济学家的看法……得到了至少与职业经济学家的看法同样多的尊重，或许更多。"他评论的是肯尼思·J.阿罗[3]的论文集（1986）。

---

[1] 瓦尔拉斯（Léon Walras, 1834—1910），法国经济学家。
[2] 保罗·萨缪尔森（Paul Samuelson, 1915—2009），美国经济学家，因其在经济理论领域做出极其重大的贡献而获得1970年的诺贝尔经济学奖。
[3] 肯尼思·J.阿罗（Kenneth J. Arrow, 1921—2017），美国经济学家，1972年获得诺贝尔经济学奖。

阿罗被称为20世纪最伟大的纯粹经济学理论家之一，虽然他的名字不像凯恩斯或熊彼特那样家喻户晓，甚至不如哈耶克和弗里德曼[1]有名。同其他许多高级理论家一样，阿罗提供了许多模型，这些模型并没有装作去描述现存的经济问题，它们越来越脱离那个现实，因为它们发现"不存在一成不变的规律……不存在确定性"（弗兰克·哈恩语）。他们的理论并非没有得到应用，只是这些理论太晦涩，而且不管怎么说，都非常有局限性。当然，对社会制度进行总体说明，无论是资本主义制度还是社会主义制度，都是过于简单化的做法。从本质上说，这是象棋游戏中高智商棋手内部的一种话语。

像自由市场经济学与国家干预的对立这样紧要的问题，专家们无法达成共识。（哈里·杜鲁门曾大叫："我要能够提供明确意见的顾问！"[2]）他们在非常基本的事情上发生分歧："如果要争取高水平就业率，那么，在理论上是否会出现市场调节持续失败的现象，从而需要政府的干预，或者说，如果需要国家干预，应当采取什么样的金融和财政手段……"针对一门学问而展开的这类思考，就技术而言，简直与核物理学一样复杂精细，这表明它在实际应用中是有局限的。选择你最青睐的经济学家。哈罗德·威尔逊[3]运气不佳的最后一届政府任命的经济顾问是匈牙利出生的尼古拉斯·卡尔多。克里斯托弗·约翰逊在评论安东尼·瑟尔沃尔在1988年出版的研究卡

1　米尔顿·弗里德曼（Milton Friedman, 1912—2006），美国自由放任主义经济学家，20世纪下半叶主要的保守主义经济学家。
2　杜鲁门的原话是："Give me a one-handed economist! All my economists say, '...on the one hand... on the other.'"
3　哈罗德·威尔逊（Harold Wilson, 1916—1995），英国工党政治家、英国首相（1964—1970, 1974—1976）。

第11章　解构的20世纪80年代　　527

尔多的著作时说，在讲求实用的人看来，卡尔多是一位有怪癖的教授，但是，"在许多学人看来，他是喜欢政治辩论的人"。玛格丽特·撒切尔任命基思·约瑟夫当经济顾问。在《国家与经济知识：美国和英国经验》（玛丽·弗尔纳和巴里·苏普莱主编）一书中，似乎可以看出，政治家对经济学家是多么缺乏理解，极少听从他们的意见。

对人类历史的最后一次整体综合，是由阿诺德·J. 汤因比完成的，上文已经提到，他在20世纪50年代很走红。他对各种文明的兴衰所进行的大气磅礴的探索显得有些过时，这让人感到不可思议，因为它还在依傍实证主义框架去探求"规律"，它身上还有19世纪"历史哲学"的味道，虽然这位后来当上英国皇家国际事务研究所主任的古典学者，其博大精深远在他的前辈孔德、巴克尔或马克思之上。他对西方文明病态成因的追索，主要依据的是斯宾格勒的悲观主义精神。他的写作风格是深沉多思、旁征博引，这是他与其他大多数历史学家不同的地方，从而给他打上了最后一位伟大浪漫派的印记。

像这样从容不迫地漫步于21种不同的文明中，寻求它们成长和衰败的共同模式，自然会带来许多快意。但有的历史学家发现，这种自称发现"规律"的说法，或者说，这种区分出许多不相关的文明并进行比较的做法（就像对待不同类型的树木那样），几乎不能成立。汤因比的巨著，用他的话说，有"鲸吞万里"之志，事实证明，它具有全球性视野和现代历史学家的技能，而且显示了人类对于"人类往何处去"这个大问题的永恒兴趣。但是，他几乎没有提供答案。在最初产生一阵影响之后，汤因比的名气急剧消退。与《芬尼根守灵夜》相似，汤因比的《历史研究》是终点。此后，再没有人愿意承担这样的任务。总体性综合已经并非个人力量所能承受的了。

法国社会史家的结构主义转向,上文已经提及。历史学家,同其他学科的专家一样,经历了职业化和专业化,他们往往追随以解构主义和后现代主义为特征的理论风尚。思想史家负有记载这一切的任务,但他们也不得不屈从于他们自身的、主要是方法论上的专业化。他们进行的理论论争,除了极少数圈内人外,没人能明白。因为,像大多数善于思考的历史学家一样,他们断定,根本没有真正的或确定的历史理解;历史只不过是受到时代局限、话语限制的历史学家制造出来的特定主观产物。那么,历史知识是怎样获得的呢?在思考这一问题时,他们倾向于对历史著作的结构和修辞进行微妙细致的分析,把历史著作当作另一种文学体裁,当然它就不可能有什么内在的或固定的意义。

一些老派历史学家坚决捍卫传统史学,但他们不可避免地看起来很像老顽固。G. R. 埃尔顿[1]在激烈的长篇演讲(《回归本原》,1991)中批评现在流行的社会科学的晦涩术语、半生不熟的理论化、解构主义以及那些将历史当作小说来处理的人。这篇演讲很像以前哈佛大学奥斯卡·汉德林[2]的一次演讲。杰弗里爵士[3]赞同汉娜·阿伦特和迈克尔·奥克肖特的看法:关于人类的政治行为,根本没有理论可言。他在捍卫旧式政治史时认为,国家是具有统一性的历史唯一可能的焦点。在这些问题上,社会史家劳伦斯·斯通同意埃尔

---

[1] G. R. 埃尔顿(Geoffrey Rudolph Elton, 1921—1994),英国历史学家,以研究都铎王朝著称。
[2] 奥斯卡·汉德林(Oscar Handlin, 1915—2011),美国历史学家、教育家,以研究移民问题著称。
[3] 杰弗里爵士(Sir Geoffrey Vickers, 1894—1982),英国著名法学家、作家。

顿的看法，不过，他在评论埃尔顿的著作时，指责埃尔顿"意气用事，见识浅短，毁谤了过去50年历史、社会科学、文学批评和哲学等领域大多数有影响的人物"。

福柯、德里达、女性主义者、马克思主义者、年鉴学派，甚至所有的法国人，都遭到这位杰出英国历史学家的痛斥，说他们故弄玄虚、自命不凡。他的声音是在现代荒野上的呼号，伸张了老派历史学努力发掘整理、精心考辨史实的优点。大部分科学方法论者与这种崇尚事实的做法背道而驰；事实无法替自己说话，我们所见的事实是我们受到某种内在"理论"有选择地指引的结果；新的理论使人们看到新的事实，而且让人们以不同的方式看待旧的事实。彼得·芒兹[1]（《时间的形态》，1977）的主观主义很接近现代氛围："我们对历史的认识是对历史知识的认识，而不是对过去实际发生的事情的认识。"而且，"所有关于历史真相的讨论都是关于书写历史的不同方式的讨论"。

对于学者来说，无论他是历史学家、人类学家，还是社会学家，这种极端的"反思"或者方法论上的自我意识，都有可能导致瘫痪。运动员都知道，过多地考虑你正在做的动作，很可能因自我意识而导致失败。有人提过这样的问题：如果百足虫在行进过程中开始有意识地迈每一只脚，结果会怎样呢？历史学家和人类学家开始论述他们自己写作的过程；他们展开一项研究，即用整本书的篇幅来提出他们的预设、成见和方法论，结果由于"一种认识论上的

---

[1] 彼得·芒兹（Peter Munz, 1921—2006），美国历史学家。

疑心病"而无法做任何事情。[1]

　　社会学家们抱怨说，至少有六七种学派，包括功能主义者、行为主义者、马克思主义者、存在主义者和象征互动主义者，为争夺各个领域的控制权而展开了复杂的方法论之争。学生还没开始接触上述学派，就已经被这些争吵弄得头昏脑涨了。学生们受到鼓动，从有机论、电脑、逻辑等式、市场、戏剧以及其他事物中选取他们的基本隐喻，也没有人指导他们哪一样是最佳的——这些只是不同的"视角"而已。这种情况与文学研究面临的情况相似：在文学研究中，有人曾经指出，现在学生不是从作品的文本入手，而是从阐释文本的各种理论方法入手。A. W. 古尔德纳在《西方社会学即将到来的危机》（1971）中宣布了他的意图：用另外几卷的篇幅详述"有关各种社会理论的一种系统和概括性的社会学理论"。当别人做同样事情的时候，有人能够设想出一种有关社会理论的理论的理论——如此延续不已。1970年，罗伯特·弗雷德里克写过一本《社会学之社会学》。著名的法国社会学家和巴黎知识分子皮埃尔·布尔迪厄[2]认为，社会学家必须从研究自身开始，去发现自己所有的特殊成见和偏好；社会学家是否会走出这种"反思"事业而去进行社会学研究，还不得而知。

　　当今的英国社会人类学史已不同以往。以往，它探讨的是这些调查者如何受到达尔文和孔德的启发，去寻找一门关于人类发展的科学。现在，它探讨的是这些调查者如何受帝国主义和厌女症的鼓

1　见克利福德·格尔茨：《著作与生平：人类学家兼作家》（1988）。——原注
2　皮埃尔·布尔迪厄（Pierre Bourdieu, 1930—2002），法国社会学家。

动,或者可能因同性恋欲望受到压抑,而到海外在不幸的土著人身上宣泄自己的挫败感。

心理学家分化为对立的两极:一方是行为主义者,他们严格排斥任何主观的东西;另一方是存在主义的"人道主义者",他们只对内心的主体性感兴趣。内/外的两极对立并不能涵盖事情的多样性("内/外"是一本心理学文选的书名)。按照一位精神病医生的说法,精神失调倍增以及它不断被修正,有可能导致"分化为不同的语言"。在1952年版的精神失调分类标准手册上,有60种;在1987版的分类手册上,增长到了250种;至于1992年版的手册,种类就更多了。令医师们感到郁闷的是,精神病学每隔几年就要发生一些变化。但按照那些最聪明的开业医师的说法,每个案例都不同于其他案例,因此不再可能有一门通用学科。

在一个充斥焦虑和忧郁的时代,不曾经历一场精神崩溃或短期精神病,简直是怪事(有数字显示,有的时期,医疗保险的25%左右用于精神治疗)。心理学成为最热门的学科。心理分析是联系流行文化与智识文化的一个纽带;每一位电影明星都有自己的"精神病医生"。玛莉莲·梦露曾经帮助安娜·弗洛伊德在汉普斯泰德的诊所获得补贴。只要有离奇的事情发生,例如一场奇特的谋杀案(在大多数美国城市里,这种事情每天都会发生),充当权威报告人的肯定是心理学家而不是教士或诗人,他受邀来发表有针对性的评论。心理主义的影响无处不在,它出现在常用来描述文化现象的术语中,例如"自恋主义文化"。

宗教

自从 19 世纪基督教产生危机以来，人们一直在寻找一种替代性的宗教，也就是某种类似信仰的东西，但没有成功。在萧伯纳的剧本《真相毕露》中，有一个人物大声叫喊："我们所有的信念里，都铭刻着那个致命的'不'字。"20 世纪 30 年代，这种追求曾将西方知识分子引向共产主义，40 年代引向存在主义的虚无，50 年代引向一种默默的顺从[1]，60 年代引向革命的歇斯底里。但是，想回归传统教会的迹象一直存在。同第一次世界大战一样，第二次世界大战激发了人们对宗教的兴趣。意大利大作家伊尼亚齐奥·西洛内曾是共产党员。他在 1946 年宣称："在我们这个革命的时代，重新发现基督教的精神遗产依然是我们这一代人在过去几年为了良知而取得的最重要成果。"在文学界其他老一辈著名政治家当中，归信基督教的有奥登、T. S. 艾略特、格雷厄姆·格林[2] 和弗朗索瓦·莫里亚克。

牛津和剑桥的学者 C. S. 刘易斯，是那一代作家中最有才华的人，他已经找到通往"纯粹基督教"的道路。他与"淡墨会"（Inklings）的其他成员 J. R. R. 托尔金[3] 和查尔斯·威廉斯一起，着手为现代人创立一种新的宗教神话。英国作家和电视名人马尔科姆·马格里奇[4]为他的知识分子朋友们在一位大暴君式的人物面前卑躬屈膝感到惊恐，他重新发现了耶稣（《重新发现耶稣》，1969）。

---

[1] 在"冷战"的背景下，阿多诺曾提倡违心的顺从。
[2] 格雷厄姆·格林（Graham Greene, 1904—1991），英国小说家、剧作家和新闻记者。1926 年改信天主教。
[3] J. R. R. 托尔金（J. R. R. Tolkien, 1892—1973），英国小说家、学者。
[4] 马尔科姆·马格里奇（Malcolm Muggeridge, 1903—1990），英国作家、基督教的捍卫者。

阿诺德·汤因比，在他大受读者欢迎的文明比较研究的巨著的结尾
（《历史研究》，1934年，1939年，1954年；由萨默维尔缩写的两
卷本，1947年，1957年），建议人们带着悔罪的心回到宗教的怀抱；
他认为高级宗教是历史进程的主要目标。罗歇·加罗迪在20世纪
60年代脱离了法国共产党，为的是在共产主义和基督教之间展开一
场对话。这些只不过是战后教义复兴之风中的一些现象。

还有一些人值得一提。卡尔·荣格一直活到80多岁，德高望
重。他对于隐藏在宗教体验背后的普遍象征和原型的兴趣越来越浓。
许多学者致力于探索比较宗教研究。人们从历史和神学角度研究基
督教，其兴趣之浓是史无前例的；可以说，犹太教也遇到了同样的
情况，大屠杀之后幸存的犹太人致力于发掘祖先的传统。方兴未艾
的神学研究产生了一些大人物，如深受海德格尔影响的卡尔·拉
纳[1]。萨特的无神论存在主义绝对不是唯一的存在主义；在被称作基
督教存在主义者的人当中，也就是克尔凯郭尔的继承人中，有加布
里埃尔·马塞尔和保罗·蒂利希；马丁·布伯则是一位享有盛名的
犹太教存在主义者。在苏联，教会一直在地下潜伏。持不同政见的
大作家索尔仁尼琴在反对斯大林主义的斗争中，一再重申东正教信
条。罗马天主教一直是抵制波兰全面共产主义化的一个堡垒，早在
波兰籍教皇鼓动波兰1980年以来的反叛运动之前就是如此。

可以说，这种经久不息的宗教冲动，与其他领域一样，也出现
了同样程度的零散化。自从宗教改革运动以来，各种教派和教会日

---

[1] 卡尔·拉纳（Karl Rahner, 1904—1984），德国耶稣会司铎，被公认为是20世纪天主教最杰出的神学家。

益增多，但许多会议和书籍没有走得太远。基督教世界掀起了一场声势浩大的大一统运动，试图打破它们之间的藩篱。现代世界孕育了更大的分裂趋势。新的基督教派和神学大量出现。有些教派和神学几乎剔除了所有特定的基督教内容。20世纪60年代颇有争议的是"世俗神学"，其目标是使教会"有现实意义"。在英国，伍利奇主教宣扬的立场（《对上帝诚实》），为摆脱基督教在正式教义或礼拜仪式方面特有的一切内容而自豪。教会可以绕过传统的基督教道德，转而依靠"境遇伦理"；它甚至大谈无神论的或不带宗教色彩的基督教。

同样，罗马天主教也遭受了一场危机的冲击。这场危机主要表现为瑞士人汉斯·昆[1]等左翼神学家的批评以及保守派对教会传统仪式现代化的抵制。拉丁美洲天主教会将天主教的一部分引入左翼政治。这一切似乎说明了，基督教教会要么去适应现代世俗世界，要么消亡。但如果它去适应现代世俗世界，就不仅背叛了它的传统、疏远了忠实的信徒，还要冒取消自身的危险。罗马教廷在这些问题上犹豫不定。

教会去适应世俗世界显然会遇到一种危险，就是它会失去一切明显带有基督教特色的东西，正如美国小说家彼得·德·弗里斯[2]所讽刺的那种分级结构[3]的唯一神论教会的情况，它们与激进的政治俱乐部没什么区别。在20世纪60年代反叛青年中那群"耶稣迷"的

---

1 汉斯·昆（Hans Küng，生于1928年），瑞士神学家。
2 彼得·德·弗里斯（Peter De Vries，1910—1993），美国小说家。
3 教会分级结构是指，有些教会把信徒分为两级，上层是专职教士，直接蒙受神恩，底层是普通信众，他们的得救有赖于教士。

信念中，很难看出正统基督教的成分（他们认为救世主是现行体制的死敌），与此同时，学养深厚的神学家们则去除《圣经》的神话色彩。但也有截然相反的情况，例如，美因茨的潘能伯格教授坚持严苛保守的神学思想。

但现代都市世界里国际融合的程度越来越高，宗教冲动完全摆脱了古老的基督教或犹太教模式。从科学论派（澳大利亚人的发明）到统一教会（从亚洲来的舶来品），各种教派层出不穷，这有力地证明了大众对信仰的需要。各种东西方宗教的混合产物盛极一时。哈佛大学神学教授哈维·考克斯在《转向东方》一书中声称："在马萨诸塞大道和博伊斯顿大街交叉口的20个街区内，活跃着四五十个各不相同的新兴东方宗教团体。"当然，加利福尼亚在这方面超过了波士顿，而且这种宗教狂热遍布欧洲城市。20世纪七八十年代，宗教激进主义席卷而来。在伦敦和巴黎，以及纽约和洛杉矶，可以看到来自世界各地的人们。

有些预言家，比如伦敦那位自称收到天外信息的约翰·米歇尔，预言了这个时代的结束和另一个时代的开始，后者以新的"意识扩张"为标志。这些密码似的词语出现在世俗社会逃避者聚居的地区。这种情况类似于曾经作为古代世界衰落时代标志的宗教骚动。世界末日的主题无处不在；根据德国的一份报告，连儿童文学也从传统的快乐结局转变为关注"心理灾难、暴力、不公正、不应得到的毁灭"（天主教杂志《时代的呼声》，1976年11月号）。大灾变景象大量出现在科幻小说中；这种最受欢迎的文学体裁不再赞美科学奇迹，而是转向想象这个星球或这个星系抑或这个宇宙的彻底毁灭——"等待着终结"。

现代社会造成的种种压力促使人们需要大量心理安慰和指导，而这些宗教可以提供。自从宗教改革时代以来，还没有见过这么多种精神现象。但是，这种新的"宗教意识"最终只能说明现代人心神不安。精神病态、自杀、犯罪、离婚和吸毒等种种迹象，是失范和焦虑的征兆。如果说宗教的功能在于提供一套共享的核心价值观，以及统一和稳定的社会，那么，这些掠过喧闹都市世界的大量狂热现象并没有起到宗教的作用，相反，它们是宗教缺席的标志。规模宏大的世俗化过程是构成现代化的一个基本组成部分，这个过程还在继续进行；现代社会的本质是非宗教性的。

科学

与科学论派相似，许多新的宗教崇拜与（虚幻的或真实的，严肃的或流行的）科学交织在一起。声望卓著的物理学家弗雷德·艾伦·沃尔夫写过一本向普通读者介绍量子力学的书，但他还写了《老鹰的寻求：一位物理学家在萨满世界寻求真理》（1992）一书。他去了（美国新墨西哥州）圣菲市，在都市化的美洲土著萨满教中寻找教诲！人们把萨满教、德鲁伊教[1]、魔法、巫术像商品一样四处兜售，将其作为替代性的宗教，抑或是心理疗法；大众心理学，在书店里被归为"自我修炼"一类，逐渐变成伪科学和邪教。

科学领域不断增生，因此无法产生令人满意的知识整合。后爱因斯坦时代的物理学依然没有出现思想综合。正如我们后面要说到

---

1 德鲁伊教（druidism），古代凯尔特巫师宗教。

的那样，一个多元主义的宇宙表现在，科学家们未能发现某种统一的力。爱因斯坦坚信宇宙有一种秩序。他在晚年（他于1955年去世）致力于研究一种统一场的理论，通过假定物理实在最终不是由粒子而是由场构成的，试图将他的狭义相对论与广义相对论统一起来，将电磁力和重力统一起来。他所谓的"场"就是产生影响的区域，很像绳子上的结。1945年，爱因斯坦发表了关于这方面的一般理论，但极少有科学家接受。

科学的未来似乎取决于粒子。越来越多的粒子被确认，迄今已发现200种左右。它们之间的关系还不清楚。中微子、介子、胶子以及几种"夸克"（用"粲"和"奇异"等形容词修饰）只是先导。夸克和轻子似乎是宇宙的基本建筑材料。现在好像不只有两种基本作用力，而是有四种；除了电磁力和引力之外，还有将原子捆绑在一起的"强相互作用"，以及将质子和中子捆绑在一起的"弱相互作用"。据称，人们希望最终发现一个公式，可以将其中的几种作用力联系在一起，但对此没有人有把握。花费几十亿公共资金建造的大型回旋加速器可以粉碎质子和中子，并揭示它们的亚单位。到了20世纪80年代末，最新的理论倾向于相信以下观念：弱相互作用力和电磁力是某种单一力，即"电弱作用力"的两个部分。超过了一定的能量之后，差别就会消失。在非常高的（无法获得的）能量状态下，强相互作用力和电弱作用力可能会合为一体——在宇宙开始后的瞬间可能出现这种情况。

按照一种理论，五维空间已经增加到十一维。有些亚原子的粒子存活时间不足十亿分之一秒，有些显然不占据任何空间。在另一个极端上，射电望远镜显示，存在数以十亿计的星系，每个星系又包含数十亿颗恒星,每个恒星体系都像我们的太阳系一样。人们还发现了类星体、脉冲星和黑洞——黑洞是大质量星体的引力坍缩,导致对光线的吸收,这是对爱因斯坦理论的轰动性证实。人们带着兴奋之情进一步了解到宇宙形成的原始"大爆炸"理论,以及宇宙从那一刻发展到现在的各个阶段。当空间飞行器使科学家们能发现地面工具无法探测到的大量射线时,这个宇宙波背景巩固了"大爆炸"宇宙模型对"静态"宇宙模型的胜利。1968年,科学家发现了脉冲星,即从中子星散发出去的波动,这进一步证实了宇宙明显是动态的。

宇宙,这个原来被当作原始蛋状物或棒球状的东西变得更小了。如今,人们相信,宇宙最初的体积像原子那么大,尽管它在一百亿亿分之一秒中长到葡萄柚那么大。夸克和轻子在宇宙形成之后存在一秒钟,然后夸克聚集在一起形成质子和中子,质子和中子(冷却到足够程度时)发生熔合,形成原子核。接下来,电子绕原子核运动。轻子变成了中微子。引力随即出现。这个重新构建的过程全部都是高度想象的、假设的,对普通人来说,可能要用不可知论来辩解。大爆炸理论招致了批评,但在1992年,宇宙飞船上的望远镜所得到的数据说再次证实了大爆炸理论。大爆炸的一条证据是,以它为基础的理论预见了宇宙中各种元素的比例。不过,有一点未能得到解释,即星系何以呈旋涡状群集,而不是均匀地分布在宇宙中。那些试图追踪这些令人惊奇的物理学前沿的人可能怀疑,语言与现实发生了彻底分离。我们不应该把这些作为工具的言语和公式与本体论的现实混为一谈,它们之间没有逻辑联系。实在论者和反实在论者之间的争论还在继续。

分子生物学家在令人称奇的遗传学中探索生命的奥秘，即便他们没有超过揭示奇迹的核物理学家和天文学家，至少也可以说是旗鼓相当的。遗传分子 DNA 的发现是 20 世纪 50 年代最引人入胜的一个科学事件。DNA 从父母身上遗传给子女，它上面载有经过严密编码的、对人类成长的说明。80 年代，基因工程成为一个迅速发展的行业，那时，基因开始用于治疗人类疾病，以及繁殖经过品种改良的植物和家畜。90 年代，耗资巨大的项目开始起动；生物学家对粒子加速器的回应，是一个据估计将在接下来 15 年左右花费纳税人数十亿美元的、对人类基因组的测序工作。每个人都继承两套 DNA，从父母那里各继承一套，据说每套基因都包含大约 30 亿个核苷酸单位。如果完整地记录下这些核苷酸单位，很可能会发现许多以前不为人知的基因。正像击破原子一样，这究竟有多大实用价值，或者在多大程度上有助于全面理解现实的性质，还不清楚。但追寻行动还在进行，有时，科学家会把这种追寻与古老的寻找圣杯相提并论。在自然用来传播生命信息的复杂晦涩的化学语言中，能够发现它吗？如果能够发现，那么它将意味着什么呢？

当然，这些项目无论哪一个都离不开计算机，这是 20 世纪后半叶的一项神奇发明。微型计算机能够贮存、处理和传递数据，其速度和可靠性远在以前的方法之上，从而成为多重的飞跃。它能够进行以前需要几百年时间因而无法实现的数学运算。它能够描绘或模仿大量的数据之间的关系，开拓全新的知识领域。每隔几年就会有速度更快的计算机芯片面世。计算机屏幕上能够显示宇宙的三维图像，能够模拟一座建成后的建筑物供建筑师核查。在象棋比赛中，计算机能够战胜绝大多数人类选手，它们能够从几百万种可能性中计算出最佳走法，但它们不能筹划战略。人工智能引起了"认知科学家"的极大兴趣。计算机也能"模拟现实"，这样一来，如果现实中的人通过计算机以及其他交流形式做爱，（据推测）他们还可以继续发展。

这一切以及其他许多奇迹都是从图灵计算机时代开始的。迈克尔·沙利斯在《硅神》（1984）一书中宣布，集成电路革命有非人化的作用。但正如他意识到的，这只是电话所开启的那场革命的延续。与此同时，他还得面对传真机革命。这种坚定的地平协会[1]心态（它在托尔斯泰以及其他反物质主义者那里早就有著名先例了），激起了我们的钦佩之情和浓厚兴趣。沙利斯先生可能是在电脑上写这本书的，他可能一边写，一边听光盘里的音乐，还可能借助图书馆的电子设备来检索信息；他的写作可能会因为看牙医或看病而中断，但因为医疗技术的进步，看病比以往更舒适。极少有人会拒绝所有的现代便利条件。在文化上，这意味着可以通过录像机和电视机，将电影、戏剧、音乐会、歌剧以及体育赛事原封不动地搬到家里，大大增加了高雅文化和低俗文化受众的数量。

艺术

该怎样评论当代艺术呢？一提到这个问题，数量惊人、支离破碎、商品化、怪诞、活力四射等字眼就闪现在我们脑海里。20世纪

---

[1] 地平协会（Flat Earth Society），是1993年建立的一个北美、英国和澳大利亚跨国玄学协会，拒绝现有的科学解释，自创一套对宇宙的玄妙解释。

60年代，肯·贝恩斯评论当代先锋派时宣称："艺术家争取自由的勇敢呼号已经变成小丑式的呐喊。"对于艺术界，有这样一种看法，即它已经分解成一个又一个哗众取宠的噱头。尼采曾预言，艺术一旦脱离古典规则和界限的束缚，就会出现"艺术解体"。第一代实验艺术家体验过一种令人振奋的自由；但用斯蒂芬·斯彭德的话说，"接下来就会导致一种更新、更彻底的支离破碎的局面，晦涩难懂，没有任何目的地讲求形式（或者说没有形式可言）"。无休止地寻求新奇会导致越发怪诞的浅薄空洞，这是严肃艺术死亡的先兆。

20世纪的最后几十年，艺术的特点是，流行风尚一阵阵地出现，而且一阵比一阵怪诞。"观念派"艺术家根本不动手画画，而是出绘画点子，并将其当作让你自己动手装配的元件卖掉。20世纪50年代，"波普"艺术家绘制盛汤的器皿和成管的口红。简约主义也在大型作品中现身，例如被大肆宣扬的保加利亚裔艺术家克里斯托的作品：用织物包裹的落基山脉或比斯开湾（1962年，他的习作是用布料包裹的芝加哥当代艺术博物馆）。但是，每年都会推出新的风格。

这一切很容易受到攻击；早在1956年，诺埃尔·科沃德的剧作《裸体与小提琴》里的一个人物说："我想再也没有懂绘画的人了。艺术，像人性一样，已经失控。"哥伦比亚大学著名人文学者雅克·巴尔赞[1]在《艺术的用途及滥用》（1974）一书中，赞同这位著名英国讽刺剧作家的意见："我们在一切艺术中看到的……是500年的文明一扫而光。"从来没出现过这么多艺术。艺术得到补贴、宣传和吹嘘，成了猎取权力和声誉的法宝。（在战后几十年中形成的、如

---

[1] 雅克·巴尔赞（Jacques Barzun，1907—2012），法裔美国文化史专家。

今方兴未艾的艺术史这门学术性学科，出现了一部比较怪异的著作。该书作者是一位年轻的艺术史家，他在60年代变成左翼人士，或者反过来说，他是60年代的左翼人士，后来转变成艺术史家。这本书宣称，1945年之后，艺术风尚的领导地位从巴黎转移到纽约，这是一个"冷战"阴谋，很可能是有名的"鉴赏家总部"，即中央情报局一手策划的。这本书是那种拼命东拉西扯的典范。[1]）

为了对抗理性化的科层社会（官僚社会）——工作的单调，闲暇的无聊，科学和商业扼杀灵魂的实用倾向——人们需要艺术，就像需要宗教一样。艺术挺身而出，对抗骨子里与审美背道而驰的社会主流。艺术批评社会主流，并提供取代它的办法或者解脱方法——为群众提供娱乐，即无神社会里麻醉人民的鸦片。那种将艺术视为激进批判手段的看法面临一个尴尬的现实，即肆无忌惮的先锋派艺术成了大生意，而且几乎是最大的。从纽约到东京，再到阿布扎比，资本家们投资艺术，认为这是最好的投资方式。投资者用数百万美元购买早期现代主义者的绘画，如凡·高和毕加索等人的作品，而当年这些画根本卖不出去。政府经常把现代艺术放在显眼的公共场所，常常让市民感到沮丧。（愤怒的市民起来反对损害城市空间和经济利益的雕塑作品，引发了一系列冲突。）[2]

人们竭力理解这一切，但这种理解本身越来越怪诞。伦敦批评家罗伯特·休伊森试图对此进行总结。他宣布，现代主义艺术已经死

---

[1] 瑟奇·吉尔豪特：《纽约如何盗用现代艺术理念》（1983）。杰克逊·波洛克和抽象表现主义在纽约地位提高，的确得力于广告宣传。一些著名的艺术批评家和《生活》杂志也参与了这一宣传活动。——原注

[2] 希尔顿·克雷默记述过一次这样的事件，见《广场上的人质劫持》，TLS, 1991年11月8日。——原注

亡，不同的事物开始出现；他试着论述"多元主义网络"（团块之间的信使），一种关注自我形象的纯粹个人艺术，但同时也是"社会超现实主义"（《将来时：90年代的新艺术》，1990）。"超越先锋派"的含义简直包罗万象。反对高雅的现代主义者，反对他们的抽象图案和自命不凡的象征主义，由此甚至导致了对旧式现实主义绘画形式的接受；体现19世纪中产阶级趣味的绘画过去遭到人们嘲笑，现在居然也值得举办一个展览（巴黎，1978年）。按照后现代主义的意识形态，拉斯维加斯的建筑不应被贬为垃圾，朋克文化也不应遭到不公正的诋毁。但通常来讲，电视尚未得到宽容对待，它的商业广告形象依然被认为体现了"大公司的利益"，而且具有腐蚀作用。

广义上的艺术最能表现一个时代的精神。尼采认为，艺术创作是最高贵的人类任务。他主张艺术应当是高度共有的、与宗教相关的。著名艺术批评家希尔顿·克雷默评论说："我们的文学，就像我们的政治一样，已经分裂成许多争吵不休的利益集团。"艺术的支离破碎反映了当今西方文化的处境。在这个支离破碎的过程中，艺术家感受到的痛苦超过了任何人。现代诗人、戏剧家和画家的悲剧生活揭示出这一点。个体感受与公共文化之间的冲突，或许在美国最为尖锐，那里发生了一个又一个的个人恐怖故事，其中包括诸如哈特·克莱恩[1]、罗伯特·洛威尔[2]、约翰·贝里曼[3]、田纳西·威廉斯[4]、

1　哈特·克莱恩（Hart Crane, 1899—1932），美国诗人，后来跳海自杀。
2　罗伯特·洛威尔自1949年患精神病症，间歇住院，死于心脏病。
3　约翰·贝里曼曾患有癫痫、神经衰弱。
4　田纳西·威廉斯（Tennessee Williams, 1911—1983），美国剧作家，长期酗酒和服药。

杰克逊·波洛克[1]以及其他许多无法一一提及的大艺术家发疯、酗酒、自杀和短命的故事。不过，欧洲也好不到哪里去；看看以下的案例便可知道：弗吉尼亚·伍尔芙、伟大的德语诗人保罗·策兰（保罗·安彻尔）以及马尔科姆·劳里[2]都患上了间歇性精神崩溃，伍尔芙和策兰最后自杀，安东尼·伯吉斯[3]精神失常，正如他在自传中叙述的那样。

这里没有足够的篇幅讨论文学。小说多得像森林中的树叶，还有大量的诗歌、戏剧、自传和历史。1927年，伍尔芙就预见了现代小说的形态，它未来呈现的模式是"风马牛不相及的事物的怪异组合，现代的心灵"。事情的确在朝这个方向发展。正如罗杰·弗莱[4]在评论现代艺术时所说的那样，艺术越来越不试图去模仿生活，而是去发现相当于生活的东西——替代的现实。

有人可能会大胆地总结说，在所有严肃题材中，当今最盛行的是文学传记。个人生平一向都是很有吸引力的；著名作家的生活，通常既饱受折磨又引人注目，既有丑闻又有成功，是最佳素材。在电子设备的辅助下，现代学术可以积累、组织堆积如山的材料。在心理学见解之外，可以添加一点高级文学理论；现代思想中充斥的一切新奇方法论都可以聚焦于某一目标。不让淫欲好奇心窥视私人事情的藩篱和禁忌逐渐被打破（作家和演员毫无拘束地描述他们的痛苦与罪恶）。传记作者可以赞美意识形态英雄，也可以恶毒地贬

---

1 杰克逊·波洛克（Jackson Pollock, 1912—1956），美国画家、抽象表现主义的主要代表，死于车祸。
2 马尔科姆·劳里（Malcolm Lowry, 1909—1957），英国小说家、诗人。
3 安东尼·伯吉斯（Anthony Burgess, 1917—1993），英国小说家、批评家。
4 罗杰·弗莱（Roger Fry, 1866—1934），英国美术批评家、画家。

损敌人，可以展示社会的罪恶或考察个体的过失。一个已经被写过好多遍的主题，当然还可以重写；众所周知，每一项研究都是不同的，但绝不会降低真实性，而且有一种文化上的健忘症涤除了人们对几年前所写传记的记忆。精英文化与流行文化之间的差距减小，这意味着题材范围可以扩大；电影明星同文学巨匠一样出色。对他们同样可以进行符号学分析，如果有必要的话。

最重要的是，个人生平是可以驾驭的，而整个文化则变得太大了（国家或城市也是如此）；而且，人们普遍觉得，只有个体才是实在的。结构主义企图消除个性，但没有成功；现在人们对这些话语的囚徒如此感兴趣，这种热情是前所未有的。即便说某种传记是一种反传记，它的研究对象还是个体的人。传记、回忆录、自传，以及改头换面的传记或自传性小说大大走红，这绝对说明了文化的原子化。正如近些年某些作家认为的那样，如果说我们处在"历史的终结"处，那么我们周围只剩下浩瀚如海的个人生活。

结　语

在 20 世纪行将结束之际，对于西方文明传统的生存本身出现了悲观看法。美国全国人文学科基金委员会主席琳内·切尼在呈交美国国会的一份人文学科状况的报告中指出，在美国 37% 的学院和大学中，不用选修任何一门历史课就可以拿到学位，在 45% 的院校中无须选修文学课即可拿到学位，在 62% 的院校中无须选修哲学课即可拿到学位。1992 年，希尔顿·克雷默在一篇文章中谈到了美国文学的"严酷局面"。他抱怨说，即使选修文学课，学生们也是看电影或看连环漫画，而不愿意读经典著作。（"今天美国的大学本科生可能更熟悉艾丽斯·沃克[1]，而不是托马斯·哈代或亨利·詹姆斯。即便研究这两人的小说，他们考察的可能也是这两位作家在种族、阶级和性别等方面的倒退看法。"他们很可能去看那些令他们昏头昏脑的论述低俗文化的高级理论。）欧洲的情况稍微好一些。都市流行文化在青年人中引发了一股狂热的厚今薄古潮流，轻视任何旧有的

---

[1] 艾丽斯·沃克（Alice Walker，生于 1944 年），当代美国女作家，1983 年因《紫色》获普利策奖。

东西。

但这类抱怨早已有之，不绝于耳。"人们不再看书，不再有时间。精神高度分散，稍纵即逝。这种不允许延续或深思的加速运动……将会彻底毁掉人类的理性。"这话听起来好像是最近才有的抱怨，但其实它是拉梅内于1819年说的。马修·阿诺德在评论下层民众病态的仓促忙乱和目标不专一时也重复了这一论调，说下层民众遭受了社会变迁的不断冲击和旧有价值观的毁灭。150年前，克尔凯郭尔说，精神"让过多的知识给弄糊涂了"。知识分子几乎总是认为他们所处时代的文化水准降低了。我们不得不带着几分慎重的态度来看待当前的抱怨；高雅文化总是少数人的专利。

从来没有像今天这么多的人受过教育，也从来没有这么多种类的文化产品可资利用。在20世纪80年代的英国，每学年都有200多万人研修某类高等教育课程；有30万全日制在读大学生。25%以上的人口受过高等教育。不妨比较一下1900年的情况，当时只有1%的人口上过大学，工人阶级家庭只有1%的人读到中学。（如果没有专门技能或者专门技能有限的体力劳动者都算作工人阶级，那么工人阶级占全部人口的比例已经从70%左右降到30%。）

现在看来，对于人数不断增加的群体来说，严肃的艺术、文学、音乐、戏剧和思想越来越重要。这些都是赚大钱的生意。我们看到，交响乐团付给乐队指挥的薪水与足球运动员和摇滚乐乐手所得的报酬相比并非过于寒酸，像帕瓦罗蒂这样的歌剧演唱者取得了世界巨星的地位，绘画作品以百万元的价格出售，成功的小说家赢得大量的忠实读者。这些小说家可不都是在生产文字垃圾。当然，现在的闲暇比从前多了许多；医学的进步使人的寿命延长了三分之一，通常这是退休后的时间。

显然，有许多人还生活在伟大的创造性作家所创造的世界里。许多年前，弗吉尼亚·伍尔芙说过："对我们而言，越来越现实的生活是虚构的生活。"据报道，普鲁斯特的《追忆逝水年华》仅法文版就卖了600万册。人们在小说中游览了重要的地方。1982年，成千上万的人从世界各地突然赶到有些不知所措的都柏林，参加"布鲁姆日"活动，庆祝乔伊斯一百周年诞辰，搬演《尤利西斯》中的场面。在他们看来，小说中的这些场面比现实生活中的任何东西都更真实、更有趣。《儿子与情人》、《布登勃洛克一家》和瓦格纳的《尼布龙根的指环》都搬上了电视荧屏；令人难忘的电影《小杜丽》[1]，以及其他许多通过录像机进入家庭，从而在家庭中常见的故事片，让亿万人欣赏到了文学经典名著。严肃思想家，例如马克思、弗洛伊德、尼采、萨特、维特根斯坦、爱因斯坦和德里达，差不多像小说家或诗人那样，成为人们的崇拜偶像。不可否认，当代社会固然有反智识的粗俗（毕竟获得报酬最高的英雄是运动员和流行歌曲明星），但它也在消费文化，而且其消费量之大是前所未有的。

社会现代化的整个宏伟过程是迫使个体进入幻想世界的原因。直到最近，建立在牢固的家庭基础上的社会，利用慈爱、关怀和从孩提时代到老年的各种仪式性活动，仍为大多数人——不仅仅是中产阶级和上层阶级——提供了一个人类关系的网络。今天，个体可能更加孤独，或许因为密切的人类接触几乎已经不存在；孩子越来

---

1 电影《小杜丽》改编自狄更斯的同名小说。

越少，家庭生活远不如从前丰富，而家人的住处更加分散，相隔甚远。人们更有可能在图书、电影、电视节目中寻找发泄情感的途径。

与现代化同步进行的是，智识生活发生了一个最重要的变化，那就是产生了一个独立的知识分子阶层，而这个阶层在许多方面脱离了社会的其余人等。这一变化肯定会引起人们的注意。有一位研究 19 世纪中期实证主义者的学者，曾论及这一事实：那些批评自己所在社会的实证主义者只能算半个反叛者，他们从来不认为自己构成了另外一个社会。尽管罗素喜欢批评时政和对凡事持否定态度，但令他感到震惊的是，20 世纪 20 年代的人与他有很大不同，他们疏远社会的态度更坚决。他们已经对这个社会表示绝望，而罗素是作为其中的一分子来说话的。从那以后，经过共产主义、存在主义和解构主义，我们几乎可以不夸张地说，知识分子群体已经开始走自己的道路。当然，我们可以将这种否定现实世界的态度追溯到 19 世纪 80 年代的象征主义者，甚至可以继续往前追溯（就某些方面而言，第一位现代作家是塞万提斯。他笔下的堂吉诃德无法理解为什么自己所见的世界不像书上所写的那样）。"知识分子"这个词指的是遗世独立、卓尔不群的那一类人。它的出现是一种世纪末现象。

不过，事情从来不是绝对的。拉尔夫·达伦多夫[1]这位进入公共生活的著名社会学家，在《心灵内外的旅程》(1985)一书中提到了雷蒙·阿隆和亨利·基辛格。这两位都是学者、历史学家、知识分子型的新闻工作者，他们都发挥了重要的公共作用，但未尝没有付出代价：遭到心怀嫉妒的学术同事的诋毁，被讲求实际的政治

---

[1] 拉尔夫·达伦多夫（Ralf Dahrendorf, 1929—2009），德国社会学家。

家指责为书生论政。达伦多夫评论说，阿隆"距离权力太近而无法影响思想，又距离权力太远而无法影响行动"。尽管如此，这类人物至少几乎填平了思想与行动、知识分子与民众之间的巨大鸿沟。（在意识形态上）大相径庭的经济学家，例如米尔顿·弗里德曼和约翰·肯尼斯·加尔布雷思，都努力成为声名远扬而且在思想上备受尊重的人。斯蒂芬·杰伊·古尔德这类严肃科学家也写畅销书。无独有偶，少数人能够一边搞严肃的学术研究，一边写通俗的历史或传记，尽管做到这一点很难。公众似乎既推崇骗子又推崇天才，这让人感到莫名其妙。

对文化产品的需求应该产生医治当今肆虐的诸多社会病症的功效。尤其在青年人当中，自杀、疯癫、吸毒以及犯罪的比例已经触目惊心，引起了社会的忧虑。这一现象让欧文·克里斯托尔[1]等人感到迷惑不解：自从1945年以来，"普通市民的经济富裕和经济保障达到一定的水平，在当时看来，这简直是幻想"，凭这一点，20世纪的最后50年就可以成为人类历史上最为出色的50年。然而，"与这一经济进步相伴生的是一股从未预见到的社会解体和道德迷失的潮流"，其具体表现是"犯罪率激增，到了令人难以置信的地步"，还有青年未婚先孕、吸毒和堕胎。在欧洲，在伦敦和苏黎世等城市的中心地带，近年出现了穿奇装异服的年轻人吸毒或酗酒的情景，这已成为当地的特色，他们可能不想在没完没了的"精神恍惚"状态下活得太长。

---

[1] 欧文·克里斯托尔（Irving Kristol，1920—2009），美国评论家、杂志编辑、新保守主义运动创始人之一。

"从未预见到的"用在这里并不恰当；凡是熟悉思想史的人都知道，在19世纪末，现代性的社会危机促使韦伯、滕尼斯、涂尔干、勒庞、索雷尔以及几乎所有其他的严肃思想家都对它做出充满焦虑的论断。按照韦伯的说法，在这个"铁笼"里囚禁着失去根底的、都市化的、幻想破灭的现代人。遵循韦伯的思路涌现出大量的关于个体陷入"双重束缚"的讨论：个体的意识大大丰富，超出了以前的知识范围，他们可以从许许多多让人困惑不解的选项中任意做出选择，但经济制度要求他们适应一个过于专门化的、极端复杂的有机体——要求他们成为一台巨型机器上的齿轮。而且，这种职业专门化甚至侵入了知识领域，这个领域开始四分五裂，出现一大堆彼此几乎毫无联系的分支。

在不知所措的职业心理医生数量大增、政治煽动风行的时代，极少有人注意到对教育的需要。只有教育才能满足那些渴求有意义的文化世界的饥渴心灵。饥饿的羊群发现了适合它们的拙劣货色。对于他们中的大部分人而言，不可企及的、排外的、精英主义的学术思想世界，现在没有什么帮助。有一个人很晚才了解思想史，他从监狱中给我写信说："我早就应该读一读托马斯·曼，不该看西德尼·谢尔登的畅销小说。想到这里，我心里就很难受。"

耶稣会士德日进[1]将精神及其产物的领域命名为"精神圈"。他和朱利安·赫胥黎都暗示说，这个由"先民们大胆的推测和积极向上的理想，井井有条的科学知识，古人年代久远的智慧，以及全世界诗人和艺术家的创造性想象"构成的广阔领域（朱利安·赫胥黎

---

1 德日进（Pierre Teilhard de Chardin, 1881—1955），法国哲学家、古生物学家。

语），现在已经毫无条理，大部分内容"四处散落闲置"。今天，它患上了一种文化上的阿尔茨海默病，处于四分五裂的状态。在试图应付紧急的社会问题时，我们没有使用大量的相关分析。

一个世纪以前，欧内斯特·勒南说过，沉湎于过去，可以逃避当下的沉沦时代；"过去的一切都是美的、文明的、真实的、高贵的"。在他的这个"思想乐园"中，他感觉自己可以稳稳当当地对付逆境。或许，我们必须回到这个主题，因为这是我们为了生存而寻访前人言论和思想的主要理由。

译者后记

本书中译本的底本是美国学者罗兰·斯特龙伯格教授的一部英文著作、两个不同版本的合编本。

斯特龙伯格教授于 1966 年出版《欧洲现代思想史》(*An Intellectual History of Modern Europe*)，所涵盖的时段是从 16 世纪末到 20 世纪中期。该书出版后旋即成为北美大学广受欢迎的教科书。1994 年，该书做了大幅度修改后更名为《欧洲思想史——1789 年以来》(*European Intellectual History Since 1789*)。新版舍弃了旧版的前六章，将论述时段改为从 18 世纪末到 20 世纪 80 年代。新版各章的内容和表述与旧版有很大区别。新版问世后也是一版再版，享有盛誉。

2002 年，我与斯特龙伯格教授直接联系，才得知这位学者生于 1916 年，此时已值 86 岁高龄。自从 1952 年于马里兰大学获得博士学位，他就一直在大学任教，1987 年从威斯康星–密尔沃基大学退休。

经斯特龙伯格教授认可和授权，我们将 1966 年版的前半部分（六章）与《欧洲思想史——1789 年以来》(原书共十一章) 合编成一本书。因内容涉及欧美，故中译本定名为《西方现代思想史》。斯特龙伯格教授曾表示，旧版被腰斩并非他的本意，而是屈从于出版社的要求。一个修订后的完整版本乃是他的夙愿。他对这一夙愿最终以中文版的方式实现感到欣慰。他感到遗憾的是自己年事已高，无力再对前六章加以修订。

全书翻译是由我和赵国新承担的。我翻译上卷《西方现代思想史：从文艺复兴到启蒙时代》全书和下卷《西方现代思想史：1789年至今》的前三章，赵国新翻译下卷后八章。最后由我做了统校。为了方便中文读者，我们尽可能地对书中提及的人物和典故做了简单的注释。

全书基本定稿后，有20多位研究生看过部分或全部译稿。他们对译文提出了许多修改或商榷意见。我的朋友沈一对书中涉及现代物理学的译文做了审订。本书第一版的插图由张灵灵选供，索引由于艳茹编制。

从选题到编辑成书，出版人王吉胜先生的诚挚和辛劳贯穿始终。

对上述以及其他提供过各种帮助的朋友和学生，在此表示衷心的感谢。

在翻译计划确定以后，我们一直在与时间赛跑。最大的鞭策来自对斯特龙伯格教授年龄的担忧。遗憾的是，我们落后了一步。正当我们对译稿进行最后校订的时候，斯特龙伯格教授于2004年5月18日去世，未能亲眼见到这个中译本。我们希望，本书能够以较高的翻译质量和印制质量来告慰罗兰·斯特龙伯格教授的在天之灵。我们更希望本书能够使较多的读者开卷获益。

刘北成

2004年6月15日